BFL 총서 1

제3판 지주회사와 법(상)

BFL 총서 1

제3판 지주회사와 법(상)

노혁준 편저

小花

▌일러두기

이 책의 논문들은 필자들이 소속된 기관과는 관계없는 개인의 의견임을 밝혀 둔다.

제3판 머리말

지주회사와 법 제2판(보정판)이 출간된 지도 벌써 15년이 되었다. 지주회사 체제가 우리 기업실무에 뿌리내리면서 기업집단의 대표적 조직형태로 자리 잡았음은 주지의 사실이다. 이 책의 초판 발행연도인 2005년 25개에 불과하던 지주회사는 2021년 말 168개에 달할 정도로 급증했다. 종래 상호출자, 순환출자로 얽혀 있던 재벌의 지분구조에 비해 단순, 명쾌하게 소유관계가 드러난다는 점에서 진일보했다는 점은 부인하기 어려울 것이다. 나아가 2020년 말 일반지주회사가 기업형 벤처케피탈(CVC)을 설립할 수 있게 되는 등 지주회사의 활용폭도 점차 넓어지고 있다.

지주회사의 숫자와 활동범위가 늘어남에 따라 관련 법적 쟁점도 다양하게 전개되어 왔다. 실은 진즉부터 본서 개정은 편저자의 마음 한켠 숙제로 남아 있었다. 지주회사 체제의 확산과 더불어 본서의 수요와 독자들의 기대치가 높아졌음에도, 이를 제대로 업데이트하지 못하고 있는 점에 대한 찜찜함이 있었다. 한 번 개정 타이밍을 미루니 그 이후로는 거의 전면적으로 내용을 바꾸지 않으면 안 되는 상황에 봉착한 점도 제3판 발행에 제법 시간이 걸리게 된 이유이다.

이왕 새로운 판으로 다시 독자들을 맞게 되는 김에 조금 더 내용을 충실히 하고자 하는 욕심에 이번의 제3판은 상 / 하 두 권으로 구성하였다. 상권은 총론적 고찰과 함께 지주회사 설립 및 전환의 문제를 다룬다. 하권에서는 지주회사의 운영 문제와 더불어 노동법, 세법, 도산 등 관련 법제를 다룬다. 이로써 본서는 지주회사에 관한 법적 담론의 대부분을 담고 있다. 본서에는 총 17편의 글이 실려 있다(상권 8편, 하권9편). 대체로 BFL 제91호(2018. 9. "지주회사-최근 법적 쟁점의 조감") 등 BFL 잡지에 게재된 글에 터잡은 경우가 많지만, 글의 주제, 수준과 편집방향이 맞는 경우 경제법연구, 경영법률 등 다른 잡지에 실렸던 글을 관련기관의 승인하에 수정, 보완하여 포함시킨 예도 있다. 특히 강희철 · 김경연 변호사님(제5장 지주회사의 설립 · 전환방식의 개관), 김주영 변호사님 · 이은정 회계사님(제6장 대규모기업집단의 지주회사 전환사례), 기영석 변호사님(제15장 지주회사에서 발생하는 근로관계에 관한 문제), 김성용 교수님(제17장 지주회사와 도산)은 오로지 이 책만을 위해 전면 개정 작업을 진행하거나 새로 원고를 작성해 주셨다.

BFL 총서는 지금까지 모두 18권이 출간되었다. '지주회사와 법'이 총서 제1권으로 출간되었을 당시를 떠올려보면, 그 시리즈가 18권에 이른 것이나 개별 권호가 제3판까지 내게 된 것은 큰 성과라 하겠다. 그 사이에 본서 공편자 중 한 분인 김건식 교수님이 은퇴를 하시게 되어 이 책은 단독 편저로 펴내게 되었다. 이 책을 포함한 BFL 총서 시리즈를 구상하고 실행에 옮기신 김건식 교수님의 혜안에 경의와 함께 감사를 드린다.

한편 본서를 집필하신 저자들에게 성가신 원고 독촉으로 종종 폐를 끼쳤다. 또한 책의 출간이 늦어지면서 계속 수정사항을 업데이트해야 하는 불편도 드렸다. 이런 사정을 이해하고 바쁜 업무에도 옥고를 세심하게 완성해 주신 집필자 분들께 감사드린다. 마지막으로 본서 출판을 맡아주신 도서출판 소화의 담당자분들과 행정업무를 전담해준 금융법센터의 이경희 팀장께도 감사인사를 전한다.

2023년 2월

편저자 노혁준

머리말

1999년 공정거래법 개정 이후 본격적으로 도입되기 시작한 지주회사는 2005년 현재 공정거래위원회에 신고된 수만 해도 이미 20개를 훌쩍 넘은 상태이다. 기업지배구조의 선진화란 관점에서 정부, 학계, 재계의 우호적인 관심을 받고 있다는 점에서, 앞으로도 지주회사의 수는 점차 늘어날 것으로 예상된다. 서울대학교 금융법센터에서 발간하는 법률전문저널 BFL은 이러한 지주회사의 확산에 주목하여 이미 두 차례에 걸쳐 지주회사의 다양한 법적 측면을 특집(2003년 11월호 및 2005년 5월호)으로 다룬 바 있다.

또한 2003년 9월에는 "지주회사 전환에 대한 법적 조명"에 관한 좌담회와 2005년 2월에는 "지주회사의 운영"에 관한 프로페셔널 세미나를 각각 개최한 바 있다. 금융법센터에서 발간하는 BFL총서의 제1권으로 발간하는 이 책은 BFL이란 포럼에서 축적된 지주회사에 관한 연구성과를 정리한 것이다. 이 책에는 지주회사와 법이 교착하는 여러 측면을 고루 포함시키기 위하여 BFL에 발표된 기존의 논문들뿐 아니라 일부 새로운 논문도 추가되어 있다.

이 책은 크게 세 부분으로 이루어져 있다. 제1편 총론에서는 우리나라의 지주회사에 대한 1차적 규율이 공정거래법에 의해 이루어지고 있는 현실을 고려하여, 지주회사에 관한 공정거래법상 규제를 살펴보고 아울러 비교법적인 고찰을 시도하였다. 이어서 지주회사의 설립과 운영을 나누어, 제2편에서는 지주회사의 설립에 관한 실무상의 문제점을 검토하고

제3편에서는 지주회사의 운영과 관련하여 발생하는 문제를 다루었다. 지주회사의 설립, 운영과 관련하여 발생하는 세법과 노동법상의 문제에 대해서도 제3편에서 상세히 소개하였다.

편저자로 두 사람의 이름만을 표시하였지만 이 책은 실로 여러 사람의 노력과 정성이 결집된 산물이라는 점을 강조하고자 한다. 먼저 바쁜 일상 업무의 중압에도 불구하고 흔쾌히 훌륭한 원고를 보내 주신 필자 여러분들께 진심으로 감사드린다. BFL 관련 행정업무와 좌담회 준비 등 번거롭기 짝이 없는 일을 꼼꼼히 처리해 준 금융법센터의 이경희 씨와 이주혜 조교(서울대학교 박사과정), 출간의 마무리단계에서 편저자들을 도와준 강원대학교의 최문희 교수에게도 감사의 뜻을 전한다. 그 밖에 평소 금융법센터에 대해서 무조건적인 신뢰를 보내 주고 계신 서울대학교 법과대학 성낙인 학장님, 법학연구소 최병조 소장님, 또한 상업성이 없는 책의 출판을 기꺼이 맡아 주신 소화출판사에도 감사드리고 싶다.

"연구자에게는 실무현장의 사례와 과제를 정확하게 전달하여 우리 현실에 보다 적합한 연구를 자극하고, 실무자에게는 기업일선에서 발생하는 다양한 쟁점에 관한 이론적인 분석과 검토를 제공하여 전문기량을 제고한다."

이는 BFL의 첫 페이지를 장식하고 있는 BFL의 정신이다. 이러한 정신은 BFL총서 제1권인 이 책에서는 물론이고 장차 발간될 총서에서도 그대로 유지될 것이다. 이 책이 지주회사의 법률문제에 관한 길잡이로서 연구자와 실무자에게 다소나마 도움이 될 수 있다면 편저자들로서는 더할 나위 없는 기쁨이 될 것이다.

2005년 6월

편저자 김건식 · 노혁준

상권

제1부 총론

제2부 지주회사의 설립 및 전환

하권

제3부 지주회사의 운영

제4부 관련 문제: 노동법, 세법, 도산법

차례

【하권】

제3부 지주회사의 운영

제4부 관련 문제: 노동법, 세법, 도산법

제1부

총론

01

공정거래법상 지주회사 규제체제와 현황*

서 정**

I. 들어가면서

지주회사(holding company)라 함은 주식이나 지분을 소유함으로써 다른 회사의 사업 내용을 지배하는 것을 주된 사업으로 하는 회사를 말한다. 그리고 지주회사 체제란 〔그림 1〕에서 보는 것처럼 지주회사가 수직적 출자를 통해 나머지 계열회사 전반을 자회사, 손자회사, 증손회사 등으로 지배하는 소유·지배구조를 의미한다.

이러한 지주회사 체제의 장점으로는 ① 분사를 통한 사업의 분리매각, 보다 쉬운 사업의 진입·퇴출 등 유연하고 기동적인 구조조정에 유리하고, ② 경영과 사업의 분리를 가능하게 하며, ③ 자회사간 위험의

* 이 글은 권오승·서 정, 독점규제법—이론과 실무(제5판), 법문사(2022)의 제7장 제3절 지주회사의 행위제한 부분의 내용을 기초로 하여 작성된 것임을 밝힌다.

** 법무법인 한누리 변호사, 법학박사

절연이 가능하며, ④ 인사 및 노무관리를 다양하게 할 수 있고, ⑤ 자금조달 등에서 일반회사보다 유리한 측면이 있다. 반면 지주회사 체제의 단점으로는 ① 다단계 출자방식을 통하여 적은 자본으로 경제력이 과도하게 집중될 수 있고, ② 지배주주의 간접화와 다수결의 남용으로 총수일가의 지배력이 강화될 수 있고, ③ 지주회사와 자회사 간 또는 자회사 상호 간의 분식결산으로 채권자의 이익도 침해될 수 있으며, ④ 기업재무구조를 오히려 악화시킬 위험성 등이 있다.

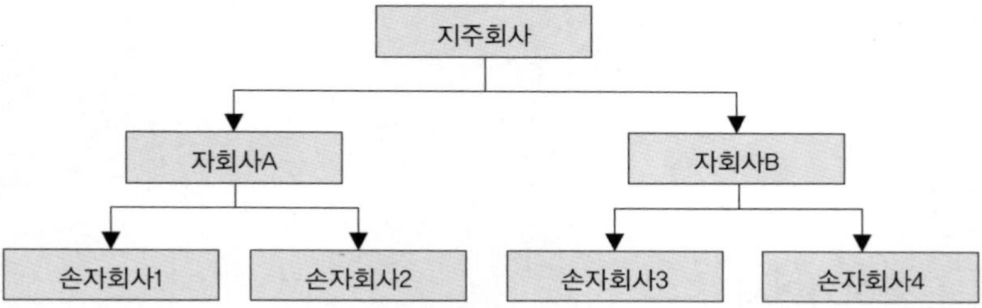

〔그림 1〕 지주회사 체제 집단(단순 · 수직적 출자구조)

독점규제 및 공정거래에 관한 법률(이하 "공정거래법" 또는 "법")은 사업자의 시장지배적 지위의 남용과 과도한 경제력의 집중을 방지하고, 부당한 공동행위 및 불공정거래행위를 규제하여 공정하고 자유로운 경쟁을 촉진함으로써 창의적인 기업활동을 조성하고 소비자를 보호함과 아울러 국민경제의 균형 있는 발전을 도모함을 목적으로 한다(법 1조). 그리고 동법 제4장은 경제력 집중의 억제에 관한 사항을 내용으로 하는데, 여기에 지주회사에 관한 내용도 포함되어 있다. 공정거래법은 지주회사가 경제력 집중의 수단으로 악용되지 않도록 지주회사의 설립 · 전환과 행위에 대하여 일정한 규율을 하고 있다. 구체적으로 공정거래법 제17조는 지주회사 설립 · 전환의 신고에 관하여 규정하고 있고, 제18조는 지주회사등의 행위제한 등에 관하여 규정하고 있다. 이 글은 공정거래법의 규정 내용을 중심으로 지주회사에 대한 규율체제와 우리나라에서 지주회사의 현황을 개관하고자 한다.

II. 지주회사 규율에 관한 입법정책

지주회사 체제는 복수의 기업들이 자본적으로 결합하는 방식으로서, 주식 피라미드를 통하여 대규모기업집단을 용이하게 출현시킬 수 있다. 그런데 지주회사 체제와 경제력 집중의 결합 현상은 자본시장이 발달한 선진국보다 주주에 대한 권리보호가 미약한 아시아, 유럽, 라틴 아메리카 국가들에서 많이 나타나고 있다. 이러한 현상에 대해서 기업집단에 대한 지배를 통한 사적 이익의 규모가 큰 국가일수록 지배주주가 적은 자본으로 기업집단을 지배할 수 있는 지주회사 체제를 선호하기 때문이라는 이론적 설명이 있다.[1)]

지주회사 체제에 대한 입법정책은 이를 금지하는 입장, 이를 방관하는 입장, 그리고 공공정책의 관점에서 일정한 규제를 가하는 입장으로 나누어 볼 수 있을 것이다. 이러한 구분을 염두에 두고, 이하에서는 지주회사에 관한 비교법적 검토 후에 우리나라의 규제의 변화를 살펴보기로 하자.

---

1) 상세한 설명은 Lucian Aye Bebchuk, Reinier Kraakman, and George Triantis, Stock Pyramids, Cross-Ownership and Dual Class Equity: The Mechanisms and Agency Costs of Separating Control from Cash-Flow Rights, Concentrated Corporate Ownership (R. Morck, ed.), pp.445-460(2000) 참조.

1. 비교법적 검토

(1) 미국

1888년 이전에 미국에서는 회사가 다른 회사의 주식을 취득하거나 보유하는 것은 원칙적으로 금지되었기 때문에 지주회사의 설립은 봉쇄되었다. 그런데 1888년 뉴저지(New Jersey)주에서 지주회사법(Holding Company Act)을 제정한 것을 필두로 여러 주에서 지주회사의 설립을 허용하기 시작하였다. 기업가들은 반트러스트법의 타겟이 되었던 트러스트(trust) 제도의 대안으로서 지주회사를 고려하기 시작하였다. 그 결과 1920~1930년대 들어 미국의 주요 산업에 속하는 기업 중 70% 이상이 사업지주회사에 속할 만큼 지주회사 체제는 확산되었다. 그리고 이 중 일부는 듀폰, 멜론, 록펠러 가문 등 특정 가문에 의하여 지배되었다.

그러나 대공황이라는 전대미문의 위기를 거치면서 피라미드 그룹의 해체를 위한 개혁을 공약으로 내세운 루즈벨트(Franklin D. Roosevelt) 대통령이 당선되면서 다방면에서 지주회사에 대한 규제와 견제가 시작되었고, 그 결과 미국에서 주식 피라미드는 점차 감소하게 되었다.[2)] 우선 지주회사에 대한 직접적 규제는 공익사업(전력, 가스, 수도 등) 분야와 금융부분에서 이루어졌다. 대공황 이후 1929년부터 1936년 사이에 53개의 공익사업 지주회사들이 파산하였고, 이 과정에서 공익사업 지주회사들의 불공정한 내부거래와 서비스 계약, 회계자료 조작 등의 문제가

---

2) 미국 기업집단에 대한 규제와 소유구조 변화에 관한 상세는 Kandel E, Kosenko K, Morck R, Yafeh Y. The Great Pyramids of America: A Revised History of U.S. Business Groups, Corporate Ownership, and Regulation, 1926~1950. Strategic Management Journal(2019) 40, pp.781-808. https://doi.org/10.1002/smj.2992 참조.

불거졌다. 연방거래위원회(FTC)는 실태조사를 하여 보고서를 발표하였다. 이에 따르면 지주회사들이 자회사들로부터 과도한 배당을 받거나 대출을 받고, 회계자료를 조작하여 일반 대중을 상대로 증권을 발행하여 그 자금을 전세계의 다른 위험사업들에 투자를 하였고, 자회사들은 이를 메꾸기 위하여 요금을 과도하게 책정하는 등의 여러 가지 문제가 드러났다. 미국 의회는 기존의 반트러스트법 등을 통해서 문제들을 통제하기 어렵다고 보고, 뉴딜(New Deal) 입법의 일환으로 1935년 공익사업 지주회사법(Public Utilities Holding Company Act)을 제정하였다. 동법에 따라, 공익사업 지주회사에 대해서는 증권거래위원회(SEC)에 등록할 의무가 부과되고, 2단계 이상의 출자가 금지되고, 지주회사가 직간접적으로 해당 지주회사 체제 내의 자회사등으로부터 차입하거나, 담보를 제공받는 행위, 지주회사 또는 자회사가 정부 승인 없이 지주회사 체제 내의 다른 회사에게 대여하는 행위가 금지되었다.

미국은 1950년대 들어서 대형은행을 중심으로 은행법의 규제대상이 아닌 지주회사를 설립하고 그 자회사를 통해 타업종으로의 확장을 꾀하려는 시도가 이루어졌다. 이에 1956년 제정된 은행지주회사법(Bank Holding Company Act)은 은행지주회사와 자회사가 취급할 수 있는 업무를 '은행업무 및 밀접하게 관련된 주변 업무와 부수업무'로 제한하고 업무범위에 관한 결정권을 연방준비위원회(FRB)에 부여하였다. 은행지주회사법은 은행지주회사가 비은행 업무를 하거나 은행이 아닌 특정 회사의 의결권 있는 주식을 보유하는 것을 원칙적으로 금지하고 있다.[3)]

일반지주회사의 경우 직접적 규제는 실행되지 않고 있으나, 자회사

3) 신영수, 외국의 지주회사 현황·제도 등의 운영실태 및 변화양상에 대한 분석, 정책연구용역 최종보고서(2018), 17-20면.

에 대한 지분율에 따라 배당금에 대한 면세혜택이 차별화되고, 기업관련 법제가 잘 갖추어지면서 지주회사 체제에서 기대할 수 있던 지배자본 절약효과, 주주권의 간접화 효과, 규제회피 효과 등을 더 이상 기대하기 어려운 반면, 소수주주권 행사로 인한 법적 분쟁의 가능성이 큰 상황이 되었다.[4] 이러한 이유로 1960년대 이후 미국에서 지주회사 체제는 감소하고 있으며, 지주회사 체제를 운영하는 경우에도 가급적 주주분포를 단순화하려는 경영진의 필요가 작동하고 있다. 그 결과 해외투자 또는 합작회사 설립 등의 예외적인 경우를 제외하고 모회사의 자회사에 대한 주식보유비율은 100%인 경우가 대부분이고,[5] 다단계 피라미드 시스템으로 인한 경제력 집중의 문제는 발생하지 않고 있다. 결론적으로 미국에서 지주회사 체제가 활용되지 않는 이유는 한 가지로 설명하기 어렵지만, 대공황 이후 거대기업에 대한 지속적인 정치적 반감에 기인한 다양한 개혁 조치들을 통해서 서서히 사라졌다고 평가된다.[6]

(2) 일본

제2차 세계대전 이전 일본은 지주회사에 대한 별다른 규제가 없었고, 일본의 재벌(자이바쓰)은 지주회사의 구조에 의하여 전체 기업들을 통일적으로 지배하는 시스템을 갖추었다. 이러한 재벌체제는 정경유착을 통해 일본제국의 군국주의를 뒷받침하는 역할을 담당하였다. 따라서 종전 이후에 미군정은 종래 일본 경제를 지배해 왔던 재벌의 부활을 방지하기 위하여 재벌해체 조치를 한 뒤에 독점금지법을 제정하여 지주

4) 신영수, 앞의 보고서(각주 3), 140-143면.
5) 신영수, 앞의 보고서(각주 3), 92-94면.
6) Eugene Kandel et al., 앞의 논문(각주 2), p.805.

회사를 금지하였다. 이는 거대한 경제력의 집중 자체가 자유로운 사회에 위협을 초래할 우려가 있다는 점에 착안하여 이러한 경제력의 집중을 금지 또는 제한하여야 한다는 사고에서 출발한 것이다. 그러나 1949년 6월에 사업지주회사는 허용하고 순수지주회사만 금지하는 것으로 변경하였다. 1980년대 이후 국제적인 경쟁의 격화에 따라 일본 내에서 지주회사 금지에 대한 회의론이 일기 시작하였고, 1997년에 지주회사의 설립금지를 제한적으로 해제하여 사업지배력이 과도하게 집중되지 않는 한 순수지주회사도 허용하게 되었다.

한편 일본의 경우 지주회사 체제에서 모회사와 자회사의 주주구성이 상이할 경우에 발생할 수 있는 주주간 이해상충의 문제에 관해 그동안 별 관심이 없었으나, 2010년대 들면서 상이한 주주집단간 이해상충 문제가 야기될 수 있음에 대하여 사회적 우려가 커지고 정부도 관심을 갖기 시작하였다. 그 결과 기업들이 자발적으로 자회사를 100% 자회사화하거나 지분을 아예 매각하여 모자관계를 해소하는 현상이 강화되고 있다. 예를 들어, 일본 최대의 통신 기업인 NTT는 자회사인 NTT Docomo의 지분 66.2%를 보유하고 있었는데, 2020년 나머지 잔여 지분도 공개매수를 하여 NTT Docomo를 완전자회사화한 것이 대표적인 사례이다.[7)]

(3) 영국

영국의 경우 지주회사에 관한 직접적 규제는 없지만, 1968년 인수합

7) 김우진 · 이종명, 계열사 복수 상장과 주주간 이해상충, 기업지배구조 리뷰 Vol.101 (2021), 25-28면.

병 규칙에서 일정 수준 이상의 상장회사 지분을 취득하면 같은 조건으로 100%를 의무적으로 매수하도록 하는 규정 때문에 대부분 지주회사가 자회사 지분의 100%를 보유하고 있다고 한다.[8)]

(4) 이스라엘[9)]

이스라엘의 대기업집단은 1990년대부터 형성되었는데, 민영화과정에서 문어발식으로 확장해서, 다각화된 금산복합 지주회사 체제의 형태를 갖추게 되었다. 2010년 전후부터 이스라엘 대기업집단의 개혁에 대한 논의가 본격화되었다. 금산복합 구조에 따른 이해상충의 문제, 피라미드 구조의 대기업집단이 몰락함으로써 야기될 수 있는 시스템 리스크, 시장진입과 금융의 제약으로 인한 경쟁제한 우려 및 담합의 개연성, 총수 일가의 터널링(tunneling), 경제력 집중으로 인한 국가적·사회적 의사결정의 왜곡 가능성 등이 개혁의 논의를 촉발하였다. 특히 이 과정에서 이스라엘의 최대 대기업집단이었던 IDB의 붕괴는 시스템 리스크에 대한 주의를 환기시켰다. 이스라엘은 2013년 제정된 경쟁촉진 및 경제력 집중 감소법(Law for the Promotion of Competition and Reduction of Economic Concentration)[10)]을 통해 피라미드 기업집단은 상장회사의 경우 2단계 구조를 초과할 수 없도록 규제하고 있다. 이에 따라, 기존 기업집단은 6년 안에 2단계 구조로 축소하여야 하며, 새로운 기업집단에

8) 신영수, 앞의 보고서(각주 3), 80-81면.

9) 이스라엘의 지주회사 체제에 관한 상세는 박상인, 이스라엘 경제력 집중법의 한국 재벌개혁에 대한 함의, 한국경제포럼 제10권 제3호(2017), 1-32면 참조.

10) 동법은 그 외에도 금산분리의 원칙과 민영화, 공공입찰, 정부 라이선스 취득 등에 경제력 집중 우려 사업자(concentrated entities)의 참여 여부를 권고하는 위원회를 설립하는 내용을 담고 있다.

대해서는 2단계 구조만 허용한다.

2. 우리나라의 지주회사 규제 연혁

우리나라의 경우, 1980년 12월 공정거래법 제정 당시에는 지주회사에 관한 규정이 없었으나, 1986년 제1차 개정 시에 지주회사가 경제력 집중의 수단으로 활용될 가능성이 있다고 보아 이를 막기 위하여 지주회사의 설립 및 전환을 전면 금지하는 제도를 도입하였다.[11] 그러나 1997년 외환위기 이후에 지주회사 제도가 기업의 구조조정의 수단으로 주목을 받게 되면서 1999년에 그 설립이 허용되었다. 다만, 지주회사의 폐해가 나타나지 않도록 하기 위하여 그 설립요건을 엄격하게 제한하였으며,[12] 같은 해에 지주회사기준(자산총액 100억 원 이상,[13] 자회사 주식가액 합계액이 당해 회사 자산총액의 100분의 50 이상)을 도입하였다.

그런데 2000년대에 들어와서 정부가 지주회사에 대한 태도를 바꾸어서, 지주회사 체제가 기존의 순환출자에 의존한 기업집단 체제보다는

---

11) 지주회사의 설립, 전환을 금지한 것은 일본 독점금지법의 영향을 받은 것이었다. 당시 지주회사를 원칙적으로 금지한 나라는 일본뿐이었다.

12) 지주회사가 과도한 외부차입으로 자회사를 확장해 나가는 것을 막기 위하여 지주회사의 부채비율을 자본총액의 범위내로 제한하고, 개별 자회사에 대한 지분율을 50% 이상으로 유지하도록 하였다. 그리고 대기업이 금융기관을 사금고화하는 것을 막기 위하여 하나의 지주회사에 금융회사와 비금융회사를 동시에 두지 못하도록 하였다(이른바 금산분리의 원칙). 또한, 지주회사가 다단계에 걸친 출자방식으로 많은 회사를 거느리는 것을 막기 위하여 원칙적으로 손자회사를 두지 못하도록 하였다. 그렇지만, 지주회사 설립전환의 요건이 너무나 엄격하여 현실적으로 지주회사의 활용이 매우 어렵다는 비판이 있었다.

13) 지주회사 자산총액 요건은 2001년 100억 원 이상에서 300억 원 이상으로 상향되었고, 2002년 300억 원 이상에서 1,000억 원 이상으로 상향되었으며, 2017년 1,000억 원 이상에서 5,000억 원 이상으로 상향되었다.

나은 대안이라고 보아 지주회사로의 전환을 권장하기 시작하였다. 이에 2004년과 2007년의 법 개정을 통하여 상장 자회사의 지분율 요건을 낮추고, 제한적인 요건 하에서 증손회사를 허용하는 등 지주회사로의 전환을 촉진 · 유도하는 한편, 지주회사 체제의 투명성을 높이기 위한 제도가 도입되었다. 그 결과, 지주회사에 부여되는 과세특례 등의 혜택으로 인하여 지주회사 체제로 전환하는 기업집단의 수가 꾸준히 증가하게 되었다.[14] 지주회사에 대한 과세특례로서는 ① 현물출자를 통해 지주회사 설립 · 전환 시 발생하는 양도차익에 대한 법인세(법인) · 양도소득세(개인)에 대해 주식처분 시까지 과세 이연(조세특례제한법 제38의2, 2023.12.31 일몰), ② 지주회사의 설립 · 전환 또는 지주회사의 자회사 주식 취득으로 지주회사가 과점주주(50% 초과)가 되는 경우 부과되는 간주취득세 면제(지방세특례제한법 제57의2, 2024.12.31. 일몰), ③ 지주회사가 자회사로부터 받은 수입배당금의 일정비율(일반법인에 비해 고율 인정)을 익금에 산입하지 않도록 하여 법인세 감경 혜택 부여(법인세법 제18의2)[15] ④ 일감몰아주기 증여의제 과세대상에서 지주회사(수혜법인)와 자 · 손자회사와의 매출액은 제외(상속세 및 증여세법 제45의3 및 동법 시행령 제34의2 제8항) 등을 들 수 있다.

그러나 지배구조 측면에서 과연 지주회사 시스템이 다른 출자방식보

---

14) 2004년 LG그룹, 2007년 SK그룹 등 많은 기업집단이 지주회사 체제로 전환하였다. 한편, 지주회사 체제로 전환하지 않은 대규모기업집단은 대부분 금융사를 보유하고 있거나 순환출자를 형성하고 있다. 공정위 2015. 10.29.자 보도자료.

15) 지주회사는 자회사 지분율이 40%(비상장회사는 80%) 이상이면 자회사로부터 받은 배당소득 전액을 익금불산입할 수 있고 지분율이 그 이하인 경우에도 최소 80%의 혜택을 받는다. 일반회사의 경우 계열회사에서 받는 배당소득에 대한 익금불산입률이 최대 50%라는 점과 비교할 때 지주회사의 익금불산입률은 2배 정도 높은 편이다. 황인학, 국제비교로 본 지주회사 행위규제의 문제점 — 공정거래법상 일반지주회사 제도를 중심으로, 한국경제연구원-한국규제학회 공동학술대회 발표자료집(2012), 189면.

다 나은 것인지에 관해서 회의적인 의견과 지주회사 시스템으로 인한 경제력 집중의 우려가 현실화되고 있다는 평가가 나왔다.[16] 이러한 배경 하에 2020년 법 개정에서 신규 설립 또는 전환 지주회사, 기존 지주회사가 자·손자회사를 신규 편입하는 경우에 자회사 및 손자회사에 대한 의무지분율 요건이 강화되었다. 반대로, 혁신성장의 촉진을 위하여 벤처지주회사에 대한 규제는 완화되었다.

3. 검토

대기업집단에 의한 경제력 집중 현상은 통시적 관점에서 보면 대다수의 선진국들도 과거에 이미 경험을 하였고, 공시적 관점에서 보면 오늘날 많은 개발도상국가에서 발견되는 것이다. 기업집단은 경제성장의 초기에 국가에 부족한 제도와 장치를 보완한다는 점에서 긍정적 효과를 발휘하나, 시간이 흐를수록 시장지배력과 정치적 영향력 때문에 사회적으로 바람직하지 못한 결과를 가져오기 쉽다. 특히 우리나라의 대기업집단에 의한 경제력 집중 현상은 미국 등 다른 선진국과 비교할 때 그 정도가 심한 편이고 패망 전 일본의 재벌과 유사한 수준이다.[17]

지주회사 체제는 대기업집단의 확장을 용이하게 하는 시스템이다. 지주회사에 대한 정책은 금지－허용－규제(미국), 허용－금지－규제(일본) 등 각국마다 그 경로는 다르지만, 대체적으로 여러 시행착오를 거쳐 경제력 집중의 억제라는 공공정책의 관점에서 규제를 하는 방향으로 수렴하는 경향을 발견할 수 있다. 그리고 지주회사 체제에 대한 각국의

---

16) 신영수, 앞의 보고서(각주 3), 159-160면.

17) Eugene Kandel et al., 앞의 논문(각주 2), pp.789-790.

정책에 큰 변화가 이루어진 배경에는 경제위기, 패전 등 커다란 사회적 격변이 존재한 경우가 많다.

다만, 국가별로 지주회사를 규제하는 정도나 방법은 상이하다. 대체적인 경향을 살펴보면, 미국이나 영국과 같이 자본주의 발전의 역사가 오래된 나라들은 여러 제도적 환경 때문에 기업들이 100% 자회사 구조를 스스로 선택하여 지주회사 체제의 무한확장을 억제하는 전통이 갖춰져 있다. 그리고 이러한 국가일수록 지주회사에 대한 전면적이거나 직접적 규제는 별도로 시행되지 않고 있다. 반면, 투자자보호가 아직 미흡하고 선진적 기업지배구조가 정착되었다고 보기 어려운 환경의 국가일수록 대기업의 경영진이 지배에 따른 사익편취의 수단으로 주식 피라미드를 활용할 가능성이 커지게 된다. 이러한 환경에서는 지주회사에 대한 직접 규제의 필요성도 높아진다고 할 것이다. 그중에는 일본과 같이 패전국의 입장에서 승전국이 가한 지주회사 전면 금지라는 강제책을 수용한 사례도 있고, 우리나라와 이스라엘과 같이 국내의 정치적 동력에 의하여 지주회사에 대한 직접적 규제를 채택한 사례도 있다. 흥미로운 점은 이스라엘의 경우 지주회사로 인한 경제력 집중의 폐해를 직접 경험하고 그에 대한 대책으로서 지주회사에 대한 규제를 실시하고 있는 반면(허용-규제), 우리나라의 경우 지주회사 체제가 어떠한 사회적·경제적 문제를 일으키기 전부터 전면금지라는 강경한 태도를 취하다가 IMF 사태를 거치면서 대기업집단의 순환출자 해소를 위한 대안으로서 지주회사 체제가 긍정적 평가를 받게 되면서 금지가 완화되었다(금지-규제). 그동안 우리나라에서 지주회사에 대한 규제는 순환출자보다는 투명한 지배구조라는 긍정적 모습과 경제력 집중의 수단으로서의 지주회사라는 부정적 모습 중에 어느 쪽을 강조하느냐에 따라서 변화를 거쳐 왔다.

III. 공정거래법상 지주회사 등의 개념

1. 지주회사

(1) 의의

공정거래법상 지주회사란 주식(지분을 포함)의 소유를 통하여 국내 회사의 사업 내용을 지배하는 것을 주된 사업으로 하는 회사로서 자산총액이 일정 금액 이상인 회사를 말한다(법 2조 7호 전단). 지주회사는 자회사의 주식이나 지분의 소유를 통해 국내 자회사의 사업 내용을 지배하여야 한다. 따라서 다른 회사의 임원을 임면하거나 주요 경영사항에 대하여 지배적 영향력을 행사하더라도 그 지배력의 원천이 지분소유에서 비롯된 것이 아니라면 지주회사라고 할 수 없다. 여기에서 지배는 "소유하고 있는 다른 회사 주식의 의결권을 행사하여 그 회사의 경영에 영향력을 행사할 수 있는 것"을 의미한다.[18] 주식의 소유를 통하여 사업활동을 지배할 수 있는 상태가 초래되는 것만으로 충분하므로 의결권의 행사를 통한 사업활동의 지배가 실제로 일어나야 하는 것은 아니다. 지분을 통한 사업지배와 관련하여 지주회사가 자회사 지분을 50% 미만으로 소유하는 행위는 원칙적으로 금지되지만, 자회사가 상장법인, 국외 상장법인, 공동출자법인인 경우에는 30%, 벤처지주회사의 자회사인 경우에는 20%까지 완화된다. 그리고 지주회사가 소유하는 주식수가 동일인 또는 동일인관련자 중 최다출자자가 소유하는 주식수와 같거나 그보다 많아야 한다. 그리고 지주회사의 지배의 대상은

18) 대법원 2006.11.23. 선고 2004두8583 판결.

국내 회사만을 의미하고 국외 계열회사는 해당되지 않는다. 외국 투자자와의 합작으로 설립한 경우 국내에 소재하고 있으면 자회사에 해당될 수 있다.

(2) 분류

지주회사는 자회사의 사업 내용에 따라 금융지주회사와 일반지주회사로 분류된다. 금융지주회사는 금융업 또는 보험업을 영위하는 자회사의 주식을 소유하는 지주회사이고(법 18조 2항 4호), 일반지주회사는 금융지주회사 이외의 지주회사(법 18조 2항 5호)로서 금융업 또는 보험업 이외의 사업을 영위하는 자회사의 주식을 소유하는 지주회사이다.[19] 금융지주회사와 일반지주회사의 구분은 금융자본과 산업자본을 분리하는 이른바 금산분리의 원칙과 관련하여 의미가 있다.

지주회사는 다른 사업을 행하고 있는지 여부에 따라 순수지주회사와 사업지주회사로 분류된다. 순수지주회사는 다른 사업을 행하지 않고 오로지 다른 회사의 사업활동을 지배하는 것만을 목적으로 하는 회사를 말하고, 사업지주회사는 자신의 고유사업을 영위하면서 부수적으로 주식의 소유를 통하여 다른 회사를 지배하는 회사를 말한다. 이는 강학상 분류로서 공정거래법은 순수지주회사와 사업지주회사 사이에 규제의 차이를 두고 있지 않다.

한편, 지주회사의 특수 형태로서 벤처지주회사가 법상 인정되고 있다. 벤처지주회사란 벤처기업 또는 일정한 중소기업[20]을 자회사로 하

---

19) 일반지주회사는 금융업 또는 보험업을 영위하는 회사로 보지 아니한다(법 2조 10호 단서).

20) 「중소기업기본법」 제2조에 따른 중소기업 중 연간 매출액에 대한 연간 연구개발비

는 지주회사로서 일정한 기준[21]에 해당하는 지주회사를 말한다(법 18조 1항 2호). 벤처지주회사는 금융지주회사 외의 일반지주회사로 취급되며, 일반지주회사 체제 내에 중간지주회사의 형태로도 존재할 수 있다.

(3) 요건

법상 규제의 대상이 되는 지주회사는 규모기준과 주된 사업기준을 갖춘 경우에 한한다.

1) 규모기준

① 해당 사업연도에 새로이 설립되었거나 합병 또는 분할·분할합병·물적분할(이하 "분할")을 한 회사의 경우에는 각각 설립등기일·합병등기일 또는 분할등기일 현재의 대차대조표상 자산총액이 5천억 원 이상, ② 그 밖의 회사의 경우에는 직전 사업연도 종료일(사업연도 종료일 이전의 자산총액을 기준으로 지주회사 전환신고를 하는 경우에는 해당 전환신고 사유의 발생일) 현재의 대차대조표상의 자산총액이 5천억 원 이

(「조세특례제한법 시행령」 별표 6 제1호에 따른 연구개발비)의 비율이 100분의 5 이상인 중소기업을 말한다(영 27조 2항, 영 5조 2항 5호).

21) ① 자산총액 산정기준일 현재 대차대조표상 자산총액이 300억 원 이상 5천억 원 미만인 경우에는 공정위에 벤처지주회사 설립 및 전환을 위한 사전신청을 하였을 것, ② 지주회사가 소유하고 있는 전체 자회사 주식가액 합계액 중 중소벤처기업의 주식가액 합계액이 차지하는 비율이 100분의 50 이상이거나 100분의 30 이상 100분의 50 미만일 것(공정위에 사전신청을 하여 그 결과를 통지받은 회사로서 벤처지주회사로 설립 또는 전환된 날부터 2년 이내인 경우로 한정), ③ 벤처지주회사가 속하는 기업집단(공시대상 기업집단으로서 동일인이 자연인인 기업집단에 한정)의 특수관계인(동일인 및 그 친족에 한정)이 벤처지주회사의 자회사, 손자회사 또는 법 제18조 제5항에 따른 증손회사의 주식을 소유하지 않을 것의 요건을 충족하여야 한다(영 27조 3항).

상의 요건을 갖춰야 한다(영 3조 1항). 공정위는 3년마다 국민경제 규모의 변화, 지주회사에 해당되는 회사의 자산총액 변화, 지주회사에 해당되는 회사 간 자산총액 차이 등을 고려하여 위 자산총액의 타당성을 검토하여 개선 등의 조치를 해야 한다(영 92조 1호).

2) 주된 사업기준

주된 사업기준은 회사가 소유하고 있는 자회사의 주식(지분 포함)가액의 합계액이 해당 회사 자산 총액의 50% 이상인 것을 말한다(영 3조 2항). 주식가액의 합계는 자회사만으로 한정하므로 자회사가 아닌 다른 회사의 주식을 지배목적으로 보유하여 자산총액의 50%를 넘더라도 지주회사에 해당되지 않는다. 다만, 주된 사업인지 여부를 자회사의 주식가액 합계액이라는 정량적 기준만으로 판단하도록 하는 것에 대해서는 기준을 너무 협소하게 정하였다는 비판도 있다. 지주회사가 자회사 또는 다른 계열사와 합병을 하거나 차입 등으로 자산총액을 증가시켜 자회사 주식가액 비중을 50% 이하로 떨어뜨리는 방식 또는 자회사 회계처리 방법의 변경 등 다양한 수단으로 법상 지주회사의 요건을 벗어나는 현상이 발생하고 있기 때문이다.

2. 자회사

자회사는 지주회사로부터 일정한 기준에 따라 그 사업 내용을 지배받는 국내 회사를 말한다(법 2조 8호). 여기서 일정한 기준이란 구체적으로 ① 지주회사의 계열회사[22]이고, ② 지주회사가 소유하는 주식수

---

22) 「벤처투자 촉진에 관한 법률」 제2조 제10호에 따른 중소기업창업투자회사 또는 「여

가 동일인 또는 동일인관련자 중 최다출자자가 소유하는 주식수와 같거나 그보다 많을 것을 의미한다(영 3조 3항).

3. 손자회사

손자회사는 자회사로부터 일정한 기준에 따라 그 사업 내용을 지배받는 국내 회사이다(법 2조 9호). 구체적으로 손자회사는 ① 지주회사의 계열회사로서 ② 자회사가 소유하는 주식수가 동일인 또는 동일인관련자 중 최다출자자가 소유하는 주식수와 같거나 그보다 많아야 한다. 다만, 자회사가 소유하는 주식이 자회사의 지주회사 또는 지주회사의 다른 자회사가 소유하는 주식과 같은 경우는 제외한다(영 3조 4항). 위 제외 규정은 2020년 시행령 개정시에 신설된 것으로서, 과거에는 특수관계인의 범위에서 지주회사 체제 내 계열회사를 제외한다는 규정이 없어, 지주회사와 자회사 혹은 복수의 자회사들이 손자회사에 공동출자가 가능하다고 해석되었다. 이에 따라 실제로 공동출자 사례가 발생함에 따라 지주회사 체제의 장점인 단순·투명한 소유 지배구조가 훼손되는 측면이 있었다.[23] 이러한 이유로 공동출자가 가능한 경우 중에서 '자회

신전문금융업법」에 따른 신기술사업금융업자가 창업투자 목적 또는 신기술사업자 지원 목적으로 다른 국내 회사의 주식을 취득함에 따른 계열회사를 제외한다.

23) 2011년 CJ그룹의 대한통운 인수를 위해 CJ㈜의 자회사인 CJ제일제당과 CJ GLS가 각각 20.08%씩 출자하였다. CJ제일제당과 CJ GLS가 각각 동일한 비율로 출자하여 같은 수의 주식을 보유하게 되면, 대한통운은 CJ㈜-CJ제일제당에 대한 관계에서 손자회사이면서 동시에 CJ㈜-CJ GLS에 대한 관계에서 손자회사도 된다. 그런데 법문에서 '같거나'라는 단어로 공동 출자를 허용한 본래의 취지는 지주회사나 그 자회사가 계열회사 아닌 제3자(외국법인 등)와의 합작법인을 만드는 경우를 상정한 것이고, 동일기업집단 내의 계열회사 간의 공동출자를 염두에 둔 것은 아니기 때문에 이 점에 관한 입법적 보완이 요청되었다.

사 소유 주식이 지주회사와 같은 경우' 및 '자회사 소유 주식이 다른 자회사와 같은 경우'를 제외한 것이다.

4. 증손회사

증손회사는 손자회사가 주식을 소유하고 있는 회사이다(법 18조 5항). 현행 지주회사 체제에서는 일정한 제한 하에 증손회사까지만 허용이 된다.

5. 지주회사 등

공정거래법은 지주회사 · 자회사 · 손자회사 및 증손회사를 합하여 "지주회사 등"이라고 부른다(법 18조 7항).

IV. 지주회사의 신고 및 보고 의무

1. 지주회사 설립 · 전환의 신고

지주회사를 설립하거나 지주회사로 전환한 자는 공정위에 신고할 의무를 부담한다(법 17조). 신고의무자는 다음의 기한 내에 신고인의 성명, 지주회사 등의 명칭, 자산총액, 부채총액, 주주 현황, 주식소유 현황, 사업 내용 등을 기재한 신고서에 신고 내용을 입증하는 서류를 첨부하여 공정위에 제출하여야 한다(영 26조 1항, 2항).

① 지주회사를 설립하는 경우에는 설립등기일부터 30일 이내

② 다른 회사와의 합병 또는 회사의 분할을 통하여 지주회사로 전환하는 경우에는 합병등기일 또는 분할등기일부터 30일 이내

③ 다른 법률에 의해 지주회사의 설립 · 전환의 신고의 적용이 제외되는 회사의 경우에는 다른 법률에서 정하고 있는 제외기간이 지난 날부터 30일 이내

④ 다른 회사의 주식취득, 자산의 증감 및 그 밖의 사유로 인하여 지주회사로 전환하는 경우에는 자산총액 산정 기준일부터 4개월 이내

지주회사의 설립신고에 있어서 그 설립에 참여하는 자가 둘 이상인 경우에는 공동으로 신고하여야 한다. 다만, 신고의무자 중 1명을 대리인으로 정하여 그 대리인이 신고하는 경우는 예외로 한다(영 26조 3항).

2. 설립 · 전환시 채무보증 해소 의무

상호출자제한 기업집단에 속하는 회사를 지배하는 동일인 또는 해당 동일인의 특수관계인이 지주회사를 설립하거나 지주회사로 전환하려는 경우에는 다음에 해당하는 채무보증을 해소해야 한다. 해소대상은 ① 지주회사와 자회사 간의 채무보증, ② 지주회사와 다른 국내 계열회사(그 지주회사가 지배하는 자회사는 제외) 간의 채무보증, ③ 자회사 상호 간의 채무보증, ④ 자회사와 다른 국내 계열회사(그 자회사를 지배하는 지주회사 및 그 지주회사가 지배하는 다른 자회사는 제외) 간의 채무보증이다(법 19조). 신고를 하는 자가 상호출자제한 기업집단에 속하는 회사를 지배하는 동일인 또는 그 동일인의 특수관계인에 해당하는 경우에는 위 채무보증의 해소실적을 함께 제출해야 한다(영 26조 1항). 상호출자제한 기업집단이 채무보증 해소요건을 충족하지 않은 회사의 합병 또는 설립이 있는 경우에는 공정위는 해당 회사의 합병 또는 설립 무효의

소를 제기할 수 있다(법 37조 2항).

3. 지주회사의 보고의무

지주회사는 해당 사업연도 종료 후 4개월 이내에 해당 지주회사 등의 주식소유현황 · 재무상황 등 사업 내용에 관한 보고서를 공정위에 제출해야 한다(법 18조 7항, 영 29조).

4. 지주회사 제외 신고

지주회사로서 사업연도 중 소유 주식의 감소, 자산의 증감 등의 사유로 규모 기준이나 주된 사업 기준을 충족하지 못하게 되는 회사가 이를 공정위에 신고한 경우에는 해당 사유가 발생한 날로부터 이를 지주회사로 보지 않는다(영 26조 4항).

이러한 신고를 하는 회사는 공정위가 정하는 바에 따라, 해당 사유가 발생한 날을 기준으로 한 공인회계사의 회계감사를 받은 대차대조표 및 주식소유현황을 공정위에 제출해야 한다. 이 경우 공정위는 신고를 받은 날로부터 30일 이내에 그 심사결과를 신고인에게 통지해야 한다(영 26조 5항, 6항). 지주회사에 대한 제외 신고절차가 제대로 이루어지지 않은 경우에는 설령 해당 지주회사가 규모 기준이나 주된 사업 기준을 충족하지 못한 경우라고 하더라도 법상 지주회사로서의 지위는 그대로 유지된다고 할 것이다.

V. 지주회사 등의 행위제한

1. 규제의 근거

(1) 지배력 확장의 측면에서 순환출자와 지주회사의 비교

먼저 순환출자의 경우를 보기로 한다. 자본금 10억 원인 기업 A, B, C, D, E사가 있고, 이들은 부채가 없다고 가정한다. 甲은 우선 5억 원을 A사에 투자해서 지배권을 획득한다. 그 다음 A사가 B사에, B사는 C사에, C사는 D사에, D사는 E사에 각각 5억 원을 출자해서 지배하도록 한다. 그런 다음에 E사가 甲이 가진 A사 지분 중 절반을 2.5억 원에 사들이면 순환출자 구조가 완성된다. A사는 甲과 E사가 50% 지분을 공동으로 소유하여 지배하게 된다. 이런 출자의 결과로, 甲은 단지 2.5억 원(기업집단 전체 자본금 50억 원 대비 5%)을 투자해서 A 내지 E사를 모두 지배할 수 있게 된다.

한편, 지주회사의 경우 甲이 설립한 지주회사가 A 내지 E사를 지배하는 구조이다. 甲이 10억 원을 출자하여 지주회사를 설립하고, 그 지주회사가 각각 자본금 10억 원의 A 내지 E사에 각 5억 원씩 출자하여 지분율 50%로 이들 회사를 지배하는 경우를 생각해 보자. 이 경우에 지주회사는 A 내지 E사에 합계 25억 원(5억 원×5개사)을 출자하게 되는데, 지주회사의 자본금은 10억 원뿐이므로 나머지 15억 원은 부채를 통해 조달한다. 따라서 지주회사의 부채비율은 150%(부채 15억 원 / 자본금 10억 원)가 된다. 甲의 입장에서 보면 지주회사 체제가 순환출자에 비하여 소요되는 자금의 규모가 더 커짐을 알 수 있다.

이상에서 살펴본 것처럼 지주회사는 순환출자에 비하여 지배력 확장에 제한이 있지만, 지주회사도 순환출자와 마찬가지로 적은 돈으로 많은 회사를 지배할 수 있는 구조로 사용될 우려가 있다는 점은 부인할 수 없다.

(2) 지배력 확장을 제한하기 위한 규제

지주회사 시스템에서 기업집단의 규모는 지주회사의 부채비율 상한을 낮추거나, 자회사에 대한 최소지분율을 높이거나, 출자단계를 줄이면 줄어들게 된다. 반대로 지주회사의 부채비율 상한을 높이거나, 자회사에 대한 최소지분율을 낮추거나, 출자단계를 늘리면 지주회사를 통해 지배할 수 있는 기업집단의 규모는 늘어나게 된다. 따라서 지주회사 체제에서는 ① 지주회사의 부채비율, ② 자회사에 대한 최소지분율, ③ 출자단계의 3가지 요소를 조정함으로써 기업집단이 확장될 수 있는 범위를 제한할 수 있다. 공정거래법은 지주회사의 부채비율을 제한하고, 자회사등에 대한 최소지분율을 정하고, 자회사 · 손자회사 · 증손회사의 3단계까지의 출자만 허용하고 있다. 이는 지주회사가 경제력 집중의 수단으로 이용되는 것을 막고 지주회사 체제의 장점인 단순 · 투명한 소유구조를 유지하기 위한 것이다.

2. 지주회사의 행위제한

(1) 부채비율의 제한

지주회사는 자본총액(대차대조표상의 자산총액에서 부채액을 뺀 금액)의 2배를 초과하는 부채액을 보유하는 행위를 해서는 안 된다(법 18조 2항

1호).[24] 부채비율을 제한하는 것은 부채에 의한 과도한 확장을 막기 위한 것이다. 다만, 지주회사로 전환되거나 설립될 당시에 자본총액의 2배를 초과하는 부채액을 보유하고 있을 때에는 지주회사로 전환하거나 설립된 날부터 2년간은 자본총액의 2배를 초과하는 부채액을 보유할 수 있다. 위 유예기간은 주식가격의 급격한 변동 등 경제여건의 변화, 주식처분금지계약, 사업의 현저한 손실 또는 그 밖의 사유로 부채액을 감소시키거나 주식의 취득 · 처분 등이 곤란한 경우 공정위의 승인을 받아 2년을 연장할 수 있다(법 18조 6항).

(2) 자회사 주식소유비율의 제한

지주회사는 원칙적으로 자회사의 주식을 그 자회사 지분의 50% 미만으로 소유하는 행위를 해서는 안 된다(법 18조 2항 2호). 낮은 지분율에 의하여 자회사를 지배할 수 있도록 허용할 경우에 지주회사의 지배가 가능한 범위가 확대되어 경제력 집중이 심화할 우려가 있고, 자회사의 소수지분권자의 권리가 침해될 가능성이 증대하기 때문이다. 다만, 자회사주식 보유 기준은 자회사가 상장법인, 국외 상장법인,[25] 공동출자법인[26]인 경우에는 30%로 하고, 벤처지주회사의 자회사인 경우에는

---

24) 2015년 9월 말 기준 지주회사의 평균 부채비율은 41.6%로 법상 규제 수준보다 크게 낮으며, 지주회사 전환 대기업집단 소속 지주회사의 평균 부채비율은 30.6%로 전체 대기업집단의 평균 부채비율(101.1%)보다 낮은 편이다. 공정위 2015. 10. 29.자 보도자료.

25) 주식 소유의 분산요건 등 상장요건이 국내 유가증권시장의 상장요건에 상당하는 것으로 공정위가 고시하는 국외 증권거래소에 상장된 법인을 말한다.

26) 공동출자법인이란 경영에 영향을 미칠 수 있는 상당한 지분을 소유하고 있는 2인 이상의 출자자(특수관계인의 관계에 있는 출자자 중 대통령령이 정하는 자 외의 자는 1인으로 본다)가 계약 또는 이에 준하는 방법으로 출자지분의 양도를 현저히 제한하

20%로 완화된다. 그리고 다음에 해당하는 사유로 자회사주식 보유 기준에 미달하게 된 경우는 아래 유예기간 동안 위반행위로 보지 않는다.

① 지주회사로 전환하거나 설립될 당시에 자회사의 주식을 자회사주식 보유 기준 미만으로 소유하고 있는 경우로서 지주회사로 전환하거나 설립된 날부터 2년 이내인 경우. 위 유예기간은 주식가격의 급격한 변동 등 경제여건의 변화, 주식처분금지계약, 사업의 현저한 손실 또는 그 밖의 사유로 부채액을 감소시키거나 주식의 취득 · 처분 등이 곤란한 경우 공정위의 승인을 받아 2년을 연장할 수 있다(법 18조 6항).

② 상장법인 또는 국외 상장법인이거나 공동출자법인이었던 자회사가 그에 해당하지 않게 되어 자회사주식 보유 기준에 미달하게 된 경우로서 그 해당하지 않게 된 날부터 1년 이내인 경우

③ 벤처지주회사였던 회사가 그에 해당하지 않게 되어 자회사주식 보유 기준에 미달하게 된 경우로서, 그 해당하지 않게 된 날부터 1년 이내인 경우

④ 자회사가 주식을 모집하거나 매출하면서 자본시장법 제165조의7에 따라 우리사주조합원에게 우선 배정하거나 해당 자회사가 「상법」 제513조 또는 제516조의2에 따라 발행한 전환사채 또는 신주인수권부사채의 전환이 청구되거나 신주인수권이 행사되어 자회사주식 보유 기준에 미달하게 된 경우로서 그 미달하게 된 날부터 1년 이내인 경우

⑤ 자회사가 아닌 회사가 자회사에 해당하게 되고 자회사주식 보유 기준에는 미달하는 경우로서 그 회사가 자회사에 해당하게 된 날부터 1년 이내인 경우

⑥ 자회사를 자회사에 해당하지 않게 하는 과정에서 자회사주식 보

고 있어 출자자간 지분변동이 어려운 법인을 말한다(법 18조 1항 1호).

유 기준에 미달하게 된 경우로서 그 미달하게 된 날부터 1년 이내인 경우(같은 기간 내에 자회사에 해당하지 않게 된 경우로 한정)

⑦ 자회사가 다른 회사와 합병하여 자회사주식 보유 기준에 미달하게 된 경우로서 그 미달하게 된 날부터 1년 이내인 경우

(3) 타회사 주식소유의 제한

지주회사는 ① 계열회사가 아닌 국내 회사[27]의 주식을 그 회사 발행주식 총수의 5%를 초과하여 소유하는 행위[28] 또는 ② 자회사 외의 국내 계열회사의 주식을 소유하는 행위를 해서는 안 된다(법 18조 2항 3호). 이는 지주회사 체제의 장점인 단순·투명한 소유구조를 유지하기 위한 것이다. 지주회사의 자회사 아닌 국내 계열회사의 주식소유는 금지되므로, 지주회사는 자회사주식 보유 기준에 미달하는 주식을 보유하는 계열회사에 대하여 자회사로 편입하든지 아니면 주식소유를 포기해야 한다.

다만, 다음의 어느 하나에 해당하는 사유로 주식을 소유하고 있는 계열회사가 아닌 국내 회사나 국내 계열회사의 경우는 예외적으로 주식소유가 허용된다. 이는 지분정리를 위한 유예기간을 부여하기 위한 것이다.

① 지주회사로 전환하거나 설립될 당시에 위의 본문에서 규정하고 있는 행위에 해당하는 경우로서 지주회사로 전환하거나 설립된 날부터

27) 「사회기반시설에 대한 민간투자법」 제4조(민간투자사업의 추진방식) 제1호부터 제4호까지의 규정에서 정한 방식으로 민간투자사업을 영위하는 회사는 제외한다.

28) 벤처지주회사 또는 소유하고 있는 계열회사가 아닌 국내 회사의 주식가액의 합계액이 자회사의 주식가액의 합계액의 15% 미만인 지주회사에는 적용하지 아니한다.

2년 이내인 경우. 위 유예기간은 주식가격의 급격한 변동 등 경제여건의 변화, 주식처분금지계약, 사업의 현저한 손실 또는 그 밖의 사유로 부채액을 감소시키거나 주식의 취득·처분 등이 곤란한 경우 공정위의 승인을 받아 2년을 연장할 수 있다(법 18조 6항).

② 계열회사가 아닌 회사를 자회사에 해당하게 하는 과정에서 위의 본문에서 규정하고 있는 행위에 해당하게 된 날부터 1년 이내인 경우(같은 기간 내에 자회사에 해당하게 된 경우로 한정)

③ 주식을 소유하고 있지 아니한 국내 계열회사를 자회사에 해당하게 하는 과정에서 그 국내 계열회사 주식을 소유하게 된 날부터 1년 이내인 경우(같은 기간 내에 자회사에 해당하게 된 경우로 한정)

④ 자회사를 자회사에 해당하지 아니하게 하는 과정에서 그 자회사가 자회사에 해당하지 아니하게 된 날부터 1년 이내인 경우

(4) 금산분리의 원칙

1) 의의

금융업 또는 보험업과 다른 산업을 구분하여 이들 산업 간에 교차소유를 금지하는 것을 금산분리의 원칙이라고 한다. 금산분리의 원칙은 금융자본이 산업자본에 종속되는 것을 막고 산업자본의 위험이 금융기관으로 전이되는 것을 차단하기 위한 것이다. 금산분리의 원칙에 관해서는 찬성하는 견해와 반대하는 견해가 대립하고 있다.[29] 금산분리의 원칙에 찬성하는 측은 ① 금융·보험회사의 지원을 받을 수 있는 산업

29) 홍명수, 독점규제법상 재벌 규제의 문제점과 개선 방안, 경쟁법연구 제36권(2017), 16면.

주체의 자금력 우위가 개별 상품시장에서 경쟁의 우위로 이어질 수 있는 점, ② 금융시장에서 자원배분의 효율성을 저해할 수 있는 점, ③ 기업집단 소속 금융·보험회사가 해당 기업집단의 사금고화 가능성, 즉 대규모기업집단의 계열회사로 존재하는 금융·보험회사의 자금은 본래 고객들로부터 유래된 것임에도 기업집단의 유지·확대 수단으로 활용될 수 있으며, 높은 부채비율이 제도적으로 허용되고 있는 금융회사의 특성은 이러한 가능성을 구체화하는 요인으로 작용한다는 점 등을 지적한다. 그러나 금산분리의 원칙에 반대하거나 그 완화[30]를 주장하는 측은 ① 산업과 금융의 결합이 시너지 효과를 낳아 금융산업의 경쟁력을 제고할 수 있는 가능성을 금산분리로 인하여 배제한다는 점, ② 산업자본에 의한 금융회사 소유가 다양성을 강화하여 리스크에 덜 취약한 금융구조를 만들어 낼 수 있다는 점 등을 거론한다.

2) 규제의 내용

공정거래법은 지주회사와 관련하여 금산분리의 원칙을 채택하고 있다. 우선, 금융지주회사는 금융업 또는 보험업을 영위하는 회사 외의 국내 회사의 주식을 소유하는 행위를 해서는 안 된다(법 18조 2항 4호). 금융지주회사의 소유가 허용되는 금융업 또는 보험업을 영위하는 회사에는 금융업 또는 보험업과 밀접한 관련이 있는 등 일정한 기준에 해당하는 회사가 포함된다. 구체적으로 ① 금융회사 또는 보험회사에 대한 전산·정보처리 등의 역무의 제공, ② 금융회사 또는 보험회사가 보유

30) 금산분리 완화 방안으로 논의되는 것이 중간금융지주회사의 도입이다. 이 방안은 일반지주회사의 금융자회사 등이 일정 수 이상이거나 자본총액이 일정액 이상인 경우에 중간금융지주회사의 설치를 의무화하여 그 안에 금융회사를 편제하고, 일반자회사 이하에 금융회사가 위치하는 것을 제한하는 방안이다.

한 부동산이나 그 밖의 자산의 관리, ③ 금융업 또는 보험업과 관련된 조사 · 연구, ④ 그 밖에 금융회사 또는 보험회사의 고유 업무와 직접 관련되는 사업을 영위하는 것을 목적으로 하는 회사가 해당한다(영 28조 2항). 다만, 금융지주회사로 전환하거나 설립될 당시에 금융업 또는 보험업을 영위하는 회사 외의 국내 회사 주식을 소유하고 있을 때에는 금융지주회사로 전환하거나 설립된 날부터 2년간은 그 국내 회사의 주식을 소유할 수 있다. 위 유예기간은 주식가격의 급격한 변동 등 경제여건의 변화, 주식처분금지계약, 사업의 현저한 손실 또는 그 밖의 사유로 부채액을 감소시키거나 주식의 취득 · 처분 등이 곤란한 경우 공정위의 승인을 받아 2년을 연장할 수 있다(법 18조 6항).

그리고 일반지주회사는 원칙적으로 금융업 또는 보험업을 영위하는 국내 회사의 주식을 소유하는 행위를 해서는 안 된다(법 18조 2항 5호). 다만, 일반지주회사로 전환하거나 설립될 당시에 금융업 또는 보험업을 영위하는 국내 회사의 주식을 소유하고 있을 때에는 그 전환 또는 설립된 날부터 2년간은 그 국내 회사의 주식을 소유할 수 있다. 위 유예기간은 주식가격의 급격한 변동 등 경제여건의 변화, 주식처분금지계약, 사업의 현저한 손실 또는 그 밖의 사유로 부채액을 감소시키거나 주식의 취득 · 처분 등이 곤란한 경우 공정위의 승인을 받아 2년을 연장할 수 있다(법 18조 6항).

3) 기업형 벤처캐피탈 지분의 제한적 소유

가. 금산분리 원칙의 예외

지주회사의 금산분리 원칙에 대한 예외로서 일반지주회사가 기업형 벤처캐피탈(Corporate Venture Capital, 이하 "CVC")의 지분 100%를 소유하는 경우에는 그 소유가 제한적으로 인정된다(법 20조 1항). CVC란 「벤처투자 촉진에 관한 법률」에 따른 중소기업창업투자회사와 「여신전문금융업법」에 따른 신기술사업금융전문회사를 말한다. CVC는 대기업 등 비금융권 기업의 독립적 벤처기업에 대한 소수주주 지분투자를 통하여 모험적인 사업분야에 대한 투자, 장기적인 파트너십 형성, 자본·경영관리·기술지도 등의 종합적인 지원이 가능하다는 장점이 있다. 반면, CVC가 타인자본을 통한 지배력 확대, 경제력 집중 및 편법승계, 사익편취의 수단으로 악용되는 것에 대한 우려도 존재한다.[31] 2020년 법 개정 전에는 금산분리 원칙에 따라 대기업집단이 계열회사로 CVC를 두려면 일반지주회사 체제 외에서 이를 설립하거나 국내가 아닌 해외 CVC를 일반지주회사의 자회사로 두는 우회적 수단만이 가능했다. 이에 대하여 벤처 활성화를 위하여 관련 규제를 완화하여야 한다는 지적이 재계를 중심으로 나왔다. 공정위가 2018년부터 추진했던 전부개정안에는 CVC 관련 금산분리 원칙의 예외 대신에 벤처지주회사 관련 규제를 완화하는 방안이 포함되었으나, CVC 관련 예외 허용 조항이 국회에서 제시되어 결국 개정법에 포함되었다.[32] 다만, CVC의 부작용을 방지하기 위해 일반지주회사의 경우 CVC의 지분을 100% 소유하여야 하며, CVC는 부채비율이 200%를 초과하면 안 되며, 투자업무 이외의 금융업 또는 보험업의 겸영을 금지하고, 투자대상을 제한하고 있다.

---

31) 신영수, 개정 공정거래법상 CVC(기업형 벤처캐피탈) 관련 규정에 대한 평가와 전망, 경영법률 제31집 제4호(2021), 167-168면.

32) 최난설헌, 공정거래법 전부개정의 의미와 주요 쟁점, 상사법연구 제40권 제1호(2021), 20면.

나. 일반지주회사의 의무

일반지주회사가 중소기업창업투자회사 및 신기술사업금융전문회사의 주식을 소유하는 경우에는 중소기업창업투자회사 및 신기술사업금융전문회사의 발행주식 총수를 소유하여야 한다. CVC의 설립시 일반지주회사의 100% 자회사 형태를 유지하도록 한 것은 CVC의 설립자본에 대한 타인자본의 개입 여지를 차단하려는 취지에 따른 것이다.[33] 다만, 다음의 어느 하나에 해당하는 경우에는 그러하지 아니하다(법 20조 2항).

① 계열회사가 아닌 중소기업창업투자회사 및 신기술사업금융전문회사를 자회사에 해당하게 하는 과정에서 해당 중소기업창업투자회사 및 신기술사업금융전문회사 주식을 발행주식 총수 미만으로 소유하고 있는 경우로서 해당 회사의 주식을 보유하게 된 날부터 1년 이내인 경우(1년 이내에 발행주식 총수를 보유하게 되는 경우에 한정)

② 자회사인 중소기업창업투자회사 및 신기술사업금융전문회사를 자회사에 해당하지 아니하게 하는 과정에서 해당 중소기업창업투자회사 및 신기술사업금융전문회사 주식을 발행주식 총수 미만으로 소유하게 된 날부터 1년 이내인 경우(발행주식 총수 미만으로 소유하게 된 날부터 1년 이내에 모든 주식을 처분한 경우에 한정)

그리고 일반지주회사는 중소기업창업투자회사 및 신기술사업금융전문회사의 주식을 소유하는 경우에 해당 주식을 취득 또는 소유한 날부터 4개월 이내에 그 사실을 공정위에 보고하여야 한다(법 20조 4항).

다. CVC의 의무

법은 타인자본을 이용한 동일인의 지배력 확장을 방지하기 위하여

---

33) 신영수, 앞의 논문(각주 31), 175면.

CVC에 대하여 일정한 의무를 부과하고 있다(법 20조 3항).[34] 우선 CVC의 부채비율 한도는 일반지주회사와 동일하게 200%로 제한된다. 즉, 자본총액의 2배를 초과하는 부채액을 보유하는 행위는 금지된다.

다음으로 자금조달과 관련하여 CVC의 설립시에는 외부 자본의 개입이 완전히 차단되는 반면에, CVC의 펀드의 자금조달 단계에서는 계열회사 자금의 펀드 출자가 허용되고 외부 자금도 일정 한도에서 허용되지만, 동일인 일가 및 계열회사 중 금융회사의 출자는 금지된다. 구체적으로 ① 자신이 소속된 기업집단 소속 회사가 아닌 자가 출자금 총액의 100분의 40을 초과하여 출자한 투자조합, ② 자신이 소속된 기업집단 소속 회사 중 금융업 또는 보험업을 영위하는 회사가 출자한 투자조합, ③ 자신의 특수관계인(동일인 및 그 친족에 한정)이 출자한 투자조합(동일인이 자연인인 기업집단에 한정)을 설립하는 행위[35]는 금지된다.

CVC의 업무범위는 투자행위로 제한되고, 타금융업의 겸업은 금지된다. 구체적으로, 중소기업창업투자회사인 경우 「벤처투자 촉진에 관한 법률」 제37조 제1항 각 호 이외의 금융업 또는 보험업을 영위하는 행위, 신기술사업금융전문회사인 경우 「여신전문금융업법」 제41조 제1항 제1호, 제3호부터 제5호까지의 규정 이외의 금융업 또는 보험업을 영위하는 행위가 금지된다. 그리고 CVC의 투자 단계에서 투자대상에 제한이 있다. 즉, ① 자신이 소속된 기업집단 소속 회사에 투자하는 행위, ② 자신의 특수관계인(동일인 및 그 친족에 한정)이 출자한 회사에 투자하는 행위, ③ 공시대상기업집단 소속 회사에 투자하는 행위, ④ 총자

34) 다만, 위의 일반지주회사의 예외사유 중 어느 하나에 해당하는 경우에는 그 의무가 면제된다.

35) 「벤처투자 촉진에 관한 법률」 제2조 제11호에 따른 벤처투자조합 및 「여신전문금융업법」 제2조 제14호의5에 따른 신기술사업투자조합을 말한다.

산(운용 중인 모든 투자조합의 출자금액을 포함)의 100분의 20을 초과하는 금액을 해외 기업에 투자하는 행위[36]는 금지된다. 또한, 자신(자신이 업무를 집행하는 투자조합을 포함)이 투자한 회사의 주식, 채권 등을 자신의 특수관계인(동일인 및 그 친족에 한정) 및 특수관계인이 투자한 회사로서 지주회사 등이 아닌 계열회사가 취득 또는 소유하도록 하는 행위도 금지된다.

일반지주회사의 자회사인 중소기업창업투자회사 및 신기술사업금융전문회사는 자신 및 자신이 운용중인 모든 투자조합의 투자 현황, 출자자 내역 등을 공정위에 보고하여야 한다(법 20조 5항).

3. 일반지주회사 자회사의 행위제한

(1) 손자회사 주식소유비율의 제한

일반지주회사의 자회사는 원칙적으로 손자회사의 주식을 그 손자회사 지분의 50% 미만으로 소유하는 행위를 해서는 안 된다(법 18조 3항 1호). 손자회사주식 보유 기준은 손자회사가 상장법인 또는 국외 상장법인이거나 공동출자법인인 경우에는 30%로, 벤처지주회사[37]의 자회사인 경우에는 20%로 완화된다. 다만, 다음에 해당하는 사유로 손자회사주식 보유 기준에 미달하게 된 경우는 유예기간이 인정된다.

① 자회사가 될 당시에 손자회사의 주식을 손자회사주식 보유 기준 미만으로 소유하고 있는 경우로서 자회사에 해당하게 된 날부터 2년 이

36) 투자는 「벤처투자 촉진에 관한 법률」 제2조 제1호 각 목의 어느 하나에 해당하는 것을 말하고, 투자조합의 업무집행을 통한 투자를 포함한다.
37) 일반지주회사의 자회사인 벤처지주회사로 한정한다.

내인 경우. 위 유예기간은 주식가격의 급격한 변동 등 경제여건의 변화, 주식처분금지계약, 사업의 현저한 손실 또는 그 밖의 사유로 부채액을 감소시키거나 주식의 취득·처분 등이 곤란한 경우 공정위의 승인을 받아 2년을 연장할 수 있다(법 18조 6항).

② 상장법인 또는 국외 상장법인이거나 공동출자법인이었던 손자회사가 그에 해당하지 아니하게 되어 손자회사주식 보유 기준에 미달하게 된 경우로서 그 해당하지 아니하게 된 날부터 1년 이내인 경우

③ 일반지주회사의 자회사인 벤처지주회사였던 회사가 벤처지주회사에 해당하지 아니한 자회사가 됨에 따라 손자회사주식 보유 기준에 미달하게 된 경우로서 그 해당하지 아니한 자회사가 된 날부터 1년 이내인 경우

④ 손자회사가 주식을 모집하거나 매출하면서 자본시장법 제165조의7에 따라 우리사주조합에 우선 배정하거나 그 손자회사가 「상법」 제513조 또는 제516조의2에 따라 발행한 전환사채 또는 신주인수권부사채의 전환이 청구되거나 신주인수권이 행사되어 손자회사주식 보유 기준에 미달하게 된 경우로서 그 미달하게 된 날부터 1년 이내인 경우

⑤ 손자회사가 아닌 회사가 손자회사에 해당하게 되고 손자회사주식 보유 기준에는 미달하는 경우로서 그 회사가 손자회사에 해당하게 된 날부터 1년 이내인 경우

⑥ 손자회사를 손자회사에 해당하지 아니하게 하는 과정에서 손자회사주식 보유 기준에 미달하게 된 경우로서 그 미달하게 된 날부터 1년 이내인 경우(같은 기간 내에 손자회사에 해당하지 아니하게 된 경우로 한정)

⑦ 손자회사가 다른 회사와 합병하여 손자회사주식 보유 기준에 미달하게 된 경우로서 그 미달하게 된 날부터 1년 이내인 경우

(2) 계열회사 주식소유의 금지

일반지주회사의 자회사는 원칙적으로 손자회사가 아닌 국내 계열회사의 주식을 소유하는 행위를 해서는 안 된다(법 18조 3항 2호). 다만, 다음 어느 하나에 해당하는 사유로 인하여 주식을 소유하고 있는 국내 계열회사의 경우에는 그렇지 않다.

① 자회사가 될 당시에 주식을 소유하고 있는 국내 계열회사의 경우로서 자회사에 해당하게 된 날부터 2년 이내인 경우. 위 유예기간은 주식가격의 급격한 변동 등 경제여건의 변화, 주식처분금지계약, 사업의 현저한 손실 또는 그 밖의 사유로 부채액을 감소시키거나 주식의 취득·처분 등이 곤란한 경우 공정위의 승인을 받아 2년을 연장할 수 있다(법 18조 6항).

② 계열회사가 아닌 회사를 손자회사에 해당하게 하는 과정에서 그 회사가 계열회사에 해당하게 된 날부터 1년 이내인 경우(같은 기간 내에 손자회사에 해당하게 된 경우로 한정)

③ 주식을 소유하고 있지 아니한 국내 계열회사를 손자회사에 해당하게 하는 과정에서 그 계열회사의 주식을 소유하게 된 날부터 1년 이내인 경우(같은 기간 내에 손자회사에 해당하게 된 경우로 한정)

④ 손자회사를 손자회사에 해당하지 아니하게 하는 과정에서 그 손자회사가 손자회사에 해당하지 아니하게 된 날부터 1년 이내인 경우(같은 기간 내에 계열회사에 해당하지 않게 된 경우로 한정)

⑤ 손자회사가 다른 자회사와 합병하여 그 다른 자회사의 주식을 소유하게 된 경우로서 주식을 소유한 날부터 1년 이내인 경우

⑥ 자기주식을 보유하고 있는 자회사가 회사분할로 다른 국내 계열회사의 주식을 소유하게 된 경우로서 주식을 소유한 날부터 1년 이내인 경우

(3) 금산분리의 원칙

일반지주회사의 자회사는 원칙적으로 금융업이나 보험업을 영위하는 회사를 손자회사로 지배하는 행위를 해서는 안 된다(법 18조 3항 3호). 다만, 일반지주회사의 자회사가 될 당시에 금융업이나 보험업을 영위하는 회사를 손자회사로 지배하고 있는 경우에는 자회사에 해당하게 된 날부터 2년간 그 손자회사를 지배할 수 있다. 위 유예기간은 주식가격의 급격한 변동 등 경제여건의 변화, 주식처분금지계약, 사업의 현저한 손실 또는 그 밖의 사유로 부채액을 감소시키거나 주식의 취득·처분 등이 곤란한 경우 공정위의 승인을 받아 2년을 연장할 수 있다(법 18조 6항).

4. 일반지주회사 손자회사의 행위제한

일반지주회사의 손자회사는 국내 계열회사(금융업 또는 보험업을 영위하는 회사는 제외)의 지분 100%를 소유해야 한다(법 18조 4항 4호). 그리고 손자회사가 벤처지주회사인 경우 그 손자회사는 국내 계열회사(금융업 또는 보험업을 영위하는 회사는 제외)의 지분 50% 이상을 소유하여야 한다(법 18조 4항 5호). 즉, 손자회사가 증손회사를 보유하는 것은 원칙적으로 금지하되, 지분 100%를 보유하거나 손자회사가 벤처지주회사의 경우에는 예외를 허용하고 있는 것이다. 그리고 다음의 어느 하나에 해당하는 경우에는 유예기간을 허용하고 있다(법 18조 4항 1~3호).

① 손자회사가 될 당시에 주식을 소유하고 있는 국내 계열회사의 경우로서 손자회사에 해당하게 된 날부터 2년 이내인 경우. 위 유예기간은 주식가격의 급격한 변동 등 경제여건의 변화, 주식처분금지계약, 사

업의 현저한 손실 또는 그 밖의 사유로 부채액을 감소시키거나 주식의 취득 · 처분 등이 곤란한 경우 공정위의 승인을 받아 2년을 연장할 수 있다(법 18조 6항).

② 주식을 소유하고 있는 계열회사가 아닌 국내 회사가 계열회사에 해당하게 된 경우로서 그 회사가 계열회사에 해당하게 된 날부터 1년 이내인 경우

③ 자기주식을 소유하고 있는 손자회사가 회사분할로 다른 국내 계열회사의 주식을 소유하게 된 경우로서 주식을 소유한 날부터 1년 이내인 경우

5. 일반지주회사 증손회사의 행위제한

증손회사는 국내 계열회사의 주식을 소유해서는 안 된다. 다만, 다음의 어느 하나에 해당하는 경우에는 유예기간을 허용하고 있다(법 18조 5항).

① 증손회사가 될 당시에 주식을 소유하고 있는 국내 계열회사인 경우로서 증손회사에 해당하게 된 날부터 2년 이내인 경우. 위 유예기간은 주식가격의 급격한 변동 등 경제여건의 변화, 주식처분금지계약, 사업의 현저한 손실 또는 그 밖의 사유로 부채액을 감소시키거나 주식의 취득 · 처분 등이 곤란한 경우 공정위의 승인을 받아 2년을 연장할 수 있다(법 18조 6항).

② 주식을 소유하고 있는 계열회사가 아닌 국내 회사가 계열회사에 해당하게 된 경우로서 그 회사가 계열회사에 해당하게 된 날부터 1년 이내인 경우

③ 일반지주회사의 손자회사인 벤처지주회사였던 회사가 그 기준에

해당하지 아니하게 되어 그 주식보유 기준에 미달하게 된 경우로서 그 해당하지 아니하게 된 날로부터 1년 이내인 경우

6. 탈법행위의 금지

누구든지 지주회사 등의 행위제한(법 18조 2항부터 5항까지) 및 상호출자제한 기업집단의 지주회사 설립제한(법 19조)의 규정을 회피하려는 행위를 하여서는 아니 된다(법 36조 1항).

VI. 제재

1. 시정조치

공정위는 지주회사 등의 행위제한 등(법 18조 2항부터 5항까지), 상호출자제한 기업집단의 지주회사 설립제한(법 19조), 일반지주회사의 금융회사 주식 소유 제한에 관한 특례(법 20조 2항부터 5항까지) 또는 탈법행위의 금지(법 36조) 규정에 위반하거나 위반할 우려가 있는 행위가 있는 때에는 해당 사업자 또는 위반행위자에게 ① 해당 행위의 중지, ② 주식의 전부 또는 일부의 처분, ③ 임원의 사임, ④ 영업의 양도, ⑤ 채무보증의 취소, ⑥ 시정명령을 받은 사실의 공표, ⑦ 공시의무의 이행 또는 공시 내용의 정정, ⑧ 그 밖에 법 위반상태를 시정하기 위하여 필요한 조치 등의 시정조치를 명할 수 있다(법 37조 1항). 주식처분명령을 받은 자는 그 명령을 받은 날부터 해당 주식에 대하여 의결권을 행사할 수 없다(법 39조 2항).

2. 과징금

공정위는 지주회사 등의 행위제한 등(법 18조 2항부터 5항까지), 일반지주회사의 금융회사 주식 소유 제한에 관한 특례(법 20조 2항 또는 3항) 규정을 위반한 자에게 다음 금액의 20%를 초과하지 않는 범위에서 과징금을 부과할 수 있다(법 38조 3항).[38]

① 부채비율의 제한에 관한 규정(법 18조 2항 1호)을 위반한 경우에는 기준대차대조표상 자본총액의 2배를 초과한 부채액

② 자회사 주식소유비율 제한에 관한 규정(법 18조 2항 2호)을 위반한 경우에는 해당 자회사 주식의 기준대차대조표상 장부가액의 합계액에 다음 각 목의 비율에서 그 자회사 주식의 소유비율을 뺀 비율을 곱한 금액을 그 자회사 주식의 소유비율로 나누어 산출한 금액

(i) 해당 자회사가 상장법인 또는 국외 상장법인이거나 공동출자법인인 경우에는 100분의 30

(ii) 벤처지주회사의 자회사인 경우에는 100분의 20

(iii) 그 외의 경우에는 100분의 50

③ 지주회사에 대한 그 밖의 제한, 자회사의 다른 국내 계열회사 주식소유에 관한 제한, 손자회사(벤처지주회사 제외)에 대한 제한에 관한 규정, 또는 증손회사에 대한 제한에 관한 규정(법 18조 2항 3호부터 5호까지, 같은 조 3항 2호 · 3호, 같은 조 4항 1호부터 4호까지 또는 같은 조 5항)을 위반한 경우에는 위반하여 소유하는 주식의 기준대차대조표상 장부가액의 합계액

---

38) 지주회사 행위제한 등에 대한 과징금 부과시 2000년대 초반에는 위반금액의 10%까지 부과한 사례도 있었으나, 최근 사례들은 과징금 고시에 의거하여 위반 정도에 따라 10%, 8%, 5%의 기준부과율을 정한 후 이에 가중, 감경하여 부과하고 있다.

④ 자회사의 손자회사 주식소유비율 제한에 관한 규정(법 18조 3항 1호)을 위반한 경우에는 해당 손자회사 주식의 기준대차대조표상 장부가액의 합계액에 다음 각 목의 비율에서 그 손자회사 주식의 소유비율을 뺀 비율을 곱한 금액을 그 손자회사 주식의 소유비율로 나누어 산출한 금액

(i) 해당 손자회사가 상장법인 또는 국외 상장법인이거나 공동출자법인인 경우에는 100분의 30

(ii) 해당 손자회사가 벤처지주회사의 자회사인 경우에는 100분의 20

(iii) 그 외의 경우에는 100분의 50

⑤ 손자회사인 벤처지주회사에 대한 제한에 관한 규정(법 18조 4항 5호)을 위반한 경우에는 해당 손자회사인 벤처지주회사가 발행주식 총수의 100분의 50 미만을 소유하고 있는 국내 계열회사 주식의 기준대차대조표상 장부가액의 합계액에 100분의 50의 비율에서 그 국내 계열회사 주식의 소유비율을 뺀 비율을 곱한 금액을 그 국내 계열회사 주식의 소유비율로 나누어 산출한 금액

⑥ CVC를 자회사로 보유한 일반지주회사에 대한 제한에 관한 규정(법 20조 2항)을 위반한 경우에는 해당 자회사 주식의 기준대차대조표상 장부가액의 합계액을 그 자회사 주식의 소유비율로 나눈 금액에 해당 자회사 발행주식 중 자신이 보유하지 않은 주식의 비율을 곱하여 산출한 금액

⑦ CVC의 부채비율 제한에 관한 규정(법 20조 3항 1호)을 위반한 경우에는 기준대차대조표상 자본총액의 2배를 초과한 부채액

⑧ CVC의 투자조합 설립 제한에 관한 규정(법 20조 3항 4호)을 위반한 경우에는 위반에 해당하는 만큼의 출자금액

⑨ CVC의 투자제한에 관한 규정(법 20조 3항 5호)을 위반한 경우에는

위반하여 소유하는 주식, 채권 등의 기준대차대조표상 장부가액의 합계액

⑩ CVC의 행위제한에 관한 규정(법 20조 3항 6호)을 위반한 경우에는 위반하여 소유하도록 한 주식, 채권 등의 기준대차대조표상 장부가액의 합계액

3. 벌칙

지주회사 등의 행위제한, 상호출자제한 기업집단의 지주회사 설립제한, CVC를 자회사로 둔 일반지주회사 또는 CVC의 행위제한 또는 탈법행위 금지 규정에 위반한 자는 3년 이하의 징역 또는 2억 원 이하의 벌금에 처한다(법 124조 1항). 이 경우 징역형과 벌금형은 병과할 수 있다(법 124조 2항). 그리고 지주회사의 설립 · 전환의 신고 규정에 위반하여 지주회사의 설립 또는 전환의 신고를 하지 아니하거나 거짓으로 신고한 자 또는 지주회사 등의 행위제한 규정에 위반하여 해당 지주회사 등의 사업 내용에 관한 보고서를 제출하지 아니하거나 거짓으로 보고서를 제출한 자는 1억 원 이하의 벌금에 처한다(법 126조).

4. 과태료

CVC가 법 제20조 제3항 제2호, 제3호를 위반하여 금융업 또는 보험업을 영위하거나 CVC를 자회사로 둔 일반지주회사 또는 CVC가 법 제20조 제4항, 제5항에 따른 보고를 하지 아니하거나 주요 내용을 누락하거나 거짓으로 보고를 한 경우에, 사업자, 사업자단체, 공시대상 기업집단에 속하는 회사를 지배하는 동일인 또는 그 동일인의 특수관계인

인 공익법인은 1억 원 이하, 회사 · 사업자단체 · 공익법인의 임원 또는 종업원, 그 밖의 이해관계인은 1천만 원 이하의 과태료를 부과한다(법 130조 1항).

VII. 지주회사의 현황

2022년 공정위 발표(2021. 12. 기준)에 따르면,[39] 〈표 1〉에서 보는 것과 같이 우리나라 지주회사는 168개이고, 이 중에서 일반지주회사는 158개, 금융지주회사는 10개이고, 이 중에서 대기업집단 소속 지주회사는 48개이다.

지주회사 체제에 소속된 회사는 총 2,274개로 집계되어 지주회사는 평균 13.6개의 소속회사를 지배하는 것으로 나타난다. 지주회사의 평균 자회사는 5.8개, 손자회사는 6.9개, 증손회사는 0.8개로 나타난다. 그리고 일반지주회사의 자 · 손자회사 평균 지분율은 각각 71.7%(상장 40.5% · 비상장 85.5%), 81.2%(상장 47.4% · 비상장 83.2%)로 의무요건을 상회하고, 지주회사의 평균 부채비율은 32.7% 수준으로 법상 의무요건인 200% 이하를 밑돌고 있다. 그리고 일반지주회사의 CVC 설립이 허용되면서 동원기술투자㈜와 GS벤처스㈜가 설립 완료되었고, 다수 기업에서 CVC 설립을 추진 중이라고 한다.

지주회사로 전환한 대기업집단은 29개(금융지주집단 1개 포함)로 전체 1,281개 계열회사 중 1,008개를 지주회사 체제 안에서 보유하고 있다(지주회사 편입률 78.7%). 이 중에서 상호출자제한 기업집단은 20개로서 전

39) 공정위 2022. 6. 28.자 보도자료.

〈표 1〉 지주회사 수 변동 추이*(단위: 개)[40)]

구 분	2013	2014	2015	2016	2017	2018	2019	2020	2021	2022
일반지주회사	114	117	130	152	183	164	163	157	154	158
대기업집단	30	30	29	19	39	34	37	41	44	47
금융지주회사	13	15	10	10	10	9	10	10	10	10
대기업집단	2	1	1	1	2	3	2	2	2	1
합계	127	132	140	162	193	173	173	167	164	168
대기업집단	32	31	30	20	41	37	39	43	46	48

체 1,070개 계열회사 중 858개를 지주회사 체제 안에서 보유하고 있다(지주회사 편입률 80.2%). 반면, 지주회사 체제에 편입되지 않은 나머지 계열회사들은 총수 일가 등이 지주회사 체제 밖에서 별도로 지배하는 것으로 나타났다. 현행법상 일반지주회사 및 소속회사는 금산분리의 원칙에 따라 지주회사 체제 내에서 금융회사 지배가 금지되는데, 28개 일반지주전환집단 중 10개 집단은 지주회사 체제 밖에서 29개의 금융회사를 보유하고 있다.

40) 2020년까지는 당해 9월 말 기준이고, 2021년부터는 전년 연도 말 기준이다.

02

지주회사와 금산분리*

송옥렬**

I. 들어가며

금산분리 규제는 금융자본과 산업자본이 서로를 소유할 수 없도록 하는 것을 말한다. 현재 금산분리 원칙은 다양한 상황을 아우르는 용어로 사용되면서 다양한 법에 적용되고 있다. 예를 들어, 산업자본, 즉 비금융주력자가 은행을 지배할 수 없도록 하는 금융지주회사법은 가장 전형적인 형태의 금산분리로서 흔히 '은산분리'라고 구별하여 부른다.[1)]

---

* 이 글은 송옥렬, 지주회사 금산분리 규제의 재검토, 경제법연구 제20권 제3호(2021)를 바탕으로 수정한 것이다.

** 서울대학교 법학전문대학원 교수

1) 서문식, "금산분리" 용어에 대한 소고, 금융법연구 제17권 제1호(2020), 100면. "금산분리"라는 용어는 미국의 "separation of banking and commerce"로부터 유래한 용어로서, 은행 이외의 금융기관까지 포함하여 "금산분리"라는 용어를 사용하는 예는 세계적으로 찾아볼 수 없다는 점에서 문제가 있다. 서문식, 앞의 논문. 115면.

공정거래법상 기업집단 금융계열사의 의결권 제한 역시, 직접적인 소유규제는 아니지만, 소유권적 권리인 의결권을 제한하는 것으로서 금산분리의 범주에서 논의되곤 한다. 이 글은 그 가운데 공정거래법상 지주회사에 적용되는 금산분리 규제만 국한하여 살펴본다. 따라서 이하의 논의는 은산분리 또는 금융계열사 의결권제한 등에서의 논의와 중첩되는 부분도 있겠지만, 가급적 지주회사 체제라는 특성에 주목하여 논의를 진행한다.

현행 공정거래법 제8조의2 제2항 제4호 및 제5호는 지주회사 구조를 전제로 하여 금산분리를 규정하고 있다. 간단히 골격만 요약하자면, 금융지주회사는 금융회사 이외의 회사, 즉 산업자본을 소유하지 못하고, 반대로 일반지주회사는 금융회사를 소유하지 못한다는 것이다. 일반적으로 전자는 산업자본의 높은 위험이 금융부문에 전이되는 것을 방지하려는 목적, 즉 금융규제적 관점에서 설명한다. 따라서 금융규제법에도 같은 규정이 있다. 은행의 다른 회사 등에 대한 출자를 제한하는 은행법 제37조, 보험회사의 다른 회사에 대한 출자를 제한하는 보험업법 제109조, 금융지주회사가 비금융회사의 주식 소유를 제한하는 금융지주회사법 제6조의3, 금융지주회사 자회사의 비금융회사 지배를 금지하는 동법 제19조가 그러하다. 반면 후자, 즉 산업자본이 금융회사를 소유하지 못한다는 것은 다소 특이한 규제이다. 금융규제법에서는 오직 은행에 대해서만 이 규제를 두고 있다. 은행 또는 은행지주회사에 대하여 비금융주력자의 주식보유한도를 제한하고 한도초과 주식을 보유하기 위해서는 사전승인을 얻도록 하는 은행법 제16조의2, 금융지주회사법 제8조의2가 그러하다. 은행 이외의 금융회사에 대해서 금융규제법에는 이런 소유규제가 없으며, 오직 공정거래법에만 지주회사 규제의 하나로 이 규제가 들어가 있다. 이 글에서 핵심적으로 다룰 것이 바로 이 규제의 정책적 타당성이다.

그런데 우리나라에서 이들 규제가 운용되는 현실을 살펴보면 여러 가지 문제가 발견된다. 먼저 위와 같은 비은행 금융회사를 포함하여 금산분리의 원칙을 받아들인다 하더라도 다음과 같은 세 가지 쟁점이 해결되지 않는다.

첫째, 금융자본이 산업자본을 소유하지 못한다는 원칙이 왜 공정거래법에 들어가 있는가? 무엇보다 이 문제는 경제력 집중과 아무 상관이 없고, 위험의 전이의 방지와 같은 전형적으로 금융규제에서 염두에 두는 문제와 관련된 것이다. 따라서 필요하다면 금융규제법에서 이 규정을 두면 충분하다. 현실적으로 보더라도 우리나라에서 금융자본이 비금융회사를 소유하려고 하거나, 금융자본의 산업자본 지배가 사회적으로 문제된 경우는 거의 없다. 우리나라의 금융지주회사는 대부분 주식소유가 분산되어 있고, 그 경영진은 금융업 종사자이기 때문에, 굳이 금융업을 넘어서 제조업으로 사업을 확장할 인센티브를 갖지 않기 때문이다. 그 결과 이런 맥락에서의 은산분리 또는 금산분리는 보통 은행이 증권사, 보험사와 같은 비은행금융기관을 지배할 수 있는가 또는 그 업무를 겸영할 수 있는가의 문제로 논의되곤 한다. 다시 말해서, 은행이 다른 증권 또는 보험을 겸영할 수 있는 문제에 불과하므로 공정거래법의 목적인 경제력 집중과는 별 상관이 없다는 것이다.

둘째, 산업자본이 금융회사를 소유하지 못하는 원칙은 왜 지주회사 구조를 취하는 기업집단에만 적용되는가?[2) 일반적으로 이 소유규제는, 대주주가 누구인지에 따라서 금융기관의 안정성에 문제가 생길 수 있

2) 같은 문제의식은 선행연구에서도 제기하고 있다. 송태원, 일반지주회사의 금융사 지분 소유제한에 대한 일고, 법학연구 제29권 제1호(2018); 성형석, 공정거래법상 일반지주회사의 금융·보험회사 보유제한 규제에 대한 연구, 고려법학 제93호(2019).

고, 대주주가 금융기관을 사금고로 활용하여 문어발식 확장을 할 우려가 있다는, 두 가지 이론적 근거로 설명한다. 전자는 금융규제적 관점이고, 후자는 경제력 집중의 문제이다. 특히 은행과 같은 수신기관(depository institution)은 이런 문제에 취약할 수 있다는 등, 금융기관의 특성에 따라 규제가 달라져야 한다는 논의도 많다. 그러나 이 문제가 지주회사 체제에서 더 심각해진다는 주장은 찾아볼 수 없고, 실제로 지주회사에 대해서만 이런 식의 규제를 두고 있는 입법례도 없다. 현재 우리나라에서 지주회사 체제를 택하지 않은 상호출자제한 기업집단은 비은행 금융기관을 다수 보유하고 있고, 지주회사 체제를 택한 경우에도 지주회사 바깥의 계열사 형태로 역시 비은행 금융기관을 보유할 수 있다. 지주회사로 전환되면 왜 이런 비은행 금융기관이 갑자기 대주주의 사금고가 될 우려가 높아지는지, 이에 대한 합리적인 설명이 필요하다.

이런 논의는 비은행 금융기관을 포함하는 넓은 의미의 금산분리 원칙을 받아들이는 것을 전제로 한다. 그러나 그 전제 자체에 대해서 검토가 필요하다. 흔히 금산분리의 전형적인 입법례로 거론되는 미국의 경우에도 금산분리는 은산분리를 말하는 것에 그친다. 증권 또는 보험과 같은 은행 이외의 금융기관에 대해서는 산업자본과의 분리가 논의되는 경우를 찾아보기 어렵다. 그래서 "은행은 다른 비은행금융기관과 무엇이 다른가"의 문제가 핵심적인 쟁점으로 떠오르는 것이다. 비은행 금융기관을 산업자본과 분리해야 한다는 것은 심지어 우리나라에서도 일반적으로 받아들여지는 주장은 아니다. 증권사 또는 보험사를 보유한 기업집단이 많기 때문이다. 그러나 만일 이런 주장을 한다면, 그 이론적 근거는 결국 은산분리에서 가져올 수밖에 없다. 이 글에서는 먼저 은산분리의 이론적 근거를 간단히 살펴보고, 그 연장선상에서 같은 논리가 비은행 금융기관에도 적용될 수 있는지 살펴본다. 공정거래법상 지주회사 금산분리 규제는 이런 측면에서도 정당화되기 힘들다.

셋째, 위 문제의 연장선상에서, 지주회사 체제를 택한 기업집단과 그렇지 않은 기업집단 사이의 비대칭적 규제 문제를 해소하는 방식으로는 두 가지 접근이 가능하다. 하나는 지주회사 체제에서 금융회사를 소유할 수 있도록 규제를 완화하는 것이다. 이 경우 산업부문의 위험이 금융부문으로 전이되는 것을 차단하기 위해서 중간금융지주회사를 두어 모든 금융회사를 그 지배하에 두어야 한다는 주장이 있다.[3] 다른 하나는 지주회사 체제를 택하지 않은 기업집단이 보유하는 금융회사에 대해서, 금융지주회사와 유사한 규제를 부과하는 방식이다. 최근 정부가 추진하고 있는 금융그룹 통합감독체계가 그 좋은 예이다.[4] 금산분리의 아이디어와는 다소 거리가 있으나, 위와 같은 비대칭적 규제에 대한 한 가지 해법이 될 수 있다.

사실 산업자본이 은행을 소유할 수 있는지의 문제도 그렇게 쉽게 단정지을 수 있는 문제가 아니다.[5] 최근 카카오뱅크로 촉발된 인터넷전

---

3) 이미 2010년 공정거래법 개정안은 일정한 요건을 갖춘 일반지주회사가 중간금융지주회사를 두는 방식으로 금융회사를 보유할 수 있도록 하고 있었다. 그 내용에 대한 자세한 분석은, 백정웅, 공정거래법 개정안상 중간지주회사의 도입에 대한 검토: 금융지주회사법과 관련하여, 상사법연구 제29권 제3호(2010).

4) 금융그룹 통합감독은 그룹 전체 단위로 통합자본의 적정성을 산정하고 주요 위험을 관리하는 것을 말한다. 금융자산 5조 원 이상의 복합금융그룹이 감독대상으로 선정되는데, 금융지주회사 등은 제외한다. 그 결과 감독대상으로 지정된 복합금융그룹은 삼성, 한화, 교보생명, 미래에셋, 현대차, DB, 롯데 등 7개 그룹이고, 그 계열회사는 모두 97개이다. 윤세열, 금융그룹 감독 제도 추진현황과 향후 운영방향, BFL 제98호(2019), 48면.

5) 미국에서도 종래 은산분리는 은행업과 증권업의 겸영을 제한할 것인가의 문제였다. 그러나 2005년 월마트가 '월마트 은행', 정확히는 'industrial loan company(ILC)'를 설립하겠다고 FDIC에 승인을 요청한 것을 계기로, 산업자본이 은행을 소유하는 문제가 논의되면서 종래의 은산분리 원칙을 재검토할 필요가 논의되기 시작하였다. 당시

문은행의 논의는, 이제 우리나라에서도 산업자본의 은행 소유의 문제를 본격적으로 논의해야 할 시점이 되었음을 알려준다.[6] 여러 우려에도 불구하고 은행부문에서 경쟁의 제고를 가져올 수 있는 유력한 통로이기 때문이다. 이렇게 은행의 소유에 대해서도 이론적인 논쟁이 있는 마당에, 은행이 아닌 금융기관의 소유에 대해서 현재와 같은 전면금지가 왜 아직까지 '금산분리'라는 명분으로 정당화되고 있는지 이해하기 어렵다. 이하에서는 현행 공정거래법상 지주회사의 금산분리 규제의 문제점을 지적하고, 규제가 폐지되어야 한다는 점을 주장하고자 한다. 다만 중간지주회사 및 금융그룹 통합감독 체제는 그 자체가 다시 복잡한 논의가 수반되므로 다른 연구로 미룬다.

II. 지주회사 금산분리 규제의 현황

1. 규제의 개관

(1) 연혁

먼저 은산분리 규제가 어디에서 시작되었는지부터 살펴본다. 우리나

논의에 대해서는, Mehrsa Baradaran, Reconsidering the separation of banking and commerce, 80 George Washington Law Review 385(2012); Arthur E. Wilmarth, Jr., Wal-Mart and the separation of banking and commerce, 39 Connecticut Law Review 1539(2007). FDIC는 최종적으로 2020년 12월 15일 일정한 요건을 갖춘 산업자본이 ILC를 설립할 수 있도록 허용하는 규정을 공포하였다.

6) 박창욱/윤창술, 인터넷전문은행 도입에 따른 법적 쟁점에 관한 소고: 금산분리 완화 문제를 중심으로, 법과 정책연구 제18집 제4호(2018); 이준희, 인터넷전문은행 관련 법률적 쟁점에 관한 소고, 기업법연구 제30권 제1호(2016).

라에서 은산분리, 즉 은행의 소유제한은 시중은행의 민영화과정이 진행되면서 1982년 은행법 개정에서 처음 등장하였다.[7)] 1990년대 중반 주식소유비율은 금융자본과 산업자본 모두 4%로 제한되는 것으로 정리되어 계속 엄격한 기조를 유지하여 왔는데,[8)] 2000년대 들어 국제적 기준에 맞춘다는 명분과 함께, 은행에 대한 사전적 소유규제는 완화하고 그 대신 은행의 지배구조나 금융감독을 강화해야 한다는 주장이 힘을 얻어, 다음과 같이 두 차례에 걸쳐 완화되었다. 2002년 4월 은행법 개정으로 동일인의 보유한도가 종전의 4%에서 10%로 상향되었고, 2009년 6월에는 다시 비금융주력자의 보유한도를 4%에서 9%로 상향된 것이다. 그러나 이렇게 산업자본의 소유규제 기준이 4%에서 9%로 높아진 것에 대해서는 금융자본의 원칙적 소유 상한선인 10%에 근접한 것이라는 점에서 은산분리를 사실상 폐기한 것이라는 비판이 있었고,[9)] 이런 비판에 따라 2013년 8월 은행법 개정으로 산업자본의 소유한도는 다시 종전의 4%로 환원되었다.

이렇게 은산분리, 즉 은행의 소유규제는 다양한 논의와 정치적 협상을 통해 계속 변천해 왔으나, 이 글에서 다루는 공정거래법상 지주회사

---

7) 1982년 12월 은행법 개정 이전까지는 "금융기관에 대한 임시조치법"에 의하여 은행주식에 대해서 대주주의 의결권만 10% 범위로 제한되었다. 1982년 은행법 제정으로 동일인 주식보유한도가 8%로 처음 도입되었다. 한국은행, 우리나라의 금융 제도(1999), 75면.

8) 다만 1997년 말 IMF 외환위기를 맞이하여 외국인에 대해서는 금융위원회의 승인을 조건으로 하여 소유제한을 잠시 폐지하였다. 대규모의 공적 자금을 투입한 은행을 매각하는 과정에서 외국자본 이외에 적절한 매수주체를 찾기 어려웠기 때문이다. 한국은행, 앞의 논문(각주 7). 76면.

9) 이처럼 원칙적 상한선은 거의 근접하였다 하더라도, 여전히 금융자본과 산업자본의 은행소유 한도는 차이가 있었다. 산업자본은 금융위원회 승인을 얻더라도 10%까지밖에 소유할 수 없었지만(구 은행법 제16조의2 제2항), 금융자본은 금융위원회의 승인을 얻어 최대 33%까지 소유할 수 있었기 때문이다(구 은행법 제15조 제3항).

규제는 그렇지 못했다. 현행 공정거래법은 제8조의2 제2항 제4호와 제5호에서 금산분리를 규정하고 있는데,[10)] 우선 제4호를 보면, 금융지주회사는 금융업 또는 보험업을 영위하는 회사 외의 국내 회사의 주식을 소유하지 못한다고 규정하면서, 단서로 금융지주회사로의 전환 또는 설립시 2년의 유예기간을 두고 있다. 여기서 "금융업 또는 보험업을 영위하는 회사"에는 금융업 또는 보험업과 밀접한 관련이 있는 회사를 포함하는데, ① 금융회사 또는 보험회사에 대한 전산·정보처리 등의 역무의 제공, ② 금융회사 또는 보험회사가 보유한 부동산 기타 자산의 관리, ③ 금융업 또는 보험업과 관련된 조사·연구, ④ 기타 금융회사 또는 보험회사의 고유 업무와 직접 관련되는 사업 등을 목적으로 하는 회사를 말한다(동 시행령 제15조의4 제2항). 한편 제5호를 보면, 일반지주회사는 금융업 또는 보험업을 영위하는 국내 회사의 주식을 소유하지 못한다고 하면서, 역시 일반지주회사로의 전환 또는 설립시 2년의 유예기간을 인정하고 있다.

그런데 이 소유금지 규정은 공정거래법이 지주회사를 허용하기 시작한 1999년 2월 개정에서 들어갔으며, 그 이후에 2년의 유예기간에 관한 단서조항이 2004년 12월 개정으로 추가된 것을 제외하면, 그 이후 한 차례의 개정도 없이 거의 원형 그대로 남아 있다. 금산분리가 상당히 논쟁적인 사항이라는 점을 감안하면 상당히 놀라운 일이 아닐 수 없다. 그렇다고 이 규정들이 아무 기능도 하지 못했기 때문에 그대로 유지되었던 것도 아니다. 제4호는 금융지주회사가 굳이 비금융 일반회사를 보유하고자 하지 않았기 때문에 특별히 문제되지 않았지만, 제5호는 그렇

---

10) 2020년 12월 전부 개정되어 2021년 12월 30일부터 시행되는 공정거래법에서는 제18조 제2항 제4호, 제5호로 이동되었으나, 내용에는 차이가 없다. 이하에서는 2021년 11월 현재 현행법에 의한 조문 표기를 원칙으로 한다.

지 않았다. 특히 기업집단이 지주회사로 전환하는 과정에서 기존에 보유하고 있던 금융회사의 처리가 문제되는 경우가 많았고, 이런 이유에서 제5호는 지주회사 전환의 주요 장애물로 인식되기도 하였다. 규제의 이론적 근거가 그렇게 확고하지 않음을 감안한다면 상당히 의아한 현상이다.

(2) CVC 도입

이 규제와 관련하여 이루어진 최초의 실질적인 개정은 지난 2020년 12월 공정거래법 전부개정에서 이루어진 기업형 벤처캐피탈(corporate venture capital, 이하 "CVC")의 도입이다. 개정된 공정거래법 제20조에 신설된 CVC는 단순히 투자수익을 목적으로 하는 일반 벤처캐피탈이 아니라, 기업집단과의 장기적 파트너십을 염두에 두고 기업집단이 보유한 인적 자원 및 국내외 네트워크를 이용하여 수익을 창출할 수 있는 모델이다.[11] 그러나 경제력 집중이 우려되는 사업 모델이기도 하고, 실제로 국내에 이미 설립되어 있는 CVC 역시 지배주주가 영향력을 행사하거나 단순히 거래의 내부화에 그치는 등 단점도 적지 않게 발견된다.[12] 이처럼 찬반 논란이 많았는데, 이번 공정거래법 개정에서 최종적으로 도입하는 것으로 결정되었다.

---

11) 신영수, 개정 공정거래법상 CVC(기업형 벤처캐피탈) 관련 규정에 대한 평가와 전망, 경영법률 제31집 제4호(2021), 167면.

12) 신영수, 앞의 논문(각주 11). 168면. 실제로 대규모 기업집단에 대한 특혜론 및 경제력 집중의 우려에 기초한 반대론이 부각되면서 20대 국회에서 마련되었던 개정안은 입법으로 이어지지 못하고, 회기만료로 폐기되었다. 21대 국회에서 벤처기업 활성화의 분위기가 조성되면서, CVC의 설립을 허용하되 상당한 행위규제를 단점을 최소화하는 입법이 이루어진 것이다. 앞의 책, 172-174면.

그동안 CVC의 설립에 결정적인 장애물은 바로 이 글에서 다루는 지주회사의 금산분리 규제였다. 일반지주회사는 금융업을 영위하는 CVC를 둘 수 없기 때문에, 지금까지 CVC의 설립은 이 규제의 바깥에서 이루어졌다. ① 지주회사 구조가 아닌 기업집단의 경우에는 자유롭게 CVC를 설립할 수 있었고(삼성, 카카오 등 9개 기업집단), ② 공정거래법상 지주회사를 취한 기업집단의 경우에는 지주회사 바깥의 계열사 형태로 CVC를 보유할 수 있었다(롯데, CJ, 코오롱, IMM인베스트먼트 등 4개 기업집단). ③ 일부 그룹은 공정거래법의 적용이 없는 해외 법인 형태로 CVC를 보유하기도 하였다(SK, LG).[13] 이번 개정으로 일반지주회사도 CVC의 설립이 가능하게 되었지만, 이를 뒤집어 생각해 보면, 이렇게 지주회사 바깥에서 가능한 것이었다면 왜 지주회사 안에서는 금지되었는지 의문이 아닐 수 없다. 어쩌면 현행 공정거래법상 지주회사 규제는 검증되지 않은 '지주회사의 신화(myth)'에 기초하고 있는 것이 아닐까 하는 의문이다. 이하에서 제기하는 지주회사의 금산분리에 대한 비판도 본질적으로는 같은 문제를 제기하는 것이다.

2. 사례

(1) 과도한 적용범위

공정거래법상 지주회사 금산분리 규제는 지주회사의 요건을 충족하는 이상 원칙적으로 적용된다. 지주회사가 되기 위해서는 대차대조표상 자산총액이 5천억 원 이상이고(공정거래법 제2조 제1호의2, 시행령 제2조

13) 신영수, 앞의 논문(각주 11). 169-170면.

제1항), 보유하는 자회사의 지분가치가 지주회사 자산총액의 50%이면 된다(동법 제2조 제1호의2, 시행령 제2조 제2항). 이것은 공시대상기업집단의 기준인 자산총액 5조 원, 상호출자제한기업집단의 기준인 자산총액 10억 원(동법 제14조 제1항, 시행령 제21조 제1항, 제2항)과 비교하면 상당히 적은 규모로서, 실제로 전체 160여 개 지주회사 가운데 상호출자제한기업집단 소속은 46개에 불과하다.

따라서 상호출자제한기업집단 이외에 소규모 그룹이 지주회사 체제를 취하고 있는 경우도 공정거래법상 금산분리의 적용대상이 된다. 오히려 최근에는 이런 소규모 그룹에 대해서 공정거래위원회의 제재가 집중되는 경향을 보이고 있다. 2010년대 후반에서 2020년대 초반까지의 사례만 보더라도, 휴온스글로벌, 골프존누딘홀딩스, 부당, 유비쿼스홀딩스, 인터파크홀딩스, 우미개발, 종근당홀딩스, 신송홀딩스, 약진통상, 휴맥스홀딩스 등 상호출자제한기업집단이 아닌 소규모 그룹에 대해서 과징금 처분이 이루어졌다.[14] 지주회사 금산분리의 취지가 경제력 집중에 있든 아니면 위험전이의 방지를 통한 시스템 위험의 감소에 있든, 어느 측면에서 보더라도 이런 소규모 기업집단에 대한 규제까지 정당화하는 것은 쉬운 일이 아닐 것이다.

(2) 상호출자제한기업집단의 사례

상호출자제한기업집단의 사례도 있는데, 제재 규모가 크기 때문에 많은 관심을 끌었다. 다음 사례는 대부분 기업집단이 지주회사 구조로

---

14) 이상 소규모 기업집단에 대한 내용은 2021년 경제법학회 추계 학술대회에서 법무법인 세종의 이상돈 변호사의 토론에서 지적한 사항을 옮긴 것이다. 이 지면을 빌려 좋은 토론 및 정보에 감사드린다.

전환하면서 금융계열사의 매각이 문제된 경우인데, 지주회사의 금산분리 규제가 어떻게 작동되는지 알 수 있는 사례들이다. 모두 공정거래법 제8조의2 제2항 제5호의 문제이다. 두산캐피털 사건과 SK증권 사건은 2년의 유예기간을 경과하도록 매각이 이루어지지 않아 공정거래위원회로부터 과징금 처분을 받은 사안이고, 롯데카드 사건은 롯데그룹의 지주회사 전환과 관련하여 결국 외부매각이 이루어진 사안이다.[15)]

1) 두산캐피털 사건

두산그룹은 2009년 1월 지주회사 구조로 전환하였는데, 당시 (주)두산과 두산중공업이 두산캐피탈의 주식을 보유하고 있었다. 이 주식은 지주회사 구조에서는 보유할 수 없었으나 그 매각이 쉽지 않았다. 두산그룹은 2년의 유예기간 동안 처분이 이루어지지 못하자 다시 2년의 유예기간 연장을 신청하였고, 공정거래위원회는 주가하락, 매각 시 사업의 현저한 손실, 주식처분 금지계약 등을 고려하여 2012년 12월 31일까지 2년의 연장을 승인하였다. 그러나 그 기간이 지나도록 결국 주식의 처분이 이루어지지 못하였다. 두산그룹은 공정거래위원회 심의일 이전에 이 주식을 비영리법인 및 해외계열사 등에 처분하여 법위반 상태는 해소하였으나, 공정거래위원회는 동일한 유형의 위반을 우려하여 재발방지명령과 함께 28억 6천만 원의 과징금을 결정하였다.

2) SK증권 사건

이 사건은 두 차례에 걸쳐 과징금이 부과된 특이한 경우이다. SK그

15) 이하 두산캐피털 사건과 SK증권 사건은, 성형석, 앞의 논문(각주 2), 269-270면에서 소개된 내용을, 롯데카드 사건은, 조현덕 / 박병권, 롯데그룹 구조개편 관련 금산분리 규제 검토, BFL 제98호(2019), 33-36면에 소개된 내용을 간단히 요약한 것이다.

룹은 2007년 7월 지주회사 구조로 전환하였는데, 당시 SK네트웍스가 SK증권 주식을 22.4% 보유하고 있었다. 위 사건과 마찬가지로, 공정거래위원회가 한 차례 유예기간의 연장을 승인하여 2011년 7월 2일까지 유예기간이 연장되었다. 그러나 SK네트웍스는 이 주식을 완전히 처분하지 못하였고, 공정거래위원회는 주식매각명령과 함께 과징금 50억 8천만 원을 부과하였다. SK네트웍스는 지주회사 바깥의 계열사인 SK C&C에 잔여 지분 9.9%를 매각하여 법위반 상태를 해소하였다. 그런데 다시 2015년 8월 SK C&C가 SK(주)에 합병되면서, 보유하고 있던 SK증권 주식을 SK(주)가 보유하게 되었다. SK(주)는 이 주식을 유예기간 2년이 지나도록 처분하지 못하였고, 공정거래위원회는 2018년 1월 SK(주)에 주식매각명령과 함께 29억 6천만 원의 과징금을 부과하였다.

3) 롯데카드 사건

롯데그룹은 2017년 10월 12일 지주회사 체제로 전환하였는데, 여기서 크게 문제되었던 것은 롯데카드를 비롯한 금융계열사 주식의 처분이었다. 롯데그룹은 백화점, 마트, 호텔 등 유통업 · 호텔업을 핵심적인 사업으로 영위하고 있어서 신용카드업은 큰 시너지 효과를 가져온다. 롯데그룹으로서는 이 시너지의 추구가 상당히 중요하고, 실제로 지주회사 전환과정에서 롯데카드의 매각을 마지막까지 망설였다. 롯데카드를 그룹이 계속 보유하는 대안으로 지주회사 체제 바깥에 있는 롯데물산이나 호텔롯데 같은 계열사에 매각하는 방안도 고려되었으나, 위 SK증권 사건에서와 본 바와 같이, 이 계열사들이 장래 합병 등으로 지주회사 체제에 편입될 가능성이 있기 때문에, 결국 롯데카드를 그룹 외부에 매각하는 것이 불가피하다는 결론이 내려졌다. 롯데그룹은 유예기간 2년 이내인 2019년 10월 10일, 보유하던 롯데카드 지분 79.83%를 그룹 외부인 한국리테일카드홀딩스에 59.83%, 우리은행에 20.00%를 매각하였고, 나머지 13.95%는 지주회사의 자회사인 롯데쇼핑에 매각[16]하는 방법으로 금산분리와 관련된 행위제한을 모두 준수하였다.

III. 지주회사 금산분리 규제의 쟁점

1. 금융자본의 비금융회사 소유

(1) 금융자본의 적극적 인센티브의 결여

현행 공정거래법 제8조의2 제2항 제4호는 금융지주회사가 비금융회사의 주식을 소유하지 못하도록 하고 있으며, 금융지주회사법 제6조의3도 같다. 이것은 금융지주회사에만 있는 규제이고, 다른 금융회사에는 없다. 은행은 다른 회사의 주식을 소유할 수 있고 다만 그 한도가 15%로 제한되는데(은행법 제37조 제1항), 이런 출자제한의 취지는 은산분리를 구현한 것이다.[17] 보험사에 대해서도 출자제한 규제가 있지만(보험업법 제109조), 증권사에 대해서는 출자규제도 없다. 은행과 보험의 경우에는 건전성규제, 즉 비금융회사의 위험이 전이되는 것을 방지한다는

---

16) 롯데그룹의 지주회사는 공정거래법 제8조의2 제2항 제5호에 의하여 롯데카드 지분을 전혀 보유할 수 없다. 그러나 이 규정은 지주회사의 자회사에는 적용되지 않는다. 따라서 지주회사의 자회사인 롯데쇼핑은 롯데카드의 지분을 보유할 수 있지만, 동조 제3항 제3호에 따라 롯데쇼핑이 롯데카드를 '지배'하는 것은 허용되지 않는다. 여기서 '지배'의 개념은 공정거래법 제2조 제2호, 동 시행령 제3조를 참조하면, 30% 이상의 지분보유 또는 사실상의 지배적인 영향력을 가지고 판단한다. 결국 롯데쇼핑이 롯데카드의 소수지분 13.95%를 보유하는 것은 허용된다.

17) 정순섭, 은행법(2017), 209면.

관점에서 규제의 근거를 설명할 수 있다. 금융지주회사의 경우에도 더 강한 형태라는 점만 다를 뿐, 본질적으로는 같은 취지이다.

공정거래법의 규정이 금융지주회사법 제정 이전인 1999년부터 있었기 때문에, 왜 이런 규정이 공정거래법, 그것도 경제력 집중을 규제하는 기업집단 규제 부분에 포함되게 되었는지 의문이 아닐 수 없다. 1999년 공정거래법에서 지주회사를 허용할 당시의 분위기를 생각해 보면, 소유구조의 단순화 · 투명화를 위하여 지주회사를 도입하기는 하지만, 지주회사가 기업집단의 경제력 집중이나 지배주주의 지배력 강화에 이용되지 못하도록 해야 한다는 공감대가 있었고, 그에 따라 지주회사에 대해서 여러 규제가 도입되었다. 그런데 금융지주회사는 공정거래법이 관심을 가지고 있던 재벌 문제와는 별 상관이 없다. 아마 미국의 입법례를 가져온 것으로 짐작이 되지만, 사실 우리나라에는 없는 문제였기 때문에, 우리의 문제를 해결하기 위한 조문은 아니라고 생각된다. 다시 말해서, 우리나라에서 금융자본, 특히 은행은 산업자본의 소유를 통해서 경제력을 집중하거나 금융시장에서의 지배력을 확장하려고 한 역사가 없다는 것이다. 오히려 반대로 은행의 대형화 · 겸업화를 유도하여 은행의 경쟁력을 강화하자는 것이 정부의 정책목표인 경우가 많았다. 여기에는 크게 두 가지 점이 연관되어 있을 것으로 생각된다.

첫째, 우리나라의 주요 금융지주회사는 거의 모두가 은행을 기반으로 하여 금융지주회사로 전환하였다는 점이다. 지금도 지주회사가 은행을 100% 보유하고 있는 경우가 많고, 이 경우 은행의 자산과 수익이 금융그룹에서 차지하는 비중이 절대적이다.[18] 그 결과 금융그룹의 운

18) 예를 들어, 2017년 주요 금융그룹의 자산 및 수익에서 은행이 차지하는 비중은 다음과 같다(단위는 %). 강다연, 금융지주회사 지배구조의 한계점과 사용자성 확보, 금융경제연구소 금융정책연구(2018), 7-14면.

영에 있어서도 자회사인 은행의 수익성과 안정성에 가장 중점을 두게 되는 것은 자연스러운 일이다. 아쉽게도 우리나라의 은행은 지금까지도 독과점 시장에서 예대마진의 확보를 통하여 쉽게 수익을 얻을 수 있었기 때문에, 대형화·겸업화를 통하여 적극적으로 다른 수익원을 확보하려는 인센티브가 결여되어 있는 것으로 보인다. 금융지주회사도 비슷하지 않을까 생각한다. 그뿐만 아니라 일반사업회사가 금융그룹 내에 들어온다면 은행의 안정성에 미치는 영향도 생각하지 않을 수 없다. 결국 은행과 스스로를 동일시하는 금융지주회사로서는 비금융회사로 사업을 확장하려는 인센티브를 갖기 어렵다.

둘째, 금융지주회사의 소유구조 및 금융업의 특수성을 생각해 볼 수 있다. 우리나라의 대부분 금융지주회사는 은행지주회사이기 때문에, 비금융주력자의 소유가 4%로 제한된다(금융지주회사법 제8조, 제8조의2). 그 결과 지배주주가 없는 전형적인 분산소유 구조를 가지게 되고, 회사는 경영진이 지배하게 된다. 지배주주는 사업을 다각화함으로써 자신이 부담하는 위험을 낮출 수 있기 때문에 비금융회사로 사업을 확장할 강한 인센티브를 가지게 된다. 반면 경영진은 사업의 위험이 직접 귀속되지 않기 때문에 그런 인센티브가 약할 수 있다. 여기에 더하여, 경영진이 주로 금융업에 오랫동안 종사해왔다는 점이 사업의 다각화에 중요한 장애물로 작용한다. 자신이 잘 알지 못하는 비금융회사를 지배하는 것은 경영실패로 이어질 확률이 높고, 그렇게 되면 금융지주회사의 경영진으로서의 지위도 위협을 받을 수 있기 때문이다.

항목	신한	하나	KB	BNK	DGB	NH농협	JB
자산	70.6	84.8	74.0	92.8	84.8	67.8	85.7
영업수익	53.3	82.2	48.7	86.4	66.9	28.1	67.1
당기순이익	55.1	96.0	68.3	105.5	97.1	75.8	108.0

이처럼 우리나라에서 금융자본의 비관련 다각화를 통한 경제력 집중의 가능성은 높지 않아 보인다. 그렇다면 최소한 공정거래법의 관심사는 아니라고 보아야 할 것이다. 위험의 전이를 방지한다는 전형적인 금융규제의 논리는 가능하지만, 그것이 염려된다면 금융규제법에 규정을 두면 충분하다. 현재 금융지주회사법의 규정이 바로 그러하다. 따라서 공정거래법상 금융지주회사에 대한 규제는 이론적 근거는 대단히 취약하다. 우리나라 금융위기 당시 금융지주회사는 미국으로부터 도입된 것인데, 미국의 은산분리가 왜 금융지주회사 형태로 이루어졌는지에 대한 숙고가 부족하였던 것은 아닌가 하는 생각도 든다. 아래에서 더 자세하게 살펴본다.

(2) 미국의 은산분리의 역사

은행지주회사가 비금융회사를 보유하지 못하는 규제는 미국의 규정[19]을 참조한 것으로 보인다. 그런데 미국에서 이런 은산분리는 대공황 이전 금융자본이 산업을 지배하던 역사를 배경으로 한다.[20] 당시 상업은행은 투자은행을 겸영 또는 자회사방식으로 영위하면서 철도, 전기 등 기간산업에 큰 영향력을 행사하고 있었고, 은행가들이 이사로 있는 기업이 미국 전체 GDP의 과반을 차지하였다고 한다.[21] 대형 투자은행들은 증권 인수에 있어서는 독점적 수요자로서, 증권 판매에 있어서는 독점적 공급자로서, 증권발행자인 일반산업회사와 증권구매자인 금융

19) 12 U.S.C. §1843(a), (c).

20) 민세진, 미국 산금분리규제 진화 및 영향에 대한 연구: 금융업권별 차이와 지주회사와의 관계를 중심으로, BFL 제20호(2006), 112면.

21) 민세진, 앞의 논문(각주 20).

회사를 통제하여 거대 독점을 형성하게 되었다는 것이다.[22] 결국 1929년 주식시장 붕괴와 대공황이 찾아오자, 이런 투자은행의 산업지배가 비난의 표적이 되었고, 1933년 Glass-Steagall Act는 투자은행을 상업은행으로부터 분리시키고, 은행의 일반산업회사의 소유를 금지하기에 이르렀다. 이후 상업은행들이 은행지주회사를 통하여 투자은행을 제외한 다른 금융업이나 제조업을 영위하기 시작하자,[23] 1956년 은행지주회사법은 두 개 이상의 은행을 보유한 은행지주회사에 대하여 비은행업을 영위하는 회사의 보유를 금지시켰으며, 이후 1970년에는 한 개의 은행을 보유한 은행지주회사에 대해서 같은 의무를 부과함으로써 규제를 강화하였다.[24]

이런 역사를 보면, 왜 미국의 금융규제에서 은산분리가 주로 금융자본의 산업지배를 염두에 두고 전개되는지를 알 수 있다. 미국은 금융자본이 산업을 지배하고, 개별 시장에서의 독과점을 심화시켰던 역사를 가지고 있기 때문에, 이 문제에 대해서 해법을 마련하고자 했던 것이다. 우리나라의 은행 또는 은행지주회사는 아직 이런 역사를 가지고 있지 않다. 따라서 미국과 같이 큰 의미가 있는 규제가 되지는 못할 것으로 보이지만, 그렇다고 이를 폐지해야 할 이유도 마땅하지 않다. 은행지주회사가 일반산업으로 지배력을 확장해서 생기는 사회적 편익도 불분명하기 때문이다.

---

22) 민세진, 앞의 논문(각주 20). 113면.

23) 은행지주회사는 미국에서 1900년대 초반 금융산업 초기에 금융기관의 규모가 커지는 것을 막았던 지역규제(anti-branching regulation)를 피하기 위해서 발전된 것이었다. 자회사 설립을 통하여 다른 주에 진출하거나 비은행업에 진출하기가 용이했기 때문에, 규모를 확장하고자 했던 은행들이 가장 선호했던 방식이었다. Jonathan R. Macey, Geoffrey P. Miller & Richard S. Carnell, Banking Law and Regulation(3rd, 2001), pp.15-16.

24) 민세진, 앞의 논문(각주 20), 113면.

2. 산업자본의 금융회사 소유

(1) 소유규제의 이론적 근거

다음으로 공정거래법 제8조의2 제2항 제5호에서 일반지주회사가 금융회사의 주식을 소유하지 못하도록 한 규정을 검토한다. 일반적으로 어느 국가를 막론하고, 산업자본이 금융회사를 소유하지 못하는 것은 주로 은행의 소유를 중심으로 논의되어 왔다. 미국에서도 '은산분리'의 개념만 존재할 뿐이고, 은행 이외의 금융기관은 원칙적으로 산업자본과 분리되지 않는다. 따라서 자연스럽게 "은행은 다른 비은행금융기관과 다른가"의 질문이 등장하게 된다. 우리나라에서도 지주회사 체제를 택하지 않은 기업집단은 비은행 금융기관을 다수 지배하고 있기 때문에,[25] 산업자본이 비은행 금융기관을 보유할 수 없다는 것은 심지어 우리나라에서도 일반적인 원칙은 아니다. 그러나 만일 이런 주장을 한다면, 그 이론적 근거는 결국 은산분리에서밖에 가져올 수 없기 때문에, 이하에서는 먼저 은산분리에 대해서 간단히 살펴보고, 이 논리가 비은행 금융기관에 적용되기 어렵다는 점을 보인다.

1) 은행

가. 은행은 특수한가?

은행의 소유를 규제하는 배경은 다양하게 생각할 수 있겠으나,[26] 크

---

25) 앞의 논문(각주 35) 및 그 본문 〈표 1〉 참조.
26) 이병윤, 산업자본과 금융자본 분리의 논리, BFL 제16호(2006), 7-11면.

게 다음과 같은 세 가지 정도의 논리로 요약될 수 있을 것이다. 첫째, 은행의 파산은 이른바 'bank run'이 발생하여 시스템위험으로 확대될 가능성이 높다는 점이다. 일반적으로 bank run 현상은 은행경제학에서 은행의 자금중개 기능을 설명하는 전통적인 Diamond-Dybvig 모형에 기초하고 있다. 은행의 자산이 당장 고객의 유동성 청구를 모두 만족시키지 못하는 경우, 고객이 은행을 믿고 제1기에 인출하지 않으면 은행도 파산하지 않고 고객도 제2기에 수익이 보장되는 내쉬균형이 존재함에도 불구하고, 또 다른 내쉬균형, 즉 고객이 제1기에 예금을 인출하고 그 결과 은행이 파산하게 되는 비효율적 내쉬균형도 존재한다는 것이다.[27)] 자산이 충분하여 파산하지 말아야 할 은행도 예금자의 신뢰가 무너져 결국 파산에 이르게 된다는 것이다. 이런 시스템위험은 은행이 수신기관(depository institution)으로서 고객에게 유동성을 제공한다는 점에 기초하고 있다.

둘째, 은행의 자본 구조로 인하여 과도하게 위험을 추구할 가능성이다. 은행은 영업의 성격상 다른 산업과는 비교되지 않을 정도로 과도한 부채비율을 가지는데, 이로 인하여 은행의 주주는 위험을 인수하고자 하는 인센티브가 과도해진다는 것이다.[28)] 그런데 은행이 파산하게 되면 단순히 당해 은행 하나의 파산에 그치는 것이 아니라 위와 같은 시스템위험을 초래하기 때문에, 이런 과도한 위험추구의 사회적 비용은

---

27) Xavier Freixas & Jean-Charles Rochet, Microeconomics of Banking(1997), pp.192-195.

28) 일반적으로 옵션이론에서 주주는 회사의 자산을 기초자산으로 하는 콜옵션을 보유하고 있다고 설명한다. 콜옵션의 가치는 기초자산의 위험이 높아질수록 커지기 때문에 주주는 위험을 선호하게 된다. 주주의 이런 인센티브는 사업위험을 채권자에게 외부화시킬 수 있다는 것에서 발생하는데, 회사의 부채비율이 높아질수록 외부화가 더 쉽게, 더 많이 일어나기 때문에 주주의 이런 인센티브는 강화된다.

매우 커진다. 따라서 은행 주주의 이런 인센티브는 일반 다른 산업에서 주주의 인센티브보다 훨씬 강하게 규제되어야 한다는 것이다. 일반적으로 산업자본이 대주주인 경우 이런 인센티브가 커지는 것으로 생각되고 있으나, 은행의 소유가 분산된 경우와 지배주주가 존재하는 경우 이 인센티브가 어떻게 달라지는지는 아직 명확하게 알려져 있지 않다. 설사 주식소유가 분산되어 있더라도 경영진이 주주의 이익을 대변한다면 비슷하게 위험을 선호하는 의사결정을 하게 될 것이고, 소유가 집중되어 있더라도 그것이 금융자본인지 산업자본인지에 따라 위험추구의 인센티브가 달라질 이유는 별로 없기 때문이다.

셋째, 은산분리의 핵심적인 논거는 우리나라 산업자본의 특수성에 있다. 우리나라에서 은행을 소유할 수 있는 산업자본이란 결국 대규모 기업집단, 즉 재벌밖에는 생각할 수 없는데, 이렇게 은행이 기업집단의 계열사로 편입되면 그 계열사의 지원에 이용되는 과정에서 다양한 비효율이 발생한다는 것이다.[29] 예를 들어, ① 계열사가 부실화되더라도 은행이 계열사의 구조조정을 진행하기 어려워지고, ② 은행이 자신이 지배하는 산업자본의 이해관계에 따라 자금을 배분하기 때문에 사회적으로 자원배분의 효율성을 달성할 수 없으며, ③ 산업자본은 은행의 자금을 가지고 비효율적으로 기업집단을 확장하려고 하는 인센티브를 가지기 때문에 대마불사의 문제를 야기할 수 있고, ④ 계열사와 경쟁하는 다른 기업과 자금조달의 용이성에서 현저한 차이가 생기기 때문에 공정경쟁의 문제가 생긴다. 이러한 논거는 결국 '은행의 사금고화' 정도의 표현으로 요약할 수 있다.

---

29) 이병윤, 앞의 논문(각주 26), 8-11면.

나. 은행의 소유규제 유지에 대한 검토

현재의 은행의 소유규제에 대한 세부적인 분석 및 평가는 이 글의 범위를 벗어난다. 다만 최근에는 산업자본이 은행을 소유하게 되면 다양한 시너지나 경영의 효율화를 통하여 은행의 경쟁력이 강화될 수 있고, 시장경쟁의 관점에서도 산업자본에 의한 은행산업 진출로 은행들 사이에 경쟁이 더 격화되어 효율성이 증진된다는 지적도 많다는 점을 유의할 필요가 있다.[30] 최근 카카오뱅크를 허용할 것인지를 둘러싸고 불거진 논쟁이 이를 웅변한다. 카카오뱅크는 혁신이라는 키워드를 가지고 인터넷전문은행의 형태로 소유규제의 예외를 인정받았는데, 그렇다면 다른 재벌들도 금융혁신을 할 수 있다면 인터넷전문은행을 소유할 수 있다는 의미인가? 카카오뱅크는 되는데, 삼성은행, 한화은행은 되지 않는 이유는 무엇인가? 쉽지 않은 논의이기는 하지만, 이런 논의에서 분명한 것은 전통적으로 큰 의심 없이 받아들여진 은행의 소유규제조차도 시너지의 활용이나 시장경쟁의 촉진 등의 관점에서 완화를 주장하는 견해가 설득력을 얻고 있다는 점이다. 따라서 은행보다 소유규제의 논거가 약하고, 실제로도 소유규제를 둔 입법례를 거의 찾을 수 없는 다른 비은행 금융기관의 경우, 지주회사라는 이유로 오히려 소유규제를 강화하는 것은 이런 흐름과 조화되지 않는다는 점을 지적할 수 있다.[31]

---

30) 윤창현, 금산분리제도의 현황과 과제: 금산분리완화를 중심으로, 저스티스 제104호(2008), 33-35면; 이인실 / 남주하, 금산분리 완화의 논거: 은행소유의 효율성을 중심으로, 한국경제연구 제23권 제1호(2008)(우리나라 은행의 경우 지배주주가 존재하는 소유구조가 금융중개의 효율성과 건전성에 긍정적 영향을 줌); 원동욱, 금산분리 관련 주요현안에 대한 법적 고찰: 경제민주화 추진과 관련하여, 상사판례연구 제26집 제3권(2013), 170-171면.

31) 은행의 소유규제를 완화할 것인지의 문제는, 소유규제의 완화에 따라 은행산업에 발생하는 사회적 이익이 은행의 부실화 또는 사금고화 위험의 증가라는 비용을 초과할

2) 비은행 금융기관

은행의 소유규제는 은행의 특성을 이론적 배경으로 하고 있다. 이런 특성이 비은행 금융기관에서도 나타난다면 비슷한 소유규제가 설득력을 얻을 수 있을 것이다. 여기서 문제가 되는 것은 예금을 수취하지 않는 증권회사, 보험회사, 카드회사 등이다.[32] 이하에서는 이들 영업이 그 소유규제를 정당화할 수 있는 특성을 가지고 있는지 검토한다.

가. 금융규제적 측면에서

먼저 보험회사는 예탁받은 금액을 다시 반환할 의무를 지는 것은 아니지만, 고객으로부터 받은 보험료를 기초로 보험금을 지급하므로, 경제적 실질에서는 은행과 유사하다고 볼 수 있다. 재무적으로 부채비율이 높다는 점도 유사하다. 보험회사의 채무는 원칙적으로 보험사고의 발생을 전제로 한다는 점에서 장기적으로 보면 안정적인 흐름을 가지지만, 고객이 유사시에는 손해를 감수하고 보험계약을 해지할 수 있다는 점에서 bank run 현상도 이론적으로는 배제할 수 없다. 이런 점에서 보면, 보험회사는 은행과 다소 차이가 있기는 하지만, 은행의 특수성에 관한 논리를 적용하는 것도 어쩌면 가능할 수 있을 것이다.

은행과 전혀 다른 특성을 보이는 금융회사는 증권회사와 카드회사이다. 증권회사는 증권거래의 중개나 증권발행의 인수 등 '금융서비스'를

것인가의 문제라고 할 수 있다. 금융규제의 관점에서 보면, 금융위기 즈음에는 은행의 안정성 · 건전성을 강조하다가도 금융위기가 잊혀질 즈음에는 다시 은행의 생산성 · 효율성이 강조되는 경향이 있다. 두 이념 사이에서 시계추처럼 왔다 갔다 하는 것으로 보인다. 후자의 분위기라면 소유규제 완화도 설득력이 있을 것이다. 그러나 사금고화 방지라는 측면에서 보면, 우리나라 기업집단에서 경영권승계를 목적으로 한 내부거래라든가 계열사 수의 전반적인 증가, 경제력 집중의 심화 같은 현상들이 일어나는 것을 감안할 때, 아직 산업자본의 은행지배는 시기상조가 아닐까 하고 생각한다.

32) 금융회사의 지배구조에 관한 법률 제2조 제1호 참조.

제공하는 역할을 하고 그러한 서비스에 대한 수수료를 주된 영업원으로 삼고 있다. 고객이 자금을 예탁하는 것이 아니기 때문에 부채규모가 그렇게 크지 않고, 고객이 예탁한 금액을 반환할 의무가 있는 것도 아니다. 카드회사, 즉 여신전문금융회사도 마찬가지로 고객에 대하여 결제서비스를 제공하는 것에 불과하고, 미리 고객으로부터 자금을 예탁받지 않는다. 오히려 카드회사의 영업은 먼저 단기대출을 한 다음 그 채권을 회수하는 형태로서, 은행업무에서 단기여신업무만 수행한다고 이해하면 된다. 이처럼 증권회사나 카드회사는 수신 기능이 없다는 점에서, 투자에 있어 위험추구 경향이 크지 않고, bank run 현상이 나타날 가능성이 적다.

결국 보험회사를 제외하면, 증권회사와 카드회사는 은행과 비교하여 그 업무 및 기능에서 많은 차이가 있기 때문에, bank run 현상에 기초한 은행에 관한 논리를 그대로 적용하기에는 한계가 있다. 특히 금융회사의 파산에 따른 시스템위험의 존재, 주주 또는 경영진의 위험추구 경향 등의 논리는 은행과 상당한 차이가 있다.

나. 기업집단의 지배력 확대 측면에서

산업자본이 금융회사를 매개로 하여 다른 계열사에 대한 지배력을 확대하는 현상, 즉 '금융회사의 사금고화' 관점에서 비은행 금융회사를 살펴보면, 역시 보험회사와 다른 증권회사, 카드회사가 차이를 보인다. 먼저 보험회사의 경우, 일단 납입된 보험료는 보험회사의 자산의 일부가 되고 보험회사는 향후 보험금을 지급할 채무만을 부담할 따름이다. 따라서 보험회사는 자유롭게 투자할 수 있지만, 은행과 비슷하게 자산건전성 규제의 하나로 다른 회사에 대한 출자수준이 제한된다. 이렇게 보면, 보험회사의 경우에는 고객이 납입한 보험료를 통하여 기업집단을 확대한다는 비판이 완전히 근거가 없는 것은 아니다.

반면 증권회사의 경우, 고객이 맡긴 증권은 고객의 소유이고, 고객이 맡긴 금전, 즉 투자자예탁금도 원칙적으로 증권회사의 고유재산과 분리하여 별도로 예치 또는 신탁하여야 하며 증권회사가 마음대로 계열사 주식매입에 사용할 수 없다. 위탁매매에서 증권회사는 단순히 고객의 증권거래를 중개할 따름이다. 증권회사가 고유재산으로 거래하는 것이나, 기타 인수업 등 다른 영업을 통하여 수익을 얻는 것은 다른 비금융회사와 달리 볼 것이 아니다. 결국 증권회사는 원칙적으로 수신기관이 아니기 때문에, 산업자본이 증권회사를 매개로 하여 다른 계열사로 지배권을 확대하는 것을 생각하기는 어렵다. 카드회사 역시 수신기관이 아니라서 마찬가지라고 보아야 한다.

(2) 현행 지주회사 규제의 문제점

일반지주회사의 금융회사 주식 소유를 금지하는 것은, 지주회사 체제가 아닌 기업집단에서 의결권만 제한하고 있는 것에 비추어 보더라도 상당히 엄격한 규제이다. 그러나 이 규제는 다음과 같이 세 가지 측면에서 설득력을 가지기 어렵다고 생각한다.

첫째, 유사한 입법례를 찾기가 어렵다. 일반지주회사의 행위제한에 관하여 특별한 규정을 두고 있는 국가는 우리나라와 일본이 거의 전부인데, 일본에서의 금산분리 규제는 금융자본에 의한 산업자본 지배에 초점이 맞추어져 있고, 그 반대인 산업자본에 의한 금융자본 지배는 거의 존재하지 않기 때문이다.[33] 지주회사를 염두에 두지 않더라도, 비은

---

33) 송태원, 앞의 논문(각주 2), 328면.

행 금융회사에 대해서 그 소유를 제한하는 경우는 찾아보기 어렵다. 필요하다면 대주주 적격성을 심사하는 정도이다. 이렇게 입법례가 없으면서 우리나라에만 규제가 있는 경우, 보통 '재벌 문제는 우리나라에만 있다'는 논리를 제시하는 경우가 많다. 그러나 증권회사, 카드회사를 통하여 재벌그룹이 문어발식 확장을 하거나 지배주주의 지배력을 확보한 사례는 발견하기 어렵다. 우리나라에만 있다는 '재벌 문제'가 비은행 금융회사와 관련해서는 존재하지 않았기 때문에 이 논리도 타당하지 않다.

둘째, 그동안 여러 차례 지적되어 왔지만, 현행 규제는 지주회사 체제를 택한 기업집단과 그렇지 않은 기업집단을 아무 이론적 근거 없이 차별적으로 취급하고 있다. 주지하는 바와 같이, 지주회사 체제가 아닌 기업집단 가운데는 이미 상당한 수의 비은행 금융회사를 지배하고 있는 기업집단도 있다. 최근 금융위원회가 금융그룹 통합감독을 추진하면서, 그 대상으로 선정한 금융자산 5조 원 이상의 7개 복합금융그룹을 보면,[34] 다음 〈표 1〉과 같이 자산 기준으로 평균적으로 그룹의 절반 정도를 금융계열사가 차지하고 있다. 한화그룹의 경우에는 금융계열사의 자산규모가 전체 그룹의 70%를 넘고, 삼성그룹도 50%를 넘는다.

따라서 현재 산업자본이 비은행 금융회사를 지배하는 것이 금지되지 않는다. 오히려 한화그룹처럼 사실상 금융그룹이라고 할 정도의 기업집단도 있다. 다만 지주회사 구조로 지배하는 것만 금지되는 것이다. 이것은 지주회사 체제를 택하더라도 비은행 금융회사를 지주회사 바깥의 계열사로 보유하는 것은 여전히 허용된다는 점에서도 확인할 수 있다. 지주회사라는 것이 단순히 주식을 소유하는 한 가지 방법에 불과하

---

34) 윤세열, 앞의 논문(각주 4) 참조.

다는 점에서, 왜 다른 소유방식과 차이를 두어야 하는지 이론적 근거는 아직 제시되고 있지 않다.

〈표 1〉 복합금융그룹 금융계열사 현황[35]

구분	전체 계열사		금융계열사			비금융계열사		
	회사 수	자산	회사 수	자산	비중(%)	회사 수	자산	비중(%)
삼성	62개	744.7조	17개	396.1조	53.2	45개	348.6조	46.8
한화	76개	182.3조	10개	132.6조	72.7	66개	49.7조	27.3
현대차	55개	283.3조	6개	69.7조	24.6	49개	213.6조	75.4
DB	20개	57조	12개	55조	96.5	8개	2조	3.5
롯데	107개	141.7조	12개	32.8조	23.2	95개	108.9조	76.8
평균	64개	281.8조	11.4개	137.2조	48.7	52.6개	144.6조	51.3

셋째, 금융업의 범위가 대단히 넓고, 그 가운데는 은행과 달리 단순히 서비스의 제공에 그치는 사업도 많다. 위에서 은행과 다른 금융회사와의 유사성을 비교해 보면서, 보험회사를 제외한 다른 비은행 금융회사는 파산하더라도 시스템위험이 없고, 대주주가 과도하게 위험을 추구할 인센티브도 없으며, 그 자금을 이용하여 지배력을 확대하는 데 특별히 유리한 측면이 있지 않다는 것을 설명하였다. 다시 말해서, 수신기관이 아닌 금융회사에 대해서까지 소유규제를 두는 것은 이론적으로도 정당화되기 어렵다는 것이다.[36] 공정거래법이 금융업의 기준으로 삼고 있는 한국표준산업분류상 금융 및 보험업은(공정거래법 제2조 제10호 참조) 통계청에서 단순히 통계 목적으로 정한 것이라서, 금융리스업, 선불

35) 성형석, 앞의 논문(각주 2), 268면.
36) 조현덕 / 박병권, 앞의 논문(각주 15), 36면.

카드 발행업, 지불결제 서비스, 금융상품 정보 제공업 등 단순한 서비스 제공도 많고,[37] 다른 비금융 사업과의 경계도 흐릿해지는 경우가 많다. 위 실제 사례에서 문제가 되었던 두산캐피탈, SK증권, 롯데카드는 모두 수신기관이 아니었기 때문에, 사실 이들 금융회사를 왜 소유하지 못하도록 했는지 정책적인 이유를 알기 어렵다. 단순한 서비스제공업의 경우에는 더 말할 나위가 없다. 이런 부분은 현행 제도를 그대로 유지하더라도 세부적인 조정이 필요하다.

(3) 소결

지주회사 체제라고 해서 비은행 금융회사의 보유가 특별한 효과를 가져오는 것은 아닐 것이다. 이 경우에도 금산분리의 필요성이 인정된다면, 그것이 지주회사 체제든 아니든 동일하게 금지되는 것이 타당하다. 우선적으로 지주회사 체제로 인한 차별적 취급부터 시정해야 하는 것이다. 모두 금지하든지, 모두 허용하든지 어느 쪽이든 동일하게 규제가 이루어져야 할 것이다. 그리고 위에서 자세하게 설명한 바와 같이, 이론적으로 타당한 방향은 (보험회사를 제외하고) 현행 규제를 폐지하는 것이다.

---

37) 2021년 경제법학회 추계 학술대회에서 법무법인 세종의 이상돈 변호사의 토론에서 지적한 사항을 정리한 부분이다. 좋은 토론 및 정보에 감사드린다.

IV. 맺음말

지난 20여 년간 공정거래법상 지주회사의 전환과 운용실태에 대한 평가는 호의적이지 않다. 당초 출자구조의 단순화를 통한 소유구조의 개선을 목표로 하였지만, 전환과정에서 총수의 지배력이 확대되고, 그 운용에 있어서도 지배주주의 사익추구를 위한 수단이 되고 있다는 지적이 많다.[38] 이것은 지주회사 제도의 과소규제를 지적한 것이라 하겠지만, 이 글에서 살펴본 금산분리 규제는 그 반대로 과다규제의 문제라고 할 수 있다. 이 규제는 비은행 금융회사의 보유까지 금지함으로써 기업집단의 운영에 비효율을 야기하고 있다. 반면 이런 비은행 금융회사의 보유가 기업집단의 경제력 집중이나 지배주주의 지배력 확대에 이용된다는 경제적 논리나 증거는 찾아보기 어렵다. 무엇보다, 지주회사 체제가 아닌 경우에는 아무 문제 없이 비은행 금융회사를 보유할 수 있다가, 지주회사 체제로 전환하게 되면서 갑자기 이 금융회사가 기업집단의 사금고로 전락하거나 지배주주의 사익추구에 이용된다는 것은 선뜻 이해하기 어렵다. 은산분리 이외에 이렇게 넓은 범위에서 금산분리를 운용하고 있는 입법례도 없는 상황이다.

이런 여러 가지 점을 감안한다면, 현행 지주회사 금산분리 규정은 공정거래법에서 모두 삭제하는 편이 타당하다고 생각한다. 금융규제의 측면에서 필요한 규제가 있다면 관련법에서 따로 규정하면 그만이다. 향후 진지한 논의가 이루어지길 기대한다.

---

38) 황현영, 회사법적 관점에서 바라본 지주회사 제도의 문제점과 개선방안: 지주회사 형성과정과 수익구조를 중심으로, 기업법연구 제33권 제4호(2019), 158-159면.

03

지주회사와 기업형 벤처캐피탈(CVC) 규제*

신영수**

I. 지주회사 규제에 있어서 CVC 설립 허용의 의의와 논점

1. CVC 본연의 의미와 국내에서의 활용 동향

흔히 CVC로 약칭되기도 하는 기업형 벤처캐피탈(Corporate Venture Capital; 이하 "CVC")은 일반적인 벤처캐피탈(이하 "VC"라고도 한다)의 일종이면서 그 대주주가 기업, 즉 회사 법인으로 구성되는 특별한 VC 형태를 의미한다. 이미 20세기 초부터 유사 형태가 출현했던 것으로 알려지는 이 금융사는 최근 벤처캐피탈 시장에서 투자주체로서의 비중을 빠

* 이 글은 신영수, 개정 공정거래법상 CVC(기업형 벤처캐피탈) 관련 규정에 대한 평가와 전망, 경영법률 제31권 제4호(2021)를 바탕으로 수정한 것이다.

** 경북대학교 법학전문대학원 교수

르게 확장해 가고 있다.[1] 과거에 일시적으로 주목을 받았던 닷컴, IT 벤처 현상과 달리 향후 벤처기업에 대한 장기적인 투자의 형태로 자리 잡게 될 것이라는 전망[2] 속에 투자자와 벤처업계로부터의 기대와 더불어 규제당국의 관심을 함께 받고 있기도 하다. 특히 글로벌 경제의 전방위적인 융복합화의 흐름 속에서 기업들이 시장에서의 영향력을 확대하고 혁신을 도모하기 위한 전략을 추구하고 있는데, 종래의 전략으로 활용되었던 R&D나 기업간의 제휴 및 조인트벤처, M&A 등의 한계를 극복하거나 이를 촉진하기 위한 수단으로 CVC가 선택되는 양상들이 목격된다.

하지만 그 같은 국제적 추세에 비한다면 이제까지 국내에서의 CVC 설립과 투자 활동은 그리 적극적이거나 활성화된 것으로 평가되지 못하였다.[3] CVC의 매력과 설립 유인을 떨어뜨리는 각종의 규제들이 적지

---

1) 전체 벤처투자 시장에서 CVC가 차지하는 비중이 크게 증가. 특히 최근 수년간 주요국에서의 성장률은 연간 100% 이상으로 급증. 현재 벤처투자 시장에서 미국은 대략 50%, 중국은 70%를 CVC가 점유하고 있다. CVC만 놓고 보면, 미국계 CVC들(Google Ventures, Salesforce Ventures, Intel Capital)이 세계 시장의 최상위권을 점한 가운데 중국계 CVC들(Baidu Ventures, Legend Capital)도 글로벌 영향력을 강화해 가고 있으며, EU와 일본에서도 CVC에 대한 관심과 비중이 확대되는 상황이다. 맹주희, 국내외 기업형 벤처캐피탈(CVC)의 현황과 규제의 특징, 자본시장포커스 2021-24호(2021. 11. 23.) 참조.

2) 그 이유로는, 70년대 이후로 3차례의 벤처투자붐을 겪으면서 위험자본에 대한 경험적 역량이 축적되어 있고 현재는 이런 축적된 경험이 발휘되어 벤처투자의 규모나 건수가 증가하는 단계로 이어지고 있다는 점. 그리고 CVC가 모기업의 기존사업 가치를 향상하거나, 벤처기업과의 시너지를 통해 시장력을 강화하거나, 투자대상 벤처기업을 통해 신제품과 신기술을 확보하고, 나아가 모기업의 사업을 다각화하는 등의 비교우위가 있다는 점을 들 수 있다.

3) 지난 2020년 기준으로 국내의 전체 벤처캐피탈 투자 규모는 9조 815억 원으로서 국내 CVC가 전체 벤처캐피탈 투자에서 차지하는 비중은 23% 안팎에 그치고 있다. CVC가 벤처캐피탈 투자에 참여한 투자 건수도 미국 등 주요국에 비해 훨씬 적은 수준으로 평가된다. 맹주희, 앞의 논문(각주 1), 3면.

않게 존재해 왔기 때문이다. 그중 대표적인 하나가 「독점규제 및 공정거래에 관한 법률」(이하 "공정거래법")상 지주회사에 대한 규제였다. 현행법 제18조 제2항 제5호(구법 제8조 제2항 제5호)에서는 일반지주회사(즉 금융사와 보험사 이외의 회사를 자회사로 두는 지주회사)가 금융사를 자회사로 두지 못하도록 제한하고 있었는데 산업표준분류표상 금융회사에 해당하는 CVC도 그에 따라 지주회사 체재 내에서의 설립 및 운영이 금지되어 왔던 것이다. 이에 더하여 지주회사 체제 밖에서 설립되어 있던 40여 개의 CVC들도 모회사와의 시너지를 극대화하는 CVC 고유의 전략적 목표를 추구하기보다는 모기업 소유자의 편법적 경영권 승계나 지배구조 확장의 수단으로 활용되는 경우,[4] 혹은 투자의 위험을 줄이기 위해 모기업에 납품중인 업체를 대상으로 투자를 집행하는 등 전형적인 CVC와는 거리를 둔 채 일반 VC의 중간 형태로 운영되는 성향을 보여 온 점도[5] 국내에서 CVC가 활성화된 것으로 보기 어렵게 만드는 요인으로 작용하였다.

2. 최근 변화의 양상과 그 원인

그러한 가운데, 2022년에 들어서면서 CVC들이 종전에 비해 더욱 적극적으로 전략적 목표를 추구하는 한편, 대기업집단 사이에서 CVC 신설을 추진하려는 움직임들이 목격되고 있다. 아울러 새로운 투자처를 찾는 모태펀드나 투자자금을 유치하려는 벤처업계 모두에서 대안으로

4) 김동윤 / 신동엽, 신기업벤처캐피탈 투자에 미치는 거시적 요인의 영향: 산업 호황, 외생적 위기. 경제 성장, 경쟁 강도를 중심으로, 벤처창업연구 제15권 4호(2021) 참조.
5) 신영수, 벤처지주회사 및 기업형 벤처캐피탈과 관련한 최근 규제 개편안의 법적 쟁점과 과제, IT와 법 연구 제18권, 경북대학교 IT와 법 연구소(2019), 82-83면.

CVC를 주목하는 동향들도 감지되고 있다.[6] 이 같은 변화의 조짐이 나타나게 된 주된 원인은, 물론 지난 2020년 12월 전부 개정된 공정거래법에서 종전에 금지되어 왔던 일반지주회사의 CVC 보유를 허용하는 개혁적 조치(제20조의 신설)가 실현되었기 때문일 것이다.

뚜렷한 찬반 대립 속에 여러 차례의 방향전환과 번복과정을 거쳐 마침내 공정거래법전부개정시에 도입된 이 규정은 동법상 일반지주회사의 금융자회사 소유를 금지하는 지주회사 규제를 완화한 것이면서, 동시에 지난 1999년부터 견지되어 온 금산분리 원칙(법 제18조 제2항 제5호)에 대해 예외를 인정한 최초의 사례이기도 하다. 아울러 종래 업계로부터 지속적으로 제기되어 왔던 벤처활성화의 요구를 수용한 조치라는 점에서도 중소벤처기업정책 및 산업정책적 의미를 찾을 수 있다.

요컨대 지주회사 규제 및 금산분리 원칙의 완화라는 점에서는 이 법이 줄곧 유지해 왔던 대기업집단 정책에 일대 변화를, 벤처기업들의 M&A를 촉진함으로써 벤처투자자들의 출구(exit)를 제공하고 재투자를 유인한다는 점에서는 벤처활성화 정책의 일환으로서의 의미를 이 법 제20조가 지니고 있다.

---

6) 벤처회사의 생애는 자금지원을 받아 신기술을 개발하는 인큐베이터 단계인 '창업기'와 자금지원을 바탕으로 기술의 사업화가 이루어지는 엑셀러레이터 단계, 즉 '성장기', 그리고 시장 영향력을 확대하여 기업공개(IPO) 또는 M&A되는 단계를 의미하는 '회수기'의 세 단계로 구분되는데, 한국의 경우는 이 선순환의 고리 중 회수 단계가 유독 취약한 면모를 보여 왔다. 실제로 투자 회수액의 비중을 놓고 보면 장외매각이나 기업공개(IPO)에 비해 M&A는 3% 안팎의 미미한 수준에 그치는 것으로 나타난다. 벤처기업의 인수를 주도해야 할 국내 대기업들은 기업구조조정, 사업재편 차원에서 M&A를 활용해 온 반면 벤처투자·M&A에는 대체로 소극적인 경향을 보이고 있다.

3. 쟁점의 소재 및 분석의 주안점

그런데, 이 진일보한 조치가 기대한 만큼의 효과를 거둘 것인지를 제도 시행 초기에는 확인하기가 쉽지 않으며 시장의 반응과 업계의 동향을 좀더 확인한 후에야 가늠이 될 것이라는 게 일반적인 예측인 듯하다. 비록 종전 규제가 상당부분 완화되기는 하였지만, 그 이면에서는 CVC의 설립, 자금조달, 업무영역, 투자대상, 투자금 회수 등 운용 전반에 걸쳐 만만치 않은 규제들이 함께 강구되어 있기 때문이다. 그리고 이 같은 부수적 규제들이 병설된 이유는, 주지하다시피 제도 도입과정에서 줄곧 뒤따랐던 각종 우려들, 이를테면 규제완화로 인해 자칫 타인자본을 통한 산업지배가 용이해지거나, 투자대상 벤처기업의 무분별한 M&A로 인해 계열회사가 대폭 증가하거나, 또는 대기업집단 총수 일가에 의한 사익편취 및 편법세습이 발생할 가능성을 차단하거나 최소화할 필요가 있었기 때문이었다.

이처럼 상반된 입법 취지가 공존해 있는 공정거래법상 CVC 관련 규정은 바로 그런 까닭에 입법의 취지와 조문의 상호관계에 대한 입체적인 이해와 그에 기반한 면밀한 해석을 요구하고 있다. 아래에서는 이러한 배경 및 상황인식을 토대로 하여 현행 공정거래법상 CVC 관련 규정들이 어떤 도입과 고려 속에 도입되었으며, 그로 인해 초래되는 해석상 쟁점들은 어느 지점에서 어떤 구도로 발생하는지를 살펴보기로 한다. 나아가 CVC의 활성화 또는 폐해 방지를 위한 향후의 법/정책적 과제들을 추출해 보기로 한다.

II. 일반지주회사에 의한 CVC 보유 허용의 배경

1. CVC를 둘러싼 경제 현실과 규제 환경

(1) CVC의 특유의 장점 및 VC와의 차별성

CVC나 기업형 벤처캐피탈은 강학상, 실무상의 사용되는 표현이다. 실정법상 이에 해당하는 법령용어는 「벤처투자 촉진에 관한 법률」에 따라 설립된 '중소기업창업투자회사' 그리고 「여신전문금융업법」에 따라 설립된 '신기술사업금융전문회사'이다. 어느 경우이든 회사법인 즉 모기업이 그 주식을 소유하여 지배하고 있는 특수한 형태의 벤처캐피탈이라는 점에서는 공통된다.

CVC는 VC의 일종이므로, 투자조합을 모집하여 펀드를 조성하고 유망한 벤처기업들에 투자하여 종합적인 지원을 통해 가치를 상승시킨 후, 수익이 발생하면 기업공개(IPO)나 M & A, 구주 매각을 통해 수익금을 회수하여 다시 투자자들에게 배분하는 일련의 과정을 마찬가지로 거치게 된다. 이 점에서 보면 CVC도 일반적인 VC처럼 자금 투자를 통한 수익(ROI; Return on Investment)의 획득이라는 재무적 목표(financial purpose)를 추구하고 또 이를 위해 투자 포트폴리오를 구성할 수도 있다. 하지만, 대부분의 CVC는 단순히 재무적 목적을 넘어 모기업의 사업 시너지를 위한 전략적 목적(strategic purpose)에서 펀드를 모집하고 투자대상 벤처기업을 선별하는 것이 일반적이다.[7)]

7) CVC의 경제적 효과를 분석한 문헌으로는 Andrieu, G. The Impact of the Affiliation of Venture Capital Firms: A Survey, Journal of Economic Surveys, 27(2) (2013), 234-246; Tantalo, C. and R.L. Priem, Value Creation through Stakeholder Synergy,

CVC의 운용방식도 이런 관점에서 몇 가지로 유형화할 수 있다. 즉, 모기업의 핵심사업에 대한 전략을 강화하기 위해 모기업과 긴밀하게 연계하면서 인접사업을 수행하는 벤처에 주로 투자를 하는 방식, 모기업과의 연계성은 다소 약하지만 기존 사업전략 및 제품판매를 보완하기 위해 사업인프라를 구축할 수 있는 벤처투자 포트폴리오를 구성하는 방식, 모기업 사업과의 관련성은 적지만 향후 신규 진출가능성이 높은 사업을 염두에 두고 이에 적합한 신사업 분야의 벤처기업들을 대상으로 투자포트폴리오를 구성하는 방식 등 다양한 형태가 존재한다.

이 과정에서 벤처기업이 CVC의 모기업이나 그 소속 기업집단과의 장기적 파트너십을 형성하는 한편, 이들 기업으로부터 경영전략 전반에 대한 자문, 회계 · 공시 시스템의 공유, 상품의 수요와 공급 조절, 가격관리 서비스를 제공받기도 한다. 나아가 모기업 및 그 소속 기업집단이 보유한 인적 자원과 국내외 네트워크를 이용하여 수익 창출과 해외 진출을 지원받기도 하는데, 이런 CVC만의 이점들을 바탕으로 투자대상 스타트업이나 벤처기업의 성공 가능성이 훨씬 높아지는 효과를 기대할 수 있다.[8)]

한편, 투자자금 측면에서도 기관투자자, 정부, 해외자본 등 유동자금 외에 동일 기업집단 소속 계열회사들 사내유보금 등으로부터의 출연으로 자금이 조성되기도 하는데, 이 같은 자금동원력에 있어서도 일반 VC와는 상당한 차이가 있다.

반면에 투자 성공시의 보수나 인센티브 측면에서는, VC가 투자조합

Strategic Management Journal 37(2016), pp.314-329, 한국경제연구원, 벤처기업 M & A 활성화를 위한 제도 개선방안(2017) 등이 있다.

8) Tantalo, C. and R.L. Priem, Value Creation through Stakeholder Synergy, Strategic Management Journal 37(2016), pp.314-329.

에 대부분 배분을 하는 데 비하여, CVC는 수익금이 투자조합으로만 배분되지 않고 일정부분 그 소유주주인 모기업의 사내 유보금 등으로 편입되기도 하므로 투자자 입장에서는 수익성이 낮게 형성될 가능성이 있다. 그럼에도 투자대상 벤처기업의 높은 성공률로 인해 투자금의 회수가능성이 안정적으로 유지되는 장점이 커서 투자회수 금액상의 비교열위를 상쇄하는 효과를 낳기도 한다.

(2) CVC 관련 국제적 동향과 한국적 특수성

CVC에 내재한 사업적 매력과 안정성, 그리고 국내 기업들의 사업역량과 풍부한 사내 유보금에 비춰 본다면, 한국에서의 CVC 운용 동향은 전술한 것처럼 주요국에서의 활성화 추이에 반해 다분히 위축되어 있는 상황으로 볼 수 있다.[9] 전략적 목적보다는 여전히 재무적 투자가 주를 이루고 있어서 벤처활성화와 혁신의 선순환을 유인하는 기능은 미미하였다. 일면 CVC의 시각에서 투자 매력도가 높은 혁신기업이 많지 않다는 현실적인 이유도 지목할 수 있지만, CVC의 장점을 극대화할 수 있는 구도를 막아 온 규제 환경이 오히려 보다 주된 원인을 제공했던 것으로 봐야 할 것이다. 그런 규제의 대표적인 예로 꼽을 수 있는 것이 일반지주회사 체제 내에 CVC의 설립을 금지해 온 공정거래법상 지주회사 규제(현행법 제18조, 구법 제8조의2)였다.

다만 이 규정은 국내의 지주회사와 자회사에 대해서만 적용되었는데, 그 결과 국내에서 대기업집단 내에 CVC를 두기 위해서는 공정거래법상

9) 국내 CVC 가운데는 그간 삼성벤처투자(Samsung Venture Investment)와 카카오벤처스(Kakao Ventures) 정도가 세계적 규모의 투자활동을 전개하고 있는 상황이다.

지주회사 규제를 우회할 수 있는 여러 방법들, 예컨대 (i) 지주회사 체제가 아닌 대기업집단들이 CVC를 설립하는 형태, (ii) 지주회사 체제를 유지하는 기업집단이 지주회사 체제 밖에서 계열사로 CVC를 보유하는 형태, (iii) 대기업집단의 해외계열사로 CVC를 보유하는 형태, 또는 (iv) 기업집단 소속회사의 사업부서 형태로 사실상 CVC와 같은 기능을 수행토록 하는 형태들이 선택되기도 하였다.

(3) CVC에 대한 종전 규제의 근거

그렇다면 종래 CVC의 설립을 금지해 왔던 규제들은 어떤 근거를 배경으로 하고 있었으며, 현재는 왜 그 규제를 완화한 것인지에 대해 살펴볼 필요가 있다. 우선 CVC를 포함한 금융회사를 일반지주회사 체재 내에 존속하지 못하도록 규제해 온 이유는 크게 두 가지 측면에서 도출해 볼 수 있다. 경제력 집중의 유발 가능성과 금융－산업자본의 결탁에 대한 우려가 그것이다.

1) CVC를 통한 경제력 집중의 유발 가능성

CVC는 표준산업분류표상 금융회사에 해당한다. 일반적으로 금융회사는 고객들로부터 조성한 타인자금 즉 예치금이나 투자금, 보험료 등을 관리, 운용하게 되는데 그 과정에서 보유한 타인자본을 투자나 M & A에 활용하기도 한다. 문제는 이들 금융회사가 대기업집단에 속한 경우에는 그 자금을 신사업 분야에의 투자나 기존 계열회사의 지분확보에 활용함으로써 기업집단의 강화 및 외연 확장의 결과가 발생할 수 있다는 점이다. 특히 후자의 경우에는 기업집단의 특수관계인 중심으로 경영권이 편법승계되거나 사익편취의 수단으로 활용될 우려가 함께 제기될 수 있다. 요컨대 특히 지주회사가 금융회사를 자회사로 보유하게 될 경우에는 이 같은 우려가 현실화할 가능성이 훨씬 크고 그 효과도 강력하게 나타날 수 있다. 일반지주회사에 대하여 금융회사를 자회사, 손자회사, 증손회사로 두지 못하도록 한 주된 이유가 여기에 있다.

금융회사의 일종인 CVC에서도 같은 우려가 제기되어 왔다. 즉 지주회사가 CVC를 보유할 경우 조성된 투자자금을 가지고 벤처회사를 지주회사 체제 내에 있는 기업들의 기존사업을 지원하거나 신규 사업 진출을 돕기 위한 교두보로 활용하기 위한 목적에서 벤처회사에 투자하거나 M&A를 추진할 수 있다. 그 결과 기업집단의 유지 또는 확장 경제력을 집중하는 결과를 낳을 수 있다.

여기에 더하여 CVC의 투자대상회사의 성과로 인한 수익이 특수관계인에게 귀속될 경우 단기간에 자본 축적이 가능해져서 모기업이나 기업집단 전체의 지배권을 강화하거나 경영권의 편법승계의 수단으로 악용될 수 있다. 실제로 국내에 이미 활동해 온 CVC의 동향을 살펴보면, 대표이사 등 임원진 구성에 있어 CVC 독자적인 경영권보다는 기업집단 전체 차원의 통제 하에 유지되어 왔다거나, 스타트업이나 신기술회사를 발굴하기보다는 계열사간의 거래내부화방식의 관계가 구축되는 성향을 보여 온 점도 이를 뒷받침하였다.[10]

2) 금융-산업자본의 결탁 가능성

한편 일반지주회사가 금융회사인 CVC를 자회사로 보유하는 것은 산업자본이 금융자본을 소유하는 것을 의미하므로 공정거래법상 대기업

10) 신영수, 개정 공정거래법상 CVC 관련 규정에 대한 평가와 전망, 경영법률 제31권 제4호(2021), 167면 이하 참조.

집단 규제의 핵심 목표인 금산분리 원칙의 적용을 받게 된다. 오스트리아 출신의 경제학자 루돌프 힐퍼딩(Rudolf Hilferding)이 그의 저서 금융자본론(Das Finanskapital)에서 주창한 것으로 알려진 금산분리(separation of industrial and financial capital) 원칙은, 산업과 금융 자본을 분리시켜서 그 두 자본이 서로에 대한 소유 · 지배를 엄격히 제한하는 원칙을 의미한다. 이 원칙의 작동 방향은 산업자본에 의한 금융자본의 소유지배 금지와 금융자본에 의한 산업자본의 소유지배 금지의 상반된 방향과 구도로 전개된다. 전자는 비금융주력자(산업자본)에 의한 금융의 사금고화를 방지하기 위해[11] 주로 은행의 소유 한도를 정하는 방식(은산분리)으로,[12] 후자는 대출자로서 금융기관의 기업에 대한 감시 및 견제 기능의 유지와 동반 부실을 차단하기 위해 주로 금융지주회사의 비금융회사 소유, 지배를 제한하는 방식으로 실현된다.[13]

다만 이 원칙의 발현과 강조점은 산업과 금융의 유착과정과 형태에 따라 시대와 지역별로 다른 양상을 보여 왔다. 예컨대 20세기 초 이래 독일 등 유럽 지역에서는 금융자본에 의한 경제, 산업의 지배에 주안점이 주어졌다면, 20세기 후반 한국의 경제성장과정에서는 주로 산업자본에 의한 금융자본 지배와 더불어 대기업집단 소속 산업 / 금융자본의 분리에 주안점을 둔 제도화가 추진되어 왔다. 공정거래법은 이 가운데 주로 대기업집단 내에서의 금융－산업부문의 결탁에 대한 경계심에 기초

---

11) 이 밖에 산업자본에 의한 금융자본 지배와 관련하여 제기되는 우려로는 예금주의 정보를 계열기업의 상품판매 이용, 계열기업 고객(원재료 공급자 및 제품의 수요자)에 대한 특혜 대출, 계열기업의 경쟁기업에 대한 여신 제한 등을 들 수 있다.

12) 1982년부터 은행의 민영화가 이루어져 은행이 대주주의 사금고화가 되는 것을 방지하기 위한 수단으로 비금융주력자의 은행 주식보유한도를 4%(지방은행은 15%)로 제한하고 있다(은행법 제16조의2 비금융주력자의 주식보유일부제한 등).

13) 금융지주회사법 제6조의 3과 37조의1상 금융지주회사는 비금융회사 주식을 보유할 수 없고 은행과 보험사는 다른 회사 지분에 15% 이상 출자할 수 없다

한 규제체계가 형성된 특징을 보이는데, 구체적으로는 지주회사 규제(제18조 제2항 제4호 및 제5호)와 금융회사 의결권 제한 규정(제25조) 그 소임을 담당하고 있다. 이들 규정은 금융과 산업의 동반부실 및 금융자원의 비효율적 배분을 방지한다는 금산분리 원칙 고유의 기능을 수행하는 한편, 대기업집단 소속의 금융 계열사와 비금융 계열사들이 상호 간의 지배권을 유지하여 기업집단 전체의 영향력을 키우고 특수관계인의 지배권을 강화하지 못하도록 하려는 취지를 아울러 갖는다. 따라서 금산분리 고유의 기능에 더하여 경제력 집중의 억제 수단으로서의 기능도 함께 수행한다는 차이가 있다. 그리고 이 같은 공정거래법상 금산분리 원칙이 지주회사－CVC 사이에도 동일하게 유지되어야 한다는 인식이 장기간 지속되어 왔던 것이다.[14]

(4) CVC에 대한 규제 기조 변화의 배경

금산분리 원칙이 은행법에 도입된 1982년과 공정거래법에 도입된 1999년 당시의 시점에는 국내 기업들의 국제신용도가 높지 않고 보유자본도 불충분해서 금융기관을 통한 자금조달에 절대적으로 의존할 수밖에 없는 구조였던 점에서 금융과 산업자본의 결탁의 가능성 및 우려는 실재했던 것으로 볼 수 있다.

하지만 한국 경제가 괄목할 만한 성장을 이룬 현 시점에서는 국내 기업들이 이미 상당한 사내유보금을 보유하고 있는 데다 자체 신용만으로 회사채 등을 통해 자금 조달이 충분히 가능하므로 굳이 금융기관

14) 관계부처 합동, M&A 활성화를 위한 벤처지주회사 제도개선 방안, 혁신성장 관계장관회의 18-12 자료집(2018), 2면.

을 산하에 두는 방식으로 자금을 운용할 필요성이 크지 않다. 더욱이 설령 그럴 만한 현실적 필요성이 감지되더라도 현행법상의 행정제재와 형사처벌의 위험을 감수하면서까지 금융기관을 사금고화할 가능성은 크지 않다는 게 일반적인 시각이다.

CVC에 대해서도 금산분리 원칙의 적용이 불가피한지에 대해서는 상반된 입장이 제기될 수 있다. 특히 CVC는 금융고객의 예탁금이 존재하지 않고 투자금으로 운영되는 것이므로, 사금고화나 시장지배력 확장의 수단으로 활용될 가능성이 크지 않다는 점, 계열사에 대한 여신제공(산업자본에 의한 금융자본 지배)이나 고객의 예탁금을 통한 계열회사 지분확보(금융자본에 의한 산업자본 지배의 일정 부분)에도 한계가 있다는 반론이 가능하다. 이에 더하여 지주회사가 아닌 기업집단이 보유한 CVC에 대해서는 적용되지 않는 규제를 굳이 지주회사 하의 CVC에 대해 적용해야 하는 불가피성과 규제의 불균형 문제도 지적될 수 있다.[15)]

다만 예치금이나 보험금 형태는 아니지만 투자조합을 통해 조달한 자금 역시 타인자본에 해당하며, 이를 계열회사 확장에 활용할 가능성 또한 전혀 간과하기는 어렵다. 즉 투자대상 기업에 대한 지분투자를 주로 하므로, 투자대상 회사를 M&A 하기에 용이하며, 기존 사업과 연계한 투자를 함으로써 투자대상 회사를 계열회사로 편입하거나 기존 사업의 시너지를 높임으로써 시장지배력이나 경제력 집중을 야기할 가능성에는 여전히 유의할 필요가 있다.

요컨대 전형적인 금산분리 원칙의 배경이나 논거와는 다소 다른 구도를 가지고 있긴 하지만, CVC를 통한 기업집단의 경제력 집중 및 지배

---

15) 신영수, 벤처지주회사 및 기업형 벤처캐피탈과 관련한 최근 규제 개편안의 법적 쟁점과 과제, IT와 법 연구 제18권, 경북대학교 IT와 법 연구소(2019), 92-93면.

력 유지, 확대의 우려 자체는 큰 틀에서 유사하다는 전제가 성립된다. CVC가 벤처활성화의 효과적 수단으로 부각된 이후로 입법에 대한 논의와 정책기조가 도입 일변도로만 전개되지 못했던 이유도 CVC에 내재된 이 같은 복합성 때문이다.

아래에서는 이런 인식을 배경으로 현행 지주회사 규제의 예외로서 CVC를 허용하게 된 경위를 좀더 상세히 살펴보기로 한다.

2. 일반지주회사에 의한 CVC 설립 허용의 경위와 입법과정

(1) 정부의 당초 정책 기조 및 이후의 변화

공정거래법상 일반지주회사의 CVC 보유 허용이 논의되기 시작한 시점은 지난 2018년 정부 내에 공정거래위원회, 기획재정부, 중소벤처기업부 등 관계부처 합동으로 벤처기업에 대한 M&A 활성화 방안이 대두되면서부터였다.[16] 특히 지주회사 규제의 주무관청인 공정거래위원회 차원에서 벤처활성화에 대해 전향적 입장 속에 벤처지주회사 규제완화와 더불어 CVC 도입에 대한 타당성 분석이 이루어졌다.[17] 또한 이 무렵 공정위 주도로 발족된 공정거래법 전면개편 특별위원회에서 이 방안이 본격적으로 논의되었다.

하지만, 금산분리원칙을 어떻게 극복 내지 돌파할 것인지, 즉 외형상 엄연히 금융회사에 해당하는 CVC에 대해서만 이 원칙의 예외를 인정할

16) 관계부처 합동, 앞의 자료 각주 14, 참조.

17) 조선일보, 2018. 7. 11.자 관련 기사: '대기업 지주사의 벤처투자 허용' 이달 중순쯤 발표 (출처: https://biz.chosun.com/site/data/html_dir/2018/07/11/2018071100202.html?utm_source=naver&utm_medium=original&utm_campaign=biz) 참조.

것인지가 이내 가장 큰 의제이자 난관으로 부각되었다. 그 결과 제도 도입에 앞서 사회적 합의가 선행되어야 한다는 쪽으로 방향이 수렴되었고, 특히 대기업집단에 대한 특혜론 및 경제력 집중을 우려한 반대론이 강력히 대두되면서 당초 추진되었던 법률 개정안은 그 동력이 급속히 약화되었다.[18] 법 개정의 초안을 마련하는 역할을 담당한 공정거래법 전면개편 특위 역시도, CVC 허용은 단순히 공정거래법상 지주회사 규제완화 차원에서 수용 여부를 논할 수 없는 사안이라는 것으로 잠정적 결론을 내리게 되었다.

이후 공정거래위원회의 입장도 금산분리 원칙을 유지하는 쪽으로 선회하였는데, 지주회사의 CVC 보유를 허용하는 것으로 규제를 완화할 경우에는 자칫 공정거래법 전부개정의 핵심으로 추진되던 지주회사 규제강화 조치와 상충되는 결과가 될 수 있다는 점도 고려되었다. 즉 종전의 공정거래법이 지주회사의 설립 및 전환에 대해 과도한 인센티브를 부여하고 있다는 인식을 갖고 있던 공정위 입장에서는 CVC를 허용할 경우 자칫 지주회사 전환 내지 설립의 인센티브를 더 키우는 결과가 된다는 딜레마가 있었다. 여기에 일부 대기업집단의 경우 지주회사 전환 후 금융회사인 CVC를 2년 내에 처분해야 하는 상황이므로, CVC 허용 시 특정 기업의 법 위반 상태만 해소해 주게 되는 점도 부담스러운 부분이었다.[19]

---

18) 이데일리 2018. 8. 2.자 관련 기사: 김상조 'CVC도입 금산분리 충돌… 벤처지주사 활성화 우선'(출처: https://www.edaily.co.kr/news/read?newsId=02571526619303384&mediaCodeNo=257&OutLnkChk=Y) 참조.

19) 당시는 롯데지주회사가 보유한 롯데엑셀러레이터와 SK디스커버리의 투자회사인 인터베스트는 2년간 규제유예를 받고 있어서, CVC가 도입될 경우 이 두 지주회사는 규제를 면제받을 수 있는 상황이었는데 이후 롯데액셀러레이터는 지주체제 밖 계열사인 '호텔롯데'의 자회사로 전환하였다. SK의 경우는 일반지주회사 체제인 SK디스커버리로 전환과정(2017. 12)에서 20년간 보유하던 인터베스트 주식을 처분(2018. 12)하

그 결과 CVC 도입 방안을 대신하여 벤처지주회사에 대한 규제를 추가로 완화하는 방안이 대안으로 부각되었으며, 이를 골자로 한 공정거래법 전부개정안이 20대 국회 회기 중인 2018년에 마련되었다.[20] 하지만 공정거래법 개정안 전체에 대한 찬반양론이 팽배해지면서 국회에서의 심의 및 법안 통과가 지연되었고 이내 20대 국회가 만료되면서 벤처지주회사 중심의 벤처활성화 방안마저 폐기되기에 이르렀다.

(2) 21대 국회에서의 재논의 및 법안의 통과

이후 2020년에 들어서면서 정부와 21대 국회 차원에서 벤처활성화는 여전히 핵심적인 정책 과제로 자리잡았다. 벤처업계 및 대기업집단으로부터 일반지주회사의 CVC 보유 허용에 대한 요청과 함께 CVC 관련 규제완화 무산에 대한 각종의 비판도 지속적으로 제기되었다.

이에 따라 2020년 7월 관계부처 합동으로 일반지주회사의 CVC 제한적 보유 추진방안이 재추진되었다. 다만 법적 근거 및 주무관청을 어디로 할 것인지에 대해서는 중소벤처기업부의 소관법률(「벤처투자 촉진에 관한 법률」)에 두는 방안과 공정거래법에 두는 방안이 검토되었는데, 결국 공정거래법 전부개정 중 대기업집단 관련 규정 내에 CVC 도입을 골

고 해외계열사 100% 출자방식으로 미국에 설립한 CVC SKTVC(SK텔레콤벤처캐피탈)를 운영하고 있다.

20) 당시 법안은 자산총액이 300억 원을 넘으면 벤처지주회사로 신청할 수 있도록 설립요건을 완화하고, 기존 지주회사가 벤처지주회사를 자·손자회사로 설립하는 경우 벤처지주회사의 자회사 지분 보유 특례를 인정하였으며, 벤처지주회사의 경우 일반지주회사와는 달리 비계열사 주식취득 제한을 폐지. 즉 비계열사 발행주식의 5% 이상 취득도 가능토록 하였고, 벤처지주사에 속한 벤처기업은 10년까지(현행 7년) 대기업집단 계열사 편입을 유예하는 것을 내용으로 하였다. 이런 내용은 이번 법률 개정에서도 대부분 반영되었다.

자로 한 신설규정을 두는 쪽으로 결론이 내려졌다. 후속조치로서 관련 규정을 포함한 공정거래법 전부개정 정부안이 국회에 제출되었고, 같은 취지의 의원발의 법안(공정거래법 개정안 7건, 벤처투자법 개정안 1건)도 다수 발의되었다.

단, 재추진의 과정에서도 여전히 금융자본과 산업자본의 결탁, 타인자본을 통한 기업집단의 지배력 확장, 기업집단 특수관계인에 의한 사익편취 등의 가능성이 강하게 제기되면서 법안의 내용은 CVC의 설립을 허용하되, CVC의 행위를 상당 정도 제한하는 규제를 두는 쪽으로 가닥이 잡히게 되었다.

이런 번복과 수정의 과정을 거쳐 전부개정안이 마련되었고 2020년 12월에 법안이 국회를 통과하면서 마침내 시행일인 2021년 12월 30일부터 일반지주회사의 CVC 보유가 가능해졌다. 아울러 벤처지주회사에 대한 규제 완화조치도 함께 입법이 되었는데,[21] 그 결과 벤처활성화를 위한 제도로서 CVC와 벤처지주회사라는 두 가지 수단들이 공정거래법 내에 자리잡게 되었다.

III. 현행법상 지주회사 및 CVC 관련 규제의 내용과 특징

현행 공정거래법상 일반지주회사의 CVC 보유 및 부수적 규제는 제20조

---

21) 벤처지주회사는 공정거래법상 벤처기업을 자회사로 하는 지주회사로서 지주회사가 소유하고 있는 벤처기업의 주식가액 합계액이 당해 지주회사가 소유하고 있는 전체 자회사 주식가액 합계액의 100분의 50 이상인 회사를 의미한다. 벤처지주회사 관련 규정은 지난 2002년 공정거래법에 신설되었다.(현행 공정거래법 제8조의2 제1항 제2호 및 동법 시행령 제15조의2)

에 규정되어 있다. 따라서 이 규정은 동법 제18조 제2항 제5호에서 규정하는 일반지주회사의 금융자회사 보유금지 규정에 대한 특례로서의 의미를 지닌다. 즉 일반지주회사의 CVC의 설립을 허용하되 행위를 제한하는 방식의 규제를 신설하였다. 한편 종래 CVC에 대한 규제의 근거 규범인 「중소기업창업지원법」과 「여신전문금융업법」, 「벤처기업육성에 관한 특별조치법」은 여전히 존재하면서 규범력을 유지하고 있으므로 CVC에 대한 규제의 체계는 이들 규범 외에 공정거래법이 추가되는 형태로 재편되었다.

이런 구도 가운데 공정거래법에 터 잡은 새로운 규정은 주로 금산분리, 경제력 집중, 사익편취 등에 대한 우려를 고려하여 CVC의 설립, 투자, 그리고 절차에 관한 규제의 근거 규범으로서 차별적 기능을 수행하고 있는바, 그 주요내용은 아래와 같이 정리된다.

1. CVC의 설립 요건

(1) 지주회사의 CVC 요건

공정거래법은 일반지주회사가 기존 벤처캐피탈 형태인 '중소기업창업투자회사(이하 "창투사")' 및 '신기술사업금융업자(이하 "신기사")'의 주식을 소유할 수 있도록 함으로써 자회사로서 CVC의 설립 및 보유를 허용하는 한편, 금산분리 원칙의 특례를 인정하였다. 즉 현행법상 지주회사의 CVC 설립시, 창투사와 신기사 가운데 하나를 선택할 수 있다. 단 일반지주회사가 CVC를 자회사로 둘 경우 그 지분은 100%를 유지토록 하였다(법 제20조 제2항). 이때의 일반지주회사에는 중간지주회사는 포함되지 않으며 따라서 중간지주회사의 CVC는 여전히 금지되는 것으로 해석된다. 중간지주회사는 지주회사의 자(손자)회사의 지위도 가지고 있어 자(손자)회사의 금융사 소유를 제한하는 법 규정(법 제18조 제3항 제3호 등)이 적용되기 때문이다.

한편 CVC로서 창투사와 신기사의 설립 등록 및 최소자본 요건은 공정거래법이 아닌 벤처캐피탈 관련 규범을 적용받는다. 이에 따라 창투사에 대해서는 「벤처투자 촉진에 관한 법률」상의 설립절차와 기준에 따라 최소자본 20억 원, 중소벤처기업부 등록 의무가 여전히 부과되며, 마찬가지로 신기사도 「여신전문금융업법」에 따라 최소자본 100억 원을 갖추고 금융감독원에 등록하여야 한다.[22]

(2) CVC의 재무건전성

또한 CVC를 일반지주회사의 100% 완전자회사로 설립토록 함으로써 CVC의 설립자본에 대한 타인 자본의 개입 여지를 차단하였다. 다른 법인과 더불어 기업집단 특수관계인이 CVC의 경영에 직접 개입하거나 사익을 편취하지 못하도록 하려는 취지로 이해된다.

한편, CVC의 부채비율은 「벤처투자 촉진에 관한 법률」 및 「여신전문금융업법」의 요건(창투사 2,000%, 신기사 900%)이 아닌, 공정거래법의 기

---

22) CVC 관련 지주회사 규제 완화의 초기 시점에는 신기사방식이 선호되는 경향이 나타나고 있다. 이미 설립된 CVC도 모두 금융위원회 등록 사례들인 점도 그에 따른 결과로 보인다. 창투사는 자본 요건(최소 자본금 20억 원)이 신기사(100억 원)에 비해 낮고 설립 인가에 소요되는 기간도 2주 이내로 신속한 장점이 있는 반면에 벤처투자조합의 일정비율 이상을 벤처기업에 투자해야 하는 규제 등을 적용받게 되어 신기술사업자에 투자하는 신기사에 비해 투자 가능 회사의 범위가 협소한 단점이 있다. 즉 시장에서는 투자에 대한 규제환경을 중심으로 CVC 설립 유인이 형성되고 있는 것으로 추측된다. 다만 자본력을 갖춘 대기업의 입장에서는 굳이 자본 요건이 낮은 창투사를 설립해야 할 필요성이 크지 않다는 현실적 요인도 일정부분 영향을 미칠 수는 있다.

준을 적용하여 기존 지주회사의 부채비율과 동일한 기준(200%)이 요건으로 제시되었다(제20조 제3항 제1호). 즉 공정거래법상 일반지주회사의 자회사로 설립되는 CVC는 부채가 자본 총액의 2배를 초과할 수 없는데, 이는 일반 벤처캐피탈사(VC)는 적용을 받지 않는 규제이므로, 결국 CVC에 대해서는 VC에 비해 훨씬 높은 수준의 재무건전성을 요구한 것으로 볼 수 있다.

2. CVC에 대한 행위 제한

(1) CVC의 업무 범위

공정거래법 제20조는 CVC의 영업 및 사업수행과 관련해서도 상당히 엄격한 규제를 두고 있다. 우선 CVC의 업무범위는 투자업무만 허용되며, 여타 금융업무는 금지된다(법 제20조 제3항 제2호 및 제3호). 일반 벤처캐피탈회사인 신기사의 경우는 여신전문금융업법상 융자업무, 타 금융업 겸업 가능한 반면에, 일반지주회사가 보유하는 CVC의 타 금융업의 겸업은 허용되지 않는다. 벤처투자 및 혁신금융 활성화라는 CVC 허용 취지에 충실하도록 하는 한편, 금산분리원칙의 예외를 인정함으로 인한 폐해, 예컨대 금융업을 통한 산업지배의 가능성을 차단하기 위한 취지로 이해할 수 있다.

(2) 투자자금의 조성

한편, CVC의 자금조달 단계에서도 규제가 작동한다. 즉 CVC의 투자재원을 마련하기 위한 조합(펀드)을 조성할 때에는 자기자금이나 계열회사 자금의 펀드 출자는 허용하되, 총수 일가 및 계열회사 중 금융회사 즉 일반지주회사 체제 밖 계열회사로서 기업집단에 속하는 금융회사의 출자가 금지하고 있다. 타인 자본을 이용한 기업집단 지배력 확장이라는 전형적인 금산결탁의 폐단을 최소화하기 위한 취지라 할 수 있다. 단 외부자금 출자 역시 펀드 조성액의 최대 40%까지의 한도 내에서 세부 기준을 시행령으로 정하도록 하였고(법 제20조 제3항 제4호 가목) 이에 관하여 지난 2021년 12월 시행 공정거래법 제20조 제3항 제4호는 일반지주회사가 주식을 소유한 중소기업창업투자회사 및 신기술사업금융전문회사에 대하여 자신이 소속된 기업집단 소속 회사가 아닌 자가 출자금 총액의 100분의 40 이내에서 대통령령으로 정하는 비율을 초과하여 출자한 투자조합,[23] 자신이 소속된 기업집단 소속 회사 중 금융업 또는 보험업을 영위하는 회사가 출자한 투자조합, 자신의 특수관계인(동일인 및 그 친족에 한정한다)이 출자한 투자조합(동일인이 자연인인 기업집단에 한정한다)의 어느 하나에 해당하는 투자조합을 설립하는 행위를 금지대상으로 규정하고 있다(제3항 본문).

단, 예외적으로 계열회사가 아닌 중소기업창업투자회사 및 신기술사업금융전문회사를 자회사에 해당하게 하는 과정에서 해당 중소기업창업투자회사 및 신기술사업금융전문회사 주식을 발행주식 총수 미만으로 소유하고 있는 경우로서 해당 회사의 주식을 보유하게 된 날부터 1년 이내인 경우(1년 이내에 발행주식 총수를 보유하게 되는 경우에 한정한다), 자회사인 중소기업창업투자회사 및 신기술사업금융전문회사를 자회사에 해당하지 아니하게 하는 과정에서 해당 중소기업창업투자회사

---

23) 이 규정에서 투자조합은 「벤처투자 촉진에 관한 법률」 제2조 제11호에 따른 벤처투자조합 및 「여신전문금융업법」 제2조 제14호의5에 따른 신기술사업투자조합을 의미한다.

및 신기술사업금융전문회사 주식을 발행주식 총수 미만으로 소유하게 된 날부터 1년 이내인 경우(발행주식 총수 미만으로 소유하게 된 날부터 1년 이내에 모든 주식을 처분한 경우에 한정한다)에는 금지대상에서 제외시키고 있다(제3항 단서).

요컨대, 투자자금은 기업집단 내부 자금 60% 이상, 외부자금 40% 이하로 구성된 펀드를 통해 조성이 가능하며, 총수 일가의 자금은 투입이 금지된 점이 특징이다. 일면 계열사 자금 등 기업집단 내부자금과 외부자금은 허용한도 내에서만큼은 충분히 조달받을 수 있게 되었다는 점이 주목된다. 반면, 총수 일가의 자본이 투입되지 못하도록 한 점이 오히려, 리스크 큰 벤처투자의 책임으로부터 동일인 및 그 친족이 벗어나는 결과가 되는 한편, 타인 자본(금융 기능)을 통해 계열회사가 확장(경제력 집중)될 수 있게 된 점이 문제점으로 지적될 수 있다. 또한 계열회사의 자금도 투입이 가능해짐에 따라 계열회사간 지분 소유가 제한되는 지주회사 체제 내의 회사들도 투자에 참여할 수 있게 된 점에서 관련 대기업집단 규제를 우회하는 수단으로 작용할 가능성도 배제하기 어려운 측면이 있다.

또한 시행령은 투자자금의 조성에 대한 규제의 대상을 지주회사 산하의 CVC가 '투자조합을 설립하는 행위'만을 대상으로 명시하고 있어서 새로 설립하는 경우 외에 이미 설립되어 있는 투자조합에 대해서는 제20조에서 정한 일련의 규제 대상이 되지 않는 것인지에 의문이 있다.[24)]

비계열 외부자금의 한도를 '40%'로 정한 것은 입법정책적 결단에 따른 것으로 볼 수 있는데, 외부출자비율 규제 자체의 타당성에는 의문이

24) 이 부분에 관한 상세한 분석은 신영수, CVC(기업형 벤처캐피탈) 투자조합에 관한 공정거래법상 규제의 해석론, 경제법연구, 제21권 2호(2022. 8), 185-204면 참조

없으나 그 기준으로서 40%의 적정성은 향후 실무상의 제도운영 결과를 두고 검토해 볼 필요가 있다.

(3) 투자대상의 제한

CVC가 벤처기업에 투자하는 단계에서도 공정한 투자를 담보하기 위해 투자가 금지 대상이 설정되었다(법 제20조 제3항 제5호). 즉 CVC는 소속 기업집단의 총수 일가 즉 특수관계인(동일인 및 그 친족)이 조금이라도 지분을 보유하고 있는 기업, 그리고 CVC가 소속된 기업집단 소속 회사 즉 계열회사에 대한 투자가 금지된다(동호 가목, 나목). 이 같은 제한은 총수 일가의 사익편취 및 계열사 간 부당한 지원행위를 사전에 차단하기 위한 목적을 가진 것으로 이해된다. 아울러 CVC를 통해 자칫 대기업집단으로의 경제력 집중이 심화되는 결과를 방지하기 위해 공시대상기업집단 및 상호출자제한기업집단 소속 회사에 대한 투자도 금지된다(동호 다목).

또한 지주회사 체제 내의 CVC 허용은 국내 벤처, 창업투자의 활성화를 위한 것이므로 해외 투자는 CVC 총자산의 20%로 제한된다(동호 라목). 또한 CVC의 설립 형태별 소관법령에 따른 투자의무도 동일하게 적용되어, 창투사의 경우 「벤처투자 촉진에 관한 법률」에 따라 등록 후 3년 내에 총자산(자기자본 + 조합 출자금)의 40% 이상을 창업 · 벤처기업 등에 투자해야 하며, 신기사의 경우 「여신전문금융업법」에 따라 신기술사업자[25]로 투자 대상이 제한된다.

---

25) 신기술을 개발하거나 이를 응용하여 사업화하는 중소 · 중견기업을 의미한다.

(4) 투자금의 회수 규제

한편 CVC 또는 그 투자조합이 투자한 회사의 회사 주식, 채권 등을 기업집단의 동일인 및 그 친족, 혹은 이들이 투자한 회사로서 지주회사 등이 아닌 계열회사가 취득 또는 소유하도록 하는 행위도 금지된다(제20조 제3항 6호). CVC 또는 그 투자조합이 보유한 벤처기업의 주식을 총수 일가에게 저가에 양도하여 부당한 지원을 하는 것을 방지하기 위한 취지의 규제로 볼 수 있다. 입법과정에서는 이미 부당지원행위나 사익편취에 관한 사후규제 수단이 존재하므로 사전규제는 필요치 않다는 의견도 제기되기도 하였으나 CVC로 인한 지배력 확장 및 편법승계의 우려가 제기됨에 따라 규제 도입이 관철되었다.

3. CVC에 대한 절차적 규제

한편 CVC에 대한 규제 및 모니터링의 효율성을 높이기 위해 개정 법률은 CVC를 보유한 일반지주회사 및 해당 CVC로 하여금 공정거래위원회에 대한 보고의무를 부과하고 있다(법 제20조 제4항 및 제6항). 이에 따라 CVC를 보유한 일반지주회사도 CVC 주식을 취득 또는 소유한 날로부터 4개월 이내에 그 사실을 공정거래위원회에 보고하여야 하며, 일반지주회사가 보유한 CVC는 기존 창투사 및 신기사로서 관련 소관부처(중소벤처기업부, 금융감독위원회) 보고의무를 이행하면서 추가적으로 공정거래위원회에 출자자 현황, 투자내역, 자금대차관계, 특수관계인 거래관계 등을 정기적으로 보고할 의무를 부담하게 된다.

CVC가 준수해야 하는 설립 · 행위제한 의무의 위반 여부에 대한 조사 · 감독 및 제재권한은 공정거래위원회가 갖는다. 단, 벤처투자법 및 여신전문금융업법상 CVC에 대한 조사 및 감독권한은 여전히 중소벤처기업부와 금융위원회가 보유한다.

4. CVC 투자 벤처기업의 대기업집단 편입 유예

CVC가 투자한 중소 · 벤처기업이 대기업집단 편입 요건 충족시, 즉 CVC가 해당 기업의 지분 30% 이상을 소유하고 최다출자자인 경우 또는 해당 기업 경영에 대해 지배적인 영향력을 행사하고 있는 경우에는 대기업집단 편입을 10년까지 유예토록 하였다. 이 같은 유예기간은 개정 법률에서 벤처지주회사에 대해 적용된 확대 기준(7년 → 10년)과 동일하다. 통상적으로 벤처기업이 사업성공 단계에 들어서려면 10년 정도의 시간이 필요하다는 점에서 대기업집단 투자회사임에도 불구하고 중소기업으로서의 혜택을 확장하는 것이 바람직하다는 인식에 따른 것이다.

10년의 유예기간에 대해서는 도래 직전에 CVC 투자 벤처기업을 매각하는 방법으로 규제 개시를 회피할 가능성이 제기될 수 있으나, 이 같은 폐단은 유예기간을 인정하는 한 잠재되어 있는 것으로서 개정 법률과 같이 일단 유예기간을 길게 인정하되, 향후 유예기간을 악의적 이용이 발생하지 않도록 주시하는 한편 남발시에 대책을 강구하는 접근법이 타당한 것으로 보인다.

〈표 1〉 규제의 대상 및 단계별 유형 및 내용

규제 유형	내 용
CVC를 보유한 '일반지주회사'에 대한 규제	- CVC의 설립 형태는 벤처투자법상 창투사와 여신전문금융업법상 신기사로 제한됨 - 일반지주회사의 100% 완전자회사 형태로만 설립 가능함 - CVC 주식의 취득 또는 소유일로부터 4개월 이내에 그 사실을 공정거래위원회에 보고해야 함

'CVC'에 대한 규제	재무건전성 관련 규제	- CVC의 부채가 자본 총액의 2배를 초과할 수 없음(부채비율 200%) - CVC는 자금대차관계를 공정거래위원회에 정기적으로 보고해야 함
	업무범위 관련 규제	- CVC 업무범위는 투자로 국한되며, 여타 금융업무 수행은 금지됨 - 투자 내역을 공정거래위원회에 정기적으로 보고하여야 함
	펀드조성 관련 규제	- 펀드(투자조합)에 조성된 자금 중 기업집단 내부자금이 60% 이상이어야 하고, 외부자금 출자는 최대 40%까지로 제한됨 - 내부자금이지만 총수 일가 및 금융 계열회사(즉 일반지주회사 체제 밖의 계열회사로서 기업집단 소속 금융회사)의 자금의 출자는 금지됨 - 출자자 현황을 공정거래위원회에 정기적으로 보고하여야 함
	투자대상 관련 규제	- 특수관계인(동일인 및 그 친족)이 지분을 보유하고 있는 기업, CVC 계열회사, 공시대상기업집단, 상호출자제한기업집단 소속 회사에 대한 투자는 금지됨 - 특수관계인 거래관계를 공정거래위원회에 정기적으로 보고하여야 함
	투자금 회수(exit) 관련 규제	- CVC 또는 그 투자조합이 투자한 회사의 주식, 채권 등을 기업집단의 동일인 및 그 친족, 혹은 이들이 투자한 회사로서 지주회사 등이 아닌 계열회사가 취득 또는 소유하도록 하는 행위도 금지됨
CVC의 투자대상 '벤처기업'에 대한 규제 유예		- CVC가 해당 기업의 지분 30% 이상을 소유하고 최다출자자인 경우 또는 해당 기업 경영에 대해 지배적인 영향력을 행사하고 있는 경우에는 대기업집단 편입이 10년간 유예됨

IV. 지주회사의 CVC 보유 관련 규제의 전망과 향후 예상되는 쟁점들

1. 지주회사 규제 특유의 복합성

그간의 발전과정에 비춰 볼 때 지주회사 규제를 위시한 공정거래법상 대기업집단 규제는 정치한 법리적 토대 위에 제도적 기반을 형성해 왔다기보다는 단기 현안의 해결을 위한 정책수단으로서 그 면모를 갖추어 온 측면이 강하다. 이를테면 경제력 집중의 억제와 금산분리로부터 중소기업보호에 이르기까지 취지와 층위를 달리하는 여러 정책 목적들이 입체적으로 둘러싼 상황 속에서 현재의 규제체계가 구축된 것으로 볼 수 있다. 그 결과 규제 개편 때마다 기존의 규제가 포기되거나 새로운 규제로 대체되는 일, 혹은 규제수단 사이의 짜임새 즉 정합성이 벌어지거나 좁혀지는 일들이 숱하게 발생해 왔다. 금산분리, 경제력 집중 억제에 더하여 사익편취금지와 벤처활성화라는 새로운 정책과제가 개입된 CVC 규제에서도 이 같은 현상들이 목격된다.

〈표 2〉 CVC 규제완화로 인한 우려와 대응책

CVC 규제완화에 따른 우려	대응책
금산분리 예외범위의 확대	· CVC는 투자 행위만 허용, 타 금융업 수행 금지
타인자본 이용 지배력 확장	· CVC는 지주회사가 지분 100% 보유 자회사로 설립 · CVC 차입 규모 제한(자기자본의 200%) · 펀드 조성시, 외부자금 출자는 40%로 제한
총수 일가 사익편취	· 소속 기업집단 총수 일가 지분보유 기업 투자금지

* 출처: 관계부처 합동, "일반지주회사의 CVC 제한적 보유" 추진방안(2020. 7. 30.)

2. 종전 규제의 향방: 탈피 혹은 지속

(1) 금산분리의 원칙에 대한 CVC 관련 규정의 함의

CVC의 허용은 일반지주회사가 금융회사를 자회사로 둘 수 없도록 하는 내용의 소위 금산분리에 대한 중대한 예외를 인정한 점에서 적지 않은 의미가 있다. 경제규제에 있어서 금산분리 원칙은 그간 교조적이라 일컬을 만큼의 견고한 입지를 확보한 채 관련 규범 내에서 강력한 기조를 지속케 하는 토대가 되어 왔다. 하지만 이 원칙에 기반한 굳건한 정책들에 비하여 실제의 금산 결탁 사례는 적어도 최근의 경우 잘 떠오르지 않는 게 사실이기도 하다. 더욱이 최근 인터넷전문은행과 관련하여 은산분리 원칙마저 해소된 상황에 비추어 보면 금산분리적 관점에서의 CVC에 대한 경계심은 다소 과도한 측면이 있었다. 이 점에서 개정 공정거래법은 금산분리 원칙을 경제현실의 변화에 맞춰 완화한 선례로서 의미가 있다. 향후 관련 규제에 적지 않은 영향을 미치게 될 것으로 예상된다.

(2) 공시대상기업집단에 속하지 않는 지주회사 보유 CVC에 대한 규제의 문제

CVC의 규제체계 수립과정에는 공정거래법상 주요 규율대상 행위의 발생 가능성에 대한 고려도 상당부분 반영된 것으로 볼 수 있다. 지주회사가 특수관계인의 사익편취 수단으로 악용될 가능성을 차단하기 위해 총수 일가가 지분을 보유한 기업이나 계열사에 대한 투자를 금지한 점, 총수 일가 및 계열회사 중 금융회사 즉 일반지주회사 체제 밖 계열회사로서 기업집단에 속하는 금융회사의 출자를 금지한 점이 그렇다. 이번 공정거래법상 지주회사의 자회사 지분비율을 기존의 기준에 비해 10% 상향조정한 조치와 같은 맥락이라 할 수 있다.

단 현행법상 지주회사 규제의 적용대상(지주회사 자산총액 5,000억 원)과 사익편취 규제의 적용대상(기업집단 자산총액 5조 원)이 일치하지는 않아서, 예컨대 지주회사 체계를 도입했지만 공시대상 대기업집단에는 속하지 않은 경우(즉 중견기업집단 소속 지주회사)들이 존재한다. 만일 그렇다면 제46조의 사후규제(사익편취 규제) 대상이 아닌 경우에도 CVC와 관련해서는 사전규제의 대상으로 포섭되는 결과가 발생한다. CVC에 관해 사전규제를 강화해야 할 필요성이 명확치 않은데다, 그런 필요성 여부는 별론으로 하더라도, 논리적 측면에서도 문제제기가 될 수 있는 부분이다. 공시대상 기업집단에 속하지 않는 기업집단의 지주회사 보유 CVC에 대해서는 규제의 예외를 인정하는 방안을 모색해 볼 필요가 있다.

3. 규제 일관성 및 정합성 측면에서의 평가

(1) 부채비율 규제에 대한 이해

공정거래법상 규제 가운데 CVC의 부채비율 200% 기준을 둔 점이 CVC 설립을 어렵게 하는 요인으로 작용할 것이라는 지적이 제기되기도 한다. 특히 창투사는 1,000%, 신기사는 900%까지 허용해주는 자기자본 대비 차입 규모도 CVC는 200%까지만 제한적으로 허용하고 있는데 이 점에서 일반지주회사의 자회사인 CVC는 그 밖의 CVC에 비해 훨씬 엄격한 규제를 적용받는 결과가 되었다. 다만 이를 새로운 규제의 창설로 보기보다는 현행법상 지주회사에 대한 규제 기준을 그대로 적용한 것으로 여기는 것이 타당한 이해일 것이다. 요컨대 공정거래법상 CVC는 일반지주회사의 자회사로 설립되므로 지주회사 규제의 근간을 훼손하지 않도록 기존 규제를 유지한 것으로 해석되어야 할 것이다.

(2) CVC의 대기업집단 편입 유예의 취지

CVC 투자 기업에 대한 대기업집단 편입 유예기간을 10년으로 한 조치 역시도 벤처지주회사 규제와의 일관성을 유지한 사례로 볼 수 있다. 다만, 10년의 유예기간에 대해서는 도래 직전에 CVC 투자 벤처기업을 매각하는 방법으로 규제 개시를 회피할 가능성이 제기될 수 있으나, 이 같은 폐단은 유예기간을 인정하는 한 잠재되어 있는 것으로서 개정 법률과 같이 일단 유예기간을 길게 인정하되, 향후 유예기간을 악의적 이용이 발생하지 않도록 주시하는 한편 남발시에 대책을 강구하는 접근법이 타당하다고 본다.

(3) CVC 모회사가 지주회사인지 일반 대기업집단 소속 회사인지에 따른 규제 차이

공정거래법상 CVC규제는 대기업집단 규제와의 정합성 측면에서의 문제점이 지적될 수 있다. CVC는 기존의 벤처투자법이나 여신전문금융업법에 따른 등록, 최소자본금 요건, 투자의무에 더하여 일반지주회사의 완전자회사로 설립, 부채비율 제한, 투자 외 금융업무 금지, 펀드조성 시 타인자본 조달 제한, 총수 일가 지분보유 기업 투자금지 등 공정거래법상 규제를 추가로 부담하게 된다. 그 결과 일반 기업집단이 CVC를 설립하는 것보다는 지주회사가 CVC를 설립하는 것이 더 어려운 수준이라는 점은 부인하기 어렵다. 요컨대 CVC에 관한 한 지주회사 시스템과 일반 기업집단의 규제 차이가 발생한다. 논리적으로 지주회사가 CVC를 설립함에 따른 폐단이 대기업집단의 CVC 설립에 비해 더 큰 것으로 전제된 것인데, 현실적 근거 여부와 함께 대기업집단 정책 기조와의 부조화가 문제될 수 있다.

(4) CVC와 벤처지주회사 관련 규정간의 관계

한편 공정거래법은 일반지주회사로 하여금 CVC의 지분을 100% 보유하도록 하고 있다. 기존의 지주회사의 자회사 지분율 규제의 기준이 낮아서 지주회사 및 자회사 설립이 남발한다는 문제의식에 따라 개정법에서는 자회사 지분을 종전에 비해 10/%씩 상향하기로 한 점에서 보면, CVC에 대한 100% 완전자회사 기준도 같은 맥락으로 이해될 수 있는 측면이 있다. 이에 비해 벤처지주회사의 경우는 현행법상 자회사 지분비율 규제를 일반 지주회사에 비해 완화된 20%, 40% 기준을 적용받도록 하였다. 비록 벤처지주회사와 CVC의 역할에 차이는 있지만 벤처 활성화를 위한 목적에서 이루어진 규제완화 조치가 양 기업에 달리 적용되는 결과가 된 점은 부인할 수 없다. CVC를 대체하기 위해 추진되었던 벤처지주회사 관련 규제 완화조치[26)]들이 CVC를 허용한 개정 법률에서도 유지된 결과 유사한 취지의 벤처지주회사와 CVC에 대해 다소 다른 기조의 규제가 적용된 결과가 되었다. 다만 벤처지주회사의 활용도가 매우 빈약했던 종래의 경향이 지속될 경우 유사 제도와의 이런 부정합성이 현실적 문제로 부각될 가능성은 크지 않을 것이다.

---

26) 구체적으로 살펴보면, 먼저 자산총액이 5,000억 원이 아닌 300억 원 이상이면 벤처지주회사 설립 및 전환을 신청할 수 있도록 설립 요건을 완화하였다. 이에 따라 자본금 100억 원만으로 벤처지주회사 설립이 가능하게 되었으며, 벤처지주회사의 자회사 지분 요건(상장 · 비상장 모두 20%)을 고려하면 300억 원의 자금으로 지분가치 100억 원의 벤처기업을 최대 15개까지 자회사로 둘 수 있게 되었다. 또한 기존 지주회사가 벤처지주회사를 자 · 손자회사로 설립하는 경우 벤처지주회사의 자회사 지분 보유에 대하여 특례를 인정키로 하였다. 예컨대, 지주회사가 자회사로 벤처지주회사를 설립하는 경우, 벤처지주회사는 벤처 자회사 지분을 40%가 아닌 20% 이상만 보유토록 하였다(법 제18조 제2항 제2호).

(5) 투자조합에 대한 규제의 의미

한편 CVC는 본래 모기업의 사업역량을 강화하거나 신사업 진출을 용이하게 하기 위한 전략적 목적을 추구하게 되고, 그 주요 수단으로 M&A가 선택될 것으로 보인다. 그런데 현행법에서는 투자대상 벤처기업의 소위 엑시트(exit)나 모기업 소속 기업집단에 의한 인수에 대해서는 행위규제를 하고 있지 않다. 이를 제한할 경우 CVC의 본질적 기능과 장점 자체를 훼손시킬 수 있으므로 규제 대상으로 삼지 않은 점에는 타당성이 있다. 다만, 총수 일가에 대한 지분투자 및 투자조합 출자를 엄격히 금지한 취지와의 정합성 측면에서 이 점을 짚어 볼 필요는 있다.

전술한 바와 같이, 총수 일가의 투자금을 차단한 점이 오히려 총수 일가의 투자 책임으로부터 벗어나게 해주는 역효과가 발생할 수 있고, CVC를 통해 성공한 벤처기업을 기업집단이 M&A하는 경우에는 경제력 집중의 폐단이나 총수 일가에 대한 사익편취의 우려를 위해 두었던 각종 규제가 의미가 없어지는 결과가 될 수도 있다. CVC의 운용 결과에서 이런 점이 나타난다면, 규제를 강화해야 한다는 논거가 되거나, 반대로 총수 일가에 대한 규제를 유지할 필요가 없다는 반론도 제기될 수 있을 것으로 예상된다.

04

지주회사 전환효과의 실증적 분석*

박상인** · 김주현***

I. 서론

1986년 공정거래법에 처음으로 경제력 집중 억제 시책이 도입될 당시 지주회사의 설립 · 전환은 경제력 집중의 폐해를 막기 위하여 원칙적으로 금지되었다. 그러나 1997년 외환위기가 발생한 후 지주회사가 기업 구조조정 촉진과 투명한 기업 지배구조 정착에 유용한 수단이 될 수 있다는 판단 아래 지주회사의 설립 · 전환을 허용하도록 공정거래법이

---

* 이 글은 김주현/박상인, 지주회사 체제로의 전환이 기업지배구조와 내부거래에 미치는 영향, 경제학연구 제69집 제2호(2021)를 일부 수정 · 보완한 것이다. 연구의 내용과 결과는 전적으로 저자 개인의 견해이며, 공정거래위원회의 공식 입장과는 무관함을 밝힌다.

** 서울대학교 행정대학원 교수, 경제학박사

*** 공정거래위원회 행정사무관, 행정학박사

개정되었다.[1] 다만 피라미드식 소유구조에 따른 경제력 집중의 폐해를 억제하기 위해 지주회사에 출자단계, 의무지분 보유, 부채비율 제한과 같은 일정한 행위제한 규제를 두었다.[2]

그러나 이후 정부는 기업집단들이 복잡한 소유구조를 스스로 개선하도록 유도하기 위해, 지주회사에 대한 행위제한 규제를 완화하고 지주회사 설립 · 전환 시 세제 혜택을 제공하는 등 지주회사 체제로 전환을 유인하는 정책을 추진해 왔다. 공정거래위원회는 재벌[3]이 지주회사 체제로 전환하면 순환출자 등으로 복잡하게 얽힌 소유구조가 단순하고 투명해져 금융기관이나 소액주주의 경영 감시가 보다 용이해지고 기업지배구조 개선에 도움이 될 것이라는 점을 지주회사 권장 정책의 주요 논거로 제시하였다.[4] 또한 1997년 경제 위기 당시에 OECD나 세계은행도 지주회사가 지배구조의 개선을 가져올 것이라는 의견을 제시한 바 있었고, 자본시장에서도 지주회사 체제로 전환할 때 일반적으로 기업지배구조의 개선 효과를 기대했다.[5]

정부의 지주회사 권장 정책 시행 이후에 지주회사 체제로 전환한 대기업집단(이하 "지주회사전환집단")의 수는 2005년 5개에서 2019년 9월 기준 21개(금융지주집단 제외)로 증가하였다. 지주회사 설립 · 전환의 효과를 실증적으로 분석한 연구들은 대체로 지주회사 체제가 기업의 이익조정 규모나 경영성과, 기업가치에 미치는 영향에 초점을 두고 있다.

---

1) 최정표, 한국재벌사연구, 도서출판 해남(2014), 253면.
2) 홍명수 / 이찬열, 독점규제법상 지주회사 규제와 개선 방안에 관한 고찰, 가천법학 제10권 제1호(2017), 11-12면.
3) 대규모기업집단으로 지정된 기업집단 중 동일인(총수)이 자연인인 기업집단을 재벌이라고 정의한다.
4) 공정거래위원회, 지주회사 제도 안내(2006), 1-2면.
5) 정도진, 지주회사전환기업집단과 상호출자제한기업집단의 경영성과와 기업가치 및 지배구조투명성 비교, 대한경영학회지 제21권 제2호(2008), 768면.

그 과정에서 기업지배구조가 어떤 작용을 하는지 분석한 연구들[6]·[7]·[8]·[9]을 살펴보면, 지주회사 체제 하에서 기업지배구조 수준이 일반 기업에 비해 더 높게 평가되는 경향이 있는 것으로 파악했다. 그러나 이를 토대로 지주회사 전환이 기업지배구조를 개선하는 효과가 있는지를 판단하는 것은 한계가 있는데, 원래 기업지배구조가 상대적으로 우월한 기업집단들이 지주회사 체제로 더 많이 전환하였을 가능성이 있기 때문이다.

더욱이 지주회사 체제로 전환할 경우, 지배주주에 의한 계열사의 사유화가 심해져 비민주적인 지배구조가 고착될 가능성에 대한 우려[10]와 인적분할을 통한 지주회사 설립전환이 기업가치의 제고보다는 지배주주의 경영권 강화[11]·[12]나 편법 승계의 목적으로 이루어지고 있다는 지적[13]이 꾸준히 제기되고 있다. 공정거래위원회의 2018년 지주회사 수익구조 실태조사에 따르면, 지주회사전환집단의 경우 수의계약을 통한 내부거래로 거둔 배당외수익이 수익의 상당 부분을 차지하는 것으

6) 신호영 / 박화윤, 지주회사 전환기업의 이익조정과 지배구조개선, 국제회계연구 제23권(2008), 77-98면.
7) 이문영, 지주회사체계와 경영성과: 형식적 변화인가, 실질적 변화인가?, 회계학연구 제44권 제6호(2019), 231-264면.
8) 정도진, 앞의 논문(각주 4), 767-789면.
9) 최수미 / 임묘경, 지주회사의 지배구조와 이익의 질, 회계저널 제18권 제4호(2009), 207-239면.
10) 김동운, 한국재벌과 지주회사체제: 주요 추세 및 특징, 2001~2011년, 경영사학 제28집 제2호, 통권 제66호(2013), 21-22면.
11) 박진우 / 이민교, 중견기업의 인적분할을 통한 지주회사 전환, 한국증권학회지 제48권 제1호(2019), 21-23면.
12) 유진수, 인적분할을 통한 지주회사 전환에 대한 연구, 산업조직연구 제22권 제2호(2014), 91-93면.
13) 시사저널, 2020. 3. 4.자, 승계 용이한 지주사 체제, 중견기업들 앞다퉈 전환(http://www.sisajournal.com/news/articleView.html?idxno=196400)

로 나타났다. 기업지배구조를 주주 및 채권자가 적정한 수익을 보장받을 수 있게 하기 위한 경영진이나 대주주에 대한 감시·통제 체계로 정의할 때,[14) 이는 지주회사 체제로의 전환이 기대했던 기업지배구조의 개선이라는 순 기능을 달성하지 못하고 있을 가능성을 시사한다.

따라서 본 연구는 기업집단이 지주회사 체제로 전환한 이후 기업지배구조의 개선이라는 정책효과가 실질적으로 나타나는지 실증 분석하고자 한다. 보다 구체적으로는, 기업지배구조 점수뿐 아니라 지주회사 체제로 전환한 기업들의 내부거래 비중 변화를 분석하여 지배주주의 사익추구 행위, 즉 터널링[15)]의 가능성을 증가시키는지 여부를 살펴봄으로써, 지주회사 체제로의 전환으로 인해 실질적인 기업지배구조 개선이 일어나는지 아니면 형식적인 변화에 그치는지 분석해 보고자 한다.

이를 위해, 본 연구는 2005년부터 2017년까지 기간에 재벌 상장사 중 지주회사전환집단에 소속된 계열사들과 이 기업들에 대해 성향점수매칭(propensity-score matching) 방식으로 매칭한 그 외 재벌 소속 계열사들로 표본을 구성한 후 회귀분석을 통해 DID(difference in differences) 계수를 추정한다. 기업지배구조에 대한 정량적 평가 자료로는 기업지배구조 수준을 다각도로 평가한 한국기업지배구조원의 기업지배구조 점수

14) Shleifer, A. & Vishny, R. W., A Survey of Corporate Governance, The Journal of Finance, Vol.52, No.2, 1997, pp.737-775.

15) 터널링(tunneling)이란 소유권(cash flow right)과 지배권(voting right)이 괴리된 소유지배구조를 가진 기업집단의 지배주주가 자신의 지배권을 이용하여 다양한 방법으로 자신의 소유권이 낮은 계열사로부터 소유권이 높은 계열사로 부(富)를 이전함으로써 자신의 사적 이익을 추구하는 행위를 의미한다(Johnson, S., La Porta, R., Lopez-de-Silanes, F., & Shleifer, A., Tunneling, American Economic Review, Vol.90, No.2, 2000, p.22.).

를 이용한다. 이런 실증 분석결과, 지주회사 체제로 전환한 후 소속 계열사들의 지배구조 점수가 유의하게 증가하는 것으로 나타났고, 특히 공시부문의 개선 효과가 두드러지고 있음을 확인하였다. 그러나 전환집단에 속한 계열사들의 내부거래 비중도 지주회사 체제로의 전환 이후 증가하는 것으로 추정되었다. 나아가, 지주회사와 그에 상응하는 통제집단, 그리고 자·손자회사(지주회사 체제 밖 계열사 포함)와 그에 상응하는 통제집단에 대해 각각 지주회사 체제로의 전환이 기업지배구조 점수와 내부거래에 미친 효과를 분석했는데, 지주회사전환집단 소속 계열사들의 기업지배구조 개선은 자·손자회사 등에서 일어나는 반면, 내부거래 비중은 지주회사와 자·손자회사 모두 증가하나 지주회사의 상승폭이 더 큰 것으로 나타났다.

이 같은 결과는 재벌들이 지주회사 체제로 전환한 후 외형적으로는 기업지배구조 수준이 개선되는 것으로 보이나 지배주주의 대리인 문제를 실질적으로 감시·통제하는 수준에는 이르지 못하였을 가능성을 보여주며, 지주회사 제도가 지배주주의 사익추구 수단으로 악용되는 것을 방지하기 위한 정책적 보완의 필요성을 제기한다.

본 논문의 구성은 다음과 같다. 제II장에서는 지주회사 설립·전환과 기업지배구조의 관계에 관한 기존 문헌을 검토하고 연구문제를 제시한다. 제III장은 연구모형과 분석방법을 설명하고, 제IV장은 지주회사 체제로의 전환이 기업지배구조 수준과 내부거래 비중의 변화에 미치는 효과를 실증 분석한 결과를 제시한다. 끝으로 제V장에서는 연구결과를 요약하고 연구의 정책적 시사점과 한계를 논의한다.

II. 연구문제

지주회사 설립 · 전환과 기업지배구조를 다룬 연구들을 살펴보면, 지주회사 체제로 전환한 기업들의 지배구조가 일반 기업보다 우월한 측면이 있는 것으로 보인다. 그러나 지주회사 체제로의 전환 그 자체가 곧바로 기업의 투명성 향상으로 직결되는 것은 아니라는 의견들과 사례연구를 토대로 지배주주의 지배력 강화에 따른 비민주적 지배구조의 고착화에 대한 우려도 제기되었다.

정도진(2008)[16]은 2000～2006년 표본을 이용하여 지주회사전환집단의 기업지배구조 투명성이 다른 상호출자제한기업집단보다 더 높은지 분석하였는데, 기업지배구조 투명성의 대리변수로 사용한 기업지배구조 점수의 세부항목 중 주주권 보호와 경영성과 배분이 지주회사전환집단에서 통계적으로 유의하게 더 높은 것으로 나타났다. 최수미 · 임묘경(2009)[17]은 지주회사의 자회사를 일반 회사와 비교한 결과 지주회사의 자회사가 일반 회사보다 이사회와 감사위원회의 독립성, 전문성, 활동성 등이 더 높다는 결과를 보고하였다.

반면 신호영 · 박화윤(2008)[18]은 지주회사로 전환한 기업이 일반 기업보다 이익조정을 적게 하는 것으로 나타나긴 하지만 지주회사 여부와 이사회 및 감사위원회 등과 관련된 기업지배구조 변수의 관계는 이익조정에 대해 유의한 영향을 미치지 않으며, 예상과 달리 지주회사일 때 외국인 투자자의 지분율이나 기관투자자 지분율이 높을수록 이익조정을 더 많이 한다는 분석결과를 보고하였고, 이를 토대로 지주회사로

16) 정도진, 앞의 논문(각주 5), 785면.
17) 최수미 / 임묘경, 앞의 논문(각주 9), 233-235면.
18) 신호영 / 박화윤, 앞의 논문(각주 6), 93-97면.

의 전환 그 자체 외 다른 요인들에 의한 복합적인 영향이 기업 투명성에 영향을 미칠 가능성을 제시하였다. 그 밖에 지주회사체계와 수익성의 관계를 분석한 이문영(2019)[19]은 지배주주의 지분율, 외국인지분율, 중핵도(centrality)가 지주회사체계와 수익성 간의 양(+)의 관계를 강화시키는 것으로 나타나 지주회사체계 하에서 기업지배구조의 개선으로 인해 경영성과가 향상된다는 주장을 뒷받침한다고 보았다. 그러나 사외이사비율로 측정한 이사회 관련 변수는 유의미한 결과를 보이지 않았다.

이 같은 선행연구들은 대체로 지주회사 체제로의 전환과 기업지배구조 사이에 일정한 상관관계가 존재하고 있음을 시사하지만, 지주회사 전환이 이익조정 규모나 수익성에 미치는 영향을 분석하기 위해 기업지배구조의 조절효과 유무를 살펴본 연구들이므로 지주회사 체제로의 전환이 기업지배구조에 미치는 영향 자체를 분석하였다고 보기는 어렵다. 또 이들은 대부분 2007년 이전의 자료를 이용한 연구들인데, 2007년 이후 지주회사전환집단이 크게 늘어난 점을 고려하면 2007년 전후를 포괄하는 장기간의 자료를 사용한 연구가 필요하다.

또한 대부분 자회사 지분의 100%를 보유하는 미국의 지주회사와는 달리 한국의 지주회사는 현행 공정거래법상 비상장사 지분의 40%, 상장사 지분의 20%만 보유하여도 자회사를 지배할 수 있어[20] 지주회사로 전환하더라도 소유-지배의 괴리로 인한 대리인 문제[21]는 남아 있다. 더욱이 지주회사로의 설립·전환으로 순환출자가 다수 해소되어 외형

19) 이문영, 앞의 논문(각주 7), 249-260면.

20) 개정된 공정거래법(법률 제17799호, 2020. 12. 29., 전부개정)에 따르면 자회사에 대한 지주회사의 의무 보유 지분율은 비상장 자회사인 경우 50%, 상장 자회사는 30% 이상으로 변경되었으며, 변경된 법률은 2021년 12월 30일부터 시행되었다.

21) 김진방, 재벌의 소유구조: 통계, 개념, 분석, 경제학연구 제48권 제2호(2000), 67면.

적으로는 기업집단의 소유구조가 과거보다 단순 · 투명해졌지만 그 과정에서 최대주주의 지배력이 강화됨으로써 실질적으로는 계열사들이 사유화되는 질적 왜곡이 일어나고 있다는 지적도 제기되었다.[22] 이러한 측면에서 본 연구에서는 지주회사 체제로의 전환 이후 기업들의 지배구조가 개선되었는지 실증적으로 분석하기 위해 다음과 같은 연구문제를 세워 분석해 보고자 한다.

연구문제 1: 지주회사 체제로 전환 이후 기업지배구조 수준이 개선되는가?

그런데 총수 일가는 피라미드 형태를 이루는 지주회사 체제의 근본적인 특성으로 인해 적은 비용으로도 지주회사를 통해 많은 계열사에 지배력을 행사할 수 있다. 더욱이 지주회사 설립 · 전환과정에서 인적분할을 거치는 경우에는 소위 '자사주의 마법[23]'을 통해 기업집단 전체에 대한 총수 일가의 지배력이 강화되는 현상이 나타난다.[24) · 25)] 이 때문에 지주회사 체제로 전환하였을 때 기대되는 긍정적인 효과와는 별개로 지주회사 체제를 이용한 터널링과 재벌의 경제력 집중 등의 부작용이 나타나지 않는지 감시할 필요성이 제기된다. 공정거래위원회도 내부거래를 통한 터널링과 경제력 집중 심화를 감시하기 위해 매년 지주회사 설립 · 전환 현황을 조사하면서 지주회사전환집단의 내부거래 현황을 살피고 있으며, 2017년에는 지주회사 수익구조에 관한 실태조사

22) 김동운, 앞의 논문(각주 10), 21-22면.
23) 인적분할 당시 보유하고 있던 자사주에 신설회사의 신주가 배정되어 지주회사가 보유한 사업회사에 대한 지분율이 증가하는 현상을 가리킨다.
24) 박상인, 이스라엘 경제력 집중법의 한국 재벌개혁에 대한 함의, 한국경제포럼 제10권 제3호(2017), 16-17면.
25) 박진우 / 이민교, 앞의 논문(각주 11), 6면.

도 실시하였다.

공정거래위원회의 지주회사 수익구조 실태조사결과, 전환집단 지주회사[26)]의 소속회사와의 내부거래 비중은 2017년 기준으로 55%에 달하는 것으로 조사되었는데, 이는 전체 대기업집단 소속 사익편취 규제 대상 회사[27)]의 평균 내부거래 비중(14.1%)을 크게 웃도는 것이다. 또 전환집단 지주회사들은 브랜드수수료, 부동산 임대료, 컨설팅 수수료 등 배당외수익 관련 거래가 전체 매출액의 43.4% 정도를 차지한 것으로 나타나[28)] 배당외수익 비중이 13.9%인 중견 지주회사와 상당한 차이를 보였다. 더욱이 전환집단지주회사의 배당외수익 관련 거래는 모두 수의 계약방식으로 이루어진 것으로 조사되었다. 그뿐만 아니라 현행 공정거래법상 지주회사 체제 밖에 있는 계열사가 지주회사 주식을 보유할 수도 있어, 공정거래위원회는 총수 일가가 지주회사 체제 밖의 계열사를 이용하여 부를 편법적으로 이전할 가능성을 예의주시하는 상황이다.[29)]

---

26) 공정거래위원회는 지주회사전환집단의 지주회사를 '전환집단 지주회사'라고 부르고 있다.

27) 구 공정거래법 제23조의2는 총수 일가가 30%(비상장회사는 20%) 이상의 지분을 보유하고 있는 계열사를 총수 일가 사익편취 금지 규제의 대상으로 규정하였다. 2021년 12월 30일부터 시행된 개정 공정거래법은 규제가 적용되는 기준 지분율을 20%로 단일화하고, 이 계열사가 50%를 초과하여 주식을 보유한 계열사도 규제 대상에 포함하였다.

28) 기업집단현황공시의 '계열회사와 특수관계인 간 거래현황' 항목 중 '계열회사간 주요 상품 · 용역거래 내역'을 살펴보면 제조업/서비스업을 영위하는 자 · 손자회사 등은 다른 계열사들로부터 부품이나 원재료 판매, 시공설치 등의 용역 등으로 매출을 얻는 것과 달리 지주회사들은 배당수익과 외에 계열사들로부터 상표권, 경영컨설팅, 경영지원, 부동산임대, 연구용역 등으로 매출을 거두고 있음을 알 수 있다. 다만 일부 사업지주회사들은 컴퓨터 시스템 구축, 전자부품, 물류서비스 등으로 매출을 올리기도 한다.

29) 공정거래위원회는 2019년 지주회사 현황분석결과 지주회사전환집단의 체제 밖 계열회사 중 절반 이상이 공정거래법상 총수 일가 사익편취 규제 대상이거나 이의 사각지

이러한 점들은 재벌이 지주회사 체제로 전환할 때 기업지배구조의 개선이 일어나는 것처럼 보일지라도 실질적으로는 지배주주와 소액주주 간 이해상충 문제가 발생하고 있을 수 있다는 것[30)]을 보여준다. 더욱이 지주회사 체제로 전환하기 전에도 대부분의 대기업집단에서 주력회사가 사실상(de facto) 지주회사로서의 역할을 하던 경영 관행을 생각해 볼 때, 경영상 필수적이며 합리적인 내부거래라면 지주회사 체제전환 전후로 내부거래 비중의 차이가 크게 벌어지지 않을 것으로 추론해 볼 수 있어, 지주회사 체제전환 이후 내부거래 비중이 크게 증가한다면 총수 일가의 지배력 강화에 따른 터널링이 일어날 가능성을 제기할 수 있을 것이다. 따라서 다음과 같은 연구문제 2를 수립하고 분석해 보고자 한다.

연구문제 2: 지주회사 체제로의 전환 이후 내부거래 비중이 증가하는가?

III. 연구설계

1. 연구모형

지주회사 체제로 전환하는 것이 계열사들의 기업지배구조 수준과 내부거래에 어떠한 영향을 미치는지 회귀분석할 경우, 우선적으로 내생성

대에 있어 이를 이용한 총수 일가의 지배력 확대 및 경제력 집중 우려가 여전하다고 보고 있다(공정거래위원회, 2019).

30) 황현영, 회사법적 관점에서 바라본 지주회사 제도의 문제점과 개선방안—지주회사 형성과정과 수익구조를 중심으로, 기업법연구 제33권 제4호(2019), 167-174면.

문제가 존재하는지 살펴볼 필요가 있다. 그런데 기업집단이 지주회사 체제로 전환하는 것은 개별 계열사가 아니라 전체 기업집단 차원에서 이루어지는 결정이며, 그러한 결정은 주로 기업집단에 대한 총수 일가의 지배력 강화나 승계 문제와 밀접하게 연관되어 이루어지고 있는 것이 현실이다. 나아가 본 연구는 패널 자료를 이용한 고정효과 모형을 분석에 사용하므로, 개별 기업의 관측되지 않는 특성에 의한 내생성 문제는 크지 않을 것으로 판단된다. 다만 본 연구는 지주회사 체제로 전환하는 기업집단의 계열사들과 그렇지 않은 재벌 계열사들을 비교하는 가운데 발생할 수 있는 비교 대상 특성의 지나친 차이로 인한 문제를 해소함으로써 연구결과의 타당성을 높이기 위해, PSM(Propensity Score Matching)을 이용하여 처치집단과 통제집단을 설정한 후 고정효과 모형을 이용한 DID 추정을 실시한다.[31)]

본 연구의 처치집단은 기업집단이 지주회사전환집단으로 전환될 당시 해당 지주회사전환집단의 계열사였던 KOSPI 상장사들의 2005~2017년 관측치로 구성된다. 만일 기업집단이 지주회사 체제로 전환할 당시 지주회사 체계(지주회사-자회사-손자회사-증손회사) 밖에 있었더라도 해당 기업집단의 계열사에 해당하면 처치집단으로 구분하였다. 이는 지주회사 체제로의 전환은 개별 계열사가 아니라 기업집단 차원에서 결정된다는 점, 지주회사 체제로 전환할 당시에는 지주회사 체제 밖에 있었을지라도 향후 체제 내로 편입될 가능성 등을 고려한 것이다. 통제집단은 지주회사전환집단이 아닌 일반 재벌에 소속된 KOSPI 상장

31) Hwang, S., & Kim, W., When Heirs Become Major Shareholders: Evidence on Pyramiding Financed by Related-party Sales, Journal of Corporate Finance Vol.41 (2016), pp.23-42에서는 재벌 후계자의 지분율 상승이 해당 회사에 대한 내부거래 비중 및 수익성, 다른 계열사들에 대한 지배력에 미치는 영향을 분석하면서 PSM과 DID 추정방식을 이용한 바 있다. 본 연구의 분석모형은 이를 참고하였다.

계열사들로서, 처치집단이 속한 기업집단이 지주회사 체제로 전환한 연도에 처치집단 기업과 규모와 수익성을 기준으로 성향점수가 가장 가까운 2개 기업들을 매칭(Propensity Score Matching)한 후 해당 기업의 2005~2017년 관측치로 구성하였다.[32] 이에 따라 처치집단과 이에 매칭된 통제집단은 동일한 처치 시점 더미를 갖는다.

아래의 회귀식(1)은 연구문제 1인 '지주회사 체제로의 전환 이후 기업지배구조의 수준이 개선되는가?'를 분석하기 위한 것이다. 식(1)의 추정결과 처치집단 더미변수(T_i)와 전환 시점 더미변수($P_{i,t}$)로 만든 상호교차항의 회귀계수 β_2가 통계적으로 유의한 값을 가질 경우, 지주회사 체제로의 전환이 지주회사전환집단에 속한 계열사들의 기업지배구조 수준에 유의미한 영향을 미쳤다고 볼 수 있다. 통제변수로는 선행연구들을 참고하여 다른 계열사들을 지배하는 정도를 나타내는 중핵도와 외국인지분율, 기업의 규모와 수익성,[33] 성장성, 부채비율들을 포함한다. 중핵도(Centrality)는 기업집단 피라미드 안에서 총수 일가가 해당 계열사를 통해 다른 계열사를 지배하는 정도를 나타내는 변수(Almeida et al., 2011)로, 다른 계열사에 출자를 많이 하거나 출자를 많이 받는 기업들일수록 중핵도가 커진다. 따라서 지주회사전환집단에서는 일반적으로 지주회사의 중핵도가 다른 계열사들에 비해 상대적으로 높다. 이러한 기업집단 내에서의 수직적 위치나 소유구조 상 핵심적인 지위에 있

32) 본 연구에서는 다양한 PSM 기법 중 가장 널리 쓰이고 있는 Nearest Neighbor(NN) matching 방식을 활용하여 처치집단에 속한 각 관측치에 대하여 성향점수가 가장 가까운 관측치들을 1 : 2로 매칭한 표본을 통제집단으로 구성하였다. 그러나 매칭되는 수를 달리하여 분석하여도 결과는 질적으로 달라지지 않았다.

33) 매칭과정에서 매칭 기준으로 고려한 변수(규모, 수익성)를 회귀분석에도 포함한 이유는 본 연구에서는 PSM을 매우 이질적인 outlier를 제거할 목적으로 실시한 것이기 때문에 규모와 수익성이 미치는 영향을 완전히 통제하였다고 보기 어렵다고 판단하였기 때문이다.

는지 여부가 기업지배구조 수준($Score\ Total_{i,t}$)에 미치는 영향을 통제하기 위해 중핵도를 통제변수로 포함하기로 한다. 아래 식에서 X는 통제변수들의 벡터를 가리키며, δ_i는 기업 고정효과, η_t는 연도 고정효과, $\epsilon_{i,t}$는 오차항을 나타낸다.

$$Score\ Total_{i,t} = \alpha_0 + \beta_0 T_i + \beta_1 P_{i,t} + \beta_2 (T_i \times P_{i,t}) + \gamma X + \delta_i + \eta_t + \epsilon_{i,t} \cdots (1)$$

연구문제 2인 '지주회사 체제로의 전환 이후 내부거래 비중이 증가하는가?'는 식(1)과 마찬가지로 지주회사 체제로 전환한 기업집단 소속 계열사와 그 밖의 재벌 계열사로 처치집단과 통제집단을 구분한 뒤 지주회사 체제로 전환한 시점 변수와의 상호작용항을 통해 그 회귀계수를 추정하여 검증한다. 종속변수는 내부거래 비중($RPTs_{i,t}$)이며 통제변수로는 지주회사의 수익구조와 내부거래에 관한 선행연구들을 참고하여 중핵도($Centrality_{i,t}$)와 기업의 수익성 및 성장성 변수, 기업규모, 부채비율, 외국인지분율, 현금배당금의 비중 등을 포함한다.

$$RPTs_{i,t} = \alpha_0 + \beta_0 T_i + \beta_1 P_{i,t} + \beta_2 (T_i \times P_{i,t}) + \gamma X + \delta_i + \eta_t + \epsilon_{i,t} \qquad \cdots (2)$$

한편 DID 계수추정방식으로 처치 효과를 식별하기 위해서는 처치(treatment)가 일어나지 않았더라면 종속변수 값이 처치집단과 통제집단 사이에 비슷한 추세를 보였을 것이라는 평행 추세(parallel trend) 가정이 충족되어야 한다. 본 연구에서는 평행 추세 가정의 충족 여부를 다음 회귀식을 통해 확인한다.

$$Y_{i,t} = \alpha_0 + \beta_0 T_i + \sum_j^J \xi_j (T_i \times Z_{i,j}) + \gamma X + \delta_i + \eta_t + \epsilon_{i,t} \qquad \cdots (3)$$

이 식에서 $Z_{i,t}$는 지주회사 체제로 전환한 연도(k_i)를 기준으로 만든 시차 변수($j=t-k_i$)로, 지주회사 체제로 전환한 연도 전후 몇 년간의 각 시점에 종속변수인 $Y_{i,t}$에 대해 처치집단과 통제집단이 차이를 보이는지 ξ_j를 통해 확인할 수 있다. 만일 지주회사 체제로 전환하기 전 ($j<0$) 시점에 ξ_j가 0이거나 0에 가깝다면 평행 추세 가정이 충족된다고 볼 수 있다. 본 연구에서는 지주회사 체제로의 전환이 이루어진 시점 전후로 3년씩 연도 더미를 만들었으며($-3 \leq j \leq 3$), 회귀분석 시에는 $j=-1$을 기준 연도(base year)로 삼아 $Z_{i,-1}$을 생략하였다. 그리고 $Z_{i,-3}$은 지주회사 체제전환 3년 전 및 그 이전 시점 전부를 나타내고, $Z_{i,+3}$역시 지주회사 체제전환 후 3년째 시점뿐만 아니라 그 이후 시점 전부를 의미한다.

2. 변수의 측정

T_i는 처치집단을 나타내는 더미변수로, 기업 i가 기업집단이 지주회사 체제로 전환하였을 때 해당 지주회사전환집단에 소속되어 있었던 기업이면 1의 값을 갖는다. 통제집단($T_i=0$)은 분석기간(2005~2017) 동안 지주회사전환집단이 아닌 일반 재벌에 소속된 기업 중에서 지주회사 체제전환 시점(처치 시점)에 처치집단과 규모와 수익성 기준으로 성향점수매칭(Propensity Score Matching)된 기업들로 설정하였다. 본 논문에서 지주회사전환집단은 해당 기업집단의 주력기업이 지주회사 체제 내(지주회사－자회사－손자회사 등)에 포함되어 있는 기업집단으로 정의하기로 한다.[34)]

34) 공정거래위원회는 주력회사(자산총액이 가장 큰 계열사)를 지주회사 체제 내에 보유

$P_{i,t}$는 처치 시점(treatment period)을 나타내는 더미변수이며, 표본 기간인 2005~2017년 중 기업 i가 소속된 기업집단이 지주회사전환집단이 된 이후이면 1의 값을 가지고 그 이전인 시점에는 0의 값을 갖는다. t는 기업 i가 속한 재벌이 지주회사전환집단으로 바뀐 연도를 의미한다. 처치집단에 포함된 재벌기업마다 소속 기업집단이 지주회사전환집단으로 바뀐 연도가 다른데, 각각의 처치집단과 그에 매칭된 통제집단은 동일한 $P_{i,t}$값을 가진다.

연구문제 1의 종속변수인 $Score\,Total_{i,t}$는 기업지배구조의 수준을 의미하며 한국기업지배구조원이 해마다 KOPSI 상장사의 기업지배구조를 평가한 기업지배구조 점수(총점)를 대리변수로 사용하는데, 회귀분석에는 원점수에 자연로그를 취한 값을 투입한다. 한국기업지배구조원은 2002년부터 매년 상반기에 유가증권 상장사의 공시자료 등을 토대로 KOSPI 상장사의 기업지배구조를 평가해 오고 있는데, 본 연구에서는 2005년부터의 자료를 확보하여 분석에 사용하였다. 기업지배구조 평가 점수는 '주주권리보호', '이사회', '공시', '감사기구' 등의 4개 대분류[35]로 구성되어 있으며 감점 사항이 있을 경우 4개 항목 점수의 합계에 감점을 반영하여 총점을 도출한다. 이처럼 한국기업지배구조원이

한 집단을 지주회사전환집단으로 정의하다가 2016년부터는 지주회사 체제에 속한 회사들(지주회사 및 소속 자·손자·증손회사)의 자산총액 합계액이 기업집단 소속 전체 회사의 자산총액 합계액의 50% 이상인 대기업집단으로 정의하고 있다. 본 연구에서는 전자의 정의를 따르기로 한다.

35) 주주권리 보호는 i) 주주권리의 보호 및 행사편의성, ii) 소유구조, iii) 경영과실배분, iv) 특수관계자와의 거래로, 이사회는 i) 이사회의 구성 및 운영, ii) 이사회 평가 및 보상, iii) 이사회 내 위원회로, 감사기구는 i) 감사기구 구성, ii) 감사기구 운영으로, 공시는 i) 공시 일반, ii) 홈페이지 공시로 구성되어 있다. '경영과실배분' 항목은 2014년까지는 별도의 대분류 항목이었으나 2015년부터는 주주권리보호 항목에 속한 중분류 항목 중 하나로 분류되어 경영과실배분 점수가 주주권리 보호 점수에 포함되었다.

제공하는 기업지배구조 점수는 각 기업이 공시한 자료들을 바탕으로 다양한 평가 항목에 따라 기업지배구조 수준을 평가한 결과이므로, 비교적 객관적이고 종합적인 기업지배구조 측정치라는 장점이 있다.

연구문제 2의 종속변수인 내부거래 비중($RPTs_{i,t}$)은 해당 재벌기업이 다른 계열사들과의 내부거래를 통해 얻는 수익과 매출액이 총매출액에서 차지하는 비중으로 정의하였으며, 계열사들로부터 거둔 수익과 매출액의 합을 총매출액으로 나누어 계산하였다. 이에 필요한 자료는 Dataguide pro에서 수집하였다.[36)]

한편 중핵도($Centrality_{i,t}$)는 기업집단 피라미드 안에서 총수 일가가 해당 계열사를 통해 다른 계열사를 지배하는 정도를 측정하는 변수로,[37)] 본 연구에서도 Almeida et al.(2011)가 측정한 방식대로 도출하였다.

$$Centrality_{i,t} = \frac{\sum_{j \neq i} CC_j - \sum_{j \neq i} CC_j^{-i}}{\#N-1} \qquad \cdots 식(4)$$

즉 총수 일가가 계열사 j를 지배하기 위해 보유해야 하는 의결권($critical\ control\ threshold: CC$)의 합($\sum_{j \neq i} CC_j$)으로부터 계열사 i가 다른

36) 한편 각 기업집단의 소속 계열사가 거래 상대방(다른 계열사)과의 상품 · 용역 거래로 거둔 매출액 규모와 주요 거래 품목 등의 정보는 전자공시시스템(DART)의 '기업집단 현황공시(연 1회 공시 및 1 / 4분기용)'를 통해 확인할 수 있다. 그러나 해당 공시는 공정거래법 개정을 통해 2009년에서야 도입되어 본 논문에서 다루는 자료의 범위(2005~2017)와 맞지 않았다.

37) Almeida, H., Park, S. Y., Subrahmanyam, M. G., & Wolfenzon, D., The Structure and Formation of Business Groups: Evidence from Korean chaebols, Journal of Financial Economics Vol.99 No.2(2011), p.445.

계열사들에 대해 아무런 지분도 가지지 않는다고 가정할 경우 총수 일가가 계열사 j를 지배하기 위해 보유해야 하는 의결권($\sum_{j \neq i} CC_j^{-i}$)을 뺀 값을 계열사 수(#N−1)로 나누어 측정한다.

기업의 규모를 나타내는 $Size_{i,t}$는 해당 기업 i의 자산총액에 자연로그를 취해 얻었으며, Leverage는 부채총액을 자산총액으로 나누어 계산한 값이다. 기업의 수익성을 나타내는 변수로 연구문제 1에서는 매출액 대비 세전·이자지급전이익(EBITDA) 비중으로 계산한 EBITDA마진율($EBITDA/Sales_{i,t}$)을 사용하였고 연구문제 2에서는 재벌기업의 매출액 대비 내부거래 비중 증가가 가격 측면(유리한 단가)보다는 거래 물량 증가 효과에 따른 것으로 분석된 선행연구[38]를 참고하여 GDP deflator로 인플레이션을 반영한 EBITDA의 로그변환값($EBITDA_{i,t}$)을 사용하였다.[39] 기업의 성장성을 나타내는 $Growth_{i,t}$는 총자산의 전년 대비 증가율이다.[40] 이 밖에 연도의 경우 지주회사 체제로 전환한 연도를 기준으로 처치집단과 통제집단을 매칭하는 방식으로 분석에 반영하였고, DID 추정을 위한 회귀분석 단계에서도 연도 고정효과를 통제하였다. 산업(업종)은 PSM 단계에서 매칭 기준으로 사용할 경우, 처치집단에 포함되어 있는 지주회사(주로 K6499 비금융지주회사)에 매칭되는 통제집단의 수가 크게 감소하는 문제가 발생하였기 때문에 본 논문에서는 회귀분석 시 산업 더미를 포함하였다.

---

38) Hwang & Kim, 앞의 논문(각주 31), 27면.

39) $\ln\left(\frac{|EBITDA|}{GDPdeflator}\right) \times (-1 \text{ if } EBITDA \leq -1, +1 \text{ if } EBITDA \geq 1 \text{ and } 0 \text{ if } |EBITDA| < 1)$

40) 본 연구에서는 이상치의 영향을 줄이되 관측치가 가진 특성의 손실 역시 최소화하기 위하여 $EBITDA/Sales_{i,t}$과 $Growth_{i,t}$을 1% 수준에서 winsorizing하여 분석에 사용하였다.

3. 표본과 자료수집

표본을 이루는 처치집단과 통제집단은 공정거래위원회가 매년 4월(2017년부터는 5월)에 지정하는 대규모기업집단 중 동일인이 자연인인 재벌에 소속된 비금융 KOSPI 상장 계열사로, 결산월이 12월인 기업들로부터 추출하였다.[41] 표본 기간은 회계연도 기준 2005년부터 2017년까지이다.[42] 따라서 2005년 이전에 이미 지주회사전환집단으로 체제가 바뀐 엘지, 엘에스, 농심, 세아 그룹 등은 분석대상에서 제외하였다. 또 기업집단 피라미드 최상단에 위치하지 않은 계열사가 공정거래법상 지주회사 지정 요건[43]을 충족한 것에 불과한 경우에는 지주회사로 분류하지 않았다. 기업집단을 지주회사 체제로 전환할 의사가 없으나 사실상 기업집단을 이끄는 대표회사가 자회사 주식 평가액이 일시적으로 증가하는 등의 사유로 일시적으로 지주회사로 지정되었다가 1~2년 정도 지난 후 해제된 경우 역시 지주회사전환집단으로 구분하지 않았다.

공정거래위원회는 해당 표본 기간 중 2008년까지는 자산규모가 2조 원 이상인 기업집단을, 2009년부터는 5조 원 이상인 기업집단을 대규모기업집단으로 지정하고 있다. 이처럼 자산규모에 따라 대규모기업집단 지정 여부가 해마다 바뀔 수 있기 때문에 본 연구에서는 표본 기간에 최소 5년 이상 대규모기업집단으로 지정된 재벌의 계열사만 표본에 포

---

41) 금융사의 경우 기업특성이 비금융사와 다르기 때문에 분석대상에서 제외하였으며, 같은 이유로 금융지주회사와 그 계열사 역시 제외하였다.

42) 공정거래위원회는 매년 4월 또는 5월에 직전 연도 말 기준 공시자료를 토대로 대규모기업집단을 지정하여 발표해 오고 있다.

43) 현행 공정거래법상 지주회사는 자산총액이 5천억 원 이상이면서 자회사의 주식 가액의 합계액이 해당 회사의 자산총액의 50% 이상인 회사를 의미하며, 이 요건에 해당하게 된 경우 공정거래위원회에 지주회사의 설립·전환 신고를 하여야 한다.

함하였다. 또 지주회사 체제로 전환한 처치 시점 전후로 대규모기업집단으로 지정되지 않아 대규모기업집단의 기업지배구조 자료(공정거래위원회 제공)를 구할 수 없는 기업집단[44]은 표본에서 제외하였다.[45]

중핵도($Centrality_{i,t}$)의 경우 공정거래위원회가 운영하는 기업집단포털[46]에서 제공하는 대규모기업집단 지정 현황과 대규모기업집단에 소속된 계열사의 주주 구성과 총수 일가가 각 계열사에 대해 보유한 지분, 계열사 간 출자구조(matrix) 등의 기업지배구조 관련 자료를 수집하여 계산하였다. 기업집단포털은 연도별 지주회사 설립 · 전환 현황과 자 · 손자 · 증손회사 현황도 제공하고 있어, 공정거래위원회의 '지주회사 현황 공개' 보도자료와 이 자료들을 종합하여 처지 집단 구분(T_i)과 처치 시점 더미변수($P_{i,t}$)를 생성하였다. 각 재벌기업의 재무 특성 정보는 KIS-Value와 DataGuide Pro에서 추출한 개별재무제표 자료를 이용하였다.

44) 2007. 1. 1.에 태평양(現 아모레퍼시픽그룹)이 아모레퍼시픽(상장), 아모스프로페셔널, 에뛰드, 태평양제약(상장) 등을 자회사로 거느린 공정거래법상 지주회사로 지정되면서 아모레퍼시픽그룹이 지주회사전환집단이 되었으나 지주회사 설립 이전인 2005년과 2006년에는 대규모기업집단으로 지정되지 않아 분석대상에서 제외하였다.(2007, 2008, 2013, 2014, 2015, 2016, 2017년에 지정)

45) 본 연구의 표본에 포함된 지주회사전환집단은 씨제이(2007. 9. 4.), 에스케이(2007. 7. 3.), 한진중공업(2007. 8. 1.), 엘에스(2008. 7. 2.), 두산(2009. 1. 1.), 하이트진로(2008. 7. 3.), 코오롱(2010. 1. 1.), 대성(2011. 1. 1.), 한국타이어(2013. 7. 6.), 한진(2013. 8. 1.), 한라(2014. 9. 2.), 한솔(2015. 1. 2.) 등이다(괄호 안의 날짜는 해당 기업집단의 주력 지주회사가 설립 · 전환한 날짜임)

46) https://egroup.go.kr

IV. 분석결과

1. 기초통계

〈표 1〉은 전체 관측치(firm-year)를 처치집단, 즉 지주회사전환집단에 속한 기업($T_i = 1$)들과 그렇지 않은 통제집단($T_i = 0$)으로 구분하여 주요 기업특성을 비교한 것이다. 처치집단과 통제집단을 비교해 보면, 기업지배구조 점수($Score\ Total$), 내부거래 비중(RPT_S), 중핵도($Centrality$), 기업규모($Size$), 부채비율($Leverage$), EBITDA마진율($EBITDA/Sales$)의

〈표 1〉 기초 통계

	$T_i=0$				$T_i=1$				차이
	관측치 (firm −year)	평균	중앙값	표준편차	관측치 (firm −year)	평균	중앙값	표준편차	(2)–(6)
	(1)	(2)	(3)	(4)	(5)	(6)	(7)	(8)	(9)
$Score\ Total$	1,206	108.733	104	33.255	515	118.602	116	36.590	-9.869***
RPT_S	1,206	0.226	0.084	0.278	514	0.249	0.111	0.299	-0.023*
$Centrality$	1,206	4.182	1.026	5.825	521	8.175	4.381	10.816	-3.993***
$Foreign$	1,210	18.666	13.143	17.178	522	11.340	8.187	11.153	7.326***
$EBITDA/Sales$	1,210	12.959	10.330	9.603	519	17.280	8.030	23.401	-4.321***
$EBITDA$	1,210	6.806	6.571	3.032	522	6.149	6.555	3.267	0.657***
DI	1,210	9.206	7.220	15.635	515	5.483	3.380	18.337	3.723***
$Growth$	1,210	0.008	0.005	0.009	522	0.006	0.003	0.007	0.002***
$Size$	1,210	21.356	20.870	1.940	522	21.582	21.647	1.632	-0.226**
$Leverage_{i,t}$	1,210	0.494	0.508	0.184	522	0.596	0.610	0.164	-0.102***

- $T_i = 1$은 처치집단, $T_i = 0$은 통제집단에 속하는 회사를 나타내며, RPT_S, $EBITDA/Sales$, $Growth$는 이상치(outlier)의 영향을 줄이기 위해 상·하위 1%에서 winsorizing 하였다.

•• *p<0.1, **p<0.05, ***p<0.01

평균값은 지주회사전환집단에 속한 재벌 계열사가 그렇지 않은 통제집단에 비해 통계적으로 유의한 수준에서 더 큰 것으로 나타났다. 반면 외국인지분율(*Foreign*)과 EBITDA의 로그변환값(*EBITDA*), 총자산증가율(*Growth*), 현금배당금 비중(*DI*)은 통제집단의 평균이 더 높았다.

〔그림 1〕은 DID 계수추정을 위한 회귀분석에 앞서 처치집단과 통제집단이 지주회사 체제로 전환한 시점을 기준으로 기업지배구조 점수와 내부거래 비중에 변화가 나타나는지 살펴본 것이다. 〔그림 1〕의 좌측 그림을 보면 실선으로 표시된 지주회사전환집단에 소속된 기업들($T=1$)의 기업지배구조 점수 평균이 점선으로 표시된 일반 기업집단에 소속된 기업들($T=0$)보다 전반적으로 더 높고 지주회사 체제로 전환한 당기와 +1기에 기업지배구조 점수 평균값의 격차가 더 커진 것을 확인할 수 있다. 다만 처치집단과 통제집단 모두 시간이 지남에 따라 기업지배구조 점수가 전반적으로 하락하는 경향을 보이는데 이는 한국기업지배구조원이 2010년과 2014년에 기업지배구조를 평가하는 세부 항목과 평가방식(배점 등)을 조정하면서 이 시기들을 기준으로 전체적으로 평균 점수가 하방 이동한 데 따른 것으로 보인다.[47)]

한편 〔그림 1〕에서 총매출액에서 특수관계자로부터 얻은 수익 및 매출이 차지하는 비중을 비교한 우측 그림을 보면 점선으로 표시된 통제집단은 시점에 따른 변동이 크지 않으나 실선으로 표시된 처치집단은 지주회사 체제로 전환한 시점에 가까워질수록 내부거래 비중이 증가하는 양상을 보인다. 그리고 지주회사 체제로 전환한 이후에는 처치집단의 내부거래 비중 평균이 통제집단보다 더 높은 것으로 나타났다.

47) 본 연구에서는 회귀분석 시 연도 고정효과를 고려하여 이러한 체계적인 요인이 분석 결과에 미치는 영향을 통제하였다.

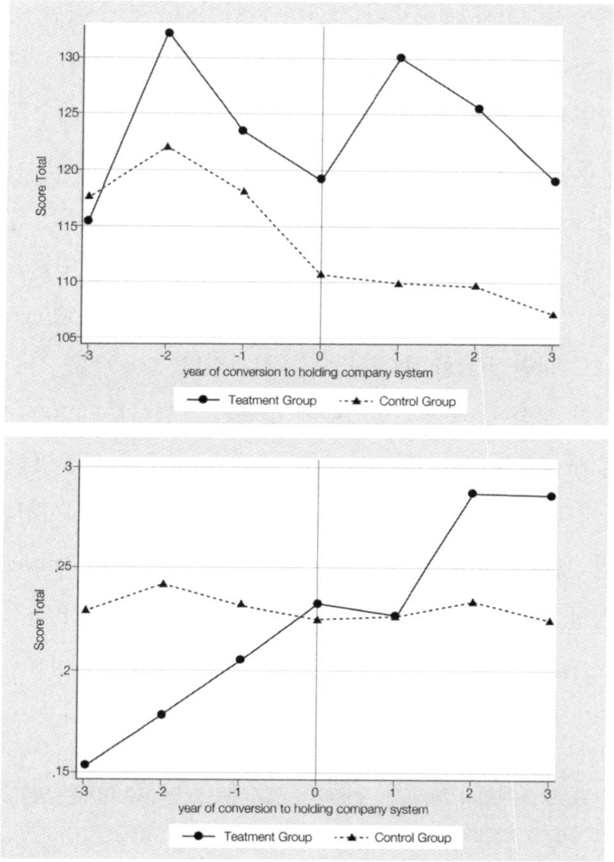

〔그림 1〕 지주회사 체제전환 전·후 처치집단과 통제집단의 기업지배구조 점수 및 내부거래 비중의 평균 추이

2. 지주회사 체제로의 전환이 기업지배구조에 미치는 영향 분석

이하에서는 주요 기업 특성들을 통제한 상태에서도 재벌이 기업집단 체계를 지주회사 체제로 바꾼 이후 기업지배구조에 질적인 변화가 나타나는지 확인하기 위하여 DID 추정을 실시하고 그 결과를 분석한다.

〈표 2〉는 지주회사 체제로의 전환이 기업지배구조에 미친 영향을 확인하기 위하여 한국기업지배구조원이 매년 평가하는 기업지배구조 점수의 로그변환값을 종속변수($Score\ Total_{i,t}$)로 삼아 DID 계수를 추정한 결과를 보고한다. 처치집단 더미변수(T_i)와 지주회사 체제로의 전환연도를 나타내는 처치 시점 더미변수($P_{i,t}$)의 상호교차항($T_i \times P_{i,t}$)이 관심변수이며, 선행연구들을 참고하여 선정한 기업특성 변수들을 통제하고 연도 더미변수를 추가하여 Pooled OLS와 고정효과 모형(fixed- effects regression)로 회귀식(1)을 추정하였다. 처치집단($T_i=1$)은 지주회사 체제로 전환한 시점에 해당 기업집단에 소속된 계열사들의 2005~2017년 관측치로 구성하였으며, 통제집단($T_i=0$)은 III장에서 설명한 바대로 처치집단에 대하여 성향점수매칭방식으로 구성된 지주회사전환집단이 아닌 일반 재벌의 계열사이다. 식(1)을 고정효과 모형과 Pooled OLS로 각각 추정한 모형(1)과 모형(3)을 비교해 보면 분석결과가 질적으로 크게 다르지 않음을 확인할 수 있다. 따라서 이하에서는 고정효과 모형의 추정결과인 모형(1)을 중심으로 결과를 분석하기로 한다.

〈표 2〉 지주회사 체제로의 전환이 기업지배구조 점수에 미치는 영향

	$Score\ Total_{i,t}$			
	고정효과 모형		Pooled OLS	
	(1)	(2)	(3)	(4)
T_i	(omitted)		0.0321 (0.95)	0.0836** (2.06)
$P_{i,t}$	-0.0231 (-1.10)		-0.0265 (-1.29)	
$T_i \times P_{i,t}$	0.1001*** (3.32)		0.1133*** (3.87)	
$T_i \times Z_{i,-3}$		-0.0789** (-2.12)		-0.0923*** (-2.66)
$T_i \times Z_{i,-2}$		0.0050 (0.27)		0.0106 (0.54)

$T_i \times Z_{i,0}$		-0.0003 (-0.01)		-0.0048 (-0.13)
$T_i \times Z_{i,+1}$		0.0556* (1.85)		0.0319 (1.02)
$T_i \times Z_{i,+2}$		0.0946*** (3.55)		0.0791*** (2.88)
$T_i \times Z_{i,+3}$		0.0899*** (2.72)		0.0907*** (2.63)
$Centrality_{i,t}$	-0.0011 (-0.40)	-0.0013 (-0.46)	-0.0029 (-1.65)	-0.0028 (-1.57)
$Foreign_{i,t}$	0.0006 (0.42)	0.0007 (0.49)	-0.0007 (-0.60)	-0.0006
$EBITDA/Sales_{i,t}$	-0.0004 (-0.76)	-0.0005 (-1.02)	-0.0006 (-0.78)	-0.0007
$Growth_{i,t}$	0.0000 (0.03)	0.0000 (-0.01)	0.0001 (0.22)	0.0001
$Size_{i,t}$	0.0535** (2.20)	0.0527** (2.16)	0.0995*** (9.52)	0.0964*** (9.30)
$Leverage_{i,t}$	-0.0420 (-0.42)	-0.0596 (-0.58)	-0.1546** (-2.20)	-0.1618** (-2.31)
Constant	Yes	Yes	Yes	Yes
Firm FE	Yes	Yes	.	.
Year FE	Yes	Yes	Yes	Yes
Industry FE	Yes	Yes	Yes	Yes
Obs.	1,709	1,709	1,709	1,709
Number of Firms	160	160	160	160
Adj. R^2			0.5764	0.5740
Within R^2	0.6465	0.6499		

• $T_i = 1$는 처치집단, $T_i = 0$은 통제집단을 나타냄
•• 모형(1)과 모형(2)에서 처치집단 더미변수인 T_i는 기업 고정효과로 인해 생략되었음
••• 괄호 안의 숫자는 firm level-clustered robust standard error를 사용한 t값임
•••• *p<0.1, **p<0.05, ***p<0.01

고정효과 모형 추정결과 처치집단 더미변수인 T_i는 기업 고정효과로 인해 생략되었고, 종속변수인 기업지배구조 점수($Score\ Total_{i,t}$)에 대하여 처치집단 변수와 전환 시점 변수의 상호작용항($T_i \times P_{i,t}$)의 회귀계수는 1% 유의수준에서 양(+)의 값(0.1001)을 갖는 것으로 나타났다. 따라

서 지주회사전환집단 소속 계열사들의 기업지배구조 점수는 지주회사 체제로의 전환으로 약 10.53% 증가하는 것으로 추정된다($e^{0.1001}-1$). 한편 통제변수 중에서는 기업규모($Size_{i,t}$)가 양(+)의 통계적 유의성을 보여, 기업규모가 클수록 기업지배구조 수준도 더 높은 것으로 추정되었다.

모형(2)와 모형(4)는 지주회사 체제로의 전환 시점 이전에 평행 추세가 존재하였는지 여부를 살펴보기 위해 시차 변수들을 추가한 회귀식 (3)을 고정효과 모형과 Poole OLS로 각각 추정한 결과이다($j=-1$는 기준연도로 제외). 이때 시점 더미변수와 처치집단 더미변수의 상호교차항의 회귀계수들은 각 시점별로 기준 시점에 비해 처치집단과 통제집단 간 종속변수의 차이가 얼마나 더 큰지를 보여준다. 고정효과 모형의 추정결과인 모형(2)를 살펴보면 전환 시점 이전에는 기업지배구조 점수에 대한 상호교차항의 회귀계수가 대체로 통계적 유의성을 보이지 않고 크기도 상대적으로 0에 가까워 평행 추세 가정을 충족하는 것으로 보인다. 지주회사 체제로 전환한 이후에는 상호교차항의 회귀계수가 통계적 유의성을 보이며 크기가 전환 전에 비해 점점 증가하는 것을 확인할 수 있으며, 전환 시점으로부터 2번째 해($j=+2$)에 가장 큰 값(0.0946)을 보이는 것을 확인할 수 있다.

추가적으로, 지주회사 체제로의 전환 이후 나타나는 기업지배구조 점수 변화가 주로 지주회사의 기업지배구조 점수 개선에 의한 것인지, 아니면 자·손자회사(지주회사 체제 밖 계열사 포함)에 의한 것인지 분석[48]하였다. 〔그림 2〕에서 볼 수 있듯이, 지주회사와 자·손자회사는

48) 전환집단지주회사와 자·손자회사를 따로 분석할 때, 처치집단을 나타내는 더미변수 T_i와 중핵도($Centrality_{i,t}$)의 높은 상관관계에 따른 다중공선성 발생이 우려되어 중핵도($Centrality_{i,t}$)는 분석모형에서 제외하고 분석하였다. 그러나 중핵도($Centrality_{i,t}$)

그에 상응하는 통제집단보다 기업지배구조 점수의 평균이 대체로 높고, 지주회사 체제전환 후 +1기에는 평균 점수가 상승했다가 그 이후부터 감소하는 추세를 보인다. 다만 자 · 손자회사가 지주회사보다 통제집단과의 점수 차이가 더 큰 것을 확인할 수 있다.

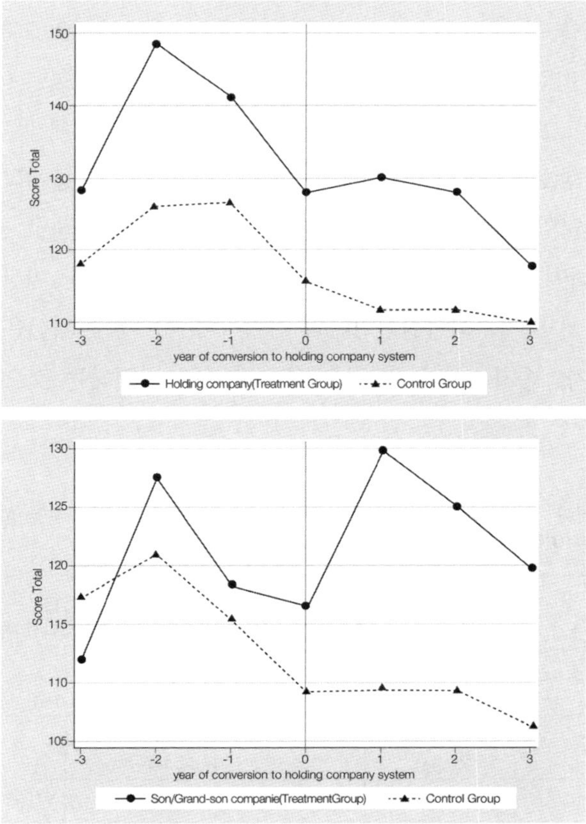

〔그림 2〕 지주회사 체제전환 전 · 후 지주회사와 자 · 손자회사의 기업지배구조 점수 평균 추이

를 포함하더라도 추정결과가 질적으로 달라지지 않았다.

전환집단지주회사(처치집단)와 그 통제집단만으로 구성된 표본으로 회귀분석을 실시한 결과, 〈표 3〉의 모형(1)에서 볼 수 있듯이 상호작용항($T_i \times P_{i,t}$)의 회귀계수는 통계적으로 유의하지 않았다. 반면 자·손자회사 등과 이에 상응하는 통제집단만으로 구성된 표본으로 분석한 결과〈모형(3)〉 상호작용항의 회귀계수는 0.1107로 통계적으로 유의한 양(+)의 값을 가지는 것으로 나타나, 지주회사 체제전환으로 자·손자회사 등의 기업지배구조 점수가 약 11.70% 상승하는 것으로 나타났다 ($e^{0.1107}-1$). 그리고 모형(4)에서 볼 수 있듯이 지주회사 체제로 전환하기 전에는 상호교차항의 회귀계수가 0에 비교적 가깝고 통계적 유의성을 보이지 않았으나 체제전환 시점 이후에는 크기가 증가하고 통계적으로도 유의하여 평행 추세 가정도 충족되는 것으로 보인다. 이상의 내용을 종합해 보면 지주회사전환집단의 기업지배구조 점수 개선은 지주회사보다는 자·손자회사 등의 점수 상승에 주로 기인하는 것으로 해석된다.

〈표 3〉 지주회사 체제로의 전환이 지주회사와 자·손자회사의 기업지배구조 점수에 미치는 영향

처치집단	$Score\ Total_{i,t}$			
	지주회사		자·손자회사 등	
	(1)	(2)	(3)	(4)
T_i	(omitted)		(omitted)	
$P_{i,t}$	0.0104 (0.33)		-0.0372 (-1.48)	
$T_i \times P_{i,t}$	0.0734 (0.95)		0.1107*** (3.22)	
$T_i \times Z_{i,-3}$		-0.2162** (-2.39)		-0.0609 (-1.47)
$T_i \times Z_{i,-2}$		-0.0396 (-0.67)		0.0046 (0.22)

$T_i \times Z_{i,0}$		-0.0150 (-0.25)		-0.0072 (-0.16)
$T_i \times Z_{i,+1}$		-0.0077 (-0.07)		0.0615* (1.92)
$T_i \times Z_{i,+2}$		0.0277 (0.39)		0.0994*** (3.26)
$T_i \times Z_{i,+3}$		-0.0463 (-0.43)		0.1155*** (3.25)
$Foreign_{i,t}$	0.0015 (0.62)	0.0020 (0.79)	0.0000 (0.03)	0.0002 (0.10)
$EBITDA/Sales_{i,t}$	-0.0004 (-0.43)	-0.0003 (-0.3)	-0.0001 (-0.12)	-0.0001 (-0.14)
$Growth_{i,t}$	-0.0002 (-0.28)	-0.0002 (-0.28)	0.0000 (-0.01)	0.0000 (0.02)
$Size_{i,t}$	0.0303 (0.74)	0.0459 (1.04)	0.0538* (1.85)	0.0479 (1.61)
$Leverage_{i,t}$	0.1635 (1.56)	0.1495 (1.16)	-0.0939 (-0.79)	-0.1027 (-0.84)
Constant	Yes	Yes	Yes	Yes
Firm FE	Yes	Yes	Yes	Yes
Year FE	Yes	Yes	Yes	Yes
Obs.	410	410	1,304	1,304
Number of Firms	41	41	127	127
Within R^2	0.6983	0.7106	0.6429	0.6463

• $T_i = 1$은 처치집단, $T_i = 0$은 통제집단을 나타내며, 모형(1)과 모형(2)의 처치집단은 전환집단지주회사를, 모형(3)과 모형(4)의 처치집단은 자·손자회사 등(지주회사 체제 밖 계열사 포함)임
•• 처치집단 더미변수인 T_i는 기업 고정효과로 인해 생략되었음
••• 괄호 안의 숫자는 firm level-clustered robust standard error를 사용한 t값임
•••• *p<0.1, **p<0.05, ***p<0.01

〔그림 3〕은 평행 추세 가정이 충족되는지 확인하기 위해 회귀식(3)을 추정한 결과 도출된 상호작용항들의 회귀계수를 95% 신뢰구간과 함께 그림으로 나타낸 것이다(〈표 2〉의 모형(2), 〈표 3〉의 모형(4)).

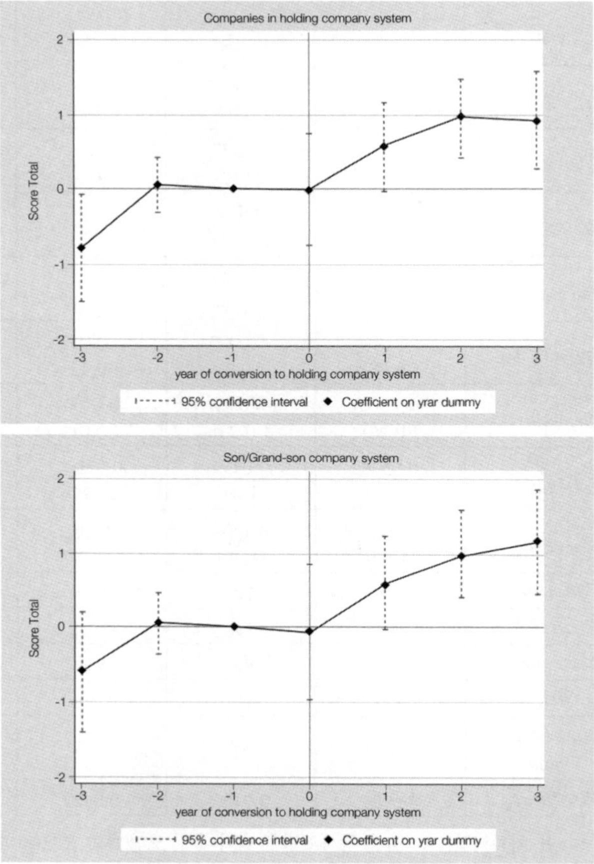

〔그림 3〕 지주회사 체제전환 전·후 시점별 처치집단과 통제집단 간 기업지배구조 점수 차이

한편 한국기업지배구조원이 평가하는 기업지배구조 점수는 상장기업의 기업지배구조를 주주 권리의 보호, 이사회, 감사기구, 공시 등으로 나누어 부문별로 세부적인 평가 기준에 따라 점수를 매긴 후 각 부문의 점수를 합산(감점 사항이 있으면 감점)하여 총점을 산출한 것이다. 기업지배구조 점수를 이루는 하위부문 중 어떤 부분이 지주회사 체제전환

에 상대적으로 더욱 민감한지 알아보기 위하여 하위부문들의 점수를 자연로그값으로 변환하여 종속변수로 투입해 식(1)과 동일한 회귀식을 고정효과 모형으로 추정해보았다. 그 결과가 〈표 4〉에 정리되어 있다.

〈표 4〉 지주회사 체제로의 전환이 기업지배구조의 하위 항목 점수에 미치는 영향

	주주 권리의 보호 (1)	이사회 (2)	감사기구 (3)	공시 (4)
T_i	(omitted)			
$P_{i,t}$	-0.0220 (-0.82)	-0.0352 (-1.25)	-0.0052 (-0.17)	-0.0161 (-0.48)
$T_i \times P_{i,t}$	-0.0326 (-0.67)	0.0289 (0.59)	0.0446 (0.77)	0.1114** (2.24)
$Centrality_{i,t}$	-0.0019 (-0.72)	0.0017 (0.40)	-0.0013 (-0.35)	-0.0046 (-1.05)
$Foreign_{i,t}$	0.0018 (1.42)	-0.0026 (-1.38)	-0.0006 (-0.29)	0.0022 (1.18)
$EBITDA/Sales_{i,t}$	0.0009 (1.27)	-0.0016* (-1.76)	0.0015 (1.03)	-0.0010 (-1.08)
$Growth_{i,t}$	-0.0002 (-0.55)	-0.0002 (-0.46)	-0.0010** (-2.39)	0.0004 (0.77)
$Size_{i,t}$	0.0059 (0.28)	0.0862*** (2.80)	0.0698 (1.51)	0.1086*** (2.66)
$Leveragei, t$	0.1513* (1.87)	-0.1145 (-0.72)	0.1175 (0.68)	-0.2947** (-2.04)
$Constant$	Yes	Yes	Yes	Yes
$Firm\ FE$	Yes	Yes	Yes	Yes
$Year\ FE$	Yes	Yes	Yes	Yes
$Obs.$	1,709	1,709	1,709	1,709
$Number\ of\ Firms$	160	160	160	160
$Within\ R^2$	0.7001	0.6545	0.0769	0.3679

• $T_i = 1$은 처치집단, $T_i = 0$은 통제집단을 나타냄
•• 처치집단 더미변수인 T_i는 기업 고정효과로 인해 생략되었음
••• *p<0.1, **p<0.05, ***p<0.01

분석결과 처치집단 더미변수인 T_i는 기업 고정효과로 인해 생략되었고, 주주 권리 보호 점수〈모형(1)〉와 이사회 점수〈모형(2)〉, 감사기구 점수〈모형(3)〉가 종속변수인 모형들은 상호작용항($T_i \times P_{i,t}$)의 회귀계수가 통계적으로 유의하지 않은 것으로 나타났다. 반면 공시부문 점수〈모형(4)〉에 대해서는 상호교차항($T_i \times P_{i,t}$)의 회귀계수가 5% 수준에서 통계적으로 유의하게 양(+)의 값(0.1114)을 가지는 것으로 나타났고, 지주회사 체제전환으로 지주회사전환집단 소속 계열사들의 공시부문 점수가 통제집단보다 약 11.78% 높아지는 것으로 추정되었다($e^{0.1114}-1$). 통제변수로는 기업지배구조 점수 총점의 경우와 마찬가지로 기업 규모가 클수록 이사회부문과 공시부문 점수가 더 높은 것으로 나타나 기업 규모가 기업지배구조 수준에 영향을 미치는 중요한 요인임을 확인할 수 있다. 하지만 부채비율($Leverage_{i,t}$)이 높을수록 주주 권리 보호부문 점수는 높아지는 반면 공시부문 점수는 낮아지는 것으로 추정되어 그 원인에 관해서는 별도의 분석이 필요해 보인다.

별도의 표로 보고하지는 않으나 전체 표본을 지주회사와 그에 상응하는 통제집단, 자·손자회사와 그에 상응하는 통제집단으로 나누어 기업지배구조 점수의 하위 항목별로 지주회사 체제로의 전환이 미치는 영향을 분석해 보았다. 분석결과, 전체 표본을 대상으로 분석한 결과와 마찬가지로 지주회사는 체제전환 이후에 모든 하위 항목 점수에서 그에 상응하는 통제집단과 통계적으로 유의한 차이를 보이지 않았으나, 자·손자회사 등은 그 통제집단에 비해 공시 항목 점수가 통계적으로 유의하게 증가한 것으로 나타났다.

3. 지주회사 체제로의 전환이 내부거래에 미치는 영향 분석

본 절에서는 지주회사 체제로의 전환이 지주회사전환집단의 내부거래비중에 어떠한 영향을 미치는지 분석한다. 이를 위해 종속변수를 내부거래 비중, 즉 특수관계자와의 거래를 통해 거둔 수익과 매출이 총매출액에서 차지하는 비중($RPTs_{i,t}$)으로 삼고, 처지집단 더미변수(T_i)와 전환 시점 더미변수($P_{i,t}$) 그리고 두 변수의 상호교차항($T_i \times P_{i,t}$)을 통제변수들과 함께 분석모형에 투입하여 DID 계수를 추정하였다.

고정효과 모형(모형 1)으로 추정한 결과 T_i는 기업 고정효과로 인해 생략되었고, $T_i \times P_{i,t}$의 회귀계수는 1% 수준에서 통계적으로 유의한 양(+)의 값(0.1023)을 갖는 것으로 추정되었다. 즉 지주회사전환집단에 속한 계열사들은 지주회사 체제전환으로 약 10.23%p만큼 내부거래 비중이 증가하는 것으로 해석된다. 모형(1)의 추정결과를 계속 살펴보면 통제변수 중에서는 중핵도($Centrality_{i,t}$), 현금배당금 비중($DI_{i,t}$), 부채비율($Leverage_{i,t}$)의 회귀계수가 통계적으로 유의한 양(+)의 값을 가지는 반면 외국인지분율($Foreign_{i,t}$)과 기업규모($Size_{i,t}$)의 회귀계수는 음(−)의 값을 가지는 것으로 나타났다.[49] 이 중 총자산 대비 현금배당금의 비중을 나타내는 $DI_{i,t}$가 높을수록 내부거래 비중이 증가하는 경향이 있는 것으로 나타난 것은 배당을 많이 하는 기업들이 배당에 필요한 수익을 주로 내부거래를 통해 충당하고 있을 가능성을 제시한다. 외국인투자자의 지분율이 높을수록 내부거래 비중이 낮은 것으로 추정된

---

49) 터널링의 존재 가능성을 고려하여 기업 i의 중핵도($Centrality_{i,t}$) 대신 총수 일가의 실질지분율을 분석모형에 투입해 보았으나 (중핵도$Centrality_{i,t}$와 총수 일가의 실질지분율의 상관계수가 0.2555로 1% 수준에서 유의한 것으로 나타나 따로 투입) 중핵도($Centrality_{i,t}$)를 넣은 모형의 분석결과와 질적으로 다르지 않았다.

것은 대주주의 대리인 문제에 대한 외국인투자자의 모니터링 효과에 따른 것으로 보인다. 그리고 회귀식(3)을 추정한 모형 (2)를 살펴보면 시점 더미와 처치집단 더미로 만든 상호작용항들의 회귀계수(base year인 $j=-1$은 생략)가 지주회사 체제로의 전환이 일어나기 전에는 상대적으로 0에 더 가깝다가 전환 이후 크기가 커지는 추세를 보이고, 전환 후 +3기에는 두 집단 사이에 통계적으로 유의한 차이가 나타나는 것으로 나타나 평행 추세 가정이 충족되는 것으로 보인다.

한편 〈표 5〉의 모형(1)에서 중핵도($Centrality_{i,t}$)의 회귀계수가 1% 수준에서 통계적으로 유의한 양(+)의 값(0.0113)을 갖는 것으로 추정된 것은 기업집단 피라미드 내에서의 수직적 위치가 높고 다른 계열사들에 대한 지배력이 높은 핵심기업일수록 내부거래 비중이 높을 가능성을 보여준다. 처치집단으로 분류된 계열사 중에는 지주회사뿐만 아니라 해당 지주회사전환집단에 속한 자회사와 손자회사, 지주회사 체제 밖에 있는 계열사도 포함되어 있기 때문에 이들 중 다른 계열사들보다 중핵도($Centrality_{i,t}$)가 높은 지주회사의 내부거래 비중이 지주회사 체제전

〈표 5〉 지주회사 체제로의 전환이 내부거래 비중에 미치는 영향

	$RPTs_{i,t}$			
	고정효과 모형		Pooled OLS	
	(1)	(2)	(3)	(4)
T_i	(omitted)		-0.0734 (-1.53)	-0.0272 (-0.59)
$P_{i,t}$	-0.0389* (-1.95)		-0.0273 (-1.03)	
$T_i \times P_{i,t}$	0.1023*** (3.91)		0.1340*** (3.64)	
$T_i \times Z_{i,-3}$		-0.0721* (-1.87)		-0.0727* (-1.94)

$T_i \times Z_{i,-2}$		0.0008 (0.05)		-0.0058 (-0.41)
$T_i \times Z_{i,0}$		0.0066 (0.27)		0.0501* (1.95)
$T_i \times Z_{i,+1}$		0.0192 (0.68)		0.0408 (1.18)
$T_i \times Z_{i,+2}$		0.0455 (1.27)		0.0830** (2.11)
$T_i \times Z_{i,+3}$		0.1126*** (3.49)		0.1147*** (2.82)
$Centrality_{i,t}$	0.0113*** (2.93)	0.0107*** (2.85)	0.0037 (1.36)	0.0038 (1.39)
$Foreign_{i,t}$	-0.0028*** (-3.17)	-0.0027*** (-3.21)	0.0009 (0.66)	0.0010 (0.73)
$EBITDA_{i,t}$	-0.0022 (-1.30)	-0.0021 (-1.27)	-0.0043* (-1.93)	-0.0041* (-1.83)
$DI_{i,t}$	4.1386*** (3.25)	3.9381*** (3.09)	2.8281** (2.01)	2.6581* (1.85)
$Growth_{i,t}$	-0.0004 (-1.07)	-0.0003 (-0.95)	-0.0003 (-0.76)	-0.0003 (-0.67)
$Size_{i,t}$	-0.0498* (-1.73)	-0.0521* (-1.86)	0.0336 (1.62)	0.0307 (1.47)
$Leverage_{i,t}$	0.2181*** (3.14)	0.2001*** (3.04)	-0.1398 (-1.51)	-0.1458 (-1.55)
Constant	Yes	Yes	Yes	Yes
Firm FE	Yes	Yes		
Year FE	Yes	Yes	Yes	Yes
Industry FE	Yes	Yes	Yes	Yes
Obs.	1,720	1,720	1,720	1,720
Number of Firms	160	160	160	160
Adj. R^2			0.3217	0.3146
Within R^2	0.1388	0.1519		

• $RPTs_{i,t}$은 총매출액에서 특수관계자와의 거래로 거둔 매출액과 기타 수익이 차지하는 비중으로 계산하였으며, 표본의 상·하위 1% 수준에서 winsorizing 하였음

•• 괄호 안의 숫자는 firm level-clustered robust standard error를 사용한 t값임

••• *p<0.1, **p<0.05, ***p<0.01

환 이후 상대적으로 더 많이 증가하였을 수 있다. 이러한 가능성을 확인하기 위해 지주회사전환집단의 지주회사(전환집단지주회사)와 지주회사에 매칭된 기업들(통제집단), 그리고 지주회사전환집단의 자·손자회사 등(처치집단)과 이에 매칭된 기업들(통제집단)로 표본을 나누어 회귀식(2)를 추정하였다.

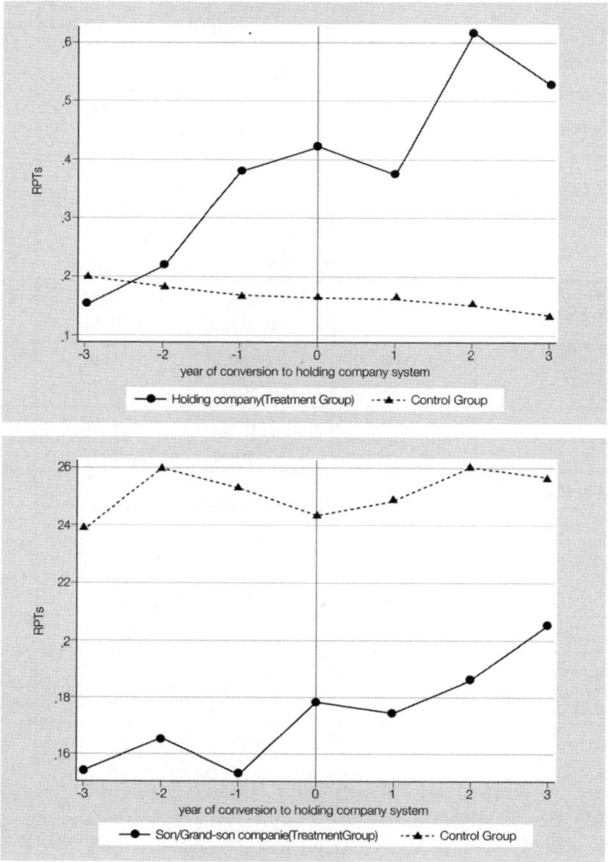

〔그림 4〕 지주회사 체제전환 전·후 내부거래 비중의 변화 추이

〔그림 4〕는 지주회사와 그에 상응하는 통제집단, 그리고 자 · 손자회사와 그에 상응하는 통제집단의 내부거래 비중의 평균 추이를 각각 비교한 것이다. 이를 살펴보면 지주회사는 평균 내부거래 비중에 거의 변동이 없는 통제집단에 비해 지주회사 체제로의 전환 후 내부거래 비중이 +1기와 +3기에 다소 감소하긴 했으나 +2기에 크게 증가한 것을 볼 수 있다. 자 · 손자회사도 내부거래 비중 평균이 체제전환 후 대체로 계속 증가하는 반면, 그에 상응하는 통제집단의 내부거래 비중 평균은 자 · 손자회사보다 변동폭이 작고, +3기에는 감소하는 것으로 나타났다.

〈표 6〉에서와 같이 전환집단지주회사와 그에 상응하는 통제집단만으로 구성된 표본을 이용한 회귀분석결과를 살펴보면〈모형(1)〉 상호작용항($T_i \times P_{i,t}$)의 회귀계수가 통계적으로 유의한 양(+)의 값(0.4248)을 갖는 것으로 추정되었으며, 이는 지주회사 체제로의 전환으로 전환집단지주회사들은 내부거래 비중이 42.48%p만큼 증가하는 것으로 해석할 수 있다. 반면 지주회사전환집단 소속 계열사 중 지주회사를 제외한 자 · 손자회사 등(처치집단)과 이에 상응하는 통제집단만으로 구성된 표본으로 동일한 분석을 실시한 결과, 〈표 6〉의 모형(3)에서 볼 수 있듯이 지주회사 체제전환 이후 자 · 손자회사 등의 내부거래 비중은 약 4.48%p 정도 증가하는 것으로 나타났다.

이상의 분석결과를 종합해 보면 지주회사 체제전환 이후 나타나는 지주회사전환집단의 내부거래 비중 증가는 자 · 손자회사 등보다는 지주회사의 내부거래 증가로부터 크게 영향을 받은 결과인 것으로 볼 수 있다. 이처럼 자 · 손자회사 등에 비해 지주회사의 내부거래 비중이 더 많이 증가하는 이유는 전환집단지주회사의 주요 수익원이 상표권 수수료, 임대료, 경영컨설팅 수수료 등과 같은 배당외수익이라는 특성 때문인 것으로 보인다. 또 지주회사들은 지주회사 체제로 전환하는 과정에서

〈표 6〉 지주회사 체제로의 전환이 지주회사와 자 · 손자회사의 내부거래에 미치는 영향

처치집단	$RPTs_{i,t}$			
	지주회사		자 · 손자회사 등	
	(1)	(2)	(3)	(4)
T_i	(omitted)		(omitted)	
$P_{i,t}$	-0.1252** (-2.51)		-0.0170 (-0.75)	
$T_i \times P_{i,t}$	0.4248*** (4.46)		0.0448** (2.03)	
$T_i \times Z_{i,-3}$		-0.1773*** (-3.04)		-0.0280 (-0.65)
$T_i \times Z_{i,-2}$		-0.0326 (-1.24)		0.0138 (0.78)
$T_i \times Z_{i,0}$		0.1428 (1.59)		0.0097 (0.64)
$T_i \times Z_{i,+1}$		0.1258 (1.20)		0.0317 (1.43)
$T_i \times Z_{i,+2}$		0.2984** (2.68)		0.0007 (0.02)
$T_i \times Z_{i,+3}$		0.4310*** (4.73)		0.0564* (1.97)
$Foreign_{i,t}$	-0.0001 (-0.05)	-0.0002 (-0.12)	-0.0020 (-1.64)	-0.0019 (-1.63)
$EBITDA_{i,t}$	-0.0016 (-0.35)	-0.0031 (-0.53)	-0.0019 (-1.12)	-0.0020 (-1.14)
$DI_{i,t}$	6.8346** (2.25)	5.0147 (1.61)	2.4975* (1.91)	2.4695* (1.88)
$Growth_{i,t}$	-0.0005 (-0.63)	-0.0003 (-0.47)	-0.0005 (-1.47)	-0.0005 (-1.49)
$Size_{i,t}$	-0.0905 (-1.34)	-0.0667 (-1.20)	-0.0140 (-0.43)	-0.0169 (-0.52)
$Leverage_{i,t}$	0.4045** (2.10)	0.2492 (1.32)	0.2051*** (2.99)	0.1993*** (2.87)
Constant	Yes	Yes	Yes	Yes
Firm FE	Yes	Yes	Yes	Yes
Year FE	Yes	Yes	Yes	Yes
Obs.	413	413	1,312	388
Number of Firms	41	41	127	52
Within R^2	0.3889	0.4381	0.0661	0.0709

• $T_i = 1$은 처치집단, $T_i = 0$은 통제집단을 나타내며, 모형(1)과 모형(2)의 처치집단은 전환집단지주회사를, 모형(3)과 모형(4)의 처치집단은 자 · 손자회사 등(지주회사 체제 밖 계열사 포함)임

•• 처치집단 더미변수인 T_i는 기업 고정효과로 인해 생략되었음

••• 괄호 안의 숫자는 firm level-clustered robust standard error를 사용한 t값임

•••• *p<0.1, **p<0.05, ***p<0.01

매출액과 내부거래 규모가 모두 감소하나 내부거래 규모가 상대적으로 덜 감소하여 내부거래 비중이 증가한 것으로 분석된다. 그러나 지주회사 체제로 변환하여도 매출액에 큰 변동이 없는 자·손자회사 등의 경우 체제전환 후 매출액보다는 내부거래 규모가 상대적으로 크게 증가하여 내부거래 비중이 증가한 것으로 나타났다. 따라서 지주회사 체제로의 전환이 지주회사전환집단의 내부거래 비중 증가에 영향을 미쳤다고 보는 것이 타당하다고 판단된다.

한편 〈표 6〉의 모형(2)와 모형(4)는 각각 지주회사와 그에 상응하는 통제집단, 자·손자회사 등과 그에 상응하는 통제집단으로 구성된 표본으로 DID 계수를 추정할 때 평행 추세 가정이 충족되는지 알아보기 위해 회귀식(3)을 고정효과 모형으로 추정한 결과이다. 지주회사 체제전환 이전($j<0$)에는 회귀계수의 크기가 상대적으로 0에 가까웠으나($j=-1$기는 기준 연도로서 제외됨) 지주회사 체제전환이 이루어진 연도 이후부터 대체로 상호작용항의 회귀계수가 크게 증가하고 $j=+2$기와 +3기에는 통계적 유의성도 나타나(모형 4는 +3기만) 처치집단과 통제집단 간 내부거래 비중 격차 발생에 지주회사 체제로의 전환이 영향을 미친 것으로 보인다.

다음의 〔그림 5〕는 〈표 5〉의 모형(2)와 〈표 6〉의 모형(2) 및 모형(4)에서 추정한 상호작용항들의 회귀계수와 95% 신뢰구간이 표시되어 있다.

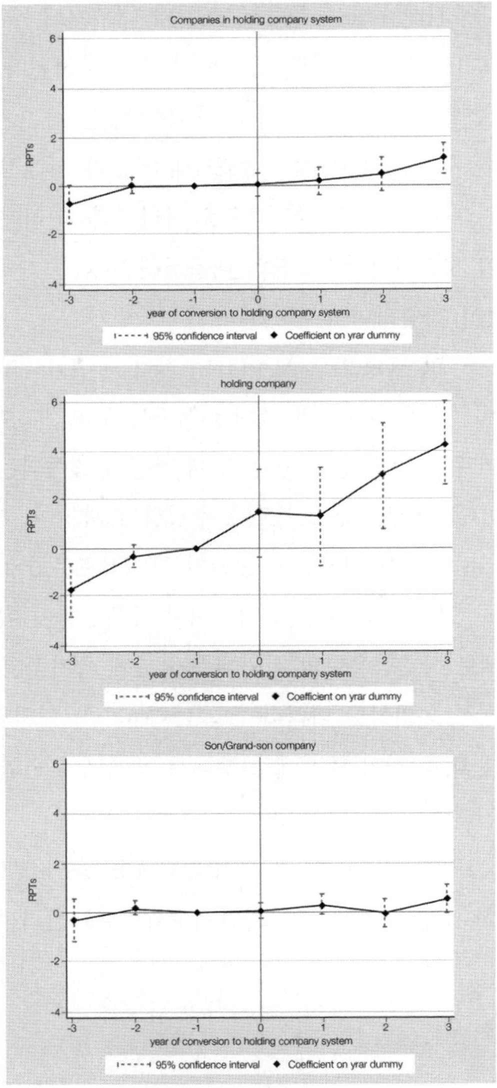

〔그림 5〕 지주회사 체제전환 전 · 후 시점별 처치집단과 통제집단의 내부거래 비중 차이

4. 내생성 및 강건성 분석

지면의 한계로 별도의 표를 이용해 보고하지는 않으나 내생성과 강건성을 확인하기 위해 실시한 분석들의 결과는 다음과 같다. 우선 지주회사 체제전환 여부의 내생성 여부를 검정하기 위하여 2007년 지주회사 행위제한 규제 완화 이후 지주회사 설립 · 전환 건수가 증가하였다는 점에 근거하여 2007년 이후 시점을 나타내는 더미변수(2008년을 포함하여 그 이후이면 1, 2008년 이전이면 0)를 도구변수로 삼아 Hausman Test와 2SLS(two-stage least squares estimation)를 실시하였다. 회귀식 (1)과 (2)에 투입하였던 것과 동일한 통제변수들을 각각 투입한 상태에서 기업지배구조 점수를 종속변수로 삼은 경우 Hausman Test 결과 귀무가설(지주회사 체제전환 여부 변수의 외생성)이 1% 유의수준에서 기각되었다. 그러나 2SLS 추정결과 지주회사전환집단에 속한 경우 통제집단보다 기업지배구조 점수가 1% 수준에서 더 높은 것으로 나타나 연구문제 1의 분석결과와 질적으로 동일한 결과를 보였다. 반면 내부거래 비중을 종속변수로 하는 경우에는 Hausman Test 결과 귀무가설(지주회사 체제전환 여부의 외생성)이 기각되지 않았다. 또 분석결과의 강건성을 확인하기 위해 처치집단 중에서 지주회사전환집단에는 속해 있으나 지주회사 체제(지주회사－자 · 손자회사 등) 밖에 있는 계열사들을 제외하고 통제집단에서도 이에 매칭된 기업들을 제외한 후 회귀식(1)과 (2)를 각각 추정해 보았다. 추정결과는 이들 기업을 표본에서 제외하지 않았을 때의 분석결과와 질적으로 다르지 않았다.

V. 결론

본 연구는 지주회사 체제로 전환한 후 재벌의 기업지배구조 수준과 내부거래 비중에 어떤 변화가 나타나는지 실증분석함으로써 지주회사 체제로의 전환으로 실질적인 기업지배구조 개선이 일어나고 있는지 아니면 지배주주가 지배력 강화를 계기로 사익추구를 할 개연성이 오히려 증가하였는지 살펴보았다.

이를 위해 2005년부터 2017년까지 지주회사전환집단에 소속된 상장계열사들과 이 기업들에 대해 성향점수를 매칭한 일반 재벌 소속 계열사들로 표본을 구성한 후 회귀분석을 통해 DID 계수를 추정한 결과, 지주회사 체제로 전환한 후 지주회사전환집단 계열사들의 기업지배구조 점수와 내부거래 비중이 모두 통계적으로 유의하게 증가하였다. 그리고 지주회사와 그에 상응하는 통제집단, 그리고 자 · 손자회사(지주회사 체제 밖 계열사 포함)와 그에 상응하는 통제집단에 대해 각각 분석한 결과 기업지배구조 점수는 자 · 손자회사(지주회사 체제 밖 계열사 포함)만 통제집단에 비해 통계적으로 유의하게 증가하는 것으로 나타났고, 내부거래 비중은 지주회사와 자 · 손자회사 모두 지주회사 체제로의 전환 이후 각각의 통제집단보다 통계적으로 유의하게 증가하였다. 다만 지주회사의 내부거래 비중의 증가폭이 자 · 손자회사 등의 증가폭보다 큰 것으로 추정되었다.

이러한 분석결과는 지주회사 체제로 전환한 재벌들의 기업지배구조 수준이 개선되는 것처럼 보이나 실질적으로는 내부거래를 통한 지배주주의 도덕적 해이를 감시 · 통제하는 수준에 아직 미치지 못하고 있을 가능성을 보여준다. 특히 기업지배구조 점수의 하위 항목 중 공시부문의 점수가 지주회사 체제전환 후 유의미하게 증가하였음에도 내부거래 비중이 증가하였다는 점에서 공시 강화만으로는 지주회사전환집단 지배주주의 내부거래를 통한 사익추구 행위를 효과적으로 감시·통제하는 데 한계가 있는 것으로도 해석해 볼 수 있다.

재벌의 내부거래가 정책적 관심의 대상이 되는 이유는 과거 현대자동차그룹의 글로비스 사건처럼 총수 일가가 내부거래를 터널링의 수단으로 사용하여 사익을 추구하고 소액주주들의 이익을 유용한 것으로 평가되는 사례[50)·51)·52)]들이 존재하고, 지금도 수의계약을 통한 일감몰아주기가 대기업집단 내에서 빈번히 일어나고 있기 때문이다. 내부거래는 합리적인 판단에 근거하여 생산 효율성을 증대시키기 위해 이루어질 수 있지만 지원주체인 계열회사의 소액주주나 채권자들의 손해를 야기하고 경제력 집중과 경쟁저해 등의 문제를 불러올 수도 있어[53)] 공정거래법뿐만 아니라 회사법, 상증세법 등 다양한 분야에 여러 제도와 규제가 도입되어 있다.[54)·55)] 특히 지주회사 체제로 전환하는 과정에서 총수 일가의 지배력이 확대되는 사례들[56)·57)]을 고려하면 본 연

---

50) 백승엽, 공정거래법상 일감몰아주기에 관한 연구, 서울대학교 법학박사 학위논문(2017), 210-215면.

51) 윤성운/김진훈/김윤수, 공정거래법에 의한 터널링규제: 사익편취금지규정을 중심으로, BFL 제78호(2016), 26면.

52) 조영곤/김주태, 재벌의 경영권 승계과정에서의 대리인 문제 연구, 대한경영학회지 제23권 제6호(2010), 3460-3471면.

53) 최정표, 앞의 책(각주 1), 297면.

54) 신영수, 계열사간 내부거래 (부당지원행위) 규제에 대한 입법론적 분석과 대안, 법제연구 제43권(2012), 68-70면.

55) 백승엽, 앞의 논문(각주 50), 34-51면.

56) 공정거래위원회의 2018년 공정거래법상 지주회사 현황 분석결과에 따르면 지주회사 전환과정의 인적분할과 현물출자 등을 통해 SK는 총수 일가 지분이 11.01%에서 30.45%로 증가하였고 LG는 7.4%→31.91%, 아모레퍼시픽그룹은 27.7%→55.11%, 한진중공업홀딩스는 16.89%→50.25%로 증가하였다.

57) 유진수, 앞의 논문(각주 12), 80-82면.

구의 분석결과는 현행 지주회사 제도가 본래의 정책 목표를 달성하기 보다는 내부거래를 통한 총수 일가의 사익추구와 경제력 집중의 수단으로 악용될 수 있다는 우려를 실증적으로 뒷받침하는 근거가 될 수 있다. 정부도 이러한 우려를 반영하여 지주회사의 행위제한 규정을 2007년에 완화하기 이전 수준으로 다시 강화하는 내용[58]과 총수 일가 사익편취 금지 규제대상을 확대하는 등의 내용을 담은 공정거래법 전면개정안을 국회에 제출하였고, 2020년 말에 개정안이 국회 본회의를 통과하였다.

그러나 지주회사 행위제한 규정의 경우 그 적용대상이 기존에 이미 지주회사 체제로 전환한 기업집단에는 적용되지 않고 앞으로 새로 지주회사를 설립 · 전환하거나 새로 자회사등을 편입하는 기업에만 적용하도록 되어 있어 부작용 해소에 한계가 있다는 지적이 일각에서 제기되고 있다.[59] 총수 일가 사익편취 금지 규제도 실효성에 대한 우려가 여전히 존재한다. 특히 지주회사가 자 · 손자회사 등으로부터 상표권 수수료를 과도하게 수취하는 문제가 꾸준히 제기되어 왔으나 상표권에 대한 객관적인 가치 측정이 어렵다는 점 때문에 공정거래법상 부당지원행위 규제나 총수 일가 사익편취 금지 규제의 적용을 받은 사례가 극히 드물다. 따라서 지주회사 체제를 이용한 총수 일가의 사익추구 행위와 경제력 집중에 대하여 규제 당국의 지속적이고 면밀한 감시와 보다 근본적인 정책 대안의 마련이 필요해 보인다.

본 연구는 재벌 상장사들로 구성된 자료를 이용하여 지주회사 체제

58) 신규 지주회사(기존 지주회사의 신규 편입 자·손자회사 포함)를 대상으로 자·손자회사의 지분율 요건을 강화하였다(상장 20% → 30%, 비상장 40% → 50%).
59) 내일신문, 2020. 9. 8.자 "공정거래법 개정안 규제효과 크지 않다"(http://www.naeil.com/news_view/?id_art=361228)

로의 전환이 기업지배구조 수준과 내부거래 비중에 어떠한 영향을 미쳤는지 회귀분석함으로써 현행 지주회사 제도의 타당성을 논의하는 데 필요한 실증적 근거를 제공하였다는 점에서 학문적·정책적 의의가 있다. 그러나 지주회사전환집단들은 지주회사 체제 밖에 상당수의 계열사를 두고 있고 이 중에는 총수 일가 2세 등이 지분을 보유한 비상장 계열사들이 존재한다. 따라서 보다 깊이 있는 논의를 위해서는 비상장 계열사까지 고려한 분석이 필요하나 본 연구에서는 자료의 한계로 인해 다루지 못하였다. 이는 후속 연구를 통해 살펴보기로 한다.

제2부

지주회사의
설립 및 전환

05

지주회사의 설립 · 전환방식의 개관*

강희철** · 김경연***

I. 서론

우리나라에서 지주회사는 독점규제 및 공정거래에 관한 법률(이하 "공정거래법"이라 한다)상의 개념으로서,[1] 주식(지분 포함)의 소유[2]를 통해서 국내 회사의 사업내용을 지배하는 것을 주된 사업[3]으로 하는 회

---

* 이 글은 2021년 개정 공정거래법령을 반영하여 기존에 출판된 내용을 수정한 것이다.
** 법무법인(유한) 율촌 변호사
*** 김 · 장 법률사무소 변호사

1) 지분율이 50%가 넘게 되면 동시에 상법상 모회사(상법 제342조의2 제1항)가 될 수 있음은 물론이다.
2) 지주회사가 소유하고 있는 자회사의 주식가액의 합계액이 자산총액의 50 / 100 이상일 것(공정거래법시행령 제3조 제2항).
3) 순수지주회사(자체적으로 별도의 사업을 영위하는 사업지주회사와 달리 오로지 자회사의 주식소유만을 하는 지주회사)나 사업지주회사는 법령상 개념은 아니다. 김형배, 공정거래법의 이론과 실제(2022 전면 개정판), 도서출판 삼일(2022), 738면. 한편, 지주회사의 정관상 '목적'을 무엇으로 기재할 것인지에 대한 논의가 있는데, 순수지주회사가

사를 말한다(공정거래법 제2조 제7호).[4)]

공정거래위원회의 2021년도 12월 말 기준 지주회사 현황에 의하면,[5)] 2021년 12월 말 현재, 일반지주회사 158개와 금융지주회사 10개 등 총 168개사의 지주회사가 존재하는데, 1년 전인 2020년 말 통계에 비추어 일반지주회사 16개가 신설되고 12개가 제외되어 4개가 늘어난 결과이다. 아울러 34개의 대기업집단(공시대상기업집단-자산 5조 원 이상)이 총 48개의 지주회사를 보유하고 있으며, 상호출자제한기업집단(자산 10조 원 이상)의 경우 23개 집단이 총 37개 지주회사를 보유하고 있다. 지주회사를 보유하고 있는 기업집단의 수는 매년 소폭으로나마 증가하고 있는 추세이다.

비록 스스로는 직접 영리사업을 하지 않고 오로지 자회사 관리만을 목적으로 하고 자회사의 사업활동에 의한 수익에 의존한다고 하더라도, 지주회사의 기업위험을 투자자 등 제3자에게 명확하게 하기 위해서는 당해 자회사의 사업목적을 명확하고 구체적으로 기재할 필요가 있다는 견해가 있다. 이동원, 지주회사에 관한 상법상의 문제, 상사법연구 제17권 제3호(1999), 한국상사법학회, 162-163면 참조. 유사한 관점에서 순수지주회사의 인정은 일본이 다중대표소송을 입법화한 배경이 되기도 하였다. 독자적인 사업이 없이 자회사 주식을 중요 자산으로 보유하고 있을 뿐인 순수지주회사의 주주는 실제 사업에 대한 직접적인 감독이 어렵고, 지주회사 이사를 상대로 자회사 관리에 대한 임무해태를 증명하는 것은 현실적으로 매우 곤란하다는 점이 인정되면서 일본 내에서는 주주권의 실질적인 후퇴로 인식되었다고 한다. 이에 따라 다중대표소송의 입법화를 통해 지주회사 주주권의 회복과 모호했던 자회사 이사의 책임내용이 보다 명확해지는 효과가 있다고 평가하고 있다. 심정희 / 김성화 / 서용성, 사법정책연구총서 2021-16호(2021), 사법정책연구원, 31면.

4) 지주회사의 성립요건으로서, 자회사의 주식가액 합계액요건 이외에도 직전 사업연도 종료일 현재의 대차대조표상의 자산총액이 5천억 원 이상일 것(공정거래법 제18조 제1항 제2호에 따른 벤처지주회사의 경우에는 300억 원)이 요구되는데(공정거래법시행령 제2조 제1항), 위 자산총액요건은 종래 지주회사집단 역시 기업집단의 일종임에도 불구하고 규제대상의 하한선이 지나치게 낮다는 비판이 상당기간 제기되었음에도 꾸준히 1천억 원 수준으로 유지되다가, 결국 2017. 7. 1. 시행된 개정 공정거래법 시행령을 통해 5천억 원으로 상향되었다.

5) 상세한 내용은 2022. 6. 28.자 공정거래위원회 보도자료 "2022년 공정거래법상 지주회사 현황분석 결과 발표"(2021. 12. 31. 현재) 참조.

지주회사 중에서는 단순한 상법상의 모자회사 관계가 우발적으로 공정거래법상의 요건에 해당하게 되는 바람에 지주회사가 된 경우도 있고,[6] 의도적으로 기존의 기업집단을 재편하여 지주회사집단을 구성한 경우도 있다.[7] 공정거래위원회는 지주회사 체제로 전환한 대기업집단("전환집단")[8]의 현황도 집계하고 있는데, 2021년 말 기준 29개의 전환집단이 존재하며, 두산, DL, 태영이 새로이 전환집단에 포함되었다. 전환집단마다 집단 내 계열회사들을 지주회사 체제 안에서 보유하는 비율(지주회사 편입율)이 제각기 다른데, 위 29개 전환집단의 지주회사 편입율은 78.7%로, 보유 자산 비중의 평균은 93.0%로 나타난다.

기본적으로 상법상의 모자회사 관계와 공정거래법상의 지주회사와 자회사 관계는 중첩되는 속성을 가지고 있음에도 불구하고, 전자에 대해서는 주식 취득이나 의결권 행사제한에 관해서 간략한 규제가 이루어지고 있는 것에 비하여 후자는 공정거래법상 각종 행위제한을 포함한 엄격한 규제를 받고 있다. 이러한 규제 차이로 인하여 현행 공정거래법상의 지주회사에 대한 규제에 관해서는 입법론적인 논란이 제기되기도 하였다.

그럼에도 불구하고 지주회사집단의 구성이 시도되는 이유는, 적어도 기존의 기업집단보다는 지주회사 체제에 실제로 유리한 점이 있거나,

---

6) 종래 주식회사 화성사와 그 자회사인 주식회사 성담과의 관계가 그러하다. 이러한 소위 '우발적 지주회사'는 공정거래법상 지주회사 행위요건 제한규정 위반과 관련하여 문제를 낳기도 한다(가령 지분법 적용을 받는 자회사인 삼성생명과 올앳 등의 주식가치가 상승하면서 금융지주회사로 지정되었던 삼성에버랜드의 경우가 그러하다). 다만 공정거래법은 우발적 · 의도적 지주회사 전환을 구별하지 않고 모두 지주회사 전환의 유형으로 규정하고 있다.

7) ㈜LG, GS홀딩스㈜가 그 대표적인 예이다.

8) 지주회사 및 소속 자 · 손자 · 증손회사의 자산총액 합계액이 기업집단 소속 전체회사의 자산총액 합계액의 100분의 50 이상인 공시대상기업집단을 의미한다.

유리한 점을 기대하고 있기 때문이라고 볼 수 있겠다. 지주회사 체제가 기존의 일반 기업집단에 비하여 가지는 장점은 여러 가지 측면에서 분석되고 있지만, 그중에서 기업의 소유자들이 관심을 가질 만한 경영적인 측면의 긍정적 기대효과를 살펴보면 다음과 같다.

첫째, 기업구조조정의 측면에서는, 복잡한 지배구조로 인하여 소속기업의 매각, 합병이 쉽지 않고 인사 제도, 문화 등의 측면에서 다양성이 부족한 현재의 지배구조에 비하여 출자구조 재편에 따라 사업부문의 분리 · 매각이 용이하고 독자적으로 존재하는 자회사별로 차별화된 인사 제도 및 기업문화를 유지하는 것이 가능하다는 장점이 있다. 둘째, 경영의 효율성 증대에 따른 기업경쟁력 강화의 측면에서는, 기존의 기업집단 내 기업의 경우 경영과 사업이 혼재된 것에 비하여, 자회사의 배당수익으로 유지되는 지주회사의 경우에는 자회사로 하여금 생산과 영업활동에 전념하도록 함으로써 자신의 배당수익을 높이고 투자자는 그러한 지주회사에만 투자를 집중하면 되는 구조라는 장점이 있다. 마지막으로 리스크 회피 및 경제구조 변화에 대한 대응(즉 경영체제의 유연화)의 측면에서 보면, 기존의 기업집단에서는 보통 자회사 또는 계열회사의 경영상 실패에 따른 악영향이 나머지 다른 계열회사에 그대로 파급될 수 있는 구조임에 반하여, 지주회사는 자회사의 실패에 대해서 어디까지나 주주의 입장에서 출자범위 내에서만 책임을 지기 때문에 다소 위험성이 있는 사업분야에 대해서도 자회사를 통하여 진출하는 데 부담이 적을 수 있다는 장점이 있다.[9]

---

9) 권오승 / 서정, 독점규제법 이론과 실무(제4판), 법문사(2020), 530면; 김형배, 앞의 책(각주 3), 738면 등 참조. 다만 지주회사 제도가 활성화된 이후 최근 들어서는, 이러한 지주회사의 이론적 장점보다는 오히려 대기업집단 지배주주의 영향력, 사익편취 행위 등이 강화되고 경제력 집중 — 특히 일반집중과 소유집중 — 만 심화시키고 있다는 비

지주회사 제도는 본래 적은 자본으로 다른 회사들을 지배할 수 있는 가능성을 가진 조직이므로, 그 지배력의 부작용을 우려하여 정부에서 1987년 재벌의 경제력 집중을 억제하기 위한 대규모기업집단지정 제도를 도입하면서 그때까지만 해도 허용해 왔던 지주회사의 설립 및 전환을 금지시킨 바가 있다. 그러다가 재벌의 복잡한 순환출자 구조와 문어발식 확장이 억제되지 않고 이것이 1997년 외환위기의 주요 요인으로 작용하였다는 평가를 받자 재벌 구조조정의 일환으로 재도입되었다.[10] 즉 순환출자를 해소하고 '지주회사－자회사－손자회사'로 소유구조를 단순화시켜 책임 소재를 명확히 할 수 있다는 장점 때문에 지주회사 제도가 장려될 수 있었던 것이다.[11]

앞서 언급된 지주회사 체제의 장점에도 불구하고,[12] 실제로는 이러한 장점이 기존의 기업집단 등이 지주회사 체제로 개편하는 데 드는 비용을 능가하지 않는다면 쉽사리 지주회사 체제 개편을 시도하지 못할 것이다. 따라서 실무적으로는, 체제 개편이 얼마나 간이하고 비용을 절감하는 방향으로 이루어질 수 있는지가 지주회사 체제로 전환할 것인가 여부를 결정하는 데 중요한 요소로 작용하고 있다.

이 논문에서는 지주회사 설립 내지는 전환 방법을 살펴보고, 각 단계에서 지주회사를 형성하는 방식의 유형을 분석함과 동시에 상법 등 관련법의 검토를 통하여 각각의 경우의 장단점과 유의하여야 할 점을

판이 증가하고 있다는 지적이다. 김소영 / 이창민 / 남서연, 지주회사 제도 개선 방안, 법경제학연구 제17권 제3호, 한국법경제학회(2020), 538-539면 참조.

10) 김동운, 한국재벌과 지주회사체제: GS그룹과 LS그룹의 비교, 질서경제저널 제17권 4호, 한국질서경제학회(2014), 2면 참조.

11) 김소영 / 이창민 / 남서연, 앞의 논문(각주 9), 538면.

12) 물론 원론적인 장점이나 기대효과가 실제로 우리나라 현실에서 어느 정도 구현되고 있는지는 별개의 문제이다.

알아보도록 한다. 단 이 논문의 검토대상은 논의의 편의상 가장 일반적인 형태의 지주회사, 즉 금융지주회사가 아닌 공정거래법상의 일반지주회사로서, 자회사 지분의 100%를 보유하고 있는 완전지주회사(지주회사가 자회사 주식 100%를 전부 소유하는 형태의 지주회사)가 아니라 공정거래법상의 최소한의 지분요건만을 충족시키는 형태를 전제로 한다.

II. 지주회사 설립 · 전환의 방안에 관한 총론

지주회사 설립 · 전환에 관해서는 크게 지주회사가 되는 법인을 새로 설립하는 방식과 기존의 법인을 지주회사로 만드는(전환하는) 방식으로 나누어 볼 수 있는데, 그 절차는 대체적으로 다음과 같다.

1. 지주회사가 될 회사의 지정

복잡한 지분구조로 얽힌 기업집단을 지주회사 체제로 재구성하는 데 있어서는 기존의 회사 중 하나를 지주회사로 만들지, 아니면 지주회사가 될 회사를 새로 설립할지를 가장 우선적으로 결정하여야 한다. 자회사를 확보하는 비용이 상대적으로 적게 들 수 있다는 장점이 있기 때문에 보통은 다른 계열회사의 지분을 충분히 가지고 있는 어떤 특정한 회사를 지주회사로 전환시키는 방식을 취한다.

우리나라 기업집단의 구조적인 특성상 완벽한 모자회사 관계나 지주회사와 자회사 관계까지에는 이르지 않더라도 해당 기업집단의 계열회사 지분을 상당히 확보하고 있는 '사실상의' 지주회사 격인 회사가 존재하는 것이 일반적이므로, 현실적으로는 기존의 특정한 회사를 지주회사로 전환시키는 것이 보통이다. 다만 장래 지주회사가 될 것으로 예정된 회사가 자산총액 5,000억 원 이상이어야 하며(공정거래법 제2조 제7호, 동 법시행령 제3조 제1항), 자회사 지분 취득을 마친 후 지주회사로서 부채비율요건(동 법 제18조 제2항 제1호)을 충족시킬 수 있는 회사여야 함은 물론이다.

2. 금융업 · 보험업 및 비금융업 · 보험업 간 지분관계 정리

한편, 지주회사집단 구성과 관련한 법적 제한 역시 초기 단계에서 반드시 고려되어야 한다. 우리나라 공정거래법상 금융지주회사는 금융업 및 보험업 이외의 영업을 영위하는 회사를 자회사로 둘 수 없고, 역으로 일반지주회사 역시 금융업 또는 보험업을 영위하는 회사를 자회사로 둘 수 없는데(공정거래법 제18조 제2항 제4호, 제5호),[13] 우리나라 기업집단은 많은 경우 금융업 · 보험업 회사와 비금융업 · 보험업 회사가 계열회사로서 지분관계가 얽혀 있기 때문에, 이를 우선 정리하는 것이 필요하고 여기에 상당한 비용이 소모될 수 있다(지분관계를 정리하다 보면, 각 해당 회사의 지배구조에도 심각한 변화가 초래될 수 있음도 유념하여야 함은 두말할 나위가 없다).

일반지주회사에 대해서는 위 자회사 제한규정 이외에 특별히 금융업과 비금융업과의 분리에 관하여 규율하고 있는 규정이 없지만, 금융지주회사에 대한 산업자본의 지배를 배제한다는 측면에서는 위 공정거래

---

13) 다만 일반지주회사로 전환하거나 설립될 당시에 금융업 · 보험업을 영위하는 국내 회사의 주식을 소유하고 있던 경우에는 지주회사로 전환하거나 설립된 날부터 2년간 해당 주식의 소유가 가능하다.

법규정과 같은 '금융업과 비금융업 간의 분리'원칙을 발견할 수 있다.[14)]

물론 현행 금융지주회사법상으로는 일정한 예외적인 경우를 제외하고 금융기관이 금융지주회사의 사업내용을 사실상 지배하여서는 아니 된다(공정거래법시행령 제4조에 의하여, 동일인 및 동일인 관련자에 의하여 발행주식의 30% 이상을 취득하는 것을 포함)고 규정한 것(금융지주회사법 제7조) 이외에 별도로 산업자본의 금융지주회사의 지배를 제한하는 명문의 규정을 두고 있지는 않다(비금융주력자에 대해서는 오직 은행지주회사에만 한정하여 주주자격을 제한하고 있다). 그러나 산업자본이 지배하는 기업집단의 일원인 금융회사가 금융지주회사를 지배하게 되는 경우 결국 산업자본에 의하여 금융지주회사가 간접적으로 지배되는 결과에 이르게 되므로, 금산분리의 원칙에 따르면 이를 막아야 할 필요성은 있는 것이다. 따라서 비금융계열회사의 금융지주회사에 대한 직접적인 주식취득에 의한 지배의 제한이나 산업자본과의 계열분리를 금융위원회 단계에서 인가조건으로 내세우는 것이 동규정의 취지상 전혀 타당성이 없다고 보기는 어려울 것이다. 단 금융위원회에서 요구하는 산업자본과의 분리는 결국 금융지주회사를 기존 기업집단에서 계열 분리시키라

---

14) 구체적인 사례로 금융감독원이 동원금융지주회사의 설립인가(예비인가 및 본인가 모두 포함)의 조건으로 "산업자본의 금융지주회사에 대한 경영간섭 우려를 해소하고자" (i) 2005년 말까지 동원기업집단과 계열분리할 것과 (ii) 그 외 동원금융지주회사가 핵심자회사에 대해서는 지분을 100% 취득할 것을 요구한 것을 들 수 있다(금융감독위원회, 2003. 5. 31.자 보도자료 "동원금융지주주식회사 설립인가" 참조). 금산분리원칙은 우리나라뿐만 아니라 해외에서도 각국의 현실과 정책적 필요성에 맞추어 운용 여부가 결정되어 왔다. 우리나라에서는 산업자본의 은행소유로 인한 부작용이 심각한 사회문제로 대두되기 시작하였던 1960년대에 들어와 먼저 은행 대주주의 의결권을 10%로 제한하는 조치를 취하며 유지해 오다가 1980년대에 소유제한 정책이 이루어진 후 정부에서 취하는 정책의 방향성에 따라 강화 또는 완화되면서 유지되어 오고 있다. 자세한 내용은 서성호/주수익, 우리나라의 현행 금산분리법제·정책에 대한 비판적 고찰, 기업법연구 제28권 제2호, 한국기업법학회(2014), 441면 등.

는 것이지만, 일반 제조회사가 금융지주회사의 주식을 지배하지는 않는 한도 내에서 취득하는 것 자체를 불허한다는 것으로까지 해석하기는 어렵다(금융지주회사법상 '지배'의 개념은 주주 본인과 특수관계자가 합하여 대상회사의 주식을 30% 이상 취득하는 것을 포함하므로, 이 경우에도 마찬가지로 해석될 수 있을 것이다. 금융지주회사법 제2조 제1항 제1호, 동법시행령 제2조 제3항, 공정거래법 제2조 제12호, 금융지주회사법 제7조, 동법시행령 제5조의3, 공정거래법시행령 제4조 참조). 어찌되었든 금융업보험업회사와 비금융업보험업회사가 혼재된 경우가 적지 않은 우리나라 기업집단의 지분구조를 고려해 볼 때 위와 같은 법적인 또는 현실적인 제약은 반드시 염두에 두어야 할 부분이다.

3. 자회사 지분확보 및 지주회사의 기타 지분관계 정리

만일 위와 같은 금융업보험업 회사 · 비금융업보험업 회사 간의 양립 불가능한 지분관계를 정리할 수 있다면, 그 다음에는 자회사를 만들기 위한 필요 지분을 확보하여야 한다. 현행법상 자회사의 주권이 상장된 법인일 경우, 지주회사는 해당 자회사의 발행주식 총수의 30%[15](국외상장법인과 공동출자법인의 경우에도 마찬가지이다)를 소유하여야 하고,[16] 비상장법인일 경우에는 50% 이상을 소유하여야 한다.[17] 그런데 이는

15) 현행 공정거래법에서는 '「자본시장과 금융투자업에 관한 법률」("자본시장법")에 따른 주권상장법인'이라고 정의하고 있으며(공정거래법 제11조 제1항 제1호), 이는 증권시장에 상장된 주권을 발행한 법인 또는 주권과 관련된 증권예탁증권이 증권시장에 상장된 경우에는 그 주권을 발행한 법인을 의미한다(자본시장법 제9조 제15항).

16) 벤처지주회사의 자회사의 경우에는 20%이다(공정거래법 제18조 제2항 제2호).

17) 지주회사 전환과정에서 이 자회사주식보유 기준에는 2년의 유예기간이 부여된다. 공정거래법 제18조 제2항 제2호 가.목. 참조.

지주회사가 된 뒤의 행위제한규정이고, '지주회사의 자회사'가 되기 위해서는 피출자회사가 지주회사의 계열회사이고 피출자회사에 대하여 지주회사가 단독으로 또는 그 자회사 및 공정거래법시행령 제15조의5(일반지주회사의 자회사의 타 회사 주식소유제한)의 규정에 의한 회사와 합하여 소유하는 주식이 공정거래법시행령 제14조(특수관계인의 범위) 제1항 제1호 또는 제2호에 규정된 각각의 자 중 최다출자자가 소유하는 주식과 같거나 많은 경우여야 한다(공정거래법시행령 제3조 제3항). 다시 말하면, 일단 특정 회사가 공정거래법상 정의된 자회사의 요건을 갖추게 되면 그 자회사에 대해서 지분율제한적용을 받는다는 것이다.

이러한 자회사 지분확보에 있어서 주식 매입의 방식과 기타 다른 방식 중 어떤 것이 유리한가? 이것은 그야말로 당해 회사의 자금상황과 시간적 여유 및 누구로부터 관련지분을 확보할 것인지에 따라 다르다(이에 대해서 이하 III. 구체적인 설립 · 전환 방안에서 좀 더 자세하게 살펴보도록 한다).

지주회사 관련규정에 공통적으로 적용되는 내용이기는 하지만, 자회사 주식의 지분율을 계산할 때 의결권이 없는 주식은 어떻게 취급하는지가 문제될 수 있다. 우선 현행규정상 상법 제344조의3에 의한 의결권 없는 주식이 발행주식 총수에 포함되는 것으로 해석한다(2021. 12. 30. 개정 공정거래위원회 예규 제395호 '지주회사 관련 규정에 관한 해석지침'〈이하 "지주회사해석지침"이라 한다〉 II. 7.). 즉 회사가 발행한 모든 주식의 총수를 기준으로 계산한다는 의미이다. 그러나 이 경우에도 분자가 되는 소유주식 수에 포함되는지 여부는 논란이 있을 수 있다. 왜냐하면 만일 분자가 되는 소유주식 수에 의결권 없는 주식[18]이 포함된다고 한

18) 의결권이 없는 주식 또는 의결권이 없는 주주가 가진 주식에는 여러 가지 종류가 있는

다면, 의결권이 없고 가격이 싼 종류주식을 대량 취득하여 지분율요건을 만족시킬 수도 있게 되는데, 그렇게 되면 의결권행사로 자회사를 지배할 수 없게 되므로 지주회사의 자회사 규정 취지에 반하게 되기 때문이다.

원칙적으로, 공정거래법 및 시행령이나 관련고시에서 명시적으로 의결권 없는 주식을 주식 수 산정에서 제외하고 있지 않는 한, 임의로 의결권 없는 주식이 분자에서 제외된다고 보기는 어렵다고 할 것이다. 따라서 분자에 포함시켜서 계산을 하되, 자회사는 지주회사의 계열회사여야 하므로 의결권 없는 우선주만으로는 계열회사요건을 갖추기가 어렵게 될 것이라는 점을 고려하여 우선주만으로 자회사 주식소유요건을 충족시키는 극단적인 경우는 실제로는 발생하기 어려울 것이므로, 결국 의결권요건을 충족시킬 수 있도록 지분을 취득할 수밖에 없을 것으로 생각된다.

자회사 주식 확보과정에서는 당연히 어떤 회사를 자회사로 둘 것인가를 결정하여야 한다. 왜냐하면 지주회사는 자회사 이외의 계열회사

데, 상법 제344조의3 제1항에 의한 의결권이 없는 종류주식이나 의결권이 제한되는 종류주식, 자회사 소유의 모회사 주식(상법 제342조의2, 제369조 제3항), 상호주 의결권제한에 해당되는 주식(상법 제369조 제3항), 자본시장법상 대량보유변동보고의무(소위 5%룰)를 위반한 주식(제147조, 제150조 제1항), 법원의 의결권행사제한가처분을 받은 주식, 공정거래법상 금융회사 및 보험회사의 의결권이 제한되는 주식(제25조), 주식처분명령을 받은 주식으로서 의결권이 제한되는 주식(제39조 제2항) 등 다양하다. 상법상 의결권이 없는 주식과 의결권이 없는 주주가 가진 주식은 엄격히 구별되는데, 그 외의 기타 법상 의결권이 제한되는 주식을 위 두 가지 종류 중 어느 쪽으로 볼 것인지에 대해서는, 일반적으로 특별법에 의하여 의결권이 제한되는 주식은 의결권이 없는 주주가 가진 주식에 포함되는 것으로 해석된다(가령 공정거래법 제18조 위반주식 등). 그러나 그러한 내용이 법위반으로 한시적인 의결권의 제한을 받는 주식(가령 자본시장법상 5% 룰 위반주식 등)에 일률적으로 적용될 것이라고는 여전히 단정하기 어렵다.

의 주식을 소유하여서는 안 되며, 계열회사가 아닌 국내 회사의 주식의 경우에는 당해회사 발행주식 총수의 5%를 초과하여 소유하지 못하게 되어 있기 때문이다(공정거래법 제18조 제2항 제3호).[19] 따라서 기존에 이미 지분을 가지고 있는 회사 또는 새로운 회사를 새로이 자회사로 편입시키기 위하여 지분을 추가취득할 필요도 있지만, 기존 계열회사 중 자회사에서 제외하고자 하는 회사는 지분을 완전히 처분하여야 하며,[20] 단순히 투자목적으로 비계열회사의 주식을 취득하고 있더라도 5% 상한의 제한을 받으므로 이에 따라 추가적인 지분처분의 필요성이 발생할 수도 있다는 점을 주의하여야 한다.

자회사 지분확보와 함께, 혹시 지주회사와 자회사 간에 상호 주식을 보유한 것이 있다면 해당 주식을 정리하는 조치도 병행되어야 할 것이다. 현행 공정거래법은 지주회사의 자회사가 '손자회사가 아닌 국내 계열회사의 주식을 소유하는 행위'를 원칙적으로 금지함으로써(공정거래법 제18조 제3항 제2호) 자회사의 지주회사 지분소유를 불가능하게 하여, 2004. 12. 31. 개정 이전 구법에서의 해석상 논란을 피하였다.

4. 자회사의 지분관계 정리

다음으로는 자회사가 국내 계열회사에 대해서 보유하고 있는 지분을 정리하여야 한다. 공정거래법상 자회사는 손자회사(자회사로부터 사업내

---

19) 단 벤처지주회사 또는 소유하고 있는 계열회사가 아닌 국내 회사의 주식가액의 합계액이 자회사의 주식가액의 합계액의 100분의15 미만인 지주회사에는 적용하지 아니한다.

20) 지주회사가 직접 가지고 있는 주식의 비율이 낮더라도, 다른 계열회사가 대상회사에 대해서 가지고 있는 주식비율까지도 고려하여 계열회사 여부를 결정하므로 주의하여야 한다.

용을 지배받는 국내 계열회사로서 자회사가 최다출자자인 자회사의 계열회사. 공정거래법 제2조 제9호, 동법시행령 제3조 제4항 참조)만을 국내 계열회사로 둘 수 있을 뿐, 그 외의 국내 계열회사의 주식을 보유할 수 없으므로, 자회사가 그 타 회사의 주식을 어느 정도 보유하고 있는지를 고려하여 지분을 처분하거나 아예 손자회사로 편입시키는 방안 중의 하나를 선택하여야 한다.

5. 손자회사의 지분관계 정리

마지막으로, 만일 자회사 아래 손자회사를 두게 된다면 국내 계열회사를 포함하여 그 손자회사가 타 회사에 대해서 보유하고 있는 지분을 정리하거나 이를 100% 자회사(금융법 또는 보험업 영위회사 제외)로 편입시켜야 한다〈공정거래법 제18조 제4항. 단 손자회사가 벤처지주회사인 경우 그 손자회사가 국내 계열회사(금융업 또는 보험업 영위회사 제외) 발행주식총수의 100분의 50 이상을 소유하는 것은 허용된다〉. 공정거래법상 증손회사는 원칙적으로 오로지 100% 자회사 형태로만 허용되며, 고손회사는 허용되지 않는다(공정거래법 제18조 제5항).

6. 지주회사의 부채비율요건의 충족

지주회사는 부채비율 200%의 제약을 받는다(공정거래법 제18조 제2항 제1호). 이것은 어떤 회사를 장래 지주회사로 만들 것인지를 선택하는 첫 단계에서도 고려하여야 할 사항이지만, 자회사의 지분확보와 기타 주식보유회사의 정리과정에서 부채비율의 변동이 초래될 수 있기 때문에 구조개편이 완성된 단계에서 그 요건이 충족되는지 여부를 항시 확인해야 한다.

7. 보증채무의 해소

기존의 기업집단이 상호출자제한기업집단일 경우, 동일인 또는 해당 동일인의 특수관계인이 지주회사를 설립하거나 지주회사로 전환하려는 경우에는 지주회사와 자회사 간의 채무보증, 지주회사의 다른 국내 계열회사 간의 채무보증, 지주회사의 자회사 상호 간의 채무보증, 자회사의 다른 국내 계열회사(그 자회사를 지배하는 지주회사 및 그 지주회사가 지배하는 다른 자회사는 제외) 간의 채무보증이 해소되어야 한다(공정거래법 제19조). 특히 이 보증채무 해소에 대해서는 다른 요건들과 달리 이하 8.과 같은 유예기간이 법적으로 부여되고 있지 않다.

8. 공정거래법상의 유예기간 부여

한편 지주회사의 부채비율요건, 지주회사의 자회사 주식 취득, 자회사의 타 회사에 대한 지분정리와 손자회사의 타 회사에 대한 지분정리에 관해서는, 공정거래법상의 각종 제한을 일률적으로 즉각 적용하게 된다면, 사실상 기존의 기업집단이 지주회사집단으로 개편되는 것은 불가능한 것이나 마찬가지인 문제가 발생하기 때문에 공정거래법상 일정한 유예조항을 두고 있다.

우선 부채비율요건의 경우 과거 공정거래법에서는 지주회사의 부채비율요건 충족에 대해서 일정한 전제하에 2년간의 유예기간을 부여한 적도 있지만,[21] 현행 공정거래법은 이러한 전제조건을 모두 삭제함으로써 어떤 형태로든 지주회사 설립 또는 전환이 될 경우에는 무조건

2년의 유예를 부여하므로, 사실상 2년 안에만 동 요건을 충족시킬 수 있다면 크게 신경 쓸 필요는 없다.

나아가 기타 행위제한 요건들에 대해서 좀더 살펴보면, 우선 지주회사의 자회사 지분요건 및 자회사의 손자회사 지분요건과 관련해서는 지주회사 전환 또는 설립 시, 또는 지주회사의 자회사가 될 당시에 요건이 미충족되었을 때에는 2년간, 지주회사 전환 또는 설립, 지주회사의 자회사가 된 이후에 일시적으로 사유가 발생하여 요건을 충족하지 못하게 된 때에는 1년간의 예외인정규정을 두고 있다(공정거래법 제18조 제2항 제2호 가.목 내지 바.목, 제3항 제1호 가.목 내지 사.목).

지주회사와 자회사, 손자회사의 입장에서 각 소유가 제한되어 처분해야 하는 국내 계열회사 또는 비계열회사 지분과 관련해서도, 지주회사가 될 당시에 소유하고 있는 국내 계열회사 또는 계열회사가 아닌 국내 회사의 주식은 지주회사로 전환하거나 설립된 날로부터 2년(공정거래법 제18조 제2항 제3호 가.목), 자회사가 될 당시에 소유하고 있는 국내 계열회사 주식의 경우는 자회사에 해당하게 된 날부터 2년(동조 제3항 제2호 가.목), 손자회사가 될 당시에 보유하고 있는 국내 계열회사 주식의 경우는 손자회사에 해당하게 된 날부터 2년(동조 제4항 제1호), 증손회사의 경우 증손회사가 될 당시에 주식을 소유하고 있는 국내 계열회사인 경우에 2년(동조 제5항 제1호)의 유예기간이 적용된다. 그리고 지주회사, 자회사, 손자회사, 증손회사가 된 이후에 발생되는 일시적인 사유

21) 즉 (i) 회사가 자산의 전부 또는 일부를 다른 회사에 현물출자한 후 지주회사로 전환되는 경우, (ii) 상법 제530조의2 (회사의 분할 · 분할합병) 또는 제530조의12(물적분할)에 의하여 지주회사로 전환되거나 지주회사를 설립하는 경우, (iii) 전전 사업연도 종료일 당시에 소유하고 있던 자회사 주식의 대차대조표상 가액이 증가하여 지주회사로 전환되는 경우에 2년간의 유예기간을 부여하고 있었다(2004. 12. 31. 개정 전 공정거래법 제8조의2 제2항 제1호).

에 따라 지분을 처분하거나 아예 자회사, 손자회사, 증손회사에 해당되도록 지분을 추가 취득하는 경우에는 1년의 유예기간이 적용된다(동조 제2항 제3호 나.목 내지 라.목, 제3항 제2호 나.목 내지 바.목, 제4항 제2호, 제3호, 제5항 제2호, 제3호). 따라서 당장은 어렵더라도 1년에서 2년간의 유예기간이 있다는 점을 염두에 두고 구조조정작업을 진행할 필요가 있는데, 그러기 위해서는 언제부터 지주회사나 자회사 및 손자회사가 공정거래법상 각종 의무를 부담하며, 따라서 그 유예기간은 언제부터 기산되는지를 확인할 필요가 있다.

유예기간의 기산일은 지주회사의 경우, 지주회사를 설립하는 경우에는 설립등기일, 다른 회사의 합병 또는 회사의 분할을 통하여 지주회사로 전환하는 경우에는 합병등기일 또는 분할등기일, 다른 법률의 규정에 따라 지주회사 적용이 제외되었다가 제외기간이 경과하여 지주회사로 전환하는 경우에는 제외기간 종료일의 다음 날, 다른 회사의 주식취득, 자산의 증감으로 인하여 지주회사로 전환하는 경우에는 당해 사업연도[22] 종료일의 다음날이다(지주회사해석지침 II. 3. 가). 자회사의 경우에는, 지주회사가 설립 또는 전환될 당시에 소유하고 있는 자회사의 경우에는, 앞서 지주회사의 경우에 정한 날, 지주회사가 다른 회사의 주식을 취득하여 새로이 자회사 지위를 취득하는 때에는 공정거래법시행령 제17조 제1항의 각목에서 정한 날(주식소유로 인한 기업결합일로 간주되는 날), 자회사를 새로 설립하는 경우에는 자회사의 설립등기일이다(동지침 II. 4). 여기에서 각 설립등기일이나 합병등기일 등은 조정의 가능성이 그다지 없지만, 사업연도의 경우에는 어느 정도 조정이 가능하다. 즉 회사를 설립하고 그 이후에 동사가 타 회사의 주식을 취득함으

---

22) 여기에서의 사업연도는 회계연도를 의미한다.

로써 지주회사가 될 경우에는 '다른 회사의 주식 취득'으로 인하여 지주회사가 되는 경우에 해당되는데, 미리 지주회사 행위제한요건의 충족에 어느 정도 시간이 필요한지를 가늠해 보고 그에 맞추어서 사업연도를 설정하면 되기 때문이다. 사업연도 설정에는 특별한 제한이 없으므로, 반드시 12월 말 결산법인을 고집할 필요가 없다. 또한 사업연도 종료일 이전에 지주회사 전환사유가 발생한 시점을 기준으로 지주회사 전환신고를 하는 경우에는 당해 사유가 발생한 날을 기준일로 한다(동지침 II. 3. 가 (4) 단서).

9. 지분확보와 정리의 구체적인 방법에 대한 검토 필요성

이상과 같이 기존의 기업집단을 지주회사집단으로 재편하는 과정에서 공정거래법상 주의하여야 할 점들을 살펴보았는데, 지주회사 및 자회사, 손자회사의 지분확보와 지분정리에 관해서는 각 단계별로 해당 회사가 처한 환경에 따라 다양한 방식을 적용할 수 있다.

따라서 이하 III. 구체적인 설립 · 전환 방안에서는 각종 지분확보 · 정리방식을 별도 법인의 설립유형과 기존 법인의 전환유형으로 크게 나누어 구체적으로 살펴보고, 말미에서 동일법인의 복수 영업부문을 나누어 지주회사 체제로 재구성하는 경우 논의되는 몇 가지 논점에 대해서 간단히 살펴보기로 한다. 이 논문에서는 상장법인인 A회사가 역시 상장법인인 B회사의 주식을 10% 보유하며 서로 계열회사 관계에 있는데, 여기에서 새로운 지주회사(H)를 설립하거나 A회사가 지주회사가 되는 간단한 모델을 전제한다.

III. 구체적인 설립 · 전환 방안

1. 별도 법인 설립 유형

(1) 주식현물출자에 의한 별도 지주회사 설립

1) 방식의 개요

A회사의 주주들과 B회사의 주주들이 각자 소유하고 있는 A, B회사의 주식을 현물출자하여 A, B회사를 자회사로 하는 지주회사 H를 설립하는 방식이다(회사 설립 시 변태설립방식의 일종으로서의 현물출자). 이미 A회사가 B회사의 지분을 10% 소유하고 있으므로, 단순히 A회사가 B회사에 대한 지분율을 높임으로써 A회사 자체가 지주회사가 될 수도 있지만, A회사가 부채비율 초과 등 지주회사의 행위요건을 갖추기 어려운 경우에 유용하다고 할 수 있다.

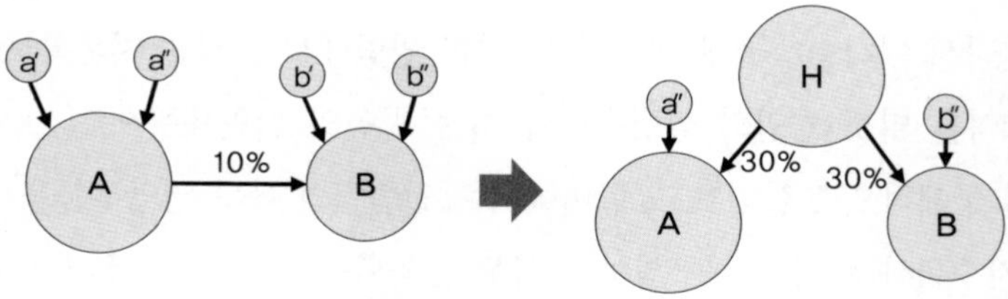

〔그림 1〕

2) 방식의 문제점

우선 현물출자는 법원의 심사를 필요로 하므로 절차적으로 번거롭다는 문제가 있다.[23] 그리고 이 방식을 사용하게 되면, 공정거래법상 일부

23) 현물출자의 대상이 상장법인 유가증권인 경우 절차적으로 많이 간이해지지만(상

예외적인 경우가 아닌 한 지주회사의 자회사는 손자회사가 아닌 국내 계열회사의 주식을 보유할 수 없으므로(공정거래법 제18조 제3항 제2호 본문), A회사도 기존에 보유하고 있던 B회사의 주식을 처분하여야 하는 번거로움이 있고, 회사를 새로 설립함에 따른 각종 부담이 있다는 단점을 고려하여야 한다. 또한 기존에 상장법인 주식을 소유하고 있던 주주들이 비상장법인인 지주회사 H의 주식을 소유하게 되는 것이므로, H를 단기간 내에 상장시켜 기존 주주들의 거래상 편의를 도모할 필요성도 발생하게 된다. A회사와 B회사의 경우, 주식분산요건 미달(유가증권시장 상장규정 제48조 제1항 제4호)을 원인으로 상장폐지될 위험이 있다.

(2) 공동 주식이전방식

1) 방식의 개요

A, B회사 주주에 의한 현물출자방식과 유사하나 상법상의 주식의 포괄적 이전절차를 활용하는 조직법적 거래방식이다. 즉 A, B회사의 주주총회 특별결의를 거치면 주식 전부가 H사로 이전될 수 있는데, 이 경우에는 앞서 살펴본 주식의 현물출자의 경우와 달리 법원에 의한 조사절차가 불필요하고 A, B회사 주식 100%의 취득을 통해서 완전자회사를 만드는 것이 가능하다. 다만 이처럼 주권상장법인이 지주회사의 완전자회사가 된 상태에서 당해 지주회사(H)의 주권을 신규상장하는 경우에는 자회사가 된 상장법인은 자동적으로 상장폐지된다(유가증권시장상장규정 제80조 제12호. 동원금융지주㈜의 경우 동조항에 의하여 동원증권이 완전자회사가 되면서 즉시 상장이 폐지되었다).

법 제299조 제2항), 법원의 조사절차 자체가 생략되는 것은 아니다.

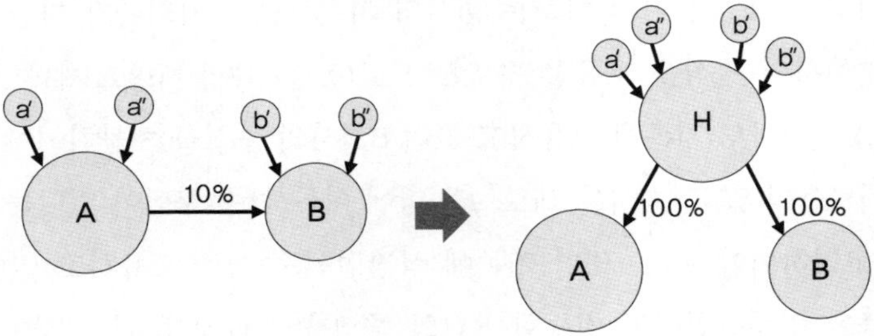

〔그림 2〕

2) 방식의 문제점

기본적으로 A, B회사 모두 주주총회 특별결의를 거쳐야 하며, 반대주주의 주식매수청구권의 문제가 발생한다. 더 나아가, A회사 주식과 B회사 주식에 대해서 지주회사 H의 신주가 배정되므로, 기존에 A회사가 보유하고 있던 B회사 주식 10%에 대해서도 주식이 배정되어 자회사가 지주회사의 주식을 취득하게 되는데,[24] 이렇게 되면 공정거래법 위반문제가 발생한다. 따라서 공동 주식이전절차 이전에 A회사에서는 미리 보유하고 있던 B회사 주식을 처분하거나 2년의 유예기간 내에 지주회사의 주식을 처분할 필요가 있다.[25]

---

24) 상법 제342조의2 제1항 참조.

25) 공정거래법 제18조 제3항 제2호 가.목.

2. 기존 법인 전환 유형

(1) 주식 추가취득방식(기본)

1) 방식의 개요

A회사가 여유자금을 이용하여 B회사 주식 20% 이상을 추가취득하는 것으로서, 이러한 주식 취득은 단순한 영업활동의 일환으로 볼 수 있기 때문에 자본시장법상 대량보유변동보고를 하여야 하는 것(제147조 제1항, 제4항) 이외에는 주주총회의 승인을 받아야 하거나 주식매수청구권 발생 등의 문제가 없다. 또한 B회사 주주는 A회사에 주식을 매각함으로써 즉시 투자자본을 회수할 수 있게 된다. 다만 B회사가 상장회사이므로 원칙적으로 장내에서 주식을 취득하여야 하는데, 주식매수에 대한 정보가 시장에 유출되면 통상 주가를 상승시키는 영향을 미치게 되어 원래 예상하였던 것보다 다액의 소요자금이 필요하게 될 위험이 있다. 결국 매수가격을 고정시키기 위해서는 장외거래를 할 수밖에 없는데, 장외에서 6개월 사이에 10인 이상의 주주로부터 매수, 교환을 통하여 5% 이상을 보유하려면 공개매수에 의하여야 한다(자본시장법 제133조, 동법시행령 제140조). 공개매수방식을 취하게 되면 매수대금을 어느 정도 예상범위 내에서 유지할 수 있다는 장점이 있으나, 공개매수의 실시를 통해서 통상 장내에서 거래되는 주가에 영향을 미칠 수 있다는 점은 주의하여야 한다.[26)]

---

26) 다만 공개매수 성공 후 사업회사 주식의 상장을 폐지하고 대신에 지주회사의 주식을 상장한다는 방침을 발표하여 둔다면 이러한 문제를 상당히 한정시킬 수 있다고 한다. 최성근, 지주회사의 설립방식, 상사법연구 제18권 제1호(1999), 132면.

그리고 이 경우 A회사의 B회사에 대한 주식보유비율이 1% 이상 변동된 경우, 변동시(계약체결일)로부터 5일 이내에 이 사실을 금융위원회와 한국거래소에 보고하여야 한다(자본시장법 제147조 제1항, 동법시행령 제153조 제2항 제3호, 제4호).

2) 방식의 문제점

이 방식은 근본적으로 B회사 주주가 A회사의 매수에 응할 것인지는 전적으로 B회사 주주의 자유의사에 맡겨져 있기 때문에 매수 성공 여부가 확실하지 않다는 문제,[27] A회사 입장에서 다액의 매수자금이 필요하다는 문제, 기존의 B회사 주주 중 A회사에 주식을 매각하지 아니한 주주들이 그대로 유지된 상태에서 지주회사의 자회사로 만들기 위한 최소한의 주식을 취득하는 것에 불과하기 때문에 적대적인 주주가 잔존할 수 있다는 문제, 주식 양도차익에 대한 법인세와 양도소득세가 발생한다는 문제가 있다.

(2) 현물출자방식

1) 방식의 개요

A회사의 여유자금이 없어서 위와 같은 주식 취득방식을 사용할 수 없는 경우, B회사의 주주가 A회사에 B회사의 주식을 현물출자하고 A회사는 B회사의 주주에게 신주를 발행하는 방식이다. B회사 주주의 입장에서는 신주로 취득한 A회사 주식을 손쉽게 장내 매각하여 투자자본을 회수할 수 있는데, 이와 같은 신주발행을 위한 현물출자에 관

---

27) 최성근, 앞의 논문(각주 26), 131면.

해서는 상법에서 비록 이사회 결의로 가능한 것처럼 규정되어 있으나(상법 제416조), 주주의 신주인수권 침해 문제가 있으므로 정관의 규정 또는 주주총회의 특별결의를 요하는지 여부에 대해서는 여전히 학설상 논란이 있는데,[28] 법원은 이사회결의를 하는 것으로 족하다는 입장을 취하고 있는 것으로 보인다.[29] 이에 따라 실무적으로도 이사회결의를 통하여 신주발행시 현물출자절차를 진행하고 있으나, 현물출자를 통해서 기존의 다른 주주들의 신주인수권을 침해할 우려가 있다는 근본적인 문제는 여전히 남아 있으므로, 불가피한 경우가 아니라면 가급적 정관에 현물출자에 의한 제3자 배정이 가능하다는 근거규정을 두는 것이 안전한 방법이라고 할 수 있다.

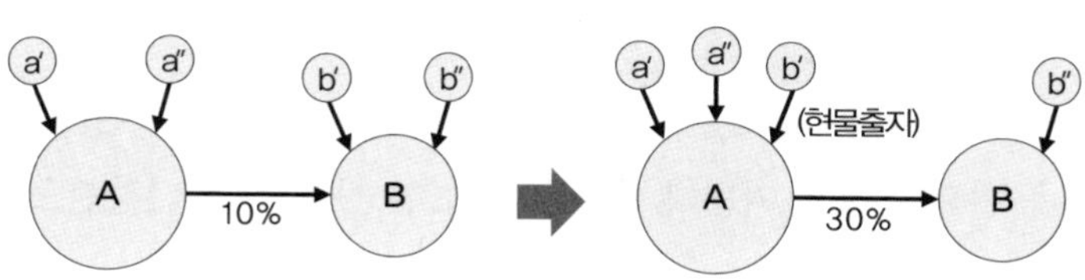

〔그림 3〕

28) 이사회 결의로 가능하다는 견해로서, 권기범, 현대회사법론(제8판), 삼영사(2021), 1077면; 정찬형, 회사법강의(제3판), 박영사(2003), 706면. 그와 같이 해석하면 신주인수권은 법률이나 정관의 규정만으로 제한할 수 있다는 원칙(상법 제408조)을 이사회결의로 무력화시키는 중대한 예외가 생기고 이는 중대한 주주권 침해로 이어질 수 있으므로 정관의 규정 또는 이에 갈음하는 주주총회 결의를 거쳐야 하며 상법 제418조의2 2항의 경영상의 목적도 구비해야 한다는 견해로서 이철송, 회사법강(제30판), 박영사(2022), 919-920면; 김건식, 현물출자와 신주인수권, 법학 31권 제1호 · 제2호(1990), 205면; 최성근, 앞의 글, 118면 등.

29) 대법원 1989. 3. 14. 선고 88누889 판결. 엄밀히 말하면, 동 판결은 사실관계에서 이사회결의를 통해서 현물출자자에게 신주를 배정한 것을 기술하였을 뿐 그 당부에 대해서는 별도로 논하지 않고 있다.

한편, 상장법인 주식의 현물출자의 경우에는 증권의 발행 및 공시 등에 관한 규정(이하 "발행공시규정"이라 한다) 제5-18조가 적용됨으로써 주식 발행가액 산정방식에 제한이 있고, 자본시장법상 모집에 해당하게 되면 원칙적으로 증권신고서를 제출해야 하며, 만일 증권신고서를 제출하지 않으려면 주식 발행 후 지체없이 발행회사 주식을 한국예탁결제원에 예탁하고 예탁일로부터 1년간 유가증권을 인출 · 매각하지 않기로 하는 내용의 예탁계약을 한국예탁결제원과 체결하여야 한다는 것을 유의하여야 한다(발행공시규정 제2-2조 제2항 제1호).

모집에 해당하는 경우 구체적인 절차의 우선순위와 관련하여, 신주발행(상법 제416조) 및 현물출자에 관한 각종 사항(출자자의 성명, 출자의 목적인 재산의 종류, 수량, 가격과 이에 대하여 부여할 주식의 종류와 수)에 관하여 이사회결의를 하여야 하는 한편(동조 제4호, 대법원 1989. 3. 14. 선고 88누 889 판결), 공모증자에 따른 증권신고서의 제출(자본시장법 제119조)을 필요로 하게 되는데, 우선 회계법인 등 공인된 감정인으로 하여금 현물출자 목적물을 감정하게 한 후, 법원에 현물출자 검사신청서를 제출하고, 동 현물출자 승인을 위한 심문기일 이후 승인 직전에 이사회결의를 한 후, 현물출자 승인이 나옴과 동시에 증권신고서를 제출하는 것이 현재로서는 가장 문제의 소지를 줄일 수 있는 절차라고 하겠다. 다만 이 경우에도 통상 증권신고서 제출은 이사회결의 당일 내지는 다음날 수행되는 것이 일반적임에도 불구하고, 이사회결의 시기와 증권신고서 제출시기와의 사이에 시간적 간격이 발생하는 것이 불가피하고, 법원에 대해서 이사회결의 이후 빠른 시일 내에 승인서가 나와야 한다는 사정을 설명하여 법원이 이에 응해 주어야 한다는 것을 전제로 하는 제약이 있다.

2) 방식의 문제점

이 방식에 있어서는 현물출자절차를 거치는 데 있어서의 번거로움이나, A회사의 기존 지분구조에 변동이 초래된다는 점 및 B회사에 A회사에 적대적인 일부 주주들이 잔존할 수 있다는 점 등이 문제점이라고 할 수 있다.

(3) 교환매수방식

1) 방식의 개요

이 방식에서의 '교환'은 상법상의 포괄적 주식교환이 아니라 주식의 대가를 당사자 간의 양해 하에 현금이 아닌 주식으로 지급하는 것으로 민법상의 교환계약을 활용하는 것이다. 즉 A회사가 B회사 발행주식을 취득하면서 그 대가로 현금이 아닌 A회사의 자기주식을 교부하는 방식인데, 특히 상장주식을 거래소 밖에서 6개월 사이에 10인 이상의 주주로부터 매수, 교환을 통하여 5% 이상을 보유하려면 앞서 본 바와 같이 공개매수에 의하여야 한다. 이 방식의 경우 B회사의 주주입장에서는 주식을 매각한 대가로 주식을 취득하기 때문에 그 효과는 현물출자를 하는 것과 유사하지만, 절차상으로는 양자가 전혀 다르게 된다.

2) 방식의 문제점

B회사의 주주들에게 교부하는 A회사의 주식은 기존에 보유하고 있던 구주여야 하는데[신주인 경우는 앞 (2)에서 본 현물출자에 해당], 상장법인의 자기주식 취득이 제한되어 있으므로 거래목적상 필요한 충분한 양의 자기주식을 미리 보유하고 있기가 힘들다.

(4) 현물출자 변형 또는 신주 간의 교환방식

1) 방식의 개요

먼저 A회사가 B회사 대주주에게 신주를 발행하여 현금납입을 받은 후, A회사가 그 자금으로 B회사의 대주주가 보유하는 주식을 매수하거나 B회사의 증자에 참여하는 방식이다. 이렇게 하면 현물출자의 번거로운 절차를 피할 수 있다. 다만 B회사의 대주주가 A회사의 신주를 인수할 수 있기 위해서는 제3자 배정의 요건을 만족시키거나, 주주배정의 방식을 취하면서 다른 주주들이 인수를 포기하여야 한다.

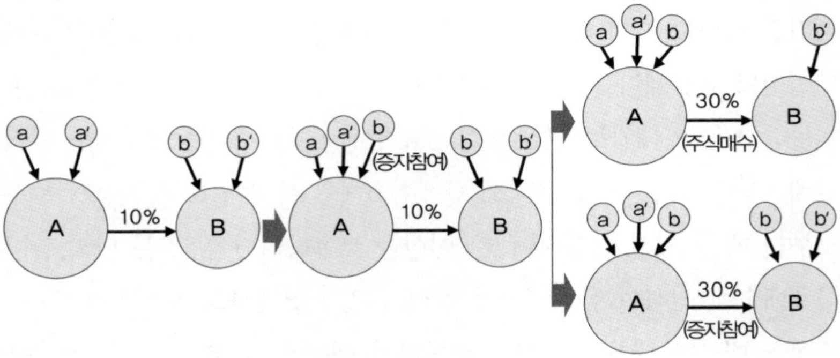

〔그림 4〕

2) 방식의 문제점

우선 제3자 배정을 위한 정관의 근거규정이 있어야 한다(근거규정이 없는 경우에는 정관변경을 위하여 주주총회 특별결의를 요한다는 번거로움이 있다). 또한 조세특례제한법 제38조의2 제1항(주식의 포괄적 교환이나 이전에 대한 과세 이연 혜택)의 적용을 받지 못하며, B회사 주주가 A회사 신주를 인수하기 위해서 필요한 자금을 제3자로부터 차입하고 A회사에게 보유하고 있는 B회사 주식을 매도하여 취득한 금원으로 다시 제3자의 차입금을 갚는 방식인 소위 현물출자 우회형인 경우, 제3자 차입에 의한 금융비용이 소모된다는 단점이 있다.

(5) 주식의 포괄적 교환방식

1) 방식의 개요

앞서 살펴본 (2)의 B회사 주주에 의한 현물출자와 유사하나, 상법상의 주식의 포괄적 교환 방식을 이용하는 조직법적인 거래이다. 즉 A, B회사의 주주총회 특별결의가 있으면 B회사 주식 전부가 A회사로 이전될 수 있는데, 이 경우 법원에 의한 조사절차가 필요하지 않고 B회사 주식의 100%가 취득 가능하다는 점, 증권신고서나 사업설명서의 작성, 제출이 불필요하다는 점, 주식의 포괄적 교환에 의한 지주회사 전환시에는 양도차익에 관한 과세이연특례가 있다는 장점이 있다.

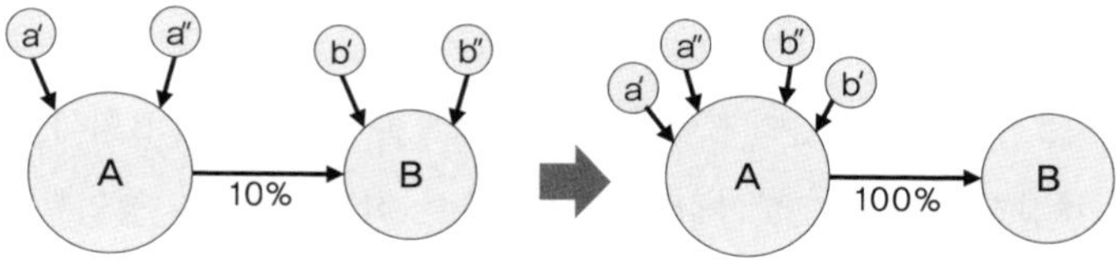

〔그림 5〕

2) 방식의 문제점

소규모 주식교환이나 간이주식교환의 요건을 만족시키지 못하는 한, A, B회사 모두 주주총회 특별결의를 받아야 하고, 반대주주의 주식매수청구권 행사 가능성이 있다는 문제가 있다. 또한 주주들이 A회사가 완전지주회사(100% 자회사의 보유)가 되는 것을 선호하지 않을 가능성이 있는데, 이는 기존에 상장법인이었던 B회사의 상장을 여전히 유지하고자 하는 유인이 있을 수 있기 때문이다.

(6) 영업현물출자에 의한 법인 설립 후 주식양도방식

1) 방식의 개요

B회사가 주력 영업부문을 현물출자하여 새로운 법인(Newco)을 설립한 후, 그 주식을 A회사에 양도하는 방식이다. 그러면 결국 A회사가 지주회사가 되고, Newco는 자회사가 되는데, 물론 이 경우 A회사는 종래 B회사에 대하여 가지고 있던 주식 수를 늘려서 B회사도 자회사로 만들거나 지분을 아예 처분하여야 한다. 다만 다음 그림처럼 여전히 B회사가 나머지 50%의 지분을 소유하게 된다면 B회사 역시 Newco에 대해서 지주회사의 지위를 가지게 되고, A회사가 Newco의 경영을 완전히 장악할 수 없는 문제도 있을 수 있으므로, 현실적으로는 A회사의 지분율을 50% 이상으로 조정하는 것이 필요하다(50대 50의 지분비율을 유지하게 된다면 Newco는 A와 B의 공동출자법인으로서 각각의 자회사로서 인정된다). 이 방식을 사용하게 되면 B회사의 영업현물출자과정에서 B회사에 잠재하는 재정적인 리스크를 제한하면서 기존 회사의 일부 영업부문만을

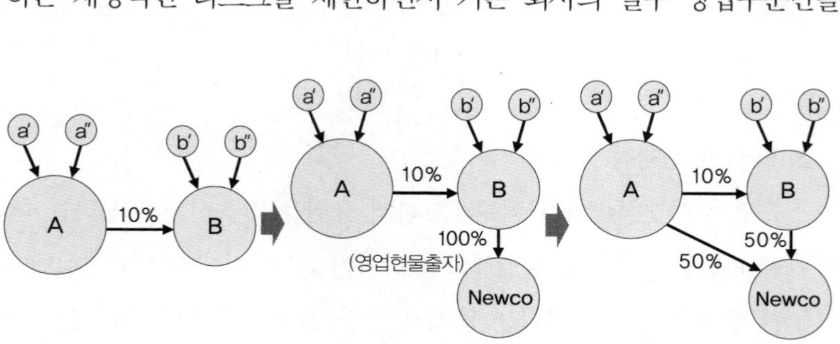

〔그림 6〕

지주회사 체제에 편입시킬 수 있으며, B회사가 Newco에 대한 지분양도의 범위를 어떻게 하느냐에 따라서 100% 자회사도 설정할 수 있다는 장점이 있다.

2) 방식의 문제점

이러한 구조를 취할 때, B회사가 주력 영업부문을 현물출자하여 새로운 법인 Newco를 설립하게 되면 주식양도 전에는 일시적이나마 B회사 자신이 완전지주회사가 되므로,[30] 공정거래법상 각종 지주회사 및 지주회사 자회사의 행위제한 규정을 준수하여야 하는 문제가 발생하는데, 규정 준수의무가 언제 발생하는지가 결국 관건이다(이에 대해서는 앞서 II. 8.에서 살펴본 바 있다). 이 경우 Newco를 설립한 사업연도 종료일까지 A회사로의 주식양도를 하게 되면 아무런 문제가 없다.

이 경우 Newco의 입장에서는 변태설립사항의 하나인 현물출자방식이 사용된 것이므로 현물출자를 하는 자의 성명과 그 목적인 재산의 종류, 수량, 가격과 이에 대하여 부여할 주식의 종류와 수를 모두 정관에 기재하여야 하며(상법 제290조 제2호), 검사인의 조사절차 또는 감정인에 의한 감정을 요한다(상법 제299조, 제299조의2 및 제310조). 한편 B회사의 입장에서는 주요한 영업부문을 현물출자하는 것은 영업의 중요한 일부의 양도에 해당하므로 주주총회 특별결의를 통하여 승인을 구하는 것이 필요하다. 그렇게 되면 B회사가 반대주주의 주식매수청구권 행사 가능성을 안게 되는 부담이 있다. 그뿐만 아니라 영업양도 대상이 되는 각 권리, 의무에 대하여 개별적으로 이전절차를 취하여야 하므로 절차

30) 물론 B회사가 지주회사가 되려고 한다면 이러한 방식도 가능하다. 이를 소위 '껍데기 방식'이라고 표현하기도 한다. 이동원, 앞의 논문(각주 3), 152면.

적으로 매우 번거로우며, 이전에 동의하지 않는 상대방이 있는 경우 양도 대상에서 제외하여야 하거나 인허가가 이전되지 않는 문제가 있을 수 있다. 이 방식에 있어서는, 보다 근본적으로는 A회사가 Newco의 주식을 인수할 수 있는 자금을 확보하고 있어야 한다는 문제와 영업현물출자 후에 곧 주식이 이전되면 조세특례의 혜택을 못 받게 될 가능성이 많고, 추후 B회사 청산 시에는 세금이 발생하는 문제가 있다.

(7) 물적분할에 의한 법인 설립 후 주식양도방식[31)]

1) 방식의 개요

B회사의 주요 영업부문을 물적분할(상법 제530조의12. 분할의 결과 설립되는 법인의 주식을 분할 전 회사가 소유하는 형태)한 후, 그 결과 취득한 신설회사의 주식을 A회사에 이전하는 방식이다. 이 방식에 있어서는 앞서 살펴본 현물출자와 달리 회사를 신설한다고 해도, 다른 주주들의

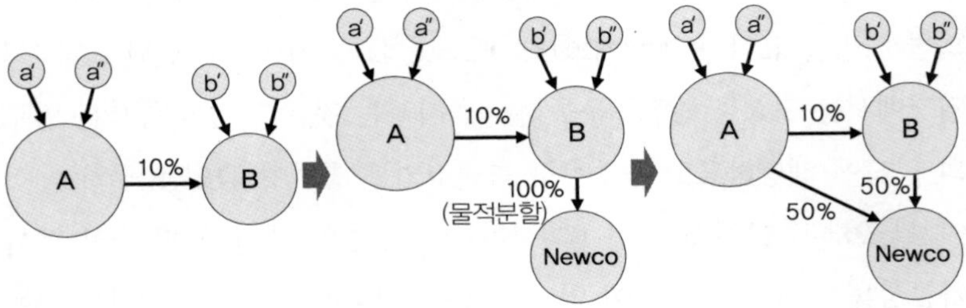

〔그림 7〕

31) 이곳 및 바로 다음에 살펴보는 물적분할과 인적분할 방식은 실제 금융지주회사의 설립 · 전환 방식으로 많이 사용되었으며, 일반지주회사 설립 · 전환 후 자회사, 손회사, 증손회사 편입방식으로도 많이 활용되었다.

추가 출자가 없고 분할된 재산만으로 신설회사의 자본을 구성하기 때문에 회사의 일반적인 설립절차가 필요하지 않다(상법 제530조의4 제2항 전단). 나머지 지주회사구조에 관한 내용은 현물출자방식의 경우와 같다.

이 경우 자회사에 의한 재산승계는 법률상 당연한 포괄승계이므로 개별적인 양도절차가 필요하지 않으며, 분할계획서에 대하여 이사회결의와 주주총회 승인(상법 제530조의3 제1항, 제2항)을 받아야 하지만 반대주주의 주식매수청구권의 부담이 없다는 장점이 있다. 특히 사실상 앞서 살펴본 영업현물출자와 그 유형과 성격이 유사하면서도 현물출자가 아니기 때문에 조사절차가 불필요하며(대법원 1999. 5. 27. 등기 3402-553), 원칙적으로 대물적 인허가에 대해서도 별도의 취득절차가 불필요할 것이다.

2) 방식의 문제점

A회사의 입장에서는 신설회사의 주식을 양수하기 위한 자금을 필요로 한다. 또한 물적분할도 인적분할과 마찬가지의 분할의 일종으로 뒤〔(8) 2)〕에서 보는 것처럼 채권자보호절차를 거치지 않는 한 분할법인인 B회사와 분할로 인하여 신설되는 회사는 분할 전의 회사채무에 대해서 연대책임을 지게 되므로(상법 제530조의12, 제530조의9), 지주회사 체제로서의 재편을 통해서 B회사에 잠재하는 재정적인 리스크를 줄이는 효과를 기대하기가 어렵다.

또한 통상 상장회사가 분할하여 지주회사를 설립하게 되면, 남아 있는 존속회사가 분할로 인하여 상장주권의 종목, 종류, 액면금액, 수량 등을 변경하였을 경우 한국거래소가 정하는 변경상장신청절차를 거쳐야 하며(유가증권시장 상장규정 제46조 제1항), 분할로 신설된 회사를 상장하기 위해서는 재상장신청을 하여야 한다(동규정 제2조 제1항 제1호 나.

목, 제38조 제1항 제2호).[32)]

(8) 인적분할에 의한 법인 설립 후 현물출자방식

1) 방식의 개요

B회사의 주요 영업부문을 인적분할(상법 제530조의3 제1항. 분할의 결과 설립되는 법인의 주식을 분할 전 회사의 주주가 보유하는 형태)한 후, B의 주주들이 신설회사의 주식을 A회사에 현물출자하고, A회사의 주식을 인수하는 방식이다. 이 방식은 거래과정에서 추가의 현금을 필요로 하지 않고, A회사든 잔존 B회사든 상장상태를 그대로 유지한다는 점에서 유리하다. 다만 거래가 완료된 후에는 A회사가 B회사에 대해서 가진

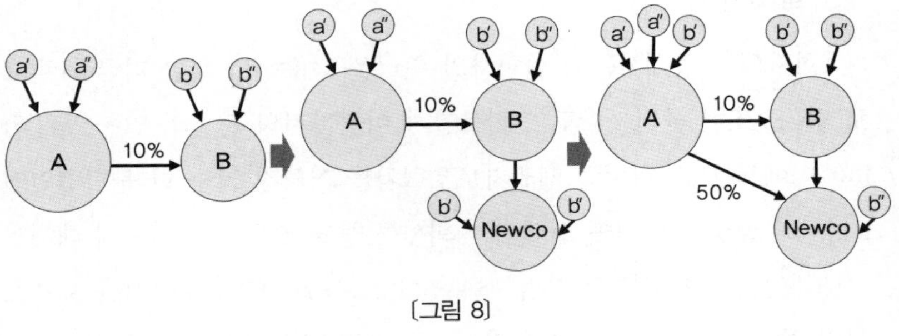

〔그림 8〕

32) 분할된 회사의 상장과 관련하여서는 최근 일부 기업이 고성장 사업부문을 물적분할하여 단기간 내 상장하면서, 주주권 상실과 주가 하락 등 일반주주의 피해문제나 궁극적으로는 우리 증시의 디스카운트 요인으로 작용하는 등의 많은 문제가 제기되었고, 이에 금융위원회가 "물적분할 자회사 상장 관련 일반주주 권익 제고 방안"을 통해 공시강화, 주식매수청구권의 도입, 상장심사 강화 등의 제도 개선 방안을 발표하였다(금융위원회, 2022. 9. 5.자 보도자료 "물적분할 자회사 상장 관련 일반주주 권익 제고 방안—물적분할과 상장과정에서 일반 투자자들의 권리가 충실히 고려되는 자본시장 체계를 만들겠습니다." https://www.fsc.go.kr/no010101/78449?srchCtgry=&curPage=&srchKey=&srchText=&srchBeginDt=&srchEndDt=)

주식비율을 높이거나 완전히 처분해야 한다.

인적분할과 자사주 취득, 현물출자의 방식을 활용한 지주회사 전환 사례가 상당수 있다.[33] 즉 종래 총수 일가가 대주주인 A가 자사주를 취득한 뒤 인적분할을 하여 B를 설립하고 그 결과 A가 종래 가지고 있던 자사주의 비율만큼 B의 주식이 배정되는 상태에서, 총수 일가가 보유하고 있던 B의 주식을 A에 현물출자하여 그 대가로 지주회사가 된 A의 신주를 취득하는 경우가 그와 같은 전환의 한 가지 사례이다.[34]

2) 방식의 문제점

앞서 살펴본 물적분할의 경우에도 마찬가지이지만, 분할에 의한 지주회사와 자회사 설립시에 가장 주의하여야 할 것은 분할 전 법인의 채무에 대한 연대책임의 문제이다. 상법상 원칙적으로 분할되는 법인과 설립되는 법인이 채무에 대해서 연대책임을 지게 되는데(상법 제530조의 9 제1항), 분할되는 회사(지주회사)의 연대책임대상이 되는 채무가 공정거래법 규정에 의하여 해소되어야 하는 보증채무인 경우에는 지주회사 자체의 부채비율을 맞추는 데 문제가 되거나 지주회사집단 내에서 보증채무가 복제, 확산되어 결과적으로는 건전한 재무구조의 재편을 위한

33) 한진중공업, 에스케이(SK), 엘지(LG), 한진칼, 씨제이(CJ), 코오롱, 한국타이어월드와이드, 한라홀딩스, 아모레퍼시픽그룹, 하이트진로홀딩스, 한솔홀딩스, 현대중공업지주 등이 인적분할 · 현물출자 방식을 이용한 지주회사 전환과정을 거쳐 총수 일가의 지분율이 높아진 사례로 언급된다. 한겨레신문, 2018. 11. 13.자 기사, "지주회사 전환 '마술'…재벌일가 지분율 2배 껑충"(https://www.hani.co.kr/arti/economy/economy_general/870024.htm).

34) 공정거래위원회 2018. 11. 13.자 보도자료, "2018년 공정거래법상 지주회사 현황 분석 결과" 참조. 본 보도자료에서 예시로 언급된 〈A의 지주회사 전환사례〉를 옮긴 것이다. 그 당시 언론사 기사에 따르면 A사는 한진중공업이라고 한다. 위 2018. 11. 18. 한겨레 기사 참조.

지주회사의 설립이라는 취지가 근본적으로 흐려지는 문제가 발생할 수 있다. 따라서 이러한 문제를 줄이기 위하여, 지주회사를 설립하면서 동사가 분할되는 회사의 채무 중에서 출자한 재산에 관한 채무만을 부담할 것을 정할 수 있는데(상법 제530조의9 제2항), 이 경우에는 분할되는 회사와의 연대책임관계는 발생하지 아니한다(출자한 재산에 대한 채무는 분할되는 법인인 지주회사만 단독으로 책임지고 분할되는 회사는 당해 채무를 제외한 나머지 채무에 대해서 역시 단독으로 책임을 지는 것으로 해석하는 것이 다수의 견해이다).[35] 가령 ㈜농심홀딩스의 분할신고서에 따르면, "상법 제530조의 3 제1항에 의거 주주총회의 특별결의에 의해 분할하며, 동법 제530조의9 제1항, 제2항에 의거 신설회사는 분할되는 회사의 채무 중에서 이 분할계획서에서 정한 바에 따라 분할로 인해 이전되는 채무(책임을 포함한다)만을 부담하며, 분할되는 회사의 채무 중 신설회사로 이전되지 아니하는 채무에 대해서는 연대하여 변제할 책임을 부담하지 아니한다. 신설회사가 승계하는 부채는 신설회사의 개시 대차대조표에 반영되는 것에 한하며, 분할되는 회사의 채무로서 분할 전의 원인으로 인하여 발생하였거나 향후 발생할 수 있는 우발채무 등은 신설회사가 부담하지 아니한다"고 기재하고 있다. 다만 이 방법은 채권자보호절차를 거쳐야 하는데(상법 제530조의9 제4항, 제527조의5), 만일 이러한 분할 조건에 반대하는 채권자가 이의를 제기할 경우 당해 채권자를 위하여 변제 또는 상당한 담보를 제공하거나 이를 목적으로 하여 상당한 재산을 신탁회사에 신탁하여야 하므로(동법 제232조 제3항) 결국 그만큼의 지주회사 설립 비용이 추가로 든다고 할 수 있다.

또한 현물출자 여부는 순전히 B회사의 개개 주주들의 의사에 달려

35) 이철송, 앞의 책(각주 28), 1173면; 정찬형, 앞의 책(각주 28), 124면.

있는바, 상장법인이므로 지주회사의 자회사요건을 충족시킬 정도로 신설회사의 주식을 주주들이 현물출자할 것이 보장될지도 불확실하고, 신주인수권, 법원심사 등의 현물출자와 관련하여 일반적으로 적용되는 문제들이 있다. 또한 물적분할과 달리, 새로 신설되는 회사는 기존회사의 자회사가 아닌 계열회사 형태가 되고, 분할된 사업부문의 임금 기타 근로조건의 설정과 관련하여, 기존의 분할 전 법인과 동일한 조건을 유지할 것인지를 결정하여야 하며, 관리업무처리 및 비용분담의 문제가 있다.

IV. 관련 문제의 검토

1. 투자주식부문만의 분할을 통해 지주회사 설립이 가능한지의 문제

회사의 영업부문 분할에 의하여 지주회사로 설립하고자 할 경우, 개별재산인 분할되는 회사의 투자주식부문만을 분할하여 지주회사를 설립할 수 있는 것인지 아니면 반드시 분할되는 회사에서 영위되고 있던 일정한 영업부문이 분할되어야 하는 것인지에 대해서는 회사법상 의문이 있을 수 있다. 이것은 기업집단의 어느 계열회사가 특히 다른 계열회사들에 대한 지분을 많이, 다양하게 보유하고 있을 경우에 생각해 볼 수 있는 문제다.[36)]

---

36) 다만 이 경우에 투자주식부문만을 남겨 놓고 나머지 영업부문을 분할시키는 방법도 사용될 수 있는데, 세아제강의 사례가 그러하였다. 경우에 따라서는 투자주식부문을 남겨 놓는 것이 더 용이할 수 있다.

통상적으로는 투자주식 이외에 일정한 당좌자산과 유형자산 및 고정부채가 지주회사에 승계되고 있으므로, 순수하게 투자주식부문만을 분할한 형태의 지주회사 설립의 예는 찾아보기가 힘들다. 그러나 분할의 대상을 영업단위로 한정하고 있는 일본 상법과 달리, 우리나라 상법상 분할의 대상을 '재산'으로 규정하고 있고(상법 제530조의5 제2항 제7호, 제530조의6 제1항 제6호, 동조 제2항 제4호) 개별재산만의 분할을 제한하는 명문의 규정이 없는데다가, 상법이 영업과 재산이라는 용어를 구별하여 사용하고 있는 이상, 적극재산(투자주식)만의 분할이 이론상 가능하다고 볼 것이다.[37] 이와 관련하여, 회사분할의 도입 취지와 효과를 고려하면 개별 재산만의 분리를 위한 회사분할은 제도의 취지와 맞지 않는 측면도 있지만, 신설분할합병의 경우 각 분할회사의 개별 재산들이 모여서 독립적인 영업이 가능할 수 있고, 흡수분할합병의 경우 역시 분할회사의 개별 재산의 이전만으로도 분할승계회사는 영업을 할 수 있는 등 개별 재산만 분할할 현실적인 필요가 있는 점, 법인세법은 과세이연 제도의 대상으로 적격분할의 요건을 갖춘 회사분할일 것을 요구하는데 이를 반대해석하면 적격분할의 요건을 갖추지 못한 회사분할도 인정된다고 볼 수 있다는 점 등을 이유로 같은 결론을 내리는 견해도 있다.[38]

실례로서 ㈜농심홀딩스의 경우에도 비록 '투자사업부문'이라는 표현을 사용하고 있으나 사실상 투자주식(투자유가증권)과 현금등가물만을 분할하여 지주회사를 설립하였음을 확인할 수 있다.[39]

37) 이와 관련해서는 우리 상법상 분할의 대상이 재산이라는 견해와 영업이라는 견해가 나뉘고 있다. 영업이라는 견해로는 이철송, 앞의 책(각주 28), 1145면. 개별 재산이라는 견해로는 권기범, 앞의 책(각주 28), 195면. 대신, 권기범 교수 역시, 입법정책적으로 분할대상을 영업 단위로 제한할 수는 있다고 생각한다는 견해를 밝히고 있다.
38) 권순일(편집대표), 주석 상법(제6판), 한국사법행정학회(2021), 548면.
39) ㈜농심의 분할신고서에 따르면 당좌자산 777억 원과 투자자산 1,026억 700만 원을

나아가 국세청 예규에 의하면 "법인이 투자주식부문만을 분할(물적분할을 제외함)하여 새로운 법인들을 설립하는 경우에도 법인세법시행령 제82조 제3항 제2호의 '분리하여 사업이 가능한 독립된 사업부문의 분할'에 해당하는 것"이라고 하면서 보충설명으로, 일정요건을 갖춘 기업분할에 대하여 과세특례를 적용하는 것은 기업분사를 통한 구조조정을 유도하는 데 입법취지가 있으므로, 규모 등이 작아 지주회사에 해당하지 않는 경우에도 지주회사의 경우와 마찬가지로 동 요건을 충족하는 것으로 보는 것이 타당하다고 하면서 지주회사의 자산 기준(당시 공정거래법에 의하면 자산총액 300억 원 이상)과 주업 기준(자회사주식이 자산총액의 50% 이상)을 들고 있는바(국세청 예규 서이46012-10331, 2002. 2. 26), 이 예규는 단지 투자주식만의 분할에 의하여 설립된 회사에 지주회사의 실질이 인정된다고 한 것일 뿐 아니라, 회사 자산의 일정부분 이상을 투자주식가액이 차지하고 있는 회사가 바로 지주회사의 개념에 해당한다는 취지로 해석될 수 있다(그 외에도 "분할을 통하여 지주회사로 전환함에 있어 투자주식 및 그와 관련한 자산과 부채만을 분할하여 지주회사로 전환하는 경우에도 법인세법시행령 제82조 제3항 제1호의 '분리하여 사업이 가능한 독립된 사업부문의 분할'에 해당하는 것"이라는 관련예규가 있다〈재법인46012-146, 2001. 8. 28〉).

그렇다면 본래 (순수)지주회사라는 개념 자체가 자회사의 주식보유를 통하여 자회사를 지배하는 회사이고,[40] 공정거래법에서 요구하는 일정한 자산규모와 자회사 주식가액비율만 충족되면 자동적으로 지주회사가

분할대상으로 하고 있다.

40) 심지어 금융지주회사의 경우에는 자회사의 경영관리업무와 그에 부수하는 업무를 제외하고는 영리를 목적으로 다른 업무를 영위할 수 없다(금융지주회사법 제15조, 동법 시행령 제11조).

성립되므로, 투자주식만의 분할에 의하여 지주회사를 설립하는 것도 가능한 일이라고 할 것이다. 다만 물적분할인 경우 기존의 회사(분할 전 회사)는 새로 설립되는 지주회사에 대하여 가지는 지분율을 50% 이하로 낮추고, 지주회사의 지분가액을 자신의 자산총액의 50% 이하로 낮추어야 한다. 왜냐하면 만일 지주회사에 대해서 50% 이상의 지분을 유지하면서 자산총액이 1,000억 원이 넘고 그 주식가액이 자산총액의 50%를 넘게 되면 지주회사 위의 지주회사가 되는 결과, 즉 지주회사가 자회사가 되는 결과에 이르므로, 지주회사로 이전되는 주식의 발행회사가 손자회사의 요건을 갖출 수 있는지에 따라서 다시금 주식을 처분하거나 추가취득하여야 할 필요가 발생하기 때문이다. 피분할회사를 분할로 설립된 그 지주회사의 자회사로 만들고자 하게 되면 좀더 번거로운 절차가 필요하게 될 것임은 물론이다.

2. 손자회사의 형성문제

현행 공정거래법은 종래의 손자회사에 대한 '사업관련성' 요건을 폐지하고 "자회사에 의해 대통령령이 정하는 기준에 따라 사업내용을 지배 받는 국내 회사"를 '손자회사'라고 규정하고 있다.[41]

이러한 입법연혁을 고려하여 손자회사의 정의 중 불확정개념인 "사업내용 지배"의 의미에 대해서 논란이 있을 수 있는데, 공정거래법 해당 조문에서는 별도의 규정이 마련되어 있지 않으므로 손자회사 정의

---

41) 2004. 12. 31. 개정 전 법령에 따르면, 자회사는 '사업관련 손자회사'를 둘 수 있되, 이 손자회사는 기계적인 지분요건뿐만 아니라 (i) 자회사가 그 사업내용을 지배하여야 하고, (ii) 그 사업이 자회사의 사업과 밀접한 관련이 있어야 한다는 두 가지 요건을 갖추어야 하므로, 자회사의 경우보다 요건이 더 까다로웠다.

조항의 직전에 있는 '자회사'의 정의조항이 같은 표현("사업내용을 지배받는")을 사용하고 있는 점(공정거래법 제2조 제8호)에 착안하여 마찬가지의 내용이 유추 적용되는 것으로 해석하는 것이 우선적인 접근 방법이 되겠다.[42] '자회사' 정의 조항에 대해서는, 주식의 소유를 통하여 사업활동의 지배 또는 관리가 가능한 상태가 초래되는 것만으로 충분하고, 의결권 행사를 통하여 사업활동의 지배나 관리가 실제로 일어나야 하는 것은 아니라고 본다. 이러한 해석은 현행 공정거래법상 손자회사에 대응되는 개념인 구 공정거래법(2004. 12. 31. 법률 제7315호로 개정되기 전의 것)상의 "당해 자회사의 사업내용과 밀접한 관련이 있는 등 대통령령이 정하는 기준에 해당하는 회사"에 대해서, 당시 공정거래법 시행령에서 "회사가 단독으로 또는 특수관계인[제11조(특수관계인의 범위) 제3호의 규정에 의한 자를 제외한다]과 합하여 다른 회사에 대한 지배관계를 형성 · 유지 · 강화하기 위하여 주식을 소유하는 경우를 말한다."고 규정하고 있으면서(구 공정거래법 시행령 제15조의3), 다른 회사에 대한 지배 관계를 형성 · 유지 · 강화한다는 것이 어떤 의미인지에 대해서는 더 나아가 규정하지 아니하였기 때문에 논란이 있었다는 점, 현행법처럼 "사업내용을 지배한다."는 것으로 규정이 되어 있는 경우에는 구 공정거래법에서처럼 단순히 내적인 의도에 불과하거나 외적이더라도 시도에 그치는 정도로 족한 것이 아니라 좀더 실질적인 지배관계의 형성을 요한다고 보아야 할 것이고, 공정거래법 내 관련 조항을 참작하여 '실질적인 지배' 여부를 판단하여야 할 것이라는 점, 그러한 차원에서 굳이 기준을 찾는다면 같은 지주회사 제도 내에서 설정된 기준을 유추적용하는 것이 논리적으로 자연스럽다고 할 것인 점 등을 감안할 때 합리적인 것으

42) 권오승, 경제법(제14판), 법문사(2021), 239면 참조.

로 판단된다.

공정거래법 제2조 제8호는 자회사에 관한 “사업내용의 지배”의 기준을 대통령령이 정하는 기준에 따르도록 위임하고 있고, 이에 따라 공정거래법 시행령 제3조 제3항은 지주회사의 자회사가 사업내용을 지배받는다는 것의 기준을 (i) 지주회사의 계열회사(‘벤처투자 촉진에 관한 법률’에 따른 중소기업창업투자회사 또는 ‘여신전문금융업법’에 따라 설립된 신기술사업금융업자가 창업투자 목적 또는 신기술사업자 지원 목적으로 다른 국내 회사의 주식을 취득함에 따른 계열회사를 제외한다)일 것과 (ii) 지주회사가 소유하는 주식수가 시행령 제14조 제1항 제1호(동일인) 또는 제2호(동일인관련자)의 자 중 최다출자자가 소유하는 주식수와 같거나 그보다 많을 것이라는 요건을 충족하는 것을 말한다고 하고 있다. 그런데 (ii) 요건을 손자회사의 사업내용의 지배 여부 판단에 유추적용할 경우, 지주회사, 자회사, 손자회사 중에서 손자회사 자신과 본래 자회사 외의 국내 계열회사의 주식을 소유하지 못하는 지주회사(공정거래법 제18조 제2항 제3호 본문 후단. 일정한 예외가 부여되고 있다)를 제외하면 결국 ‘자회사’가 소유하는 주식이 동일인 또는 동일인관련자 중 최다출자자가 소유하는 주식과 같거나 많을 것을 의미하게 된다.

3. 기업결합신고의 문제

앞서 살펴본 지주회사집단 형성과정에서 언제나 발생하는 주식 취득과 관련해서는 공정거래법상 기업결합신고의 문제가 발생한다. 이것은 지주회사 설립 또는 전환신고와는 별개의 것이다. 지주회사가 100% 자회사를 만드는 경우(공정거래법 제9조 제1항 제5호 가.목)나 회사의 분할을 통하여 설립된 회사의 주식을 취득하는 경우(동호 나.목)에는 기업결합신고가 불필요하나, 나머지 경우에는 주식 취득의 정도(비상장회사의 발행주식 20% 또는 상장회사 발행주식 15% 이상의 취득, 최다출자자가 되는 주식취득)에 따라서 기업결합신고를 하여야 한다.

또한 통상 주식 취득 이외에 지주회사와 자회사 간에 임원겸임 등 일련의 행위들이 이루어질 것이고, 이들도 모두 기업결합의 일종으로서 개별적으로 신고를 해야 할 것이나, 주식 취득 후 임원겸임시에 기업결합신고서와 함께 제출한 임원겸임계획과 내용이 동일하면 임원겸임신고는 면제되고(공정거래위원회고시 제2021-24호 기업결합의 신고요령 III. 1. 바.), 기존에 이미 계열회사관계에 있었던 회사들 사이의 임원겸임은 기업결합신고대상에서 제외된다(공정거래법 제11조 제1항 제3호). 영업의 현물출자나 양도를 통해서 자회사가 만들어질 경우, 지주회사의 주식 취득에 따른 기업결합신고 외에 자회사는 영업양수신고를 따로 하지 아니한다.

V. 결론

지주회사집단의 형성에 있어서 구조를 결정하는 것은 공정거래법상의 지주회사 관련조항이며, 정해진 구조에 따라 구체적으로 지분을 확보하거나 처분하고, 회사를 설립하는 등의 일은 상법 등 각종 관련법령이 적용되는 회사법과 자본시장법적 차원의 문제이다. 따라서 지주회사의 특성상 양쪽의 법령을 끊임없이 확인하여 충족시켜야 하므로 세밀한 검토와 결정이 필요하다. 다양한 지주회사의 설립 방법 중에서 어떤 방법을 선택할 것인지를 좌우하는 것은 우선적으로는 거래비용(회사의 자금상태, 지분 추가 취득 비용, 반대주주의 주식매수청구권 행사 관련 비용 및 조세 등을 고려)일 것이나, 위와 같은 법적인 규제 또한 중요하다. 또한 완전지주회사가 되지 않는 한 자회사 지배구조의 추후 변동 가능성에 대해서 항시 고려하지 않으면 안 될 것이다.

06

대규모기업집단의 지주회사 전환사례*

김주영** · 이은정***

I. 들어가며

1999년 2월 5일자 법률 제5813호로 개정되기 전의 독점규제 및 공정거래에 관한 법률(이하 "공정거래법")에서는 지주회사의 설립이나 지주회사로의 전환이 일반적으로 금지되어 있었다. 이는 지주회사가 적은 자본으로 다수의 기업을 용이하게 지배할 수 있어 지배력 확장수단으로 악용될 우려가 있으며, 지주회사 주주권행사의 간접화로 인하여 지주회사 주주의 권익이 침해될 소지가 있다는 이유에서였다. 지주회사의 허용 여부를 두고 1998년부터 1999년에 걸쳐 시민단체와 재계 그리고 정

* 이 글은 2008년 이후 변화된 법령 등을 반영하여 기존에 출판된 내용을 수정한 것이다.

** 법무법인 한누리 변호사

*** 좋은기업지배구조연구소, 공인회계사

부 간에 치열한 논쟁이 있었다. 재계는 구조조정차원에서 지주회사의 허용이 필요하다는 입장이었고, 시민단체는 지주회사의 허용이 재벌체제의 모순을 더욱 심화시킬 뿐만 아니라 회사법, 세법 등 관련법들이 정비되지 않아 준비가 되지 않은 상태라고 주장했다. 공정거래위원회(이하 "공정위")는 우리나라가 경제난 극복을 위해서 기업구조조정을 추진하고 있으며, 지주회사를 전면 금지하는 우리 제도가 외국인 투자에 장애 요인이 되고 있다는 등의 이유로 지주회사를 제한적으로라도 조속히 허용해 줄 필요가 있다는 입장이었고 결국 지주회사를 허용하는 법 개정이 이루어지게 되었다.[1)]

그런데 지주회사를 허용하는 법 개정이 이루어진 지 얼마 되지 않아서 정부는 지주회사를 바람직한 대안의 하나로 제시하면서 지주회사로 유도하는 태도[2)]를 보였고 실제로 이후 지주회사 전환을 촉진할 목적하에 지주회사 규제가 대폭 완화[3)]되었다. 이러한 정부의 정책 및 법제도의 변화에 따라 기업들의 지주회사 설립 및 전환은 매우 활발하게 이루어졌다.

정부의 지주회사 전환 촉진 정책에 따라 우리나라의 지주회사 수는 지속적으로 증가(〈표 1〉 참조) 하여, 2021년 말 현재 168개(금융지주회사

---

1) 공정거래위원회, 지주회사 관련 설명자료, 1998. 8.
2) 강철규 위원장은 2003. 6. 19. 한국표준협회 최고경영자 조찬강연 중 현행 재벌체제를 개선하는 방안으로 소유구조가 단순 투명한 지주회사로 전환하는 방법, 브랜드 이미지를 공유하는 느슨한 연계체계가 되는 방법, 그리고 독립기업으로 분리시키거나 또는 전문업종별 소그룹으로 분화하는 방법 등 3가지를 제시한 바 있다.
3) 지주회사 및 (손)자회사에 대한 주요 공정거래법개정 내용은 다음과 같다.
2004년 개정: 지주회사의 부채비율(100%) 및 금융보험회사 주식보유 해소 유예기간을 2년으로 연장 / 사업관련 손자회사 지분 요건 완화
2007년 개정: 지주회사의 부채비율을 200%로 완화 / 손자회사의 사업관련성 요건 폐지 / 자회사 및 손자회사 의무보유 지분율 완화(상장 20%, 비상장 40%)

가 10개, 비금융지주회사가 158개)의 지주회사가 있다. 공정거래법이 직접 규율하는 비금융지주회사의 자회사등(자회사, 손자회사, 증손회사)은 총 2,111개사이며 전체 지주회사에 속한 자회사등은 총 2,295개사(〈표 2〉 참조)이다. 이들 지주회사 중에는 회사가 지주회사 전환을 의도하여 전환한 경우도 있고 지주회사 전환을 목적으로 하지 않았으나, 법률상 지주회사 요건을 충족하여 지주회사로 전환된 기업들도 있다.

〈표 1〉 지주회사 현황(단위: 개사)

구분	2013. 9.	2014. 9.	2015. 9.	2016. 9.	2017. 9.	2018. 9.	2019. 9.	2020. 9.	2021. 12.
비금융 지주회사	114	117	130	152	183	164	163	157	158
금융 지주회사	13	15	10	10	10	9	10	10	10
계	127	132	140	162	193	173	173	167	168

* 2017년 7월 지주회사 자산 요건이 1천억 원에서 5천억 원으로 상향(시행령 개정)되어 지주회사 수가 감소 함

** 출처: 공정거래위원회 2022. 6.자 보도자료, 2022년 공정거래법상 지주회사 현황 분석 결과 발표

〈표 2〉 2021.12 기준 지주회사 및 자회사등의 현황(단위: 개사)

	회사수	자산총액 (조 원)	자회사		손자회사		증손회사	
			전체	상장	전체	상장	전체	상장
비금융지주회사	158	2,390	873	42	1,091	22	147	0
금융지주회사	10	1,591	100	1	72	0	12	0
계	168	3,981	973	43	1,163	22	159	0

* 출처: 공정거래위원회 기업집단포털, 재계산

특기할 만한 것은 소위 '재벌'이라고 불리우던 대규모기업집단에서 지

주회사 체제로의 전환이 매우 활발하게 이루어졌다는 점이다. 2021년 말 기준으로 공정거래법상 비금융지주회사 중 기업집단소속 비금융지주회사는 총 47개사로 전체 비금융지주회사(158개사)의 29.75%에 해당되는데 동 비율은 2018년 이후 지속적으로 증가하는 추세를 보이고 있다. 대규모기업집단소속 지주회사의 갯수 및 비중은 다음 〈표 3〉과 같고 2022.5 지정된 기업집단 중 지주회사 현황은 〈별첨 1〉과 같다.

〈표 3〉 기업집단 소속 지주회사 현황(단위: 개사, %)

	2013. 9.	2014. 9.	2015. 9.	2016. 9.	2017. 9.	2018. 9.	2019. 9.	2020. 9.	2021. 12.
비금융지주회사	30	30	29	19*	39	34	37	41	47
금융지주회사	2	1	1	1	2	3	2	2	1
A/B	26.32	25.64	22.31	12.50	21.31	20.73	22.70	26.11	29.75
C/D	15.38	6.67	10.00	10.00	20.00	33.33	20.00	20.00	10.00

A / B = 기업집단 소속 비금융지주회사 수 / 전체 비금융지주회사 수
C / D = 기업집단 소속 금융지주회사 수 / 전체 금융지주회사 수
* 2016. 9의 경우 기업집단 지정 기준이 10조 원으로 상향조정되어 지주회사 숫자가 감소
** 출처: 공정거래위원회 보도자료(2022. 6), 2022년 공정거래법상 지주회사 현황 분석결과 발표 재구성

공정위에 따르면 지주회사 전환 대기업집단[4]은 2020년 9월 말 기준으로 24개, 2021년 12월 말 기준으로는 29개[5]에 이른다. 2021년 5월 지정된 대규모기업집단이 총 71개이므로 그중 40.85%에 해당하는 29개가 지주회사 전환 대규모기업집단이라는 사실은 상당한 수의 기업집단들

4) 지주회사 및 소속 자·손자·증손회사의 자산총액 합계액이 기업집단 전체 소속회사의 자산총액 합계액의 100분의 50 이상인 대기업집단

5) 에스케이, 엘지, 롯데, 지에스, 현대중공업, 농협, 씨제이, 한진, 두산, 엘에스, 부영, DL, 셀트리온, 한국투자금융, 에이치디씨, 효성, 하림, 코오롱, 한국타이어, 태영, 세아, 동원, 한라, 아모레퍼시픽, 애경, 반도홀딩스, 하이트진로, 삼양, 아이에스지주

이 지주회사 체제로 전환되었음을 의미한다. 2019년에 현대중공업그룹과 효성그룹, 2020년에 태영그룹, 2021년에 엘엑스그룹과 DL그룹이 지주회사로 전환하는 등 기업집단들의 지주회사 전환추세는 최근까지도 계속 이어지고 있다.

〈표 4〉 지주회사 전환 대규모기업집단 현황(단위: 개사, %)

	2013. 9.	2014. 9.	2015. 9.	2016. 9.	2017. 9.	2018. 9.	2019. 9.	2020. 9.	2021. 12.
지주회사 전환 대규모기업집단(A)	16	15	15	20*	22	22	23	24	29
전체 대규모기업집단(B)	62	63	61	65	57	60	62	64	71
비중(A / B)	25.81	23.81	24.59	30.77	38.60	36.67	37.10	37.50	40.85

* 추정

이 논문은 현재까지 설립된 지주회사들 전반의 사례에 대한 검토보다는 대규모기업집단의 지주회사 전환과정을 살피면서 기업지배구조 측면에서 어떠한 문제가 있었는지를 살펴보고자 한다. 우선 이 논문에서는 재벌계 비금융지주회사 및 금융지주회사의 초창기 사례라고 할 수 있는 지주회사 LG와 동원금융지주회사(현 한국투자금융지주)를 중심으로 이들의 지주회사로의 전환과정이 어떻게 이루어졌고 그 과정에서 어떤 문제점들이 노정되었는지를 살필 것이다. 그 다음으로는 그 이후 이어진 기타 주요 기업집단의 지주회사 전환과정을 유형화하여 살핀 후 이에 대한 전반적인 평가를 하고자 한다.

II. 지주회사 LG의 설립과정

2001년 지주회사로 전환한 ㈜LG[6]는 우리나라에서 가장 처음 지주회사로 전환된 그룹으로 당시에는 거의 이용되지 않던 인적분할, 유상증자(현물출자)를 통한 공개매수 등의 방식을 이용하였다. 따라서 지주회사인 ㈜LG의 형성과 출범은 국내외적으로 비상한 관심을 끌었을 뿐만 아니라 비교적 그 과정이 성공적이었다는 평가를 받은 이후 ㈜LG의 지주회사 전환과정을 모델로 하여 이와 비슷한 방식으로 지주회사로 전환하는 사례들이 본격적으로 발생하였다.

LG그룹은 2000년 7월 지주회사로 그룹의 소유구조를 개편하기로 선언한 후 약 3년 만인 2003년 3월 지주회사인 ㈜LG를 출범시킴으로써 실질적으로 지주회사로의 전환을 마쳤다. LG그룹이 지주회사 ㈜LG를 중심으로 한 지주회사 체제로 개편하는 과정은 크게 세 단계로 나눌 수 있다. 그 첫 번째 단계는 인적분할을 통하여 (구)LG화학을 분할하여 화학부문의 지주회사인 LGCI를 설립하고 (구)LG전자를 분할하여 전자부문의 지주회사인 LGEI를 설립하는 것, 두 번째 단계는 두 지주회사(LGCI와 LGEI)가 지주회사 요건을 맞추기 위하여 자회사의 지분을 매입하는 단계, 그리고 세 번째 단계는 두 지주회사인 LGCI와 LGEI를 합병하여 지주회사 ㈜LG를 출범한 단계였다.

---

6) ㈜LG의 사명은 LG화학이었으나, 지주회사 전환과정에서 사명을 LGCI로 그리고 다시 LG로 변경하였다.

1. 1단계: 화학부문의 지주회사(LGCI)와 전자부문의 지주회사(LGEI)를 설립

LG그룹은 지주회사 체계로 전환하는 첫 번째 단계로 기존의 화학부문의 사업지주회사 역할을 해 왔던 LG화학과 전자부문의 사업지주회사 역할을 하던 LG전자를 지주회사로 만드는 작업부터 시작하였다.

(1) LGCI 설립

먼저 2001년 4월 화학부문의 지주회사 역할을 하던 (구)LG화학의 이름을 LGCI로 바꾸고 LGCI를 존속회사로 하고 2개의 사업자회사를 신설하였다. 분할 전 LGCI의 사업부문은 크게 화학부분, 생활용품부문 그리고 생명과학부문이었으며 이 중 화학부문을 분할하여 LG화학을, 생활용품부문을 분할하여 LG생활건강을 설립한 것이다. 이러한 분할로 (구)LG화학은 지주회사 역할과 생명과학부문의 사업을 동시에 영위하는 사업지주회사인 LGCI와 사업자회사인 LG화학, LG생활건강으로 분할되었다. 이러한 분할은 인적분할 방법을 사용하였으며 분할비율은

〈표 5〉 LGCI와 LG화학, LG생활건강, LG생명과학의 분할비율

	2001. 4. LGCI, LG화학, LG생활건강 분할시			2002. 8. LGCI, LG생명과학 분할시	
	존속회사	신설회사		존속회사	신설회사
	(주)LGCI	(주)LG화학	(주)LG생활건강	(주)LGCI	(주)LG생명과학
보통주	0.18	0.66	0.16	0.90	0.10
우선주	0.18	0.66	0.16	0.90	0.10

* 출처: LGCI의 분할신고서

LGCI 0.18 : LG화학 0.66 : LG생활건강 0.16이었다.

이후 LGCI는 2002년 8월 생명과학 분야를 분할하여 LG생명과학을 설립함으로써 LGCI는 순수지주회사가 되었다. 이 분할 역시 인적분할의 방법을 사용하였으며 분할비율은 LGCI 0.9 : LG생명과학 0.1이었다.

이로써 화학 부분의 지주회사 역할을 하던 (구)LG화학(LGCI)은 순수지주회사인 LGCI, 실제 사업을 영위하는 LG화학, LG생활건강, 그리고 LG생명과학으로 분할되었다. 참고로 분할신설된 3개 회사는 모두 한국거래소에 재상장되었다.

(2) LGEI설립

LGCI가 설립된 지 1년 후인 2002년 4월 LG그룹은 전자 부분의 지주회사격인 (구)LG전자를 분할하였다. (구)LG전자의 분할은 LGCI를 설립한 것과 동일한 방법으로 이루어졌다. 먼저 (구)LG전자의 이름을 LGEI로 바꾸고 전자사업 부분을 분할하여 LG전자를 설립하고 LGEI는 순수지주회사가 되었다. 이 분할 역시 인적분할 방법이 이용되었으며 분할비율은 LGEI 0.1 : LG전자 0.9였다.

LGCI와 LGEI를 설립함으로써 LG그룹은 통합지주회사로 가기 위한

〈표 6〉 LGEI와 LG전자의 분할비율

주식의 종류	존속회사	신설회사
	(주)LGEI	LG전자(주)
보통주	0.10	0.90
우선주	0.10	0.90

* 출처: LGEI의 분할신고서

중간단계의 지주회사 설립을 마쳤다.

2. 2단계 : 지주회사의 요건을 갖추기 위한 자회사 지분을 매입

지주회사로 가기 위한 두 번째 단계로 LGCI와 LGEI는 공정거래법상 지주회사 요건을 맞추기 위한 자회사 지분의 매입을 실행하였다. 당시 공정거래법에 의하면 지주회사가 되기 위해서 지주회사는 상장자회사의 경우 30%, 비상장자회사의 경우 50%의 지분을 보유하여야만 했다.[7] 물론 이러한 지분은 법적 요건 충족 이외에도 지주회사의 자회사에 대한 지배권 확보를 위해서 필요했다. LGCI와 LGEI는 자회사 지분 확보를 위해 공개매수를 통해 자회사 주주들의 주식을 LGCI 및 LGEI에서 취득(현물출자)하고 그 대가로 현금이 아닌 LGCI 및 LGEI가 유상증자를 하여 회사(LGCI와 LGEI)의 주식을 교부하는 방법을 이용하였다.

(1) LGCI의 자회사 지분 확보

LGCI는 2001년 11~12월에 자회사인 LG화학, LG생활건강, LG홈쇼핑 주주들에 대하여 공개매수를 실시하였다. LG화학, LG생활건강, LG홈쇼핑에 대한 공개매수 가격은 각각 17,100원, 30,400원, 54,800원이었으며 이에 따라 교부되는 LGCI 신주의 유상증자가격은 6,830원이었다. 공개매수가격과 유상증자가격은 시장가격을 기초로 결정되었으며, 공개매수가격은 삼일회계법인이 시장가격을 참작하여 평가한 가격을 법

---

7) LG가 지주회사로 전환하던 당시 공정거래법은 지주회사가 상장자회사는 30%, 비상장자회사는 50% 이상의 지분을 보유하도록 하였으나 2007년 공정거래법 개정으로 동 지분율이 각각 20% 및 40%로 하향 조정되었다.

원이 심사하여 결정하였고, LGCI의 유상증자가격은 유가증권발행 및 공시에 관한 규정[8]에 따라 산정되었다. 공개매수결과 LG화학의 경우 10,747,136주, LG생활건강은 3,446,422주 LG홈쇼핑은 1,979,167주가 공개매수에 응하였으며 이로 인하여 총 57,199,425주의 LGCI주식이 발행되었다.

〈표 7〉 LG화학, LG생활건강, LG홈쇼핑의 공개매수(단위: 원, 주, %)

	LG화학	LG생활건강	LG홈쇼핑
공개매수가격	17,100	30,400	54,800
총공개매수에 응한 주식수 (1)	20,747,136	3,446,422	1,979,167
구본무 및 친인척 등의 청약주식수 (2)	5,253,358	1,275,455	1,597,020
(2) / (1)	48.88	37.00	80.69

〈표 8〉 LGCI 및 구본무(친인척 포함)의 지분 변동(단위: %)

주식소유자	대상회사	공개매수전(2001. 6. 30.)	공개매수후(2001. 12. 31.)
LGCI	LG화학	6.67	23.34
	LG생활건강	6.67	28.73
	LG홈쇼핑	0.01	30.00
구본무 및 친인척 등	LGCI	8.78	36.62
	LG화학	8.90	0.00
	LG생활건강	8.92	0.00
	LG홈쇼핑	28.73	0.33

8) 청약일 전 제5거래일을 기산일로 하여 그중(1개월 평균종가, 1주일 평균종가, 최근일 종가) 높은 가액을 기준가격으로 하여 30% 이내의 할인율을 적용하도록 규정하고 있으며, 이에 따라 LGCI는 할인율을 0%로 적용하였다.

특이할 만한 것은 구본무 및 그 친인척들이 응한 공개매수량이 전체 공개매수에 응한 주식 중 LG화학의 경우 48.88%, LG생활건강 37.00%, 그리고 LG홈쇼핑 80.69%를 차지할 정도로 높았다는 점이다. 이에 따라 공개매수의 대가로 발행된 LGCI의 주식 57,199,425주 중 28,154,052주가 구본무 및 친인척들에게 배정되었다.

(2) LGEI의 자회사 지분 확보

이후 2002년 8~9월에 LGEI도 현물출자 신주발행방식에 의해 공개매수를 실시하였다. LG전자의 공개매수가격은 49,700원이며 LGEI의 유상증자가격은 17,900원으로 동 가격은 LGCI의 경우와 같은 방식으로 결정되었다. 공개매수결과 LG전자의 경우 27,859,725주가 공개매수에 응하였으며 이에 대한 대가로 LGEI 주식 77,353,385주가 발행되었다.

LG전자에 대한 공개매수 역시 구본무 및 친인척들이 응한 수량이 총 공개매수 수량의 73.5%를 차지한 것으로 나타났다. 이로서 LGEI는 LG전자에 대하여 총 30.70%의 지분을 확보하여 지주회사 요건을 맞추게 되었으며 구본무 및 친인척들의 LGEI에 대한 지분도 9.60%에서 39.19%로 증가하게 되었다.

〈표 9〉 LG전자의 공개매수(단위: 원, 주, %)

	LG전자
공개매수가격	49,700
총 공개매수에 응한 주식수 (1)	27,859,725
구본무 및 친인척 등의 청약주식수(2)	20,483,335
(2) /(1)	73.5

〈표 10〉 LGEI 및 구본무(친인척 포함)의 지분 변동(단위: %)

주식소유자	대상회사	공개매수 전 (2002. 6. 30.)	공개매수 후 (2002.12. 31.)
LGEI	LG전자	10.75	30.70
구본무 및 친인척 등	LGEI	9.60	39.19
	LG전자	9.56	0.02

3. 3단계: 통합 지주회사 LG 설립

LG그룹의 지주회사로 전환하는 마지막 단계는 통합 지주회사를 설립하는 것이다. 통합 지주회사인 ㈜LG를 설립하기 위하여 2002년 11월 LGCI와 LGEI의 이사회는 LGCI가 LGEI를 흡수합병하는 안건을 결의하였다. 이후 2003년 1월에 주주총회에서 합병안건이 승인됨으로써 LG그

〈표 11〉 (주)LG의 지주회사 설립과정

일정	LGCI	LGEI
2001. 4.	LGCI, LG화학, LG생활건강으로 분할	-
2001. 11~12.	LG화학, LG생활건강, LG홈쇼핑 공개매수	-
2002. 4.	-	LGCI와 LG전자로 분할 순수지주회사 LGEI가 설립
2002. 8.	LGCI에서 LG생명과학 분할 LGCI는 순수지주회사가 됨	LG전자에 대한 공개매수
2002. 8~10.	LG화학과 LG생활건강 주식 추가로 장내매수	
2002. 11.	LGCI와 LGEI 합병 이사회결의 및 합병계약	
2003. 1.	LGCI와 LGEI의 합병을 위한 임시주주총회	
2003. 3.	통합지주회사 공식출범	
2003. 7~8.	LG생명과학 주식공개매수	

룹의 3년에 걸친 지주회사 전환과정은 일단락되었다. 지주회사 ㈜LG 설립 이후 ㈜LG는 LG그룹의 구조조정본부를 폐지하고 구조조정본부가 해 오던 기능과 역할 중 지주회사로서 필수적으로 수행해야 할 본연의 기능만 지주회사가 맡도록 하였다.

이러한 작업의 결과 LG그룹은 크게 두 개의 사업단위, 즉 지주회사 ㈜LG를 중심으로 17개의 사업자회사를 거느리는 ㈜LG 및 그 사업자회사와 LG투자증권(현 NH투자증권)을 중심으로 한 금융계열회사그룹으로 개편되었다(별첨 2. 3참조). LG그룹의 금융계열회사들이 지주회사인 ㈜LG의 자회사로 편입되지 않은 것은 공정거래법상 비금융지주회사는 국내 금융회사의 주식을 소유할 수 없기 때문이다.

4. LG그룹의 지주회사 설립과정상 특징

(1) 지주회사의 주가하락

지주회사 ㈜LG 설립과정상 하나의 특징은 전환과정에서 사업자회사들의 주가는 상승한 반면 지주회사의 주가는 하락한 점이었다. LGCI의 경우 인적분할 및 공개매수가 있었던 2001년의 주가추이를 보면 분할 전 2001년 1월 2일의 주가는 11,100원이었으며 분할 이후 최초 상장일이던 2001년 4월 25일 상장가는 25,250원이었다. 그러나 주가는 2달 만인 2001년 6월 24일 11,200원으로 분할 후 최초 상장가보다 50%나 하락하였다. 이후 주가는 지속적으로 하락하여 9월 20일에는 연중 최저가인 5,100원까지 떨어졌으며, 이후 조금 상승하여 2001년 12월 31일에는 8,200원이 되었다.

LGEI 역시 인적분할 및 공개매수가 있었던 2002년의 주가추이를 보면 2002년 1월 주가는 25,900원이었으며 분할 이후 최초 상장일이던 2001년 4월 22일의 상장가는 149,500원이었다. 그러나 주가는 10일 만인 2002년 5월 2일 48,400원으로 68%나 하락하였다. 이후 주가는 지속적으로 하락하여 10월 7일에는 연중 최저가인 11,250원까지 떨어졌으며, 이후 조금 상승하여 2002년 12월 31일에는 13,400원이 되었다.

반면 사업자회사인 LG화학, LG생활건강의 경우 상장가(2001. 4. 25)는 각각 12,400원과 15,650원이었으나 2003년 6월 말 현재 주가는 48,000원과 30,850원으로 상승하였다. LG전자의 경우 분할 후 최초 상장가는 58,800원이었으며 2003년 6월 말 현재 주가는 49,800원으로 조금 하락하였다.

이와 같이 지주회사로의 전환 이후 지주회사의 주가가 하락하고 자회사의 주가는 상승하는 추세를 보인 것은 자회사와 지주회사 모두 상장되는 이중상장의 문제 때문이다. 투자자들은 사업자회사와 지주회사가 모두 상장되어 있는 경우 지주회사의 지분을 보유하지 않고 상장자회사의 지분을 직접 보유하여 원하는 포트폴리오를 구성할 수 있으므로 지주회사의 지분을 보유할 유인이 적어지게 된다. 또한 지주회사의 지배주주들이 자회사에 대한 완전한 지배권을 보유하게 되므로 현실적으로 투자자들이 지주회사의 의사 결정에 참여하거나 자회사에 대한 영향력도 가질 수 없게 된다. 따라서 일반투자자들은 지주회사에 투자할 유인이 별로 없게 되어 일반 소액주주들이 기꺼이 지불하기를 원하는 지주회사의 시장가격은 낮아질 수밖에 없는 것으로 보인다(즉 지주회사의 경우에는 지배지분에 따른 프리미엄이 높다고 볼 수 있다).

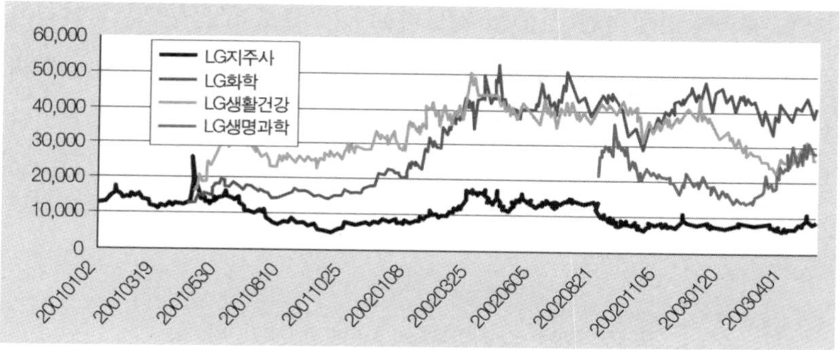

〔그림 1〕 LG, LG화학, LG생활건강, LG생명과학의 주가변동(2001. 1.~2003. 5.)

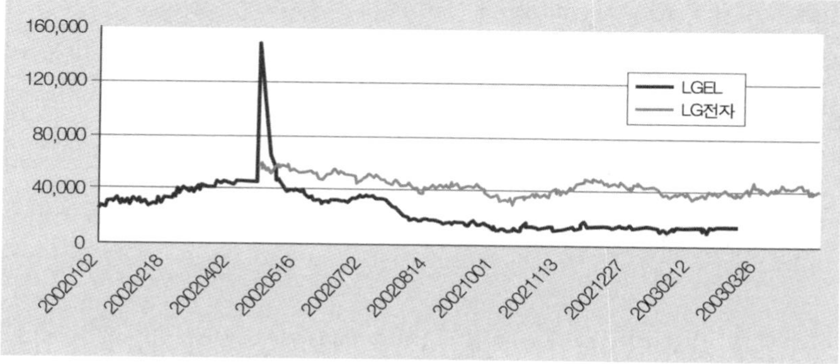

〔그림 2〕 LGEI, LG전자의 주가변동(2002. 1.~2003. 5.)

(2) 구본무 등 지배주주들, 추가적인 자금투입 없이 지배권 강화

구본무 및 친인척들은 지주회사로 전환하기 전(1999. 12. 31.현재) LG화학의 지분 5.79%와 LG전자의 지분 6.63% 그리고 LG홈쇼핑의 지분 47.77%를 보유하고 있었을 뿐이었다. 그러나 두 번의 공개매수와 합병을 거치면서 지주회사 ㈜LG에 대한 구본무 및 친인척의 지분은 42.79%(2003. 3. 31. 현재)로 급격히 증가하게 되었다. 지주회사 ㈜LG는 자회사들에 대하여 안정적인 지분을 확보하고 있으므로 구본무 및 친인척은 지주회사 ㈜LG의 지배지분을 보유하게 됨으로써 지주회사 ㈜LG에 대한 지배권을 강화하였을 뿐만 아니라, 지주회사 ㈜LG를 통하여 자회사들에 대한 안정적인 지배권을 행사함으로써 그룹 전체에 대한 지배권을 강화할 수 있게 되었다.

〈표 12〉 구본무 및 친인척들의 지분변동 추이(단위: %)

	1999. 12. 31.	2000. 12. 31.	2001. 6. 30.	2001. 12. 31.	2002. 12. 31.	2003. 3.
LG	5.79	8.26	8.78	36.62	34.80	42.79
LGEI	6.63	10.07	9.9	9.65	39.19	-
LG화학	-	-	8.90	0.00	0.00	0.00
LG생활건강	-	-	8.92	0.00	0.00	0.00
LG홈쇼핑	47.77	29.38	28.73	0.33	0.33	0.33
LG전자	-	-	-	9.70	0.02	0.02

* 출처: 각사의 사업보고서

구본무 및 친인척들이 이처럼 지분을 확보하는 것이 가능했던 이유는 위에서 설명한 바와 같이 유상증자를 통한 공개매수의 방법에 있다. 즉 자회사 주식을 공개매수하면서 그 대가로 지주회사의 신주를 발행하였으며 공개매수에 기타 소액주주들은 많은 참여를 하지 않은 반면 구본무 및 친인척은 보유한 지분 거의 전부에 대하여 공개매수에 참여하였기 때문이다. 실제 LGCI의 공개매수에서 발행주식 총수의 49.22%를 구본무와 친인척들이 취득하였으며 LGEI의 공개매수에서는 발행주식 총수의 73.5%를 구본무와 친인척들이 취득하였다. 지주회사 주가에 대한 저평가가 현실화되면서 LGCI의 공개매수 때보다 LGEI의 공개매수 때 소액 주주들이 더 적게 참여하였다.

〈표 13〉 구본무 및 친인척의 LGCI 및 LGEI 공개매수 청약내 용(단위: 주)

	LGCI	LGEI
공개매수로 발행된 주식수(1)	57,199,425	77,353,385
구본무 및 친인척에게 발행한 주식수(2)	28,154,052	56,872,633
(2) / (1)	49.22	73.5

이처럼 지주회사로 전환된 후 LG그룹에 대한 구본무 등 지배주주 일가의 지배권은 더욱 강화되었다. 과거 각 주요 계열사에 대하여 소수의 지분을 각각 보유하고 있던 것에서 지주회사 하나에 대량의 지분을 보유함으로써 지주회사 ㈜LG에 대한 경영권도 강화하고 그룹에 대한 경영권 방어가 가능하게 되었다. 또한 지주회사를 통하여 자회사에 대한 지배권도 합법화되고 강해졌다. 이처럼 ㈜LG는 소액자본으로 다수의 기업을 용이하게 지배하는 지주회사 시스템의 이점을 최대한 누리게 되었다고 볼 수 있다.

(3) 결과적으로 지주회사 LG 소액주주들의 지분은 희석(Dilution)

지주회사 ㈜LG는 구본무 및 친인척이 가진 LG그룹 계열사 지분을 현물출자해서 신설된 것이 아니라 기존에 상장되어 있는 LG화학과 LG전자라는 핵심기업들을 인적분할하는 방식으로 세워졌다. 인적분할이라는 것은 분할로 인하여 새로 설립되는 회사 주식의 총수를 기존의 분할 전 회사의 주주들에게 배분하는 방식을 말한다. 즉 A라는 회사를 분할하여 A′와 B라는 회사로 분할할 경우 A의 주주들은 A′와 B회사에 기존의 지분비율과 동일한 비율의 지분을 갖게 되므로 A와 A′ 및 B의 지분구조는 완전히 동일한 것이다.

지주회사 ㈜LG의 원천이 된 (구)LG화학과 (구)LG전자 두 회사가 모두 그 이전부터 일종의 사업지주회사로서의 역할을 해 왔다는 점에서 이러한 분할 방식에 의한 지주회사의 설립은 적절한 전략이었던 것으로 보인다.

별첨 2에서 보듯이 원래 LG그룹은 LG전자와 LG화학[9]을 중심으로 해서 여러 계열사들이 포진해 있는 상태였다. LG화학의 경우 LG석유화학의 지분 30%, 실트론 지분 28.8%, LG다우폴리 50%, LGMMA 50%, LG칼텍스정유 30.9%를 보유하는 등 다수의 화학 관련 계열사의 지주회사 역할을 해 오고 있었고, LG전자의 경우 LG텔레콤에 28.1%, LG산전에 41.5%, LG이노텍에 53.4%를 보유하고 있는 등 전자계열사의 사업지주사 역할을 해 왔던 것이다.

즉 LG화학과 LG전자가 각각 지주회사인 LGCI와 LGEI 및 이들의 자회사들로 인적분할된 단계까지는 별다른 문제점이 없었다고 볼 수 있다. 그런데 문제는 LGCI와 LGEI가 과거 LG화학 및 LG전자가 다른 계열사의 지주회사 역할을 하는 부분만 담당하도록 하는 데 그치는 것이 아니라 자신들의 원래 몸통이 되는 LG화학이나 LG전자까지도 지배하는 지주회사가 되고자 한 데서 출발한다. 앞서 본 분할비율에서 보듯이 LGCI의 경우 당초 2001년 4월 화학과 생활건강을 분사시킬 때 그 비율이 18%(LGCI) : 82%(LG화학과 LG생활건강)이었고, 다시 LGCI가 LG생명과학을 분사시킬 때 비율이 90%(LGCI) : 10%(LG생명과학)이었으므로 실제 지주회사인 LGCI가 과거 LG화학에서 차지하는 비중은 불과 16.2%에 불과했다. LGEI의 경우도 마찬가지다. 분할비율이 적정하다고 가정하더라도 LGEI와 새로이 분사된 LG전자 간의 분할비율은 10%(LGEI) :

9) 이하에서는 편의상 분할 전 회사명을 사용한다.

90%(LG전자)로서 역시 지주부문은 사업 부분에 비해 비중이 크게 낮았다.

즉 LG화학과 LG전자의 분할은 갓난아이의 덩치를 가진 지주사와 어른의 덩치를 가진 사업자회사를 탄생시킨 셈이다. 이 상황에서 갓난아이 격인 지주사가 어른인 사업자회사의 지분을 30% 이상씩 확보함으로써 갓난아이로 하여금 집안의 어른이 되도록 하는 목표가 실행에 옮겨지게 된 것이다. 이런 과정에서 지주회사가 외자유치나 증자를 통해 외부 투자자를 끌어들이는 방식보다는 구본무 및 친인척도 포함하는 자회사의 주주들에게 공개매수방식으로 주식을 현물출자하도록 하고 그 대가로 지주회사의 주식을 주는 방식(신주배정)을 취했는데 이는 사실상 주식교환에 해당하는 방식이다. 문제는 이러한 공개매수의 시점을 분할 직후로 정한 것이 아니라 분할 이후 지주회사의 주가가 상당히 하락하고 반면 사업 자회사의 주가는 상당히 상승한 시점까지 기다려서 정함으로써 결국 지주회사는 자회사의 지분을 당초 분할시점에 평가된 가격보다 비싸게 매입하고 대신 지급하는 지주회사의 주가는 싼 가격에 대량을 교부하는 결과가 야기되었다. 아울러 공개매수의 시점을 전후한 주가변동은 소액주주들로 하여금 지주회사의 공개매수에 응할 유인을 상당히 감소시켰는바, 이는 결국 대주주 일가의 지주회사에 대한 지분비율을 급격히 확대하는 결과를 가져왔다.

결국 기업분할방식에 의한 지주회사의 설립과 그 후 지주회사의 주가가 상당히 하락한 시점에서 행해진 공개매수 및 유상증자 단행은 지주회사의 소액주주 지분을 상당히 희석시키는 결과를 가져왔다.

이 부분에서 지주회사 ㈜LG의 이사회가 공개매수의 시점을 선택하는 등 경영판단을 내림에 있어서 과연 전체 주주들의 이익을 고려했다고 볼 수 있느냐가 문제될 수 있다. 회사의 경영진은 유상증자를 함에 있어서 기존 주주들의 보유지분 가치 희석을 막기 위해 최대한 유리한 조건으로 이를 행할 주의의무가 있다고 볼 수 있다. 그런데 지주회사의 자회사 지분 매입과 이에 따른 유상신주의 발행은 사실상 그 거래대상이 대주주 일가였기 때문에 이해관계의 충돌이 있는 부분이었다. 따라서, 지주회사 ㈜LG가 분할 후 곧바로 자회사 지분 취득을 위한 공개매수를 행하지 않고 지주회사 Discount가 상당히 반영된 시점에서 공개매수를 단행한 것이 대주주 일가의 지분을 늘리기 위한 의사결정이 아니었느냐는 문제가 제기될 수 있다.

III. 동원금융지주(현 한국투자금융지주)

한국의 두 번째 금융지주회사인[10)] 동원금융지주는 동원증권과의 포괄적 주식교환을 마친 후 2003년 7월 21일 재상장되었다. 동원금융지주는 2002년 12월 30일에 지주회사 설립예비인가를 받은 뒤 동원산업으로부터 인적분할되어 2003년 1월 11일에 동원파이낸스로 설립되었다. 이후 2003년 5월 31일에 금융지주회사 설립인가를 받아 동원금융지주로 상호를 변경하고 2005년 5월 20일에 한국투자금융지주로 상호를 변경하였다. 참고로 한국투자금융지주는 2016년부터 2021년까지 기업집단으로 지정되었으나, 2022년부터 "금융 · 보험사와 PEF 관련 회사만으

10) 동원금융지주는 2022년 현재 존속 중인 금융지주회사를 기준으로는 2001년 9월에 설립된 신한금융지주에 이어 두 번째로 만들어진 금융지주회사이며, 피합병된 금융지주를 포함할 경우 세 번째 금융지주회사이다. 최초로 설립된 금융지주회사는 2001년 4월에 설립된 우리금융지주이지만 2014년 자회사인 우리금융에 피합병되었고 이후 2019년 1월 다시 우리금융지주가 설립되었다.

로 구성된 집단"은 기업집단에서 제외됨에 따라 기업집단으로 지정되지 않았다.[11)]

동원금융지주는 과거에는 동원그룹의 계열회사이었으나, 동원그룹의 금융부분은 동원금융지주를 중심으로 한 지주회사 체제로 개편되었고 지주회사 체제로 개편과정에서 동원증권은 2003년 동원금융지주의 신주와의 주식교환을 통해 동원금융지주의 자회사로 편입되었다. 이후 동원증권은 동원금융지주가 인수한 한국투자증권에 피합병되었다.

그렇다면 과연 동원금융지주의 출범이 관련된 주주들의 부에 미친 영향은 어떠할까? 결론적으로 동원그룹의 대주주는 동원금융지주의 설립과정을 통해서 재산이 두 배 이상으로 크게 늘어난 반면, 동원증권의 소액주주들은 상당한 손실을 입은 것으로 보인다. 도대체 어떤 마법이 동원된 것일까?

1. 동원금융지주의 설립경과

동원금융지주 설립이 논의되기 시작한 것은 동원그룹이 금융지주사 설립 준비팀을 발족한 2002년 6월 초부터이다. 그 후 동원산업의 이사회가 2002년 10월 14일 기업분할을 결의함으로써 본격적으로 실행된 지주회사 전환작업은 대체로 다음과 같이 진행되었다.

---

11) 현재 금융지주회사는 총 10개가 있으며 이 중 7개는 은행지주회사이고 나머지 3개인 메리츠금융지주, 동원금융지주 그리고 농협금융지주가 있으며 이들은 모두 현재 또는 과거 기업집단으로 지정받은 바 있다.

(1) 대주주의 지분 사전강화

동원그룹의 사실상의 지주회사인 동원산업은 수산업을 주로 영위하는 상장법인으로서 2002년 12월 말 동원증권 지분 26.287%(보통주 기준)를 보유하고 있는 동원증권의 대주주이기도 했다. 2002년 말을 기준으로 한 동원산업의 시가 총액이 496억 원 정도로, 동원산업은 동원그룹의 김재철(현 명예회장)과 김남구(현 한국투자금융지주 회장)를 비롯한 대주주 가족의 지분이 무려 58%에 달했다. 특이한 것은 동원산업에 대한 대주주 일가의 지분율이 2002년 초에는 38.36%에 불과했는데 1년 사이에 김남구가 장내에서 무려 20% 가까이 매수하여 37.42%의 지분을 보유한 최대주주가 되면서 합계지분이 58%까지 상승했다는 것이다. 김남구는 동원금융지주의 추진계획이 공개되기 전인 2002년 5월 중순부터 7월 23일까지 장내에서 집중적으로 주식을 매입하였다.

〈표 14〉 동원산업에 대한 지배주주 일가(김남구 및 친인척)의 지분 변동(단위: %)

	2002. 12. 31.	2002년 중 증가분	2001. 12. 31.
김남구	37.42	19.70	17.78
가족	20.58	-	20.58
계	58.00	19.70	38.36

(2) 동원산업에서 동원금융지주 분할

그 다음 작업은 동원산업을 금융부문과 비금융부문(수산사업부문)으로 분할한 것이다.

동원산업은 2002년 10월 14일 이사회에서 기업분할을 결의한 후 11월

28일의 주주총회에서 분할안건을 통과시켰다. 분할은 동원산업이 분할하여 금융지주회사를 신설하고 동원사업의 주주들이 신설회사의 주주도 되는 인적분할 방식으로 이루어졌으며, 일정한 평가를 거쳐 443만 6천 주인 발행주식수가 200만 주(동원산업)와 243만 6천 주(동원금융지주)로 나누어졌다, 금융지주회사에 넘어갈 자산은 동원증권 주식을 비롯한 계열금융사 투자지분이 대부분이었다. 분할이 이루어질 당시 동원산업의 주가는 주당 11,200원이었다.

(3) 남아 있는 동원산업의 지분은 비상장계열사에 매각

분할 직후 동원산업은 2003년 1월 22일부터 거래가 재개되었으며 동원금융지주는 상장이 보류되었다. 동원산업의 거래가 재개된 직후인 2003년 1월 24일 대주주 일가는 보유 중인 동원산업 지분을 계열비상장사이며 동원그룹 비금융부문의 지주회사인 동원엔터프라이즈에 매각했다. 이 매각은 장내매도 방식으로 이루어졌는데, 매각 직전 2일 연속 상한가를 기록하던 주가가 매각 직후 역시 이틀 연속 하한가를 기록하여 대주주 일가가 높은 가격으로 주식을 매각하도록 하기 위해 주가관리가 이루어진 것 아니냐는 의혹이 제기되기도 했다.

(4) 동원금융지주의 대규모 유상증자

분할 이후 2003년 3월 동원금융지주는 주주들에게 1주당 약 2.7주를 배정하는 대규모 유상증자를 실시한다. 유상증자의 가격은 액면가인 5천원으로 정해졌는데 이는 약 3만 6천 원인 주당순자산가치는 물론 분할 직전의 시가인 11,200원보다 매우 낮은 수준이었다.

매우 낮은 가격으로 유상증자를 실시하였음에도 불구하고 상당수의 주주들이 실권을 해 150만 주 이상의 실권주가 발생하였다. 이는 당시 동원금융지주의 상장이 보류된 상태이어서 환금성이 없었던 데다가 유상증자의 규모가 매우 컸기 때문으로 보인다. 당시 동원금융지주가 제출한 유가증권신고서에서 환금성이 없다는 점을 거듭 강조한 것이나 곧바로 있을 무상증자의 규모 등을 공개하지 않은 것도 실권주 대량발생의 한 원인이 되었을 것으로 보인다. 유상증자로 인해 발생한 실권주는 공모방식으로 배정되었으며, 총 실권주의 3분의 1가량을 하나은행과 동아타이어가 인수하였다.

(5) 동원금융지주의 대규모 무상증자

유상증자가 완료된 직후인 2003년 4월 초 동원금융지주는 다시 100%의 무상증자를 실시하였다. 이로 인해 동원금융지주의 발행주식 총수는 최초 243만 주에서 900만 주로, 900만 주에서 다시 1,800만 주로 7배 이상 증가되었다.

〈표 15〉 동원금융지주의 발행주식 변동(단위: 주, %)

일자	사유	증가된 주식수	발행된 주식총수	증자비율
2003. 1. 1.	분할설립	2,436,000	2,436,000	
2003. 3. 22.	유상증자	6,564,000	9,000,000	269.8
2003. 4. 4.	무상증자	9,000,000	18,000,000	100.0

(6) 동원증권과의 주식교환

동원금융지주가 주식 수를 급격히 늘린 이후 본격적으로 동원증권과의 주식교환이 추진되었다. 당시 한국 상법상 새로이 도입된 주식교환이란 제도는 어떤 회사가 다른 회사를 100% 자회사로 삼기 위해서 다른 회사의 주주들이 보유하는 주식을 자신의 주식으로 교환해 주는 제도이다. 동원금융지주는 동원증권의 주주들에게 동원금융지주의 주식을 교환해 주는 것을 추진했다. 물론 주주들의 특별결의를 얻었고 주식매수청구권도 부여했으나 대부분의 주주들은 충분한 정보가 제공되지 못한 상황에서 주식교환에 응했다. 주식교환비율은 동원증권 주식 1주당 동원금융지주 주식 0.813376주를 부여하는 방식이었다. 이러한 주식교환으로 인해 동원증권의 주주들은 동원금융지주의 주주가 되었고 동원증권은 동원금융지주의 100% 자회사가 되었다.

〈표 16〉 동원금융지주의 설립과정

2002. 5~7.	동원산업의 지배주주인 김남구의 동원산업지분 확대
2002. 10.	동원산업 분할(동원산업과 금융지주회사) 이사회 결의
2003. 1. 22.	동원산업 재상장 / 금융지주회사는 상장 보류
2003. 3.	동원금융지주 유상증자
2003. 4.	동원금융지주 무상증자
2003. 6.	동원증권과 주식교환 주주총회 결의

2. 관련당사자들의 손익

(1) 동원증권의 소액주주들

동원금융지주의 설립과정을 겪으면서 동원증권의 소액주주들(현재는 동원금융지주의 소액주주들)의 재산상태에는 어떠한 변화가 생겼을까? 동원금융지주가 설립되기 직전인 2002년 말과 설립 후인 2003년 9월 19일을 기준으로 살펴보면 다음과 같다.

예컨대 동원증권의 주식 1,000주를 가지고 있던 소액주주 A라는 사람이 있다고 하자. 동원증권의 주가는 2002년 12월 말일자로 6,010원이었으므로 이 사람의 재산은 총 6,010,000원이었다. 그런데 동원증권의 주식이 동원금융지주의 주식으로 교환되면서 A는 동원금융지주의 지분 813주를 보유하게 되었다(단주 절사). 2003년 9월 19일자 동원금융지주의 주가는 6,300원이므로 A의 현재 재산은 512만 1,900원으로 2002년 12월에 비하여 15% 감소하였다. 또한 증권업 지수를 감안하여 계산하였을 경우 A의 재산은 18%가 감소하게 된다.

〈표 17〉 동원증권 주식 1,000주를 보유한 소액주주의 손익(단위: 원)

	단순평가액	증권업지수를 고려한 평가액	보유한 주식
2002. 12. 31.	6,010,000	6,010,000	동원증권 1,000주
2003. 9. 19.	5,121,900	4,913,959	동원금융지주 813주
차이	(−) 888,100	(−) 1,096,041	

(2) 동원금융지주 대주주의 손익: 120% 이익

동원금융지주의 대주주이자 대표이사인 김남구의 손익을 살펴보자. 김남구는 2002년 12월 말 현재 동원산업의 주식을 총 1,660,000주 보유하고 있었다. 이때 동원산업의 주가가 11,200원이었으므로 보유주식의 시가총액은 185억 9,200만 원 정도였다. 김남구는 동원증권에 지분이 전혀 없었다.

그런데 동원산업이 분할되면서 김남구의 주식도 동원산업의 주식 748,421주와 동원금융지주 주식 911,578주로 분할된다. 그런데 분할 직후 김남구는 동원산업의 주가가 이틀연속 상한가를 기록하고 3일째 상승하는 와중에 전체 지분을 계열사에 주당 1만 5,200원에 매각했다. 이로 인해서 취득한 현금은 약 113억 7,600만 원 가량이었다. 이 자금은 동원금융지주의 유상증자대금으로 사용된 것으로 보인다.

앞서 본 동원금융지주의 유상증자로 인해 김남구는 총 2,459,540주를 주당 5천 원에 취득했다. 여기에 들어간 자금은 총 122억 9천 770만이므로 동원산업 매각대금 외에 약 9억 원 가량이 추가 투입된 셈이다. 그 후 무상증자를 통해 결국 김남구가 보유한 동원금융지주의 주식 수

〈표 18〉 대주주인 김남구의 손익(단위: 백만 원)

주식평가액	2002. 12. 주식평가액	18,592	동원산업주식 1,660,000주
	2003. 9. 19. 주식평가액	42,472	동원금융지주 6,741,636주
	평가증	(+) 22,800	
현금흐름	2002. 10.	(+) 11,376	동원산업주식 매각
	2003. 3.	(−) 12,298	동원금융지주 유상증자
	순현금유출	(−) 922	
부의 증가		(+)21,958	

는 6,741,636주로 늘어났다. 이 주식 수에 9월 19일자 주가인 6,300원을 곱하면 김남구의 보유주식 시가 총액은 총 424억 7,230만 원 가량이다.

따라서 김남구는 주식평가증가액 229억 원에서 현금유출액 9억 원을 뺀 약 220억 원의 차익을 누린 것으로, 김남구의 재산은 186억 원 정도에서 415억 원 정도로 2배 이상 증가하였다.

(3) 유상증자에 참여한 동원금융지주 소액주주들의 손익: 100% 이익

동원산업의 주식을 보유하고 있어 동원금융지주의 주식을 받은 소액주주들 중 동원금융지주의 유무상증자에 참여한 주주들은 대주주와 마찬가지로 100% 정도의 상당한 이익을 얻었을 것이다.

동원산업의 주식 1,000주를 보유하고 있던 주주는 현재 동원산업의 주식 450주와 동원금융지주의 주식 4,066주(분할로 550주를 받고 유·무상증자를 통해 주식 수 증가)를 보유하고 있을 것이다. 또한 동원금융지주의 유상증자참여로 7,415천 원을 사용하였을 것이다. 따라서 소액주주들의 주식평가액은 11,200천 원에서 29,980천 원으로 18,780천 원 증가하였을 것이고 여기에 유상증자 납입대금 7,415천 원을 빼면 소액주주들 은 11,365천 원의 수익을 얻어 약 100%의 수익을 얻게 된다.

〈표 19〉 동원금융지주의 유상증자에 참여한 소액주주들의 손익(단위: 원)

주식평가액	2002. 12. 주식평가액	11,200,000	동원산업주식 1,000주
	2003. 9. 19. 주식평가액	29,980,000	동원산업주식 450주 동원금융지주 4,066주
	평가증	(+) 18,780,000	
현금유출	2003. 3.	(−) 7,415,000	동원금융지주 유상증자
부의 증가		(+) 11,365,000	

(4) 유상증자에 참여하지 않은 동원금융지주 소액주주들의 손익: 없음

반면 동원금융지주의 소액주주 중 유상증자에 실권한 주주들의 재산 상태에는 거의 변동이 없다. 예를 들어 2002년 12월 말 동원산업의 주식을 1천 주 보유하고 있던 주주가 있었다고 하자. 이 당시 동원산업의 주가 11,200원으로 환산하면 이 사람의 재산은 11,200,000원이다. 그런데 분할로 인해서 이 사람은 동원산업주식 450주와 동원금융지주의 주식 550주를 갖게 되었다. 유상증자에 실권함으로써 무상증자에 따른 주식증가만이 있어 현재 1,100주의 동원금융지주 주식과 동원산업 주식 450주를 보유하고 있을 것이다.

〈표 20〉 동원금융지주의 유상증자에 참여하지 않은 소액주주의 손익(단위: 원)

	평가액	보유한 주식
2002. 12. 31.	11,200,000	동원산업 1,000주
2003. 9. 19.	11,295,000	동원금융지주 1,100주 / 동원산업 450
부의 증가	(+) 95,000	

이를 2003년 9월 19일자 시가로 따져 보면 각각 693만 원과 436만 5천 원으로서 합계가 11,295,000원이다.

3. 어떻게 해서 이렇게 희비가 엇갈렸나?

(1) 주식교환비율의 문제

도대체 어떻게 해서 대주주와 소액주주 간의 희비가 이렇게 엇갈릴 수 있었을까? 문제의 핵심은 주식교환비율에 있다. 동원금융지주와 동원증권이 주식교환을 실시하면서 동원증권 1주당 동원금융지주 주식 0.81주를 배정한 것은 동원금융지주의 주식가치를 매우 높게 평가한 것에 해당한다.

주식교환비율산정을 위한 기준가를 산정함에 있어서 동원증권은 상장사로 분류되어 1개월 가중평균주가, 1주일 가중평균종가, 최근일 종가를 산술평균한 5,923원으로 평가되었다. 반면 동원금융지주는 비록 상장사인 동원산업으로부터 분할된 회사이지만 주식교환이 완료되어 지주사 본인가를 받기 전까지 약 7개월 가량 상장이 보류된 상태로 있었다. 따라서 비상장사의 평가 기준이 적용되어 자산가치와 수익가치를 기준으로 산정된 본질가치 10,404원에서 30%를 할인한 7,282원으로 평가되었다. 10,404원이라는 가격은 주당 자산가치 6,777원과 주당 수익가치 12,822원을 기초로 (자산가치와 수익가치를 1:1.5로 가중평균) 산정한 것이다.

〈표 21〉 동원금융지주 주식의 평가

2003. 3.	유상증자시	5,000원
2003. 6.	동원증권과 주식교환시	10,404원
2003. 7.	최초 상장일 종가	6,380원

만약 동원금융지주를 상장한 상태에서 두 회사를 같은 방법으로 평가했다면 주식교환비율은 매우 크게 달라졌을 것이다. 동원금융지주는 2002년 12월 말 현재 주가가 11,200원이었는데 액면가 대량유상증자와 무상증자에 따른 주가희석을 감안한다면 시가가 3,340원 정도로 형성되었을 것이기 때문이다. 이러한 시가로 교환이 이루어졌다면 동원증

권의 주주들에게 보다 많은 동원금융지주 주식이 교환되었을 것이다.

물론 이와 같은 주식교환비율 산정은 금융지주회사법에 정한 방식이므로 적법하다고 할 수도 있다. 하지만 동원금융지주의 상장을 보류시킨 상태에서 행해진 이런 주식교환이 대주주의 지분을 늘리고자 치밀한 계획 하에 진행된 것이라면 여러 가지 법적 문제가 제기될 수도 있다.

(2) 유무상증자과정의 문제

유무상증자시 소액주주들에 실권에 따른 불이익에 대한 충분한 정보제공이 이루어졌는지, 혹시 실권을 유도하기 위한 의도적인 계획이 실행된 것은 아닌지 문제될 수 있다. 아울러 실권주 공모에 대거 응한 하나은행이나 동아타이어가 혹시 내부자정보를 활용한 것은 아닌지, 대주주의 동원산업 지분 취득 및 처분과정에서 불공정행위가 있었던 것은 아닌지 등이 문제될 소지가 있다.

IV. 기타 주요 기업집단의 지주회사 전환과정

이하에서는 주요 기업집단소속 비금융지주회사들의 설립과정을 몇 가지 유형이나 특징을 따라 개략적으로 살펴보고자 한다.

1. 기존 지주회사를 인적분할

기존 지주회사를 인적분할하여 설립된 지주회사는 GS와 LX홀딩스이다. 이들은 모두 지주회사인 LG를 인적분할하여 설립되었는바, 인적분할이 회사의 성장전략, 사업계획 또는 구조조정 등을 목적으로 이루어진 것이라기보다는 대주주간의 지배권 분할, 상속 또는 승계를 위한 수단으로 이용되었다고 평가받을 수 있다.

(1) GS

지주회사인 GS는 2004년 지주회사이던 LG가 인적분할하여 설립되었다. GS로 분할되는 부분은 정유, 유통, 홈쇼핑 등에 대한 출자부문 및 임대사업부문 일부이었다. 당시 LG는 분할목적을 "지주회사 체제의 장점을 유지하면서, 출자부문을 업종별로 전문화시켜 기업가치 제고를 통한 주주이익의 극대화를 위하여, 제조업과 상호연관성이 낮은 유통 중심의 서비스부문을 분할"하는 것이라고 설명하였다.

그러나 GS의 인적분할 목적은 과거 LG그룹을 공동경영하던 구본무를 중심으로 한 구씨 일가와 허창수를 중심으로 한 허씨 일가의 계열분리를 위한 것이었다. 실제 인적분할 후 2004년 중 구씨일가는 인적분할로 보유하게 된 GS 주식의 대부분을 매각하였고 허씨 일가는 GS 주식을 매입하였다. 이후 2005년 GS 및 그 자회사등은 LG로부터 계열분리되었고 그동안 LG의 계열사가 아니던 허씨 일가가 지배하던 회사들이 GS의 계열사로 편입되었다. 현재(2022년 5월) GS그룹의 93개 계열회사 중 47개가 GS지주회사 체계 내에 있다.

(2) LX홀딩스

LX홀딩스는 2021년 5월 LG가 인적분할하여 설립된 지주회사이다. 이후 2022년 6월 LX홀딩스는 공정위로부터 친족분리를 승인받았다. 분할 당시 LG는 분할목적에 대해 "각 사업부문의 특성에 적합한 전문화된 집중 관리 및 최적의 사업전략 추진을 통해 각 사업부문의 성장잠재력을 극대화하고 사업구조를 고도화하여 미래 지속성장을 위한 기반을 마련하기 위함"이라고 설명하였으며 분할되는 자회사는 엘지상사, 엘지하우시스, 엘지엠엠에이 및 실리콘웍스이었다.

LX홀딩스의 설립은 LG그룹 회장이며 동일인이던 구본무의 사망(2018. 5.)으로 LG그룹 지배권이 변경된 것이 가장 큰 계기이다. 즉 구본무의 사망에 따라 아들인 구광모가 그룹 회장으로 승진(2018. 6.)하였고, 이후 2019년 구본무의 동생(구광모의 삼촌)이던 구본준(LG그룹 부회장)이 고문으로 물러났다. 이에 따라 구본준이 지주회사 LG를 인적분할 방식으로 분할하여 설립된 LX홀딩스 및 그 자회사를 지배할 수 있도록 지배구조를 변경한 것이다. LX홀딩스 설립은 이후 2021년 12월 구광모(LG그룹의 동일인이며 회장) 등 친인척 9명은 보유하던 LX홀딩스의 주식 전량을 구본준에게 장외거래 방식으로 매각하였으며, 구본준은 2021년 12월 보유하던 LG 주식을 일부는 증여(LG그룹 공익법인)하고 일부는 매각하여 2.04%의 LG 지분만을 보유하게 되었다. 이후 2022년 6월 LX홀딩스 및 그 자회사는 LG그룹에서 계열분리[12)]되었다.

2. 물적분할

지주회사 설립은 대부분 인적분할 방식으로 이루지며 대규모기업집단이 지주회사 체계로 전환하기 위한 방법으로 물적분할 방식을 사용

---

12) 공정위는 엘엑스홀딩스 등 12개사에 대한 기업집단 엘지로부터의 친족독립경영(친족분리) 인정 신청을 검토한 결과, 독립경영 인정 기준을 충족하여 2022년 6월 22일 친족분리를 인정하였다.

한 경우는 포스코가 유일하다.

(1) 포스코홀딩스

포스코홀딩스(구 포스코)는 2022년 3월 사업부문을 물적분할하여 포스코를 신설하고 사명을 포스코에서 포스코홀딩스로 변경(신설된 사업자회사의 사명은 포스코)하였다. 포스코홀딩스가 지주회사 전환을 위하여 물적분할을 할 즈음 LG화학이 LG에너지솔루션을 물적분할 후 상장을 하면서 쪼개기 상장에 대한 부정적 여론이 크게 일었고 이에 따라 시장에서는 포스코홀딩스의 분할에 대해서도 비슷한 부정적 여론이 형성되었다. 이에 포스코홀딩스의 경영진은 물적분할을 통한 지주회사 설립 이후 주주의 뜻에 반하는 자회사의 상장은 하지 않겠다고 밝혔다. 이를 위해 포스코홀딩스는 신설된 포스코의 정관에 3자배정 조항을 신설하지 않았으며, 포스코가 상장하는 경우 포스코홀딩스의 주주총회에서 특별결의[13]를 조건으로 하는 조항을 삽입하였다. 포스코홀딩스는 포스코그룹의 사실상의 지주회사이며 포스코그룹은 금융계열회사를 가지고 있지 않아 포스코홀딩스의 물적분할로 사실상 지주회사 체계가 완성되었다.

---

13) 제9조 (주권의 상장) 본 회사가 한국거래소의 유가증권시장 또는 이와 유사한 국내외 증권시장에 주권을 상장하고자 하는 경우 사전에 단독주주인 주식회사 포스코홀딩스(2022년 3월 2일 사명변경 예정)의 주주총회 특별결의에 의한 승인을 얻어야 한다.

3. 지주회사 전환과정에서 다소 복잡한 과정을 거친 경우

(1) SK그룹

일반적으로 기업집단이 지주회사 체계로 전환하는 경우 동일인 및 특수관계인이 지주회사를 지배하고 지주회사가 다수의 계열사를 자회사 또는 손자회사로 지배하는 구조를 가진다. 즉 지주회사 체제로 전환한 기업집단들은 대부분 하나의 지주회사가 자회사등을 지배하는 형식이다. 그러나 SK그룹은 기업집단 내 두 개의 지주회사가 있으며 다수의 중간지주회사가 있다는 점이 특징이다.

SK그룹은 최태원 회장이 지배하는 SK와 최태원 회장의 사촌인 최창원 부회장이 지배하는 SK디스커버리라는 두 개의 지주회사가 있다. SK그룹이 두 개의 지주회사로 전환한 것은 지주회사 전환 이전부터 SK 및 SK텔레콤 등은 최태원 회장이 그리고 SK케미칼은 최창원 부회장이 사실상 독립경영을 하고 있었기 때문이다. 또한 SK는 자회사 및 손자회사로 3개의 중간지주회사—중간지주회사는 SK이노베이션과 SK스퀘어는 SK의 자회사이며 SKC에프티홀딩스는 SK의 손자회사(SKC 자회사)—를 가지고 있다.

1) SK의 지주회사 전환과정

현재의 지주회사인 SK는 2015년 지주회사로 전환하였으나 실제 SK그룹의 지주회사 전환은 2007년에 있었다. SK그룹은 2007년 (구)SK를 인적분할하여 SK에너지를 설립하면서 지주회사 체계로 전환하였다. 그러나 (구)SK의 최대주주는 SK C&C(최태원 회장이 최대주주)로 SK C&C가 사실상의 지주회사인 옥상옥구조의 지주회사 체계라는 비판을 받아왔다. 이후 2015년 SK C&C는 (구)SK를 흡수합병하여 현재의 지주회사인 SK가 되었다. 이후 2011년 SK의 자회사인 (구)SK에너지를 물적분할하여 SK에너지와 SK종합화학을 신설(구 SK에너지는 SK이노베이션으로 사명변경)하여 SK이노베이션은 중간지주회사가 되었다. 또한 2021년 SK텔레콤을 인적분할하여 중간지주회사인 SK스퀘어를 설립하였다.

2) SK디스커버리의 지주회사 전환과정

최창원 부회장이 지배하는 SK디스커버리(구 SK케미칼)는 2017년 지주회사로 전환한바, 2017년 SK디스커버리가 인적분할하여 SK케미칼을 신설하여 지주회사 체계를 만들었다.

3) 금융계열회사 매각

공정거래법에서는 비금융지주회사가 금융회사를 자회사 또는 손자회사로 보유하지 못하도록 하고 있다. 이에 따라 (구)SK(지주회사)의 자회사인 SK네트웍스는 보유하던 SK증권 주식을 매각해야 했으며 2012년 SK네트웍스는 SK증권 지분 22.71% 중 일부는 외부에 일부는 지주회사 체계 밖에 있던 SK C&C에 매각하여 지주회사 요건을 맞추었다.[14] 그러나 SK(구 SK C&C)가 (구)SK를 흡수합병하면서 2017년까지 SK증권 주식(10%)을 다시 매각해야 하는 상황에 처했고 이를 매각하지 않아 공정위로부터 과징금을 부과받았다. 이후 2018년 SK는 SK증권 주식을 매각하여 공정거래법상의 행위규제를 맞추었다.

---

14) 2007년 지주회사로 전환한 후 금융회사를 2009년까지 매각했어야 하지만 이를 매각하지 못하고 공정위에 지주회사 행위제한 유예를 신청하고 공정위로부터 2011년 7월까지로 연장허가를 받았다. 그러나 연장된 기한까지도 SK증권 주식을 매각하지 못하여 시정명령을 받았다.

〈표 22〉 SK그룹의 지주회사 전환과정

2007.	(구)SK가 인적분할하여 SK이노베이션을 신설하여 지주회사 체계로 전환 (구)SK가 SK이노베이션 주주들을 대상으로 공개매수
2015.	SK C&C(현 SK)가 지주회사인 (구)SK 합병하여 지주회사의 옥상옥 체계 해소
2017.	SK디스커버리(구 SK케미칼)가 인적분할하여 SK케미칼을 설립하여 지주회사로 전환
2018.	SK의 지주회사 요건 충족을 위해 금융회사인 SK증권 매각

(2) 롯데그룹

롯데그룹이 지주회사 체제로 전환한 결정적인 계기는 2015년 소위 왕자의 난(신동주와 신동빈의 경영권 분쟁)이다. 이 사태로 인해 롯데그룹의 지배구조의 불투명성에 대한 논란이 심화되었으며 결국 2015년 롯데그룹 회장인 신동빈은 대국민사과를 통해 순환출자를 해소하고 중장기적으로 지주회사 체제로 전환하겠다고 밝혔다.

롯데그룹은 지주회사 전환에 매우 복잡한 과정을 거쳤으며 이는 롯데그룹의 복잡한 소유구조 때문이다. 롯데그룹은 지주회사 전환 이전 대규모기업집단 중 가장 많은 순환출자고리를 가지고 있었는 바, 2013년 5월 기준 롯데그룹의 순환출자 고리는 총 95,033개이었으며 지주회사 전환 직전인 2015년 5월에 순환출자고리는 361개 그리고 2016년 5월에는 54개이었다. 롯데그룹은 지주회사 전환으로 순환출자를 모두 해소하였으며 보유하고 있던 다수의 금융계열회사를 매각하였다. 2022년 5월 현재 롯데그룹의 총 85개 국내 계열회사 중 70개사[15]가 지주회사에 편

15) 지주회사 체계에 편입되지 않은 15개 계열회사들은 대부분 해외계열사(광윤사 등 일본계 회사들)가 지배하고 있는 호텔롯데 및 부산롯데호텔과 이들의 자회사등이다.

입되어 있다. 롯데그룹의 지주회사 전환과정은 다음과 같다.

〈표 23〉 롯데그룹의 지주회사 전환과정

2017. 10.	롯데지주 설립 : 롯데쇼핑, 롯데칠성음료, 롯데푸드가 영위하는 사업 중 투자사업부문을 각각 분할하여 롯데제과(투자부문)에 흡수합병하고, 회사명을 롯데지주로 변경
2018. 2.	자회사 정리 : 롯데지알에스 등 5개사의 투자부문을 합병(롯데로지스틱스, 한국후지필름, 대홍기획) 및 분할합병(롯데지알에스 등 2개사)의 방법으로 통합하고, 롯데아이티테크를 롯데지주에 흡수합병[16]
2018. 6.	자회사 주식 확보 : 롯데제과와 롯데칠성음료의 주주를 대상으로 공개매수하고 현물출자 대가로 롯데지주 신주 발행
2019. 5.~8.	금융계열사 정리 : 롯데카드 지분 매각(일부는 사모펀드에 일부는 롯데쇼핑에게) BNK금융지주 주식을 부산롯데호텔에게 처분 롯데캐피탈 주식을 Lotte Financial Corporation에 처분

4. 지주회사 전환을 통한 순환출자 해소

이하에서 설명하는 기업집단들은 지주회사 전환의 주된 목적이 순환출자 해소는 아니었지만 지주회사 전환을 통해 순환출자가 해소된 경우들이다.

(1) 한진그룹

한진그룹은 2013년 지주회사 체제로 전환하였다. 한진그룹의 지주회사인 한진칼은 2013년 대한항공에서 인적분할되어 설립된 법인[17]이다.

16) 이외 다수의 자회사 및 손자회사의 지분 정리가 있었음,

17) 인적분할을 통한 지주회사 설립의 경우 지주회사가 존속회사 그리고 사업회사가 신설회사가 되는 것이 일반적이지만 한진그룹의 경우 지주회사(한진칼)가 신설회사이다.

지주회사 전환 이전 한진그룹은 "한진 → 대한항공 → 정석기업 → 한진"의 순환출자를 중심으로 한진은 부두운영회사 및 컨테이너터미널 등의 회사를 지배하고 대한항공은 항공 관련 자회사를 지배하는 소유구조를 가지고 있었다.

한진칼 설립(2013년) 이후 2014년 한진칼은 대한항공 주주를 대상으로 공개매수 및 유상증자 방식으로 대한항공 주식을 확보하여 대한항공을 자회사로 편입하였다. 이후 순환출자 해소를 위해 2015년 한진은 보유하던 대한항공 주식 전량을 매각하고 정석기업은 투자부문과 사업부문을 인적분할하고 투자부문을 한진칼과 합병하여 정석기업이 보유하던 한진 주식 전량은 한진칼이 보유하게 되었다.

(2) 한라그룹

한라그룹은 2014년 지주회사 체제로 전환하였다. 한라그룹은 지주회사 전환직전 "한라홀딩스(구 만도) → 한라마이스터 → 한라(구 한라건설) → 한라홀딩스(구 만도)"의 순환출자 구조를 가지고 있었다. 2014년 한라홀딩스(구 만도)는 인적분할로 사업회사인 만도를 신설하여 한라홀딩스는 지주회사로 전환하였다. 이후 2015년 자회사이던 한라마이스터를 흡수합병하여 손자회사이던 한라건설을 자회사로 전환시켰으며, 2016년 한라건설이 보유하던 한라홀딩스를 모두 매각하여 순환출자를 해소하고 지주회사 요건을 충족시켰다.

(3) 현대중공업그룹

현대중공업그룹은 2017년 지주회사 체제로 전환되었다. 현대중공업그룹의 지주회사는 HD현대[18])로 2017년 한국조선해양(구 현대중공업)에서 인적분할되어 설립(HD현대가 신설법인)되었다. 이후 한국조선해양은 2019년 조선 · 해양플랜트 · 엔진 사업부문 등을 물적분할하여 현대중공업을 설립하였으며, 현대중공업은 2021년 9월 상장되었다. 2017년 지주회사 전환이전 현대중공업그룹은 "HD현대 → 한국조선해양 → 현대삼호중공업 → 현대미포조선 → HD현대"의 순환출자구조가 그룹 소유구조의 핵심이었다. 동 순환출자를 해소하고 지주회사 요건을 맞추기 위하여 2017년 현대미포조선은 HD현대 주식 전량을 매각하였으며, 현대삼호중공업은 2018년 12월 투자부문을 분할하여 한국조선해양 피합병되어 현대미포조선이 HD현대의 손자회사가 되었다.

5. 사실상의 지주회사를 법률상 지주회사로 전환

이하에서는 지주회사 전환 이전에도 사실상의 지주회사로 대부분의 지주회사를 지배하고 있던 기업집단으로 지주회사 전환을 위해 인적분할 및 이후 지분확보를 위한 유상증자 – 공개매수의 방식으로 지주회사를 설립한 경우이다.

(1) 한국타이어그룹

한국타이어그룹은 2013년 지주회사로 전환하였으며 이미 한국타이어(현 한국앤컴퍼니)가 다수 계열사를 지배하는 사실상의 지주회사이었

18) HD현대는 설립 당시 현대로보틱스이었으나 이후 현대중공업지주로 사명을 변경하고 다시 HD현대로 사명을 변경하였다.

다. 2012년 한국앤컴퍼니는 인적분할 방식으로 사업부문을 분할하여 한국타이어(현 한국타이어앤테크놀로지)를 설립하였다. 이후 유상증자-공개매수의 방법으로 한국앤컴퍼니가 한국타이어의 주식을 확보하면서 자회사로 편입하였다.

(2) 효성그룹

효성그룹은 2019년 지주회사 체제로 전환하였다. 지주회사 전환 이전 효성그룹은 효성이 사실상의 지주회사 역할을 하고 있으며 이외 조현준 등이 직간접으로 지배하는 계열회사가 있었다. 효성은 2018년 지주부분을 존속회사(효성)로 하고 4개의 사업회사를 인적분할(효성티앤씨, 효성중공업, 효성첨단소재, 효성화학)하여 설립하였다. 이후 2018년 12월 이들 4개 회사를 대상으로 보통주식을 공개매수방식으로 현물출자 받아 지주회사의 법적 요건을 갖추었다.

(3) 태영그룹

태영그룹은 2020년 지주회사 체제로 전환하였다. 지주회사 체제전환 이전에는 태영건설이 사실상의 지주회사이었으며, 태영건설을 중심으로 한 건설 등을 영위하는 계열회사와 SBS홀딩스를 중심으로 한 방송미디어 사업을 영위하는 계열회사로 이루어져 있었다. 지주회사 전환 이전 SBS홀딩스는 태영건설(현 티와이홀딩스)이 61.22%를 보유하고 있었다.

티와이홀딩스는 2020년 태영건설로부터 인적분할하여 설립되었다. 이후 2021년 태영건설의 주주를 대상으로 공개매수하고 지주회사가 유상증자 주식을 그 대가로 지급하면서 태영건설을 자회사로 편입하였다. 이후 티와이홀딩스가 SBS미디어홀딩스를 흡수합병하였다.

(4) DL그룹

DL그룹(구 대림그룹)은 2021년 지주회사로 전환하였다. DL(구 대림산업)의 지주회사 전환은 인적분할과 물적분할이 모두 이용되었다. 2021년 DL은 지주부문을 존속법인(DL)으로 하고 건설부분은 DL이앤씨로 인적분할 그리고 석유화학부문은 DL케미칼로 물적분할하였다. 이후 2021년 5월 DL이앤씨의 보통주식을 보유하고 있는 주주를 대상으로 공개매수를 실시하였고 대가로 DL의 보통주식을 신주로 발행하여 부여하는 유상증자를 실시하여 DL이앤씨를 자회사로 편입하였다.

V. 기업집단의 지주회사 전환에 대한 평가

1. 빗나간 공정위의 예측

한마디로 지주회사 LG를 포함한 다수 기업집단의 지주회사 전환 추이는 공정위의 당초 예측을 크게 벗어난 것이었다. 당초 공정위는 1998년 8월경 지주회사의 허용을 추진하면서 지주회사 허용과 관련한 반론을 반박하는 방대한 설명자료를 낸 바 있다. 당시 지주회사 허용에 대한 가장 큰 반대논리는 지주회사를 허용할 경우 경제력 집중의 폐해가 발생할 것이라는 점이었으므로 공정위는 이를 상세히 반박한 것이다. 당시 공정위의 설명 내용을 그대로 옮기면 다음과 같다.

■ 공정위(안)과 같이 지주회사를 제한적으로 허용할 경우 경제력 집중의 폐해가 발생할 우려는 없음

□ 지주회사가 기업구조조정 목적이 아닌 기업확장 수단으로 악용되는 것을 방지하기 위해 엄격한 제한을 두었으므로 경제력 집중 등 폐해 발생 가능성은 희박
• 부채비율, 자회사지분율 등의 제한을 받는 지주회사방식은 아무런 제한이 없는 현행 기업지배방식보다 오히려 계열기업지배에 있어서 불리
• 또한 지주회사 체제로 전환하려면 회사 신설에 따른 취득세, 등록세, 동일인 지분 이동에 따른 양도소득세, 증권거래세(비상장법인)의 세부담 등 많은 비용이 소요됨

□ 지주회사를 통한 기업지배범위를 극대화하려면 부채를 조달하거나 다수의 소액주주를 참여시켜야 하나 양자 모두 현실적으로 용이치 않음
《부채 조달 가능성》 공정위(안)는 부채비율을 100%로 제한하고 있으나 순수지주회사의 경우 이러한 수준의 부채조달은 사실상 불가 : 실질배당율 3% 미만, 금리는 12% 이상인 현 상태에서 순수지주회사가 부채비율 100%를 유지하는 것은 현실적으로 불가능
《소액주주 참여 가능성》 소액주주 확보를 위해서는 상장되어야 하나 지주회사가 현행 상장 요건을 충족시키기 위해서는 최소 5년 이상 소요

□ 지주회사 방식은 경제력 집중의 부작용을 초래할 우려가 있는 반면, 사업조직의 재구축, 사업의 분리 · 매각 등 구조조정을 용이하게 하는 순기능이 있는 제도로서 경제력 집중의 소지를 제거한다면 현재의 경제여건 하에서 기업의 구조조정을 촉진하는 데 기여할 수 있을 것임
• 특히, 경제력 집중 폐해 방지를 위해 '낮은 부채비율, 높은 자회사지분율' 등 엄격한 요건을 설정하였으므로 이를 충족하면서 지주회사를 설립 또는 전환하기 위해서는
• 비주력 계열기업의 매각이나 자본시장을 통한 지주회사의 증자가 불가피하여 이 과정에서 구조조정이 이루어질 수밖에 없음

□ 지주회사는 기업조직 운영방식의 하나이므로 독과점과 직접 관련이 있는 것이 아니

며, 독과점 문제는 현행 공정거래법상 기업결합규제로 대처가 가능함

□ 앞서 언급한 바와 같이 지주회사 허용 요건이 까다로워 현행 방식보다 계열기업 지배에 불리하므로 총수 1인 체제를 강화하기 위해 재벌 스스로 지주회사를 만들 가능성은 희박함

※ 현재 재벌이 추진 중인 지주회사는 대부분 외자유치 등 구조조정과정에서 외국인으로부터 요구받고 있는 것임

□ 설사 지주회사 체제로 전환하더라도 현행 재벌구조에 비해서 경영의 투명성, 재벌 owner의 전횡방지 등의 측면에서 바람직

・지주회사 중심의 지배구조는 현행 계열사간 출자에 의한 지배구조보다 투명성이 높아 소수 주주, 금융기관 등의 경영감시가 용이

・지주회사의 경영부실시 그룹 전체의 경영권이 위협받게 되고 지주회사의 수입원천은 자회사의 배당뿐이므로 이익 중심의 경영도 강화될 것임

□ 지주회사가 기조실 기능을 수행할 수 있으나 선진국의 사례를 들 때 이를 부당한 것으로 보기는 어려움

・종전의 기조실의 문제가 된 주된 이유는 법적 책임 없이 경영에 간섭하는 비정상적인 조직이었기 때문임

・기조실의 기능 중 구조조정전략 수립 등의 순기능을 지주회사가 수행하는 것은 경영의 효율성 측면에서 바람직

공정위의 예측의 가장 큰 문제점은 재벌그룹이 종전부터 그룹의 지주사 역할을 해 왔던 거점기업을 분할하는 방식으로 지주사를 설립할 수 있다는 것을 간과한 것이다. 공정위는 지주회사가 외국인과의 합작지주사 설립을 통한 외자유치, 분사화를 통한 사업의 분리매각 및 합작과 같은 주로 구조조정방식으로 나타날 것으로 보았으며, 재벌그룹 스스로 지주회사를 만들 가능성은 희박하다고 단정지은 바 있다.

하지만 당시 국내 재계서열 3위였던[19] LG그룹은 지주회사 체제로 성공적으로 전환하였는데, 부채비율의 문제나 상장 문제는 기존 사업지주사를 분할함으로써 일거에 해결하였다. 또한 지주회사의 수입원천 문제라든지, 상장 문제 역시 브랜드사용료 징수라든지 인적분할 등을 통해 해결하였다.

대규모기업집단의 지주회사 전환이 당초 공정위의 예측과 다른 방향으로 진행된 부분들을 좀더 자세히 살피면 다음과 같다.

(1) 인적분할, 공개매수, 자사주를 이용한 지주회사 전환

공정위는 "지주회사를 통한 기업지배범위를 극대화하려면 부채를 조달하거나 다수의 소액주주를 참여시켜야 하나 양자 모두 현실적으로 용이치 않다"고 주장하였다. 그러나 공정위의 이러한 판단은 지주회사 전환과정과 이후 자회사(손자회사)를 이용한 계열사 확장 방법 그리고 지주회사의 수익구조에 대한 잘못된 예측에 기인한 것으로 드러났다. 즉 지주회사 전환에는 인적분할, 현물출자를 통한 공개매수 그리고 자사주 활용이라는 방법이 사용됨으로써 부채조달 등의 문제가 해결되었다.

먼저 지주회사 체제로 전환하는 경우 지주회사를 새로 설립하는 방법이 아니라 기존에 사실상의 지주회사 역할을 하는 회사를 인적분할의 방식으로 분할함으로써 존속법인과 신설법인 모두의 상장을 유지할 수 있게 된 것이었다. 다음으로 자회사 주식확보의 방법으로 공개매수를 통한 현물출자와 지주회사로 전환할 회사가 기존 보유하고 있던 자사주를 활용하면서 지주회사가 자회사 지분 요건을 충족하기 위해 필

---

19) 2022.5 기준 4위

요한 자금규모를 최소화할 수 있었다.

(2) 자회사를 이용한 계열사 확장 1: 지주회사가 아닌 자회사가 인수

공정위는 "부채비율, 자회사지분율 등의 제한을 받는 지주회사방식은 아무런 제한이 없는 현행 기업지배방식보다 오히려 계열기업지배에 있어서 불리하다"고 주장하였다. 그러나 이러한 공정위의 주장은 지주회사가 아닌 자회사(또는 손자회사)를 통한 계열사 확대의 방식을 고려하지 않았다는 문제가 있다.

지주회사 허용 당시 자회사는 사업연관성이 있는 손자회사의 지분만을 보유할 수 있었으나 2007년 공정거래법 개정으로 사업연관성 요건을 삭제하였다. 따라서 실제 지주회사가 특정 회사를 인수하고자 하는 경우 지주회사가 아닌 자금여력이 풍부한 자회사가 인수하는 방법을 사용하고 있다.

사업연관성이 없는 대규모회사를 인수한 대표적인 사례는 SK텔레콤의 SK하이닉스(당시 하이닉스반도체) 인수이다. 2011년 SK그룹은 SK하이닉스를 인수하였으며, 사업목적 등을 고려하면 지주회사인 SK가 인수하는 것이 적정했을 것이나 자회사인 SK텔레콤이 SK하이닉스를 인수하였다.

또한 2011년 CJ그룹은 대한통운을 인수하였으며 이 역시 지주회사인 CJ가 아닌 자회사들이 인수하였다. CJ그룹의 대한통운 인수의 특징은 두 개의 자회사가 대한통운을 동일한 주식수로 인수했다는 점이다. 즉 지주회사의 자회사인 CJ제일제당과 CJ GLS가 각각 50 : 50의 비율로 출자하여 같은 수의 대한통운 주식을 보유하는 방식으로 인수를 하여 대한통운은 CJ제일제당의 손자회사이면서 동시에 CJ GLS의 손자회사가 되었다.

(3) 자회사를 이용한 계열사 확장 2: 쪼개기 상장

최근 지주회사나 그 자회사들이 사업확장 및 자금조달을 위해 사용하는 소위 '쪼개기 상장'이 문제되고 있다. 쪼개기 상장은 회사의 주요 사업부문을 물적분할한 후 기업공개(IPO)를 통해 분할된 회사를 상장하는 수법을 의미한다. 그 대표적인 사례로서 최근 지주회사 LG의 자회사인 LG화학이 배터리 사업부문을 물적분할하여 LG에너지솔루션을 설립(2020년 12월)한 후 LG에너지솔루션을 유가증권시장에 상장한 사례(2022년 1월)를 들 수 있다.

LG화학이 이렇게 쪼개기 상장을 한 이유는 배터리 사업부문의 대규모 투자를 위해 자금조달이 필요하다는 것이었다. 그러나 자금조달이 필요했다면 분할이 아니라 LG화학이 직접 유상증자 또는 차입을 통해 자금을 조달할 수도 있었다. 하지만 LG화학이 유상증자를 하게 되면 대주주인 LG가 유상증자에 참여하여야 하고 LG가 LG화학 유상증자에 참여하기 위해서는 LG 역시 유상증자를 해야 하는데 이렇게 되면 LG 최대주주인 구광모 및 친인척 역시 대규모자금을 조달하거나 지분율 희석을 감수해야 하는 문제가 생긴다. 따라서 쪼개기 상장은 지배주주 및 특수관계인의 자금 투입이나 지분율 감소 없이 사업과 계열사를 확장하는 좋은 방법이 된 것이다.

(4) 지주회사들의 수익구조

공정위는 "지주회사의 경영부실시 그룹 전체의 경영권이 위협받게 되고 지주회사의 수입원천은 자회사의 배당뿐이므로 이익 중심의 경영도 강화될 것"이라고 주장하였다. 그러나 실제 지주회사의 주 수익원은 배당 이외 상표권수수료, 임대수익, 각종 자문수수료 등에서 창출되는 것으로 판명되었다. 상표권수수료의 산정은 주로 매출액(순매출액, 총매출액 또는 연결매출액 등)을 기준으로 일정한 요율[20]을 적용하여 예산되는 바, 지주회사인 LG의 경우 5년간 상표권 수익이 총 1.4조 원, SK의

〈표 24〉 주요 지주회사의 상표권 수익(단위: 백만원)

지주회사명	2021.	2020.	2019.	2018.	2017.	계
엘지	343,543	277,741	267,346	268,439	276,398	1,433,467
에스케이	216,984	236,808	269,887	233,291	184,909	1,141,879
롯데지주	96,128	84,618	102,438	103,294	24,047	410,525
씨제이	104,190	95,008	99,206	97,876	92,075	488,355
지에스	80,062	68,666	82,193	91,936	78,688	401,545
한국앤컴퍼니	35162	33,005	50,260	49,202	48,715	216,344
한진칼	21,073	17,061	28,873	29,852	27,635	124,494
코오롱	28,069	24,458	27,085	26,280	27,972	133,864
효성	55,082	41,627	49,574	27,288		173,571
엘에스	30,299	24,886	24,193	24,768	24,104	128,250
디비아이엔씨	36,106	32,003	20,247	2,931	-	91,287
한라홀딩스	30,643	25,472	26,267	26,194	24,686	133,262
동원엔터프라이즈	13,071	11,512	10,912	10,455	8,861	54,811
삼양홀딩스	12,027	10,486	10,358	11,019	10,627	54,517

20) 주요 지주회사의 상표권 결정방식은 다음과 같다.
CJ : (매출액-광고선전비)×0.4%
한라홀딩스 : (연결매출액-광고선전비)×0.4%
LG, SK : (매출액-광고선전비)×0.2%

경우 1.1조 원에 달하고 있다.

(5) 지주회사 전환 시 세금 문제

지주회사 전환의 어려움으로 공정위는 관련 세금 문제를 들은 바 있다. 지주회사 전환을 위한 주식거래과정에서 발행한 양도차익의 경우 개인들은 소득세법상의 양도소득세를 그리고 법인의 경우 법인세법에 따른 법인세를 납부하여야 한다. 특히 양도소득세는 지배주주입장에서도 그 금액이 크기 때문에 지주회사 전환에서 주된 장애요소가 될 수 있다.

소득세법에서는 대주주인 개인이 주식 거래로 양도차익이 발생한 경우 양도소득세를 납부해야 한다. 그러나 지주회사 전환의 경우 조세특례제한법에서 주식의 양도차익에 대한 과세를 이연해 주고 있다.[21] 따라서 지주회사 전환으로 인한 양도소득세는 지주회사 전환을 위한 주식거래 시점에 납부하지 않아도 되며, 매각(개인의 경우 상속도 포함)시 양도소득세를 납부하게 된다. 동 조항은 한시적으로 허용되었으나 계속 연장되어 지금까지도 지주회사 전환시 주식 관련 양도소득세는 이연되고 있다.

법인들은 지주회사 전환으로 합병 또는 분할을 하게 되는바, 이 경우 세금 문제가 발생한다. 예를 들어 회사가 분할을 하게 되면 해당 자산을 양도하는 것으로 보아 그 차액을 익금 또는 손금산입하여야 하는바

---

21) 지주회사에 대한 과세이연은 1997년 12월 13일 조세감면규제법에 신설되었으며, 이후 조세감면규제법이 조세특례제한법으로 변경되면서 현재에 이르고 있다. 현재의 조세특례제한법에 따르면 2023년 12월 31일까지 지주회사로 전환하는 경우 조세이연 혜택이 가능하다.

일반적으로 익금이 발생한다고 볼 때 법인세를 납부해야 하는 문제가 있다. 그러나 법인세법에서는 일정한 조건을 충족하는 경우 이를 적격분할로 보고 양도가액을 순자산가액으로 하도록 하고 있어 양도차익이 없게 되고 이에 따라 추가로 부담해야 하는 법인세는 없다.

2. 결과적으로 대다수 대규모 기업집단이 지주회사 체제로 전환

공정위는 "지주회사 허용 요건이 까다로워 현행 방식보다 계열기업 지배에 불리하므로 총수 1인 체제를 강화하기 위해 재벌 스스로 지주회사를 만들 가능성은 희박"하다고 주장하였다.

그러나 실제 상당수의 기업집단이 지주회사 체제를 갖추고 있는바 2022년 5월 지정된 기업집단을 기준으로 상위 10개 기업집단 중 삼성그룹과 현대자동차그룹 그리고 한화그룹을 제외한 7개 기업집단이 지주회사 체제를 갖추고 있다. 이와 같이 다수의 기업집단이 지주회사 체제로 전환하는 것은 현행 법률과 제도로 지주회사로 전환하는 경우 막대한 자금이 소요되지 않으면서도 지주회사에 대한 상당한 지배권을 확보[22]할 수 있기 때문이다.

상위 10개 기업집단 중 삼성그룹과 한화그룹의 경우 계열사에 다수의 금융회사[23]가 있어 지주회사 전환이 쉽지 않다. 현대자동차그룹은

---

22) 박성식(2017)에 따르면 "인적분할 자회사 현물출자 유상증자과정에서 최대주주 및 특수관계인 측의 유상증자 청약 비중은 82.2%이며, 인적분할 지주회사의 현물출자 유상증자 이후 최대주주 및 특수관계인의 지주회사에 대한 지분율은 증자전 평균 32.5%에서 증자 후 평균 50.0%로 17.5%p 증가" 하고 있다. 박성식, "인적분할 지주회사의 현물출자 유상증자 현황", CGS리포트 2017년 제7권 11호, 한국지배구조원.

23) 삼성그룹과 한화그룹은 금융그룹통합감독의 대상이다. 삼성그룹은 2016년 삼성생명을 중심으로 한 금융지주회사 설립을 검토하기도 하였다.

〈표 25〉 주요 지주회사 전환 시 최대주주 및 특수관계인의 지분율 변동(단위: %)

지주회사 명	소속기업집단	지주회사 전환 직전 연도말	지주회사 전환 직후 연도말	증감
농심홀딩스	농심	47.38%	67.69%	20.31%
아모레퍼시픽그룹	아모레퍼시픽	34.73%	61.70%	26.97%
한진중공업홀딩스	한진중공업	16.72%	50.12%	33.40%
씨제이	씨제이	19.80%	43.47%	23.67%
하이트진로홀딩스	하이트진로	33.18%	65.94%	32.76%
코오롱	코오롱	35.59%	52.63%	17.04%
삼양홀딩스	삼양	37.21%	48.25%	11.04%
에이케이홀딩스	애경	40.96%	69.03%	28.07%
한국앤컴퍼니	한국타이어	36.22%	74.18%	37.96%
한라홀딩스	한라	25.14%	30.98%	5.84%
한솔홀딩스	한솔	8.65%	19.37%	10.72%
현대중공업지주	현대중공업	21.31%	28.17%	6.86%
에이치디씨	에이치디씨	18.56%	35.92%	17.36%
효성	효성	37.48%	54.72%	17.24%
디엘	디엘	21.67%	42.28%	20.61%

* 보통주 기준

금융회사의 규모는 크지 않으나, 사업상의 목적으로 현대캐피탈 등 금융회사를 계열사로 보유하고 있어야 한다고 판단하고 공정거래법상의 지주회사는 아니지만 지주회사 체제로 전환하기 위하여 현대모비스, 현대글로비스의 분할합병을 시도(2018년)했으나 주주들의 반대로 취소[24)]

24) 현대글로비스의 철회신고서 중

1. 당사는 미래 자동차 산업의 기술변화와 시장변화에 능동적, 효율적으로 대응할 수 있는 사업구조 재편 및 순환출자 해소를 통한 지배구조의 투명성 증대를 위해 2018년 3월 28일 이사회 결의를 거쳐 현대모비스 주식회사와 사이에 분할합병계약을 체결하

하였다. 결국 상위 10개 기업집단 중 특별한 이유로 지주회사 전환이 어려웠던 삼성, 현대자동차, 한화그룹을 제외하고는 모두 지주회사로 전환하였는데 이는 공정위의 예측과는 달리 '재벌'로 불리는 우리의 대규모기업집단 체제가 지주회사 체제로 전환되었음을 의미한다.

VI. 결론

이상에서는 대규모기업집단의 사례를 중심으로 지주회사 전환 실태와 그 과정을 살펴보았다. 지주회사의 전환과정만을 보고서 지주회사의 장단점을 논하기는 적절치 않을 수 있다. 설령 지주회사 전환과정에서 대주주의 지배력이 강화된 측면이 있다 하더라도 비관련 다각화 자체를 문제삼기 어려운 현재의 국제경쟁상황에 비추어 볼 때 향후 지주회사를 중심으로 한 소유구조가 투명경영, 책임경영에 긍정적인 요소로 작용된다면 지주회사 체제는 긍정적인 평가를 받을 수도 있다.

하지만 앞에서 본 바와 같이 지주회사 설립 및 전환과정에서는 다음과 같은 문제점이 발생했으며 이러한 문제는 최근의 '쪼개기 상장' 논란에서 보듯이 여전하다고 볼 수 있다.

고 분할합병절차를 진행하였습니다.

2. 하지만, 당사는 분할합병계약서에 대해 국내외 의결권 자문기관들이 현대모비스 주주들에게 반대의견을 권고하고, 그에 따른 주주들의 의견을 고려한 결과, 현대모비스의 주주총회 특별결의 가결 요건의 충족 여부의 불확실성이 증대하였고, 이로 인하여 분할합병 거래종결의 가능성이 불확실해짐에 따라 분할합병을 계속 진행하는 것보다는 현 시점에서는 이를 해제하는 것이 당사의 이익에 부합한다고 판단하여 당사와 현대모비스는 본 건 분할합병계약을 합의해제 하였습니다.

1) 소액주주들의 지분희석 문제

2) 정보의 편중에 따른 각종 불공정행위와 이에 따른 대주주의 부당이득 문제

3) 구조조정이 따르지 않고도 기업집단에 대한 지배력을 유지 또는 강화할 수 있게 된 문제점

4) 자회사를 통한 계열사 확장 등 경제력 집중의 문제

지주회사 전환과정과 전환 이후의 모습에 있어 문제가 있다고 해서 이미 지주회사 체제로 전환된 대다수 기업집단들을 지주회사 이전의 체제로 복원시킬 수는 없다.

하지만 현재처럼 지주회사에 대한 지속적인 규제완화와 세법상의 특혜, 그리고 구멍이 숭숭 뚫린 회사법적 규율 하에서는 지주회사의 장점보다는 지주회사의 폐해가 더 클 수 있다. 즉 지주회사 체제가 비관련 다각화를 증대시켜 공정한 경쟁을 저해하고 경제력 집중을 야기하며, 내부거래에 대한 효과적인 감시를 어렵게 하여 기업지배구조의 투명성과 책임성을 저해하는 등 국민경제에 도움이 되지 않는 측면이 클 수 있다는 것이다.

지주회사 도입 당시에도 요건이 완화되어 있다고 비판받았던 지주회사(및 자회사등)의 행위규제는 2004년 및 2007년 공정거래법 개정으로 더욱 완화되었다. 2004년 공정거래법 개정으로 지주회사의 부채비율 100% 요건의 유예기간을 1년에서 2년으로 연장하였으며, 자회사의 경우 사업연관성이 있는 손자회사의 지분 100%를 보유할 수 있었으나 이를 30%(비상장회사 50%)로 완화해 주었다. 또한 2007년 개정으로 과거 지주회사는 부채비율을 100% 이내로 유지했어야 하지만, 동 부채비율을 200%로 확대하여 지주회사의 차입가능액을 확대해 주었다. 또한 자

회사 및 손자회사에 대한 지분보유 요건도 기존 30%(비상장 50%)를 20%(비상장 40%)로 축소[25]하였다. 이외 공정거래법에서는 손자회사가 증손회사를 지배하는 경우 100%를 보유하도록 하고 있는바 이를 외국인투자촉진법에 일정한 요건을 충족하면 외국인과 공동으로 증손회사를 보유할 수 있도록 예외 규정을 신설(2014년)하기도 하였다. 결국 일단 지주회사의 원칙적 금지에서 지주회사 허용으로 방향을 튼 순간부터 지주회사에 대한 각종 규제장치들은 맥없이 무너지는 양상을 보인 것이다.

지주회사는 기업집단 소유구조를 간명하게 만들었다는 장점은 있다. 하지만 아무리 소유구조가 간명하게 되었다고 하더라도 그러한 소유구조가 낳는 각종 문제점(경제력 집중, 대주주 부당이득, 소수주주 이익 침해 등)에 대한 견제장치가 없다면 간명한 소유구조 자체는 총수 일가의 지배권을 강화하는 수단으로만 작용할 뿐이다.

이제 대규모기업집단 대다수의 지주회사 전환이 완료된 이 시점에 지주회사에 대한 종전의 규제완화를 재검토하여 기존 지주회사들에 대한 규율도 점차적으로 강화하는 한편, 세법상의 유인 등을 통해 지주회사의 자회사 및 손자회사에 대한 지분율을 높이도록 하고, 다중대표소송제 등 회사법적 규율을 정비하여 지주회사의 경영투명성에 대한 이해관계자들의 감시와 견제를 활성화하는 등 총체적인 점검과 개혁이 필요해 보인다.

---

25) 2020.12 공정거래법 전부개정으로 동 비율은 다시 30%(비상장 50%)로 상향조정되었으나 그 대상이 해당 개정법률의 시행이후 만들어지는 지주회사에 한하여 적용된다.

〈별첨 1〉 기업집단 소속 지주회사 현황(단위: 개사)

(기준일 2022년 5월 지정 기업집단 기준)

기업집단	지주회사	지주회사설립일	중간지주회사	지주회사설립일
LG	LG	2001-04-03		
	엘엑스홀딩스	2021-05-03		
동원	동원엔터프라이즈	2001-04-16		
세아	세아홀딩스	2001-07-03		
농심	농심홀딩스	2003-07-10		
한화	한화임팩트	2004-01-01		
GS	GS	2004-07-07	GS에너지	2012-01-03
아모레퍼시픽	아모레퍼시픽그룹	2007-01-01		
씨제이	씨제이	2007-09-04		
반도홀딩스	반도홀딩스	2008-03-03		
LS	LS	2008-07-02	LS에이홀딩스	2019-01-01
하이트진로	하이트진로홀딩스	2008-07-03		
일진	일진홀딩스	2008-07-04		
부영	부영	2009-12-30		
코오롱	코오롱	2010-01-01		
셀트리온	셀트리온홀딩스	2010-11-25		
하림	하림지주	2011-01-04		
삼양	삼양홀딩스	2011-11-03		
농협	농협금융지주	2012-03-02		
	엔에스쇼핑	2017-01-01		
애경	에이케이홀딩스	2012-09-01		
아이에스지주	아이에스지주	2012-11-01		
한국타이어	한국앤컴퍼니	2013-07-06		
한진중공업	한진칼	2013-08-01		
한라	한라홀딩스	2014-09-02		
SK	SK	2015-08-03	SK이노베이션	2011-01-04
			SK스퀘어	2021-11-02
			SKC에프티홀딩스	2020-01-07
	SK디스커버리	2017-12-01		

중앙	콘텐트리중앙	2015-08-06		
신세계	신세계프라퍼티	2016-01-01		
현대중공업	HD현대 (구현대중공업지주)	2017-04-05	한국조선해양	2019-06-03
			현대제뉴인	2021-08-19
롯데	롯데지주	2017-10-12		
세아	세아제강지주	2018-09-03		
에이치디씨	에이치디씨	2018-09-21		
현대백화점	현대홈쇼핑	2019-01-01		
효성	효성	2019-01-01		
	에이에스씨	2017-05-26		
태영	티와이홀딩스	2020-09-01	에코비트	2021-10-05
디엘	디엘	2021-01-04	디엘에너지	2015-01-01
두산	두산	2021-07-01		

〈별첨 2〉 200.12.31 현재 LG그룹의 지분구조(단위: %)

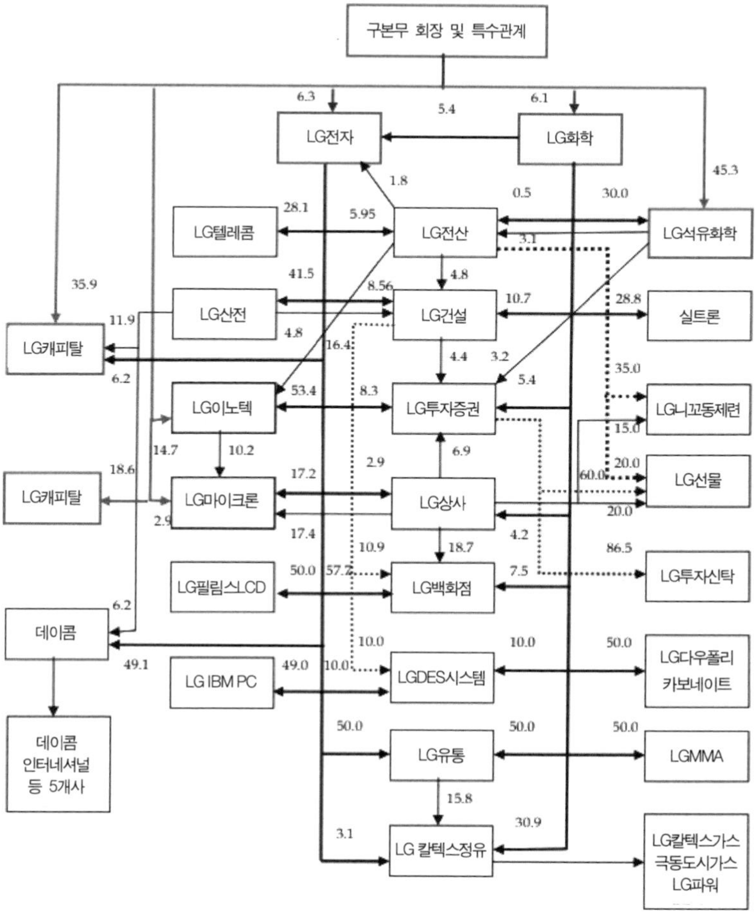

〈별첨 3〉 지주회사 전환 직후 LG그룹의 지분구조(단위: %)

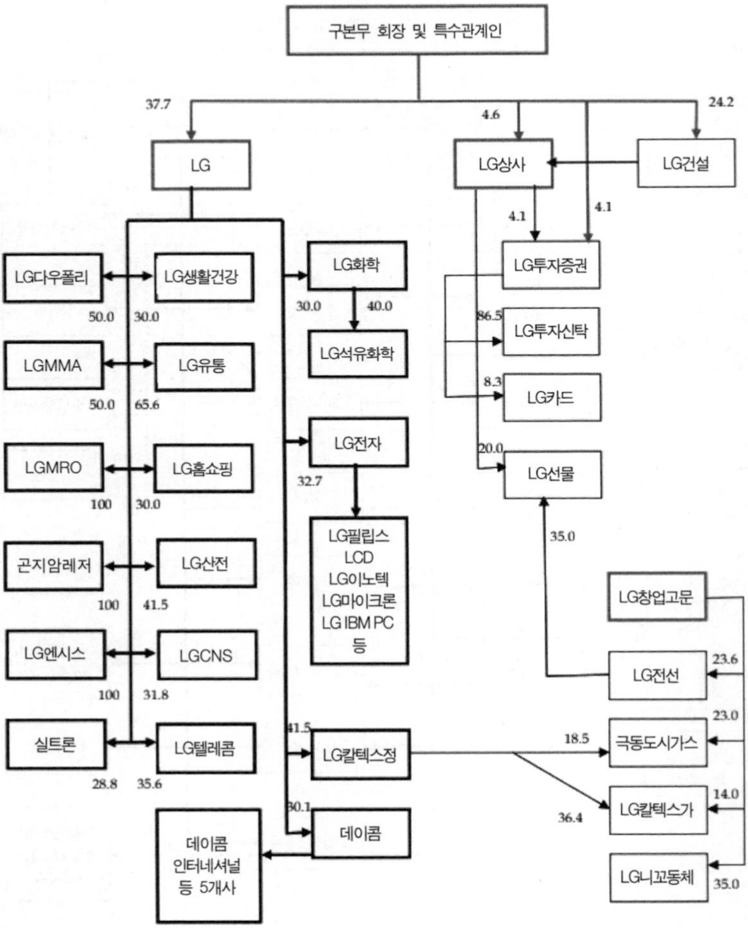

07

인적분할 및 교환공개매수에 의한 지주회사 설립*

노혁준**

I. 문제의 제기

이 책의 앞부분에서는 지주회사 설립, 전환의 다양한 방식 및 사례를 살펴본 바 있다. 이 장은 그중 가장 중요한 설립, 전환 형태인 인적분할+신주발행방식의 교환공개매수를 상세히 분석하기 위한 것이다.

먼저 공정거래위원회 자료에 나타난 전형적 지주회사 전환 사례를 살펴본다. 이 사례는 지배주주 시각에서 볼 때 지주회사 전환이 기업집단 전체에 대한 지배력을 강화하는 계기가 될 수 있음을 시사한다.

〔그림 1〕에 따르면 원래 H회사에 지분 16.9%만을 갖고 있던 총수 일가는 인적분할 및 현물출자과정을 거치면서 (i) H회사 지분 50.1%를 직

---

* 이 글은 2008년 이후 변화된 법령 등을 반영하여 기존에 출판된 내용을 수정한 것이다.

** 서울대학교 법학전문대학원 교수

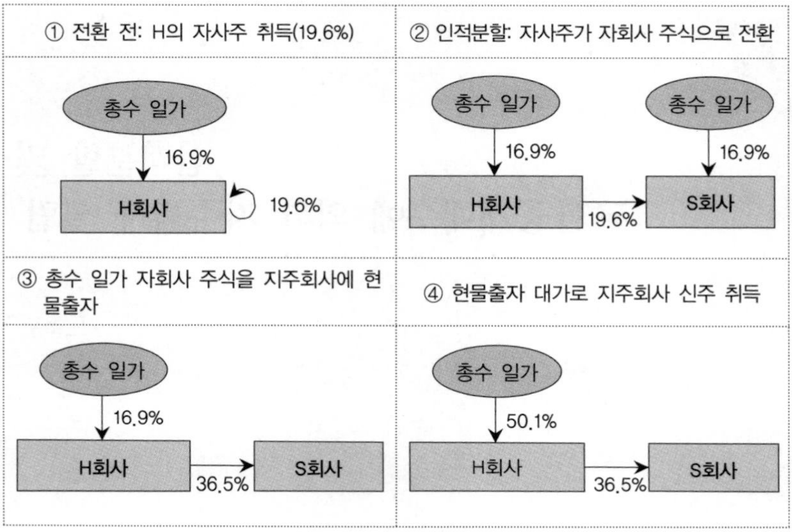

〔그림 1〕 인적분할 및 추가지분취득을 통한 지주회사 설립 사례[1)]

접 확보하는 한편, (ii) S회사(사업자회사) 지분 36.5%를 H회사를 통해 간접적으로 확보하였다. 외부로부터의 경영권 위협에 대항가능한 안정적인 지분구조를 구축한 것이다.

분설하면 다음과 같다. 〔그림 1〕의 ①, ②는 지주부문과 사업부문을 분리하는 과정이다. ②에서 H회사가 S회사 지분 19.6%를 확보한 것은 전적으로 ①의 자기주식 취득에 터잡은 것이다. 후술하듯 '자사주 마법'이 발동한 것이다. 한편 〔그림 1〕의 ③, ④는 지주회사(H회사)에 의한 사업자회사(S회사) 지분취득과정이다. 위 그림에서는 총수 일가가 S회사 주식 16.9%를 H회사에 현물출자하였다(제3자배정 유상증자방식). 이

1) 공정거래위원회, 2018년 공정거래법상 지주회사 현황분석 결과(2018. 11), 14면을 다소 변형한 것이다.

에 대하여는 83.1%에 달하는 다른 소수주주들을 배제하고 총수 일가에만 현물출자 기회를 부여했다는 논란이 발생할 수 있다. 이러한 비판에 대한 대응책으로 등장한 것이 교환공개매수, 즉 모든 대상회사(위 예에서 S회사) 주주들에 매도기회를 부여하는 방식이다. 실제 지주회사 전환과정에서 분할 이후에 이루어지는 주식취득의 대다수는 신주발행방식의 교환공개매수이다.[2)]

이러한 '인적분할 + 신주발행방식 교환공개매수'의 효시는 LG그룹이다. 주식회사 LG화학은 2001년 4월 인적분할을 통해 지주회사인 주식회사 LGCI[3)]와 사업자회사인 주식회사 LG화학으로 분리되었다. 이후 주식회사 LGCI는 2001년 11월 20일 공개매수 대가로서 현금 대신 신주를 발행, 교부하는 교환공개매수를 최초로 실행하였다. 위 날짜에 금융감독위원회에 접수된 공개매수신고서에 의하면, 주식회사 LGCI는 지주회사로의 전환요건을 갖추기 위해 자회사인 주식회사 LG화학, 주식회사 LG생활건강, 주식회사 LG홈쇼핑의 발행주식을 공개매수하면서, 통상의 경우와 달리 그 대가로서 현금이 아니라 주식회사 LGCI의 신주를 발행, 교부하기로 하였다.[4)] 그 직후 주식회사 LGEI도 유사한 절차를 밟았다.[5)] 이러한 진행은 우리나라는 물론 일본에서도 전례가 없는

---

2) 박진우 / 이민교, 중견기업의 인적분할을 통한 지주회사 전환, 한국증권학회지 제48권 제1호(2019), 8면에 따르면 2007년부터 2017년까지 인적분할방식에 의해 지주회사로 전환한 중견기업 51개 중 9개만이 제3자 배정 유상증자방식에 의했고 나머지는 교환공개매수방식에 의했다.

3) 주식회사 LGCI는 2003. 3. LGEI와의 합병절차를 거쳐 현재의 주식회사 LG가 되었다.

4) 금융감독원 공시감독국 2001. 11. 20.자 보도자료, "LGCI의 현물출자, 신주발행방식에 의한 공개매수 신고서 접수".

5) 주식회사 LGEI는 2002. 8. 16. LG전자 주식회사의 주식을 상대로 교환공개매수를 실행하였다. 금융감독원 공시감독국 2002. 8. 16.자 보도자료, "주식회사 LGEI의 현물출자, 신주발행방식에 의한 공개매수 신고서 접수".

것이었다.

LG 사례는 이후 지주회사 전환의 전형(典型)이 되어 최근까지도 그 기본 형태가 반복되고 있다.[6] 이 글은 이를 인적분할 단계와 교환공개매수 단계로 나누어 살펴본다. 인적분할 단계, 특히 자기주식을 활용한 지배주주 지분율 증대(이른바 자사주 마법)에 대하여는 이미 비판의 목소리가 높다.[7] 이 글의 초점은 두 번째 단계, 특히 신주발행방식의 교환공개매수에 있다. 원래 교환공개매수란 일반적으로 취득회사(acquiring company)가 대상회사(target company) 주식을 공개매수하면서 그 대가로서 현금이 아닌 다른 유가증권을 교부하는 것을 가리킨다. 원래 대가로서 교부되는 유가증권에는 이미 발행된 주식, 사채 등도 포함되지만, 지주회사 전환 실무상 주로 문제되는 것은 대가로서 취득회사의 신주를 발행하는 경우이다(신주발행방식의 교환공개매수).

6) 예컨대 위 LG그룹의 성공사례 직후 (i) 주식회사 농심홀딩스는 2003. 9. 19부터 10. 8까지의 기간에 자회사인 주식회사 농심 및 율촌화학 주식회사의 주식에 관하여, (ii) 주식회사 대웅은 2003. 11. 5부터 2003. 11. 24까지의 기간에 자회사인 주식회사 대웅제약 주식에 관하여, 각기 교환공개매수를 실시한 바 있다. 최근의 사례로서 F&F 홀딩스〔한경코리아 마켓, "F&F 홀딩스 지주전환 마무리… F & F 주식 1.2조 확보" (2021. 8. 19). https://www.hankyung.com/finance/article/202108195017i〕, 주식회사 대덕〔더벨, "대덕전자 공개매수 공개매수 시작… 김영재 대표 체제 완성 — 대덕지분율 13% → 34%까지 상승(2020. 6. 25), https://www.thebell.co.kr/free/content/ArticleView.asp?key=202006241132074760108114&lcode=00〕, BGF〔파이낸셜 뉴스, 2018. 3. 12.자 "BGF, 주식 공개매수 성공"(https://www.fnnews.com/news/201803121715212059)〕 등 참조. 2021년에도 이지홀딩스 등 4개사가 인적분할 및 교환공개매수를 통해 지주회사로 새로이 전환된 것으로 보인다. 공정거래위원회, "2022년 공정거래법상 지주회사 현황 분석결과"(2022. 6. 28), 25면.

7) 노혁준, 기업재편의 활성화와 그 딜레마 — 회사분할, 주식양수도에 관한 회사법 개정안들을 중심으로, 상사법연구 제34권 제3호(2015), 69-83면.

II. 인적분할을 통한 지주부문과 사업부문의 분리 단계 (이른바 자사주 마법 포함)

1. 인적분할을 통한 분리의 개관

독점규제 및 공정거래에 관한 법률(이하 "공정거래법")상 지주회사 체제를 도입하지 않은 기업집단이라 하더라도 계열회사 지분을 다수 보유한 중심적 회사는 있기 마련이다. 지주회사 체제로의 전환이 결정된 경우, 실행의 시작점은 위 중심적 회사의 주식보유부문(지주부문)과 사업부문을 분리하는 것이다. 인적분할은 그 수단이다. 앞서 〔그림 2〕의 ②에 해당하는 절차이다. 인적분할에는 단순분할과 분할합병이 있는바, 이하에서는 단순분할형을 전제로 설명한다.[8)]

인적분할은 분할하는 회사(이하 "분할회사")로부터 분사된 신설회사가 발행하는 분할신주를 '분할회사의 기존 주주'에게 분배하는 형태로 진행된다. 이 점에서 분할신주를 '분할회사' 자체에 배정하는 물적분할과 구분된다. 인적분할이 실행된 경우 특별히 불비례적 분할을 하지 않는 이상

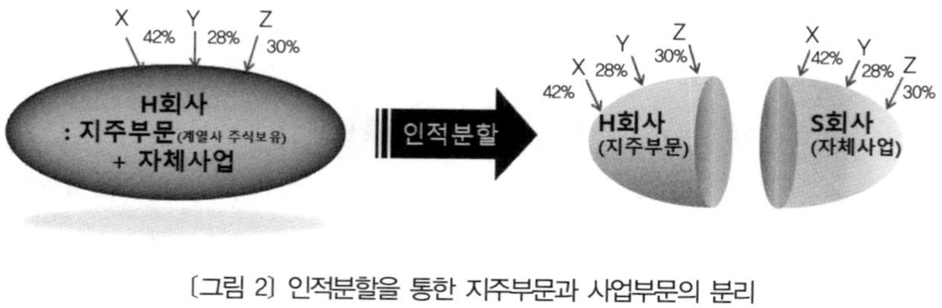

〔그림 2〕 인적분할을 통한 지주부문과 사업부문의 분리

---

8) 분할에 관한 일반적인 설명으로는 상사법학회 편, 주식회사법 대계 III(제4판, 노혁준 / 김병태 집필부분), 법문사(2022), 536면 이하 참조.

기존 주주들 사이의 지분율이 분할회사 및 신설회사에 그대로 유지된다. 〔그림 2〕는 전형적인 인적분할을 통한 지주부문과 사업부문의 분리를 예시하고 있다.

앞의 단계를 마친 후 H회사는 공정거래법상 지분보유요건(공정거래법 제18조 제2항 제2호)을 충족하기 위해 S회사 지분을 취득한다. 그 전형적인 방식이 후술하는 교환공개매수이다. 다만 분할 이전의 H회사에 자기주식이 있었다면(〔그림 1〕의 ①), 교환공개매수에 들어가기 이전이라도 S회사 지분을 확보할 수 있다. 이른바 자사주 마법이다.

2. '자사주 마법' 문제[9)]

〔그림 2〕의 분할 전 H회사에 30% 자기주식이 있었다고 가정한다. 비유하자면 Z가 다른 주주가 아니라 곧 H회사 자신인 경우이다. S회사가 분할신주를 (마치 기존 주주 Z에 부여하듯이) H회사에 배정하는 것이 마땅한가? 이것이 인적분할 시 분할회사 자기주식에 대한 분할신주 배정 이슈이다.

H회사가 자기주식을 그대로 보유하면서[10)] S회사를 인적분할하는 경우를 전제로, H회사 자기주식에 대하여 S회사 분할신주를 배정한 경우(〔그림 3-1〕)와 배정하지 않은 경우(〔그림 3-2〕)를 비교해 본다.

분할신주를 배정하는 경우 기존 주주들 간 지분구조가 변형된다. 즉 분할실행 이전에 X와 Y 간의 지분비율은 42% : 28%인바, 분할 이후에 지분비율은 지주부문 회사(H회사)에서는 그대로 유지되지만, 분사된

---

9) 이 문제에 관한 상세한 논의는 노혁준, 앞의 논문(각주 7), 69-83면.
10) H회사가 자기주식을 분할대상으로 삼아 S회사로 이전하는 경우에도 유사한 문제점이 발생할 수 있다. 이에 관한 상세한 논의로, 노혁준, 앞의 논문(각주 7), 82면.

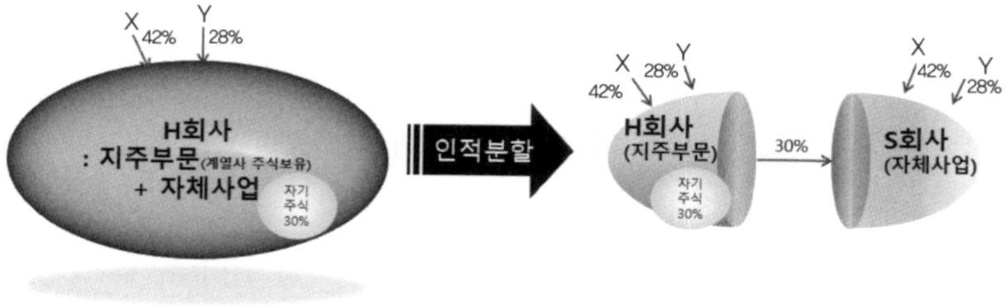

〔그림 3-1〕 분할회사 자기주식에 대한 분할신주 배정

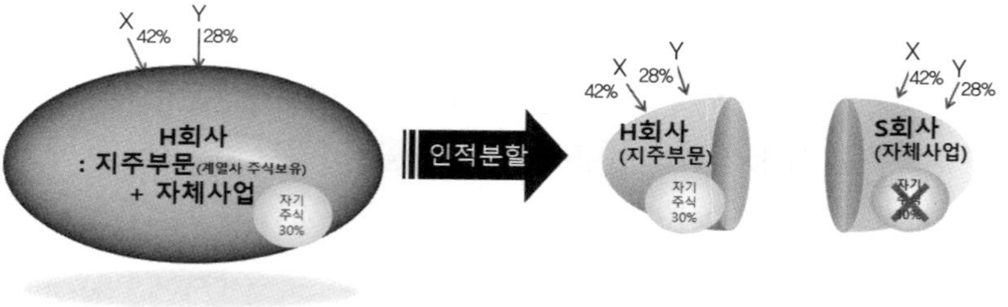

〔그림 3-2〕 분할회사 자기주식에 대한 분할신주 불배정

사업자회사(S회사)에서는 72%(42+30)[11] : 28%로 급격하게 변화한다. 이러한 지분비율 변동은 대주주의 추가출연 없이 기업재편의 공학 내지 기술에 따라 손쉽게 이루어진다. 대주주 X는 주요 사업부문을 여러 차례 인적분할해 나가면서 각 사업부문에 대한 지배력을 강화할 여지도 있다. 한편 처음부터 회사자금을 이용해 자기주식의 비중을 높인 경우에도 손쉽게 사업자회사에 대한 지분율을 높일 수 있다.[12]·[13] 이 모

11) 직접 보유한 42%와 H회사를 통한 보유분 30% 외 합계이다.

12) 일반적으로 시장에서는 자기주식의 비중을 높이는 것을 지주회사 체제전환의 신호가 될 수 있다고 본다. 이투데이, 2015. 9. 25.자, "현대모비스, 자사주 매입: 지주회사 체제전환 시그널"(http://www.etoday.co.kr/news/section/newsview.php?idxno=1205303).

13) 실제로 2012년부터 2017년까지 지주회사로 전환한 분할회사 32곳의 자기주식 보유비

든 것이 대주주 X의 추가출연과 무관한 것이고 단순히 주식 피라미딩을 의도적으로 활용한 것에 불과하다. 〔그림 3-2〕에서 보듯이 차라리 분사된 사업부문에 원시적인 자기주식을 부여하는 것이 인적분할의 원개념에 부합할지도 모른다. 신설기업이 자기주식을 보유한 채 설립될 수는 없으므로 분할신설회사의 자기주식이 없는 것이 된다면, 결국 분할회사의 자기주식에 분할신주를 배정하지 않는 것과 동일한 결과가 된다. 어느모로 보나 분할회사의 자기주식에 대하여 분할신주를 배정하는 것은 지분구조의 왜곡을 가져오므로 허용되어서는 안 된다.

하지만 실무적으로는 분할신주를 배정함으로써 지배주주의 지배력을 강화하는 형태가 널리 활용되고 있다. 앞서 〔그림 1〕의 ①, ②가 그 전형적인 경로이다. 이러한 편법은 해외에서도 유래가 없는 것이므로 금지되어야 한다.

III. 신주발행을 통한 교환공개매수 단계

1. 문제의 소재

인적분할을 통해 지주회사가 될 회사 선정 및 분사가 이루어진 후에는 지주회사에 의한 사업 계열회사 지분취득이 뒤따른다. 공정거래법은 지주회사가 자회사 주식의 50%(상장자회사인 경우 30%) 이상을 보유하도록 의무화하기 때문이다(제18조 제2항 제2호). 다시 〔그림 1〕을 본다.

율은 7.26%에 달하는 것으로 분석되고 있다. 박성식, 인적분할을 통한 지주회사 체제 전환 시 자기주식 활용과 분할자회사에 대한 보통주 주주의 의결권 변동, CGS Report, 2017년 제7권 제4호(2017), 8면.

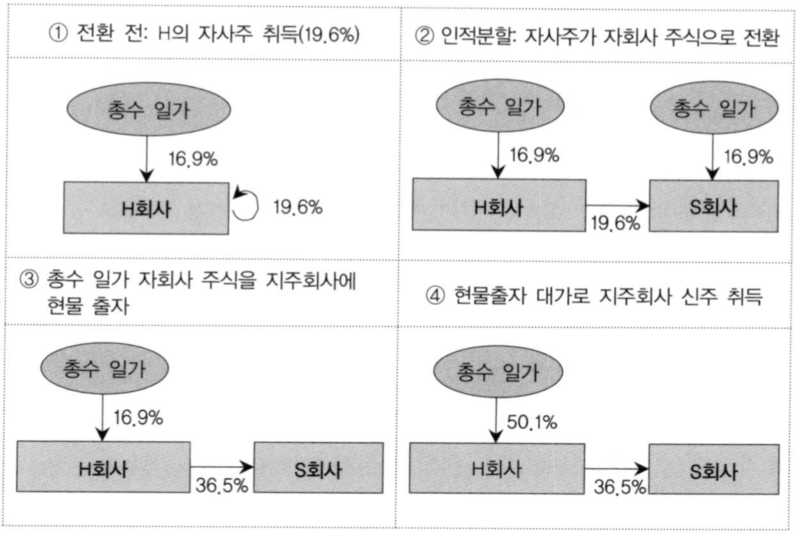

〔그림 1〕 인적분할 및 추가지분취득을 통한 지주회사 설립 사례[14)]

S회사가 상장자회사라면 지주회사인 H회사는 그 주식의 30% 이상을 보유해야 한다. 이른바 자사주 마법으로 19.6%를 보유하게 되었으나 부족분이 있으므로 추가취득이 필요하게 되는 것이다. 가장 단순한 방법은 총수 일가 보유 S회사 지분 16.9%를 H회사가 현물출자방식으로 출연받는 것이다. 이 경우 H회사의 S회사 지분율은 쉽게 30% 이상으로 올라간다. 〔그림 1〕의 ③, ④가 그것이다. 그러나 앞서 언급하였듯이 통상은 소수주주에게도 매각기회를 부여한다는 차원에서 신주발행방식의 교환공개매수가 실행된다.

---

14) 공정거래위원회, 2018년 공정거래법상 지주회사 현황분석결과(2018. 11), 14면을 다소 변형한 것이다.

우리나라에서 교환공개매수는 대부분 지주회사 설립과정에서 활용된다. 하지만 그 용처는 여기에 한하지 않는다. 이를 고려하여 이하에서는 '신주발행방식의 교환공개매수 일반'에 관한 법리적 분석을 진행한다. 취득회사와 대상회사가 모두 주권상장법인이고, 취득회사가 발행하는 신주의 규모가 금 10억 원 이상의 대규모인 것을 전제로 하겠다.

신주발행방식의 교환공개매수에는 ① 공개매수절차, ② 현물출자 심사절차, ③ 공모에 따른 증권신고절차가 모두 관련된다. 이들 규정은 각기 다른 목적을 위해 독립적으로 존재하는 것인바, 교환공개매수의 실행에는 그 조화로운 해석이 관건이 된다. 특히 공개매수절차와 현물출자 심사절차 사이에는 근본적인 긴장관계가 발생할 수 있다. 즉 공개매수의 성공을 위해서는 공개매수의 대상이 되는 주식의 가치를 시가보다 높이 평가하여 프리미엄을 주어야 할 것인데, 반면 현물출자 심사절차에서는 현물출자의 대상이 되는 주식의 가치를 보수적으로 평가하게 되므로, 가치평가의 충돌 문제가 발생할 수 있는 것이다.[15]

2. 교환공개매수의 유용성 및 법적 구성

(1) 교환공개매수의 유용성

현금 대 주식형(cash-for-stock)이라고 할 수 있는 통상의 현금공개매수와 비교할 때 주식 대 주식형(stock-for-stock)인 신주발행방식 교환공개매수는 여러 장점을 갖는다. 취득회사로서는 큰 자금부담 없이 대상회

15) 松古樹美, 最近の組織再編の潮流とM＆A關聯法制の現状と課題(下), 商事法務 제1653호(2003), 19면 참조.

사를 인수할 수 있고, 자연스럽게 증자를 마침으로써 부채비율을 낮출 수 있다. 대상회사 주주로서는 세제상 특례가 인정되지 않는 현금공개매수와 달리[16] 현물출자에 관한 조세특례를 적용 받을 여지가 있다.[17] 예컨대 지주회사 전환과정에서 교환공개매수가 이루어지는 때에는 대상회사의 주주들은 일정 요건 하에 조세특례제한법 제38조의2에 의하여 과세를 이연받을 수 있다.[18] 반면 신주발행을 통한 교환공개매수시에는 증권신고서를 제출하여야 하므로 기밀의 유지가 곤란하고 절차가 번잡하여진다는 점과, 현금 대신 취득회사의 주식을 교부하면 그 가치평가가 어려워서 대상회사의 주주들을 호응을 이끌어내기 어려울 수도 있다는 점 등이 문제점으로 지적된다.[19] 이에 따라 미국에서는 교환공개매수로 할지 현금공개매수로 할지 결정함에 있어서 (i) 현금의 동원가능성, (ii) 시간여유,[20] (iii) 대상회사 주주의 태도,[21] (iv) 교환공개매

16) 공개매수는 유가증권시장 및 코스닥시장 이외의 거래이므로, 대상회사가 주권상장법인이거나 코스닥상장법인인 때에도 공개매수에 응한 대상회사의 주주는 양도차익에 대한 소득세를 부담하여야 한다. 소득세법 제94조 제1항 제3호.

17) 일부 교환공개매수에 관해 조세특례가 적용될 수 있는 것은 미국의 경우도 마찬가지이다. Patrick A. Gaughan, Mergers, Acquisitions and Corporate Restructurings (2nd Ed.), John Wiley & Sons, Inc.(1999), p.251.

18) 조세특례제한법 제38조의2 제1항은 내국인이 주식을 현물출자하여 공정거래법에 의한 지주회사를 신설하거나 지주회사로 전환할 때의 특례이고, 같은 조 제2항은 내국인이 지주회사로 전환된 내국법인에 대해 공정거래법상 지분비율 미달분을 현물출자하는 때의 특례이다. 앞서 LG 사례는 제38조의2 제2항의 적용 대상이었다.

19) 김건식 / 송옥렬, 미국의 증권규제, 홍문사(2001), 261면.

20) 현금매수는 통상 교환공개매수보다 빨리 진행된다. 미국의 예를 보더라도 거의 모든 교환공개매수는 SEC에 등록되어야 하고 많은 경우에 취득회사의 주주들이 이러한 발행을 승인하여야 하므로 절차가 지연될 수 있다. 그 과정에서 시장상황 기타 상황의 변동이 대상증권과 발행될 증권 사이의 상대가치에 영향을 미쳐 교환공개매수 조건을 부적절한 것으로 만들어 버릴 수도 있다.

21) 대상회사의 주주는 취득회사의 주주가 되느니 그냥 대상회사에 남아 있기를 원할 수 있다. 특히 취득회사의 경영성과가 불확실할 때, 이자율이 높아서 현금 보유가 유리할 때에는 현금매수가 좀더 성공확률이 높다고 할 수 있다.

수 후 취득회사의 주당순이익의 희석 정도, (v) 세제상 혜택 등을 종합적으로 고려하고 있다.[22]

신주발행방식 교환공개매수의 유용성 및 단점은 상당부분 주식 대 주식이라는 기본구조 자체에 기인한다. 즉 구주에 대한 신주의 교부를 뜻하는 현물출자인 경우에도 위 비슷한 장단점이 발생한다. 여기에서 신주발행방식 교환공개매수를 공개매수 측면에서 접근할 것인지 아니면 현물출자 측면에서 접근할 것인지에 대한 의문이 생긴다.

(2) 법적 구성

취득회사가 대상회사 주식을 공개매수하면서 그 대가로 취득회사의 신주를 발행한다고 했을 때, 이를 보는 시각에는 '공개매수 측면'을 강조하는가 또는 '대상회사 주식 취득에 대한 신주발행 측면'을 강조하는가에 따라 크게 2가지가 있을 수 있다. 먼저 이를 통상의 공개매수와 본질적으로 유사한 것으로 보면서, 다만 그 대가가 현금이 아닌 신주라는 점에서만 차이가 있는 것으로 파악하는 견해가 있을 수 있다. 이러한 견해에 의하면 교환공개매수에 관한 규제의 근간은 공개매수규제이다. 다음으로 교환공개매수 시에 대상회사의 주식을 취득하고 그 대가로 신주를 발행하여 준다는 점에 착안하여, 이를 기본적으로 현물출자의 연장선상에 있는 것으로 파악하는 견해가 있을 수 있다. 이에 따르면 교환공개매수는 현물출자의 연장이고 공개매수절차는 그 현물출자의 주체를 결정하는 형식에 불과하다.

---

22) Byron E. Fox & Eleanor M. Fox, Corporate Acquisitions and Mergers, Vol.1, Lexis Publishing(2000), 5E-15.

1990년 일본 증권거래법 개정 이전에 일본 대장성은 신주발행을 대가로 하는 주식매수에 관하여는 증권거래법상 공개매수 관련규제가 적용되지 않는다고 판단한 적이 있다.[23] 즉 "공개매수자인 회사의 신주를 대가로 하는 공개매수는 현물출자에 해당하고, 현물출자는 매매, 교환 중 어느 것에도 해당하지 않으므로 공개매수에 해당하지 않는 것이 된다. … 따라서 증권거래법 제4조 제1항이 규정하는 모집에 관한 신고서만을 제출하면 되는 것이다"라고 본 것이다. 이렇듯 교환공개매수에 대해 현물출자에 관한 규제를 우선시하는 것은 기본적으로 교환공개매수를 단지 현물출자의 일환으로 파악하는 입장에 따른 것이다.

물론 교환공개매수가 대상회사 주식의 현물출자로서의 성격도 갖고 있음을 부인하기는 어렵다. 그러나 교환공개매수의 기본적 목적 및 방법은 공개매수와 그 궤를 같이한다. 현행법상 교환공개매수에 따르게 되는 공개매수절차를 단지 현물출자자를 특정하기 위한 절차 정도로 치부하는 것은 주객이 전도된 것이다.

(3) 적용 법리

실무적으로 볼 때, 현행 상법, 자본시장과 금융투자업에 관한 법률(이하 "자본시장법")의 해석상 교환공개매수에는 다양한 규정이 중첩적으로 적용된다. ① 첫 번째로 교환공개매수의 본질은 공개매수이므로 자본시장법 제133조 이하의 공개매수 규율이 문제된다. 현물출자에 따른 신주의 발행이 이루어지는 교환공개매수의 특수성에 착안하여 교환

---

23) 川村和夫, 註解 證券取引法, 有斐閣(1997), 295면 참조.

공개매수는 공개매수와는 전혀 다른 법리에 의해 규율되어야 한다는 견해도 있음은 앞서 살펴본 바와 같다. 그러나 이를 공개매수 규제범위에서 제외하는 것은 규제를 회피할 우회로를 열어주는 것이므로 적절하지 않다. 오히려 쟁점은 우리 자본시장법의 해석상 교환공개매수가 허용되는지 여부이다. 교환공개매수를 공개매수의 틀에서 이해한다 하여 우리법상 교환공개매수가 당연히 허용된다는 결론에 이르지는 않는다.

② 두 번째로, 교환공개매수에는 결과적으로 대상회사 주식의 현물출자가 이루어지므로 상법 제416조, 제422조의 절차규정이 적용된다. 현행 상법 및 자본시장법상 공개매수에 관해 현물출자 규율을 면제하는 조항은 없다. 다만 공개매수의 엄격한 절차에 다시 현물출자에 관한 절차를 덧붙일 필요가 있는지는 후술하듯 입법적 의문이 있다.

③ 마지막으로 교환공개매수 시 발행되는 신주의 총 가액이 금 10억원 이상인 때에는 취득회사는 증권신고서를 제출하여야 한다(자본시장법 제119조 제1항, 같은 법 시행령 제120조 제1항). 교환공개매수 시의 신주발행을 일반공모로 볼 것인지 제3자 배정증자로 볼 것인지는 후술하듯 논란이 있다. 그러나 어떻게 구성하더라도 교환공개매수의 상대방이 50인 이상이라면 공모(자본시장법 제9조 제7항)로서, 그 가액에 따라 자본시장법상 공시의무를 이행해야 한다.

이렇게 볼 때 현행법상 교환공개매수는 ① 공개매수, ② 현물출자, ③ 주식공모발행 등 상법, 자본시장법상 다양한 요건을 모두 충족시킬 때에만 비로소 가능하게 된다. 이하 순서대로 살펴보기로 한다.

3. 자본시장법상 공개매수 법리의 적용

(1) 문제의 소재

자본시장법 제133조 제3항은 "주식등을 대통령령으로 정하는 기간 동안 증권시장 밖에서 대통령령으로 정하는 수 이상의 자로부터 매수등을 하고자 하는 자는 그 매수등을 한 후에 본인과 그 특별관계자가 보유하게 되는 주식등의 수의 합계가 그 주식등의 총수의 100분의 5 이상이 되는 경우에는 공개매수를 하여야 한다"라고 규정한다. 이에 따르면, (i) 6개월간의 매수기간,[24] (ii) 10인 이상의 상대방,[25] (iii) 5% 이상 지분의 매수등(즉 유상취득)[26]의 세 가지 요건이 갖추어진 때에는 공개매수가 강제된다.[27] 이 글에서 논하는 주권상장법인 간 교환공개매수는 통상 위 요건에 해당할 것이므로, 위 강제조항에 따라 자본시장법상 공개매수방식에 의하지 않으면 안 된다. 문제는 자본시장법 해석상 신주발행방식의 교환공개매수가 가능한지 여부이다. 만약 공개매수관련 규정이 이를 전제하지 않는다면, 공개매수방식에 의할 것이 강제됨에도 실제로 이 방식을 따를 길이 없으므로 결국 교환공개매수를 실행할 수

---

24) 그 기간은 해당 주식등의 매수등을 하는 날부터 과거 6개월간으로 정의되어 있다(자본시장법 시행령 제140조 제1항).

25) 상대방의 숫자는 (i) 해당 주식등의 매수등을 하는 상대방의 수와 (ii) 위 6개월 동안 그 주식등의 매수등을 한 상대방의 수의 합계가 10인 이상인 경우를 가리킨다(자본시장법 시행령 제140조 제2항).

26) '매수등'이란 매수·교환·입찰, 그 밖의 유상취득으로 정의된다(자본시장법 제133조 제2항).

27) 한편 일본 금융상품거래법상 공개매수는 "불특정 다수의 자에 대해 공고에 의하여 주권 등의 매수 등을 청약하거나 매도 등(매도 및 그 밖의 유상의 양도를 말한다. 이하 이 장에서 같다)의 청약을 권유하고, 거래소 금융상품시장 밖에서 주권 등의 매수 등을 하는 것"으로 정의되어 있다(제27조의2 제6항).

없게 된다.

자본시장법령에 따르면 적어도 공정거래법상의 지주회사와 관련하여 일부 명시적으로 신주발행방식의 교환공개매수가 허용된다. 먼저 이 부분을 살펴보고, 나아가 이러한 법리를 교환공개매수 전반에 일반화할 수 있는지 검토한다.

(2) 자본시장법 제146조 제4항 제5호 단서의 명시적 허용

1) 허용범위

구 증권거래법 시행령 제11조의4 제3항 제5호는 "다른 유가증권과의 교환에 의한 공개매수의 경우에는 공개매수자가 교환의 대가로 인도할 유가증권의 보유를 증명하는 서류"를 공개매수신고서에 첨부하도록 하고 있었다. 이는 이미 발행된 유가증권만이 교환의 대상이고 신주발행방식의 교환공개매수는 불허된다는 뜻으로 읽혔다. 하지만 2001년 7월 7일 개정 시행령은 여기에 단서를 추가하여 "다만 공정거래법 제8조의2 제1항 제2호의 기준에 해당하지 아니할 목적으로 현물출자를 받기 위하여 공개매수를 하고자 하는 경우에는 신주의 발행을 증명하는 서류"를 첨부하도록 규정하였다. 현행 자본시장법 시행령 제146조 제4항 제5호도 같은 취지이다.[28] 그 결과 위 공정거래법 조항에 관련된 신주발행 교환공개매수는 실무적으로도 별 의문 없이 진행되고 있다.[29] 여기에

---

28) 해당 공정거래법 조문만 개정을 반영하여 제18조 제2항 제2호로 바꾸었을 뿐이다. 한편 증권의 발행 및 공시 등에 관한 규정(이하 "발행공시규정") 제2-3조 제2항 제3호도 위 시행령의 취지를 반영하고 있다. 즉 "영 제146조 제4항 제5호 단서에 따라 공개매수의 대가로 교부하기 위하여 신주를 발행함에 있어서 발행예정주식수가 변경되는 경우"에는 신고서 효력발생일에 영향을 미치지 않는 정정신고의 대상이 된다.

29) 예컨대 위 LG의 사례는 이 단서조항에 해당하는 것이었다.

서 '신주의 발행을 증명하는 서류'란 신주발행을 결의한 이사회 의사록 등을 의미한다.[30)]

논란이 되는 것은 위 단서, 즉 "공정거래법 제18조 제2항 제2호에 따른 기준에 해당하지 아니할 목적"의 범위이다. 위 공정거래법 조항은 공정거래법상 지주회사가 자회사 지분을 50%(상장자회사인 경우 30%) 이상 보유하도록 의무화한다. 이에 따르면, 지주회사가 되었음에도 자회사 지분이 위 50% 또는 30% 기준에 미달한 상태라면 이 지주회사는 신주발행방식으로 교환공개매수 할 수 있다. 나아가 (i) 아직 지주회사는 아니지만 지주회사 전환이 예정되어 있는 상태에서 위 지분율 요건을 충족하기 위해 이루어지는 교환공개매수도 가능하다고 볼 것이다.[31)] 향후 발생할 법 위반상태를 해소하려는 목적이라는 점에서 동등한 입장에 있기 때문이다. 실무적으로도 이러한 교환공개매수는 실행되고 있다.[32)] (ii) 이미 위 지분요건을 충족한 상태에서 추가매입하는 경우에도 신주발행방식의 교환공개매수가 가능하다고 볼 것이다.[33)] 자회사 신주발행 등 지분희석에 대비할 필요가 있을 뿐 아니라, 상장자회사 지분율을 높이는 것을 굳이 억제할 이유도 없기 때문이다. 이 역시 실무상 사례가 많다.[34)] (iii) 공정거래법 제18조 제2항 제3호(지주회사가 자회사 아닌 계열회사의 주식 소유 금지) 위반을 해소하기 위한 경우에도 확대

---

30) 김현태 / 이승환, 공개매수자의 의무 및 특수한 형태의 공개매수, BFL 제55호(2012), 41면.

31) 김현태 / 이승환, 앞의 논문(각주 30), 42-43면.

32) 구 증권거래법 시절의 재정경제부 유권해석도 이를 허용하고 있고, 태평양 및 디피아이홀딩스의 경우 이러한 상황에서 교환공개매수를 진행했다는 설명으로 김현태 / 이승환, 앞의 논문(각주 30), 43면.

33) 김현태 / 이승환, 앞의 논문(각주 30), 43-44면.

34) 김현태 / 이승환, 앞의 논문(각주 30), 44면.

적용할 수 있을 것이다.[35] 해당 계열회사를 자회사로 하는 방식, 즉 그 주식을 추가매입하는 형태로 위반을 해소하려는 경우 결국 공정거래법 제18조 제2항 제2호 위반 문제와도 관련성을 갖게 되기 때문이다.

2) 관련 문제: 자기주식과 신주의 혼합 형태인 경우

논의의 전제로서, 자기주식을 대가로 하는 교환공개매수가 허용됨은 당연한다.[36] 자본시장법 제133조 제1항은 공개매수의 대가로서 널리 '다른 증권과의 교환'을 규정하는데 다른 증권 중 자기주식을 배제할 근거는 없다. 또한 자기주식은 이미 발행된 상태이므로 위 논란이 되었던 자본시장법 제146조 제4항 제5호 '단서'까지 가지 않더라도 '본문'에 따라 인도할 증권의 확보를 증명하는 서류를 쉽게 준비할 수 있다. 조세특례제한법 제38조의2 제3항도 자기주식을 대가로 하는 교환공개매수의 적법성을 전제한다.

문제는 지주회사 전환과정에서 교환공개매수의 대가로서 신주 및 자기주식을 혼합하여 제공하는 경우이다. 예컨대 자기주식만으로는 대가를 전부 지급할 수 없어 일부 신주를 발행하는 경우이다. 이러한 혼합 형태가 법리상 허용됨은 물론이다(다만 신주발행과 관련하여 위 자본시장법 제146조 제4항 제5호 단서가 발동 가능한지 문제될 뿐이다). 한편 실제 실행에는 몇 가지 쟁점이 있다. (a) 먼저 신주와 자기주식의 가치를 동일하게 산정하는 문제이다. 공개매수대가의 균일성(자본시장법 제141조 제2항) 요청에 따라 위 가치는 동등해야 한다. 하지만 공개매수신고서 제출시점을 기준으로 가치가 산정되는 자기주식과 달리, 신주 발행가액

---

35) 김현태 / 이승환, 앞의 논문(각주 30), 44면.
36) 김현태 / 이승환, 앞의 논문(각주 30), 45면.

은 공개매수신고서에 이를 확정하지 못하고 추후 신주 발행가액이 확정된 후 이를 보정하는 방식에 따른다.[37] 이러한 차이점을 해소하기 위하여 실무상으로는 자기주식의 가액 역시 신주 발행가액과 마찬가지로 추후 확정하는 것으로 처리하고 있다.[38] (b) 자기주식에 관한 증권신고서 정정 문제이다. 신주발행에 관하여는 발행공시규정 제2-3조 제2항 제3호에 특례가 있다. 즉 신주 발행방식의 교환공개매수인 경우, 신주 발행가액 확정에 따라 발행예정 주식수가 변경되어 정정신고서를 제출하더라도 증권신고서 효력발생에 영향이 없다. 반면 자기주식의 경우 이러한 조항이 없으므로, 만약 ①에 따라 추후 자기주식 가액이 확정되어 자기주식수가 변경되더라도 이를 반영하기 어렵다. 실무적으로는 교환공개매수를 통해 매출될 자기주식의 수량은 사전에 확정하고, 자기주식의 수량만 보정하는 방식으로 이를 해결하고 있다.[39]

(3) 일반화 가능성

1) 서설

신주발행방식의 교환공개매수 중 지주회사 전환과 관련된 것을 자본

---

37) 발행공시규정 제5-18조에 따르면 신주발행가액은 청약일 전 과거 제3거래일부터 제5거래일까지의 가중산술평균주가를 기준주가로 하여 일정 할인율을 적용하여 산정된다.

38) 2007년 9월 이루어진 네오위즈게임즈 주식에 대한 공개매수의 경우, 공개매수자인 네오위즈는 응모주식 1주당 자기주식 1.01550649주 및 신주 8.14848065주를 교부하는 방식으로 교환공개매수를 실시하였는데, 그 과정에서 자기주식의 가액을 신주의 발행가액 결정과 동시에 확정되는 것으로 처리한 바 있다. 김현태 / 이승환, 앞의 논문(각주 30), 47면.

39) 위 네오위즈게임즈 건도 이러한 방식에 따랐다. 김현태 / 이승환, 앞의 논문(각주 30), 47면.

시장법 시행령이 명시적으로 인정한다는 점은 앞서 살펴본 바와 같다. LG그룹 및 그 이후에 지주회사 설립, 전환과정에서 이루어진 신주발행방식의 교환공개매수[40]는 모두 자본시장법 시행령 제146조 제4항 제5호 단서, 즉 "공정거래법 제18조 제2항 제2호에 따른 기준에 해당하지 아니할 목적으로 현물출자를 받기 위하여 공개매수를 하려고 하는 경우"에 해당하는 것이었다. 일반적인 기업인수 목적으로 교환공개매수가 시도된 사례는 없는 것으로 보인다. 그렇다면 지주회사 전환과 무관한 신주발행방식의 교환공개매수는 금지되는가? 이는 결국 자본시장법 자체의 해석 문제로 돌아간다. 자본시장법에서 이를 금지하는 취지라면 오히려 위 시행령이 상위법의 취지에 어긋한 것이 된다. 반면 자본시장법에서 이를 허용하였다면 위 시행령 조항은 예시에 불과한 것일 수 있다.

우리 자본시장법상 공개매수는 "불특정다수인에 대하여 의결권 있는 주식, 그 밖에 대통령령으로 정하는 증권(이하 "주식등"이라 한다)의 매수(다른 증권과의 교환을 포함한다. 이하 이 절에서 같다)의 청약을 하거나 매도(다른 증권과의 교환을 포함한다. 이하 이 절에서 같다)의 청약을 권유하고 증권시장 및 다자간매매체결회사(이와 유사한 시장으로서 해외에 있는 시장을 포함한다. 이하 이 절에서 같다) 밖에서 그 주식등을 매수하는 것"으로 정의된다(제133조 제1항). 이 조문에 비추어 볼 때, 신주발행방식을 통한 교환공개매수는 '매매'에도 '교환'에도 해당하지 않는다는 문제제기가 있을 수 있다. 민법상 매매는 "당사자의 일방이 재산권을 상대방에게 이전할 것을 약정하고 상대방이 그 대금을 지급할 것을 약정하는 계약"이고, 교환은 "당사자 쌍방이 금전 이외의 재산권을 상호 이전할

40) 일례로 2003. 10. 14. 주식회사 농심홀딩스의 공개매수결과보고서 참조.

것을 약정하는 계약"이다(민법 제563조, 제596조). 매매, 교환의 목적물에는 장래 성립될 재산권도 포함되므로 매매, 교환계약시 대상 목적물이 현존하지 않더라도 무방하지만, 상법상 출자를 현금(또는 구주)을 반대급부로 한 신주의 매매 또는 교환의 일종으로 보기에는 무리가 따른다. 예컨대 출자목적의 가액이 주식의 인수액을 초과함을 이유로 이를 정산하기 위해 현물출자자에게 금전을 지급하는 것은 허용될 수 없다.[41] 따라서 통설은 현물출자를 유상, 쌍무계약의 성격을 갖는 단체법상의 법률행위로서 매매, 교환과는 구분되는 것으로 파악한다.[42] 이에 따르면 신주발행방식의 교환공개매수는 위 자본시장법 제133조의 공개매수 방식에 포함되지 않는 것으로 해석될 여지가 있다.

나아가 교환공개매수는 통상의 공개매수와 달리 남용될 우려가 있으므로 조심스럽게 접근하여야 한다는 견해가 있을 수 있다. 특히 신주발행을 통한 교환공개매수는 현금공개매수와 달리 과도하게 활용될 우려가 있으므로 소극적으로 접근해야 한다는 것이다.

이하 우리 자본시장법 해석에 앞서 다른 나라의 입법례를 간단히 살펴보기로 한다.

2) 입법례

가. 미국

미국에서 공개매수 시에 대상회사의 주주에게 지급되는 대가에는 특별한 제한이 없다. 공개매수에 관하여 규제하고 있는 Williams Act도 대

41) 이철송, 회사법강의(제30판), 박영사(2022), 244면.
42) 이철송, 앞의 책(각주 41), 244면; 권기범, 현대회사법론(제6판), 삼지원(2015), 401면 등.

량주식 취득의 공시의무, 공개매수 시 취득회사의 공시의무 등을 규정하고 있을 뿐 공개매수의 대가에 관하여는 별다른 규정을 두고 있지 않다. 또한 미국에서는 현물출자를 행함에 있어서 우리나라, 일본과 같은 엄격한 심사절차 등을 밟아야 하는 것도 아니다. 따라서 공개매수 시 대상회사의 주주에게 현금뿐 아니라 취득회사의 주식, 사채 등을 새로 발행하여 줄 수 있다.[43] 나아가 반대급부로서 제공되는 유가증권으로서 취득회사의 자회사 주식 등 취득회사 아닌 다른 회사의 주식도 이용될 수 있으며,[44] 대상회사의 주주들에게 현금과 주식 중 선택할 수 있는 선택권을 주는 방식도 활용 가능하다.[45]

다만 현금매수가 아닌 교환공개매수를 할 때에는 Form S-4에 의하여 SEC에 신고하여야 하고, 주의 증권법(Blue Sky Laws)의 적용을 받게 되는 불편함이 있다. SEC가 유가증권신고서의 효력발생기간을 단축하기 위한 조치들을 취하고 있으나,[46] 특히 적대적 공개매수인 경우에 대상회사가 유가증권발행의 효력발생을 지연시키기 위하여 SEC에 각종 이의를 제기함으로 인해 공개매수 진행이 늦추어질 가능성이 상존하는 것이다.[47] 또한 경우에 따라서는 신주의 발행 시에 주주총회의 승인을

43) Martin Lipton & Erica H. Steinberger, Takeovers & Freezeouts, Vol.1, Law Journal Seminars Press(1998), pp.1-16.

44) Fox & Fox, 앞의 책(각주 22), 5E-17.

45) Gaughan, 앞의 책(각주 17), p.251.

46) 예컨대, SEC의 Corporate Finance Department는 선별조사(selective review) 시스템을 도입하여 최초의 유가증권신고서에 대하여는 종전의 전면적인 조사를 하지만, 차후 등록된 회사가 제출하는 유가증권신고서에 관하여는 간략한 조사만을 거치도록 하고 있다. 이러한 선별조사의 대상인 경우 교환공개매수의 기간은 현금매수의 기간과 거의 차이가 발생하지 않게 될 것이다. Martin Lipton and Erica H. Steinberger, 앞의 책(각주 43), pp.1-17; Patrick A. Gaughan, 앞의 책(각주 17), p.251.

47) Fox & Fox, 앞의 책(각주 22), 5E-16.

받아야 할 필요도 있다.[48)]

이와 같은 불편함에도 불구하고 교환공개매수는 미국 세법상 과세제외 되는 조직개편(tax-free reorganization)에 해당할 수 있고 취득회사에 충분한 현금이 없는 경우에도 활용할 수 있는 방식이기 때문에,[49)] 1990년대는 이러한 취득회사의 주식을 이용한 우호적 교환공개매수가 기업인수의 주된 형태로 등장한 바 있다.[50)]

나. 일본

일본은 종래 우리나라의 구 증권거래법(1997. 1. 13. 법률 제5254호로 개정되기 전의 것) 제21조 제1항과 같이 공개매수를 하여야 하는 경우로서 '매매 및 유가증권과의 교환'만을 규정하고 별도의 공개매수의 개념에 관한 조항을 두고 있지 않았다. 그러다가 1990년 증권거래법을 개정하면서 (i) 유가증권시장 이외에서 주권 등을 매수 등(주권 등의 매수 그 밖의 유상양수를 말하고 이에 유사한 것으로서 시행령으로 정하는 것을 포함)을 행하는 때에는 공개매수를 하여야 하는 것으로 하고(제27조의2 제1항), (ii) 공개매수의 정의규정을 신설하여 공개매수를 "매수 등(유상양수 포함)의 청약을 하거나 매도 등(유상양도 포함)의 청약을 권유하는 행위"라고 정의하였으며(제27조의2 제6항), (iii) 공개매수의 대가로 유가증권을 교부할 때에 그 유가증권의 모집, 매출로 말미암아 증권거래법 제4조의 유가증권신고서를 제출하여야 한다면, 당해 유가증권의 발행자가 공개매수신고서 또는 정정신고서의 제출과 동시에 유가증권신고서를 내각총리대신에게 제출하지 않으면 매도청약의 권유 등을 할 수 없도록 규

48) Fox & Fox, 앞의 책(각주 22), 5E-16.
49) Lipton & Steinberger, 앞의 책(각주 43), pp.1-16.
50) 김건식 / 송옥렬, 앞의 책(각주 19), 262면.

정하였다(제27조의4 제1항). 이처럼 종전 '매수(교환을 포함한다)'라는 조항을 '매수 기타 유상양수'로 개정하고, 모집에 따른 유가증권신고서 제출규정을 신설함에 따라 신주를 교환대가로 하는 교환공개매수도 가능해졌다는 견해가 일반적이었다.[51)]

일본의 현행 금융상품거래법 제27조의4는 현금 공개매수가 아니라 유가증권을 대가로 하는 공개매수를 규정한다. 이 조항은 공개매수를 하는 회사가 신주를 대가로 제공하면서 공개매수 하는 것을 명시적으로 허용하고 있다. 이러한 교환공개매수에서는 현물출자가 발생하므로, 현물출자에 관한 조사 등 회사법상 규율과 교환공개매수에 관한 금융상품거래법상 규율이 동시에 논의되고 있다.[52)]

3) 검토

공개매수에 대한 규율은 공개매수자로 하여금 매수기간, 매수수량, 매수가격 등을 공시하도록 하여 투자자 보호와 주주간 평등을 기하기 위한 것이다.[53)] 이러한 입법목적에 비추어 볼 때 교환공개매수를 공개매수와는 전혀 다른 것으로 방치할 이유가 없고, 오히려 사적자치의 원칙상 거래의 목적물이 현금이든 신주이든 대상회사 주주 보호의 관점에서 유사한 규율을 받도록 함이 합당하다. 또한 교환공개매수가 주식 대 주식형 거래의 일종으로서 기업구조조정의 주요한 수단이 될 수 있

---

51) 河本一郎 / 關 要 監修, 逐條解說 證券取引法(新訂版), 商事法務研究會(2002), 269면; 堀口 亘, 最新 證券取引法(新訂第三版), 商事法務研究會(2001), 234면; 松古樹美, 앞의 논문(각주 15), 19면; 川村和夫, 앞의 책(각주 23), 253면은 일반적인 교환공개매수는 가능하지만 미국처럼 자회사의 신주발행을 대가로 하는 형태의 교환공개매수는 신주를 발행하는 자회사의 자본충실의 관점에서 볼 때 불가능하다고 보고 있다.

52) 神田秀樹 外 編, 金融商品取引法 コンメンタール 1: 定義, 開示制度, 商事法務(2016), 743면.

53) 임재연, 2021년판 자본시장법, 박영사(2021), 628면.

고 투자의 계속성을 유지시키는 도구가 된다는 점을 감안하면 이를 허용할 필요성은 더 커진다고 할 수 있다. 자본시장법 제133조의 제1항의 '교환' 개념을 신주발행을 포함하여 폭넓게 인정하여야 할 것이다. 한편 자본시장법 시행령 제146조 제4항 제6호는 공개매수신고서에 첨부할 서류 중의 하나로서 "다른 증권과의 교환에 의한 공개매수에 관하여 법 제119조 제1항 또는 제2항에 따른 신고를 하여야 하는 경우에는 그 신고서에 기재할 사항의 내용과 같은 내용을 기재한 서류"를 들고 있다. 자본시장법 제119조 제1, 2항의 신고는 매출 이외에 모집의 경우도 포함하므로 위 시행령 조항은 신주발행을 배제하지 않았다는 추론이 가능하다.

교환공개매수의 일반적 허용이 적대적 기업인수 증가를 초래할 것이라는 우려는 근거가 없다. 무엇보다도 신주발행방식의 교환공개매수 시에는 증권신고서 제출, 현물출자검사 등에 따른 절차 지연과 대상회사 주주들의 현금선호에 따른 공개매수 실패 가능성 등 현금공개매수에서 발생하지 않는 문제점들이 생길 수 있다.[54)]

다만 실무상으로는 자본시장법 시행령 제146조 제4항 제5호 단서의 반대해석으로 인해 지주회사와 무관한 실주발행 교환공개매수는 금지되는 것으로 운용되고 있다.[55)] 이에 대하여는 위 시행령이 똑같은 '현물출자'임에도 일부를 '교환'에 해당하지 않는 것으로 규정한 취지라면 곧 위임의 한계를 벗어난 것이라는 비판이 제기될 수 있다. 이러한 논란을 해소하려면 입법적으로 신주발행 교환공개매수가 일반적으로 허용됨을 명확히 할 필요가 있다. 즉 (i) 자본시장법 제133조 제1항을 개

---

54) 임재연, 앞의 책(각주 53), 659면은 신주발행방식의 교환공개매수인 경우 공개매수 관련 정보가 사전에 알려지므로 적대적 공개매수 수단으로 부적절하다고 본다.
55) 김현태 / 이승환, 앞의 논문(각주 30), 41면

정하여 공개매수 정의규정에 매매, 교환 이외에 유상양수를 포함되는 것으로 확대하고, (ii) 동법 시행령 제146조 제4항 제5호를 개정하여 지주회사 전환과 무관하게 신주발행 증명서류를 첨부서류로 규정할 필요가 있다.

4. 상법상 현물출자 법리의 적용

(1) 공개매수절차와 현물출자 심사절차의 선후

현행 자본시장법과 상법의 해석상 신주발행방식의 교환공개매수 시에 공개매수 규제 이외에 현물출자와 관한 규정이 함께 적용된다는 점은 앞서 살펴본 바와 같다. 상법상 현물출자 절차를 행하려면 법원에 의한 현물출자 심사절차를 밟아야 하는바(상법 제422조), 공개매수절차와 현물출자 심사절차의 선후가 문제된다.

만약 공개매수기간이 경과하여 현물출자자 및 그 출자할 주식의 수량이 특정된 후 현물출자에 대한 법원의 심사절차를 진행하는 순으로 한다면, 법원의 현물출자에 대한 변경결정 시(상법 제422조 제2항)에 이를 반영하는 것이 불가능해진다. 공개매수자는 공개매수기간이 경과된 후 응모된 주식 전량을 당초 신고된 매수조건에 따라 매수할 의무를 진다(자본시장법 제141조 제1항). 자본시장법령이 허용하는 조건부 공개매수에서의 조건은 (i) 응모주식 등의 총수가 공개매수예정주식 등의 수에 미달할 경우 응모주식 등의 전부를 매수하지 아니한다는 조건, (ii) 응모주식 등의 총수가 공개매수예정주식 등의 수를 초과할 때에는 공개매수예정주식 등의 수의 범위 안에서 안분비례하여 매수하고 그 초과 부분의 전부 또는 일부를 매수하지 아니한다는 조건의 2가지뿐이다(자본시장법 제141조 제1항 제1, 2호). 따라서 비록 법원의 변경결정이 있었다 하더라도 이를 이유로 공개매수기간 경과 후에 공개매수조건을 변경할 수 없다. 또한 공개매수기간이 경과된 후에는 일체의 철회가 허용되지 않으므로(자본시장법 제139조 제1항), 공개매수자는 이러지도 저러지도 못하는 형편에 빠지게 되는 것이다. 나아가 이렇듯 공개매수절차가 종료된 후 별도의 현물출자 심사절차를 거쳐서 신주를 발행하는 것은, 매수자로 하여금 공개매수기간이 종료된 다음날 이후 "지체없이" 해당 주식을 매수하도록 한 자본시장법 제141조 제1항에 반하는 것이기도 하다.

한편 공개매수기간 중에 법원의 현물출자 심사가 마무리된다고 하더라도 문제가 해결되는 것은 아니다. 공개매수기간의 경과 전에 법원의 변경결정이 내려진다고 하여도 이를 공개매수의 조건으로 반영하기는 곤란하다. 왜냐하면 법원의 변경결정은 현물출자의 목적물의 평가를 하향조정하는 것을 뜻하고[56] 이를 공개매수 측면에서 보자면 매수가격의 인하라고 할 것인바, 이러한 형태의 공개매수 조건의 변경은 자본시장법상 허용되지 않기 때문이다(자본시장법 제136조 제3항).

이렇게 본다면 결국 현물출자 조사절차에서 법원이 현물출자의 내용에 대해 변경결정을 내릴 가능성이 상존하는 이상, 늦어도 공개매수신고서를 제출하기 전까지는 현물출자에 대한 법원의 심사절차를 마쳐야 한다는 결론이 된다.[57]

56) 즉 법원의 변경결정은 예컨대 현물출자자에게 부여하는 주식수를 감소시키는 등 감축적 변경에 한하며, 현물출자자에게 부여하는 주식수를 늘리는 등 회사의 부담이 증대하는 확장적 변경은 허용되지 않는다. 권순일 편집대표, 주석 상법 회사법(IV) (이상주 집필부분), 박영사(2021), 100면.

57) 임재연, 앞의 책(각주 53), 661면.

(2) 현물출자 심사를 선행함에 따른 절차적 이슈들

원칙적으로 현물출자의 심사절차는 이미 확정된 현물출자자 및 출자 목적물을 대상으로 이루어진다.[58] 향후 공개매수절차를 통해 구체적인 출자 내용을 확정할 것을 예정하고 현물출자 심사절차를 선행하는 형태는 전통적 법리에서 상정하지 않았던 것이다. 구체적으로 이러한 경우의 현물출자 심사는 (i) 현물출자계약도 체결되어 있지 않고, (ii) 현물출자자도 특정되어 있지 않을 뿐 아니라, (iii) 현물출자의 목적인 재산도 구체적으로 확정되지 않고, (iv) 현물출자자에게 부여할 주식의 수량도 결정되어 있지 않은 상태에서 이루어진다. 이에 따라 신주발행방식의 교환공개매수가, 현물출자 관련 이사회 결의시에 "현물출자를 하는 자의 성명과 그 목적인 재산의 종류, 수량, 가액과 이에 대하여 부여할 주식의 종류와 수"를 정하도록 하고(상법 제416조), 법원이 위 사항을 심사하도록 하는(상법 제422조 제1항) 우리 법체계에 부합하는지 의문이 생긴다. 항목을 나누어 살펴본다.

1) 현물출자 심사 시 현물출자 계약의 필요성

법원의 현물출자 심사 시에 현물출자자와 회사 사이에 현물출자계약

58) 예컨대 1998. 9. 7. 대법원 등기선례 5-840은 "주식회사의 신주발행시 부동산을 현물출자하기 위해서는, 주식 발행사항의 하나로서 정관에 규정이 없는 한 이사회의 결의에 의하여 현물출자를 하는 자의 성명과 그 목적인 부동산의 종류, 수량, 가격과 이에 대하여 부여할 주식의 종류와 수를 결정하여야 하고, 이러한 결정사항은 상법 제422조의 규정에 의하여 이사의 신청으로 법원이 선임한 검사인의 조사를 받아야 하며, 현물출자자인 신주의 인수인은 납입기일까지 목적인 부동산을 인도하고 소유권이전등기신청에 필요한 서류를 완비하여 회사에 교부하여야 할 것이고, 위와 같은 신주발행으로 인한 변경등기를 신청하는 경우에는 일반적인 첨부서면 외에 위 검사인이 한 조사보고서와 그 부속서류를 첨부하여야 한다"고 하고 있다.

이 체결되어 있어야 하는지의 여부는 현물출자 심사 대상이 무엇인지와 연결된다. 예컨대 법원이 현물출자의 이행 여부까지 심사할 수 있다고 하면, 현물출자 계약이 법원의 심사 이전에 체결되어 있어야 할 것이다. 생각건대 적어도 신주발행 시[59]에 있어서 법원심사의 대상은 이사회 결의로 보아야 할 것이다.[60] (i) 상법 제422조 제1항에 의하면 감정인 또는 법원의 감정 또는 심사의 대상은 증자를 위한 이사회 결의사항 중 일부인 제416조 제4호로 한정되어 있고, (ii) 증자를 위한 현물출자는 법원의 현물출자 인가 이후에 실행되는 것이 오히려 통상적이며,[61] (iii) 법원이 현물출자를 심사하는 주된 취지는 현물출자를 받는 회사의 자본충실이 침해되는 것을 방지하기 위한 것인바, 이러한 목적은 당해 현물출자 계약이 체결되지 않았다 하더라도 현물출자의 내용을 결정한 이사회 결의만 심사하면 달성될 수 있기 때문이다. 결국 교환공개매수 시에 신주발행에 관한 이사회의 결의가 있는 이상,[62]

---

59) 회사설립 시에 이루어지는 현물출자의 경우는 사정이 다소 다를 수 있다. 발기설립에 관한 상법 제299조 제1항은 "검사인은 제290조의 각호의 사항과 제295조의 규정에 의한 현물출자의 이행을 조사하여 법원에 보고하여야 한다"고 규정하고 있고, 서울지방법원 남부지원 2001. 11. 12. 자 2001파40 결정은 "… 상법 제299조는 … 현물출자의 이행을 조사하여 법원에 보고하도록 요구하고 있어 이 경우의 조사 및 법원의 심사대상은 현물출자의 조건뿐 아니라 그 이행 내용도 그 대상으로 하고 있으며 따라서 절차적으로도 이러한 조사 및 심사는 현물출자자가 확정되고 그 이행까지 완료된 이후에 이루어진다 …"라고 하였다. 한편 모집설립에 관한 상법 제310조 제1항은 "정관으로 제290조에 게기한 사항을 정한 때에는 발기인은 이에 관한 조사를 하게 하기 위하여 검사인의 선임을 법원에 청구하여야 한다"고 규정하고 있고, 2003. 2. 25. 대법원 등기선례 200302-17은 "상법 제310조의 규정에 의한 검사인의 조사나 공인된 감정인의 감정의 대상에는 변태설립사항인 현물출자의 내용만이 포함되며, 현물출자의 이행에 관한 것은 같은 법 제313조의 규정에 의하여 이사와 감사가 이를 조사하여 창립총회에 보고하여야 할 사항이다"라고 설시한바 있다.

60) 서울지방법원 남부지원 2001. 11. 12.자 2001파40 결정도 동지.

61) 권순일 편집대표, 앞의 책(각주 56), 98면.

62) 이와 관련하여서는 법원의 현물출자 심사인가를 먼저 받고, 그 이후에 신주발행 이사

공개매수 상대방과의 현물출자 계약이 체결되어 있지 않다고 하더라도 현물출자 심사절차를 진행하는 데에는 아무런 문제가 없다 할 것이다.

2) 현물출자 심사 시 현물출자자의 특정 필요성

이렇듯 이사회 결의 시에 또는 현물출자 심사 시에 구체적인 현물출자 계약이 체결되어 있을 필요가 없다고 하여 곧 현물출자를 할 자가 특정되지 않아도 된다는 뜻은 아니다. 먼저 이에 관한 일반적 논의를 살펴보고, 구체적으로 신주발행방식의 교환공개매수에서의 특정 문제를 검토한다.

가. 특정에 관한 일반적 논의

상법 제416조 제4호는 현물출자 시에 '현물출자를 하는 자의 성명 …'을 이사회 결의사항 중 하나로 규정한다. 또한 1999. 5. 20. 대법원 송무예규 제719호 제5조 제3호는 "상법 제422조의 규정에 의한 감정의 경우 현물출자자의 성명, 주소, 전화번호"를 감정서에 기재하도록 하고 있다. 또 상법 제422조에 따르면, 법원이 현물출자를 심사한 결과 부당성이 인정되면 '현물출자를 한 자'에게 변경을 통고할 수 있고(제3항) 이에 불복하는 '현물출자를 한 자'는 주식의 인수를 취소할 수 있다(제4항).[63]

회 결의를 하는 방식의 유효성에 관한 논의도 제기되고 있으나(신주발행 가격이 이사회 결의일을 기준으로 정해지는 경우 이러한 방식을 택하여 이사회 결의를 최대한 늦춘다면, 신주를 발행하는 회사의 입장에서는 주가상승국면에 보다 적은 주식을 발행하여 현물출자를 받을 수 있는 장점이 있다), 법원은 현물출자 심사시에 이사회 의사록을 요구하고 있다.

63) 나아가 위 송무예규 제7조 제3항은 법원이 조사보고서, 감정서가 부당하다고 인정하여 변경결정을 할 경우 현물출자자에게도 변경결정의 등본을 송달하도록 하고 있다.

이에 따라 일부 학설은 현물출자자는 반드시 특정되어야 한다고 본다.[64)]

나. 구체적 검토

위 상법 및 송무예규의 문언들만 살펴보면 법원의 현물출자 심사 시에 현물출자자가 반드시 특정되어 있어야 한다는 뜻으로 읽히기도 한다. 하지만 상법에 이러한 현물출자 심사조항을 두게 된 입법취지 등을 고려해 본다면, 적어도 교환공개매수의 과정에서 이루어지는 현물출자의 심사에 있어서는 이러한 특정성은 완화시켜 해석할 필요가 있다.

먼저 상법 제422조 제3항 내지 제4항의 경우 현물출자자에 대한 변경결정 통고 등을 규정하고 있기는 하나, 위 조항들은 법원이 현물출자 변경결정을 내림에 있어서 이미 현물출자 계약을 체결하거나 이행을 마친 자가 있는 경우에만 적용되는 것으로 해석함이 타당할 것이다. 회사가 현물출자를 받는 유형에도 여러 가지가 있을 수 있는바, 그중에서도 법원의 현물출자심사 이전에 미리 현물출자계약을 체결하거나 이행을 받은 경우에 위 통고규정 등이 적용된다고 보아야 하는 것이다.

즉 상법 제422조 제1항에 의하여 '현물출자를 하는 자'가 있는 경우에는 법원의 심사절차가 필요하게 되고, 그중 이미 '현물출자를 한 자'가 있으면 같은 조 제3항 내지 제4항에 의하여 현물출자 변경결정 시 권리구제절차가 필요하게 되는 것이다. 상법 제422조 제3항 내지 제4항에서 통고 및 불복규정을 둔 이유는 현물출자자에게 현물출자조건의 변경 이후에도 현물출자를 계속할 것인지에 대한 결정기회를 부여하기 위한 것인바, 특히 이 논문에서 문제되는 교환공개매수의 경우에는 현물출자

64) 권순일 편집대표, 앞의 책(각주 56), 24면.

심사 후 공개매수 및 공모절차가 이루어지게 되고, 이미 변경 내용이 반영된 공개매수조건에 만족하지 못하는 대상회사의 주주는 이에 응하지 않으면 될 것이므로 현물출자자의 권익은 충분히 보호받는다고 보아야 할 것이다.

본디 현물출자에 대하여 법원의 심사절차를 규정한 취지는 현물출자 시에 무가치한 재산이 출자되거나 출자재산이 과대하게 평가되어 자본 충실을 해할 가능성이 있기 때문이다. 이사회 결의나 법원 현물출자 심사 시에 현물출자자에 관한 사항을 기재하게 한 이유도 가급적 현물출자자를 특정함으로써 회사와의 특수관계 등으로 인해 부당한 평가의 가능성이 있는 경우 좀더 신중한 심사를 할 수 있도록 하고, 현물출자 심사 시에 그 이행의 가능성, 목적물의 하자 등을 종합적으로 고려하고자 한 것으로 생각된다. 따라서 이러한 입법취지에 어긋나지 않는 한 현물출자자를 구체적으로 특정하지 않았다 하더라도 법원의 현물출자 심사 및 인가의 대상이 되는 것으로 보아야 하는 것이다. 일반적 현물출자인 경우에는 현물출자자를 특정할 필요가 있을지 몰라도, 교환공개매수에서처럼 인수조건이 현물출자를 하는 모든 자에게 균등하게 적용되고,[65] 구체적으로 현물출자자를 특정하지 않더라도 당해 출자목적물(주식)의 가치를 평가하는 데에 아무런 지장이 없는 때에는, 특정성을 보다 탄력적으로 해석할 수 있는 것이다. 또한 신주발행방식의 교환공개매수의 경우에 이에 응한 대상회사의 주주들은 그 주식을 미리 예치하여야 하고, 출자목적물도 주식이라는 대체물이므로, 출자이행의 가능성, 목적물의 하자 등이 문제될 여지도 없다. 나아가 교환공개매수라고 하여도 어느 정도 자격을 갖춘 자(대상회사의 주주)로 현물출자 예정자를 정하

65) 자본시장법 제141조 제2항.

고 있으므로 특정이 전혀 없다고 보기도 어렵다.[66] 무엇보다도 앞서 살펴본 바와 같이 자본시장법령상 적어도 일부 경우에 신주발행방식의 교환공개매수를 할 수 있는 것으로 명시되어 있는 점을 고려할 때, 보다 일반적 규정인 상법상 현물출자 심사조항은 유연하게 해석될 필요가 있다. 따라서 "대상회사의 주주들 중 취득회사의 ○월 ○일자 이사회결의에 의한 공개매수에 응하는 자" 정도로 현물출자자를 기재하였다 하더라도 상법이 요구하는 특정은 이루어진 것으로 보아야 할 것이다.

3) 현물출자 심사와 현물출자 목적물의 종류, 수량, 가액의 문제

상법 제416조 제4호는 현물출자에 관한 이사회 결의 시에 '현물출자의 목적인 재산의 종류, 수량, 가액'에 관한 사항을 포함시키도록 하고 있다. 신주발행방식의 교환공개매수인 경우 매수목적물인 주식의 종류를 특정하는 것은 문제가 없으나, 그 수량 및 가액에 관하여는 몇 가지 법적 쟁점이 있다.

교환공개매수를 위한 이사회 결의 시에 현물출자 목적물의 수량으로서 대상회사의 지배권을 획득하기에 충분한 정도의 주식 수(즉, 공개매수 대상 주식 수 전체)를 기재하는 것이 보통이다.[67] 위 기재를 전제로 현물출자 인가를 받은 후, 교환공개매수 실행결과 응모가 저조하여 목표 수

66) 교환공개매수를 결의한 2001. 11. 8자 주식회사 LGCI의 이사회 의사록에 의하면 현물출자자의 성명으로 "주식회사 LG화학, 주식회사 LG생활건강 및 주식회사 LG홈쇼핑의 기명식 보통주식을 보유하는 자 중 아래 제2호 의안의 이사회 결의에 의한 공개 매수 절차에 응하는 자"라고 기재하고 있다.

67) 예컨대 위 LGCI의 이사회에서는 공정거래법상 지주회사요건을 충족시키는 데 필요한 수량 전체, 즉 주식회사 LG화학 기명식보통주식 17,636,600주, 주식회사 LG생활건강 기명식보통주식 4,276,000주, 주식회사 LG홈쇼핑 기명식보통주식 1,968,000주를 각각 현물출자 목적물로 결의하였다.

량을 채우지 못했거나 나아가 공개매수의 조건에 따라 응모주식의 전부를 매수하지 않기로 했다면, 현물출자인가 위반인가? (i) 통상의 현물출자에서도 현물출자의 이행 여부에 따라 실제 출자되는 목적물의 수량이 달라질 수 있으며, (ii) 신주발행 시 법원의 현물출자 심사대상은 앞서 살펴본 바와 같이 현물출자계약 또는 그 이행이 아니라 이사회 결의의 타당성이므로, 이는 단지 출자 미이행으로서 현물출자 인가 위반이라고 보기 어렵다. 법원이 인가한 현물출자조건에 반하여 출자가 이루어지지 않는 이상, 당초 예정했던 현물출자 목적물의 수량을 채우지 못한 것은 특별히 문제될 여지가 없다고 본다.

다음으로 현물출자의 가액산정과 관련하여서는 현물출자 심사의 취지와 공개매수의 현실 사이에 충돌이 발생할 여지가 있다. 앞서 본 바와 같이 현물출자 심사는 출자재산이 과대하게 평가되어 자본충실을 해하지 않도록 하는 데 주안점을 두고 있다. 반면 공개매수 관점에서는 성공적 매수를 위해 대상회사 주식의 가치를 시가보다 높이 평가할 필요가 있다. 통상의 공개매수와 달리 교환공개매수의 경우에 법원이 현물출자 심사과정에서 프리미엄의 존재를 부인한다면 그 성공적인 실행을 기대하기 어렵게 된다.

생각건대, 교환공개매수의 경우 법원이 현물출자를 심사함에 있어 단순한 주식의 현물출자 이외에 경영권 인수 측면이 있음을 충분히 고려할 필요가 있다. 이렇게 본다면 주식의 시가 이외에 추가로 프리미엄을 부여한다고 하더라도 이를 과대평가라고 보기는 어려운 것이다. 또한 앞서 본 바와 같이 교환공개매수는 어디까지나 공개매수의 일종으로서 기본적으로 현물출자의 법리보다는 공개매수의 법리가 우선하여야 하는 것이다. 따라서 법원의 공개매수자에게 출자목적물의 가액 산정에 관한 넓은 판단 여지를 부여할 필요가 있을 것이다. 법원도 LGCI

의 사례에서 "프리미엄이 자본충실의 원칙을 해하는지 여부에 관하여 살피건대, 사건 본인 회사가 위 대상 3사의 주식을 취득하려는 목적이 공정거래법상 지주회사로서 위 대상 3사의 경영권을 획득하여 지배하기 위함에 있고, 경영권을 획득할 정도로 대량의 주식을 인수하는 경우 주식시장에서 위 대상 3사 주식의 공급에 비해 수요가 증가한다는 점을 고려하면 위 대상 3사 주식의 시장가격이 상승하리라 예상되고, 제출된 자료에 의하면 통상 주식의 공개매수 시 프리미엄이 지급되고 그 프리미엄의 비율은 최소 18%에서 최고 88%까지 다양한바, 위 대상 3사의 주식의 취득으로 이전되는 경영권의 가치와 현물출자의 목적인 위 대상 3사의 주식에 대하여 부여하는 사건본인회사의 신주를 일반공모방식에 의하여 유상증자를 할 경우 유가증권의발행및공시등에관한규정 제57조 제2항에 따라 기준 주가에 30%까지 할인하여 발행가액을 정할 수 있음에도 할인 없이 신주를 발행하여 교부하는 점을 고려하면, 위 프리미엄을 부가하는 것은 타당하고 이것이 자본충실의 원칙을 해한다고 보기 어렵다"고 판시하였다.[68]

4) 현물출자 심사와 현물출자자에게 부여할 주식 수의 특정 문제

상법 제416조 제4호는 현물출자에 관한 이사회 결의 시에 '현물출자에 대하여 부여할 주식의 종류와 수'를 정하도록 하고 있다. 현물출자자에 대하여 부여할 주식의 '종류'는 통상 기명식 보통주식 등으로 특정되므로 특별한 쟁점이 없다. 문제는 현물출자자에게 부여할 주식의 '수'이다.

현물출자자에 부여할 주식 수는 '현물출자 목적물의 가액'과 '신주발

68) 서울지방법원 남부지원 2001. 11. 12.자 2001파40 결정.

행가액'의 비율에 의하여 결정되는 것이다. 이 비율만 확정된다면, 실제 각 현물출자자에게 얼마의 신주를 부여하는지는 구체적 현물출자 이행 또는 공개매수 응모의 문제일 수 있다.[69] 이 중 '현물출자 목적물의 가액'은 교환공개매수의 경우에도 법원 심사 이전에 확정되고 앞서 본 바와 같이 별도의 심사의 대상이 되므로, 남는 것은 '신주발행가액'의 문제이다.

후술하는 바와 같이 신주발행방식의 교환공개매수를 일반공모라고 볼 때, 그 발행가액은 청약일 전 제3거래일부터 제5거래일까지의 가중산술평균주가를 기준으로 하여 30% 이내의 할인율을 적용하여 결정된다(증권의 발행 및 공시 등에 관한 규정 제5-18조 제1항). 이 조항에 따르면 현물출자 심사를 공개매수절차에 선행시키는 구조 하에서 구체적 신주발행가액을 현물출자 심사 시에 확정하는 것은 불가능하다.[70] 보다 탄력적으로 해석하여, 구체적인 신주발행가액이 아니더라도 신주발행가액을 정하는 일정한 산식을 정해 두면 특정의 요건을 갖추었다고 보아야 할 것이다.[71] 현물출자에 대해 어떤방식으로 신주를 부여할 것인지만 확인하면 심사의 목적을 달성할 수 있기 때문이다.

나아가 법원에 의한 현물출자 심사 제도의 취지에 비추어 볼 때 '현물출자 목적물의 가액'을 심사하는 것은 수긍이 가지만, 만약 상법 제416조

69) 예컨대 현물출자에 대하여 부여할 주식 수로서 "현물출자 주식 수 × 확정비율(구체적 수치)"로 표시하여도 아무런 문제가 없는 것이다.

70) 위 조항의 청약일은 공개매수기간의 초일로 해석되므로 신주발행가액은 공개매수 개시 직전에야 확정 가능하다.

71) 위 LGCI의 이사회 의사록에 의하면, LGCI의 이사회는 현물출자에 대하여 부여할 주식의 수로서 "현물출자주식수 × 현물출자의 목적인 재산의 1주당 가액 / 신주발행가액"이라고 정하고, 신주발행가액에 관하여 "할인율을 0%로 하여 유가증권의 발행 및 공시 등에 관한 규정 제57조에 의하여 산정되는 가액으로 하되 그 가액이 액면가 이하일 경우에는 액면가로 함"이라고 결의하였다.

제4호 및 제422조 제1항이 '신주발행가액'을 심사하도록 한 것이라면[72] 이는 적절하지 못한 것으로 생각된다. 즉 현물출자에 대한 심사 제도는 현물출자목적물의 과대평가를 견제하기 위한 것이고, 신주발행가액이 지나치게 낮은지 또는 적절한지의 문제는 현물출자뿐 아니라 증자의 경우에 일반적으로 문제되는 것이므로 법원의 현물출자 심사의 범위를 벗어나는 사항이라고 할 수 있다. 이러한 신주발행가액의 적정성 문제는 이사의 책임(상법 제401조), 현저하게 불공정한 가액으로 주식을 인수한 자의 책임(상법 제424조의2) 등으로 해결할 것이고, 법원은 원칙적으로 액면미달 발행(상법 제417조)이 아닌 이상 사전관여할 수 없다고 보아야 한다. 이렇게 볼 때 설사 해석론 상 '신주발행가액의 적정성' 역시 법원의 심사대상에 포함된다고 하더라도 이는 '현물출자 목적물의 가액'과 달리 주된 심사대상이 아니다. 따라서 이에 관한 미리 정해진 산식만을 결의하는 것으로 충분하다고 볼 것이다.

(3) 입법론

우리 법원은 2001년 LG사례에서 현물출자에 관한 상법상의 요건을 탄력적으로 해석하여 신주발행방식의 교환공개매수의 길을 열어주었고,[73] 이후 이러한 입장은 유지되고 있다. 바람직한 태도라고 할 수 있다.

---

72) 예컨대 위 남부지원 결정은 "… 현물출자 목적물의 평가는 별도항목으로 감정 및 심사의 대상이 되고 있으므로 결국 현물출자에 대하여 부여할 주식의 수량을 감정 또는 심사하라는 취지는 신주의 발행가격을 고려하여 현물출자의 인가 여부를 결정하라는 취지이다"라고 판시하고 있다.

73) 서울지방법원 남부지원 2001. 11. 12.자 2001파40 결정.

신주발행방식의 교환공개매수가 보다 원활하게 이루어지려면, 상법상 현물출자에 관한 입법적 재검토가 필요하다. 먼저 적어도 주권상장법인 간에 이루어지는 교환공개매수 시에는 공개매수, 유상증자에 관한 규제만을 받도록 하고 현물출자 심사를 받지 않도록 하는 방안을 검토할 필요가 있다. ① 현물출자 심사절차가 개입됨으로써 절차가 상당부분 지연된다. LGCI의 경우에 교환공개매수과정에서 신주발행조사 신청서 및 그 보정서를 제출하고, 증권신고서의 경우에도 정정신고서를 별도로 제출하는 등 복잡한 절차를 거친 후에 이를 마무리 지을 수 있었다. 이러한 사정은 그 이후에도 크게 바뀌지 않은 것으로 보인다. 이처럼 처음 법원에 신주발행 심사신청을 한 때(2001. 10. 18)로부터 공개매수절차를 마치고 신주를 발행할 때(2001. 12. 21)까지 2개월 이상이 걸리는 구조 하에서는 신속한 기업구조조정 내지 기업인수의 목표는 차질을 빚을 수밖에 없는 것이다.[74] ② 상법상 주식교환, 주식이전, 물적분할 등 현물출자와 같은 결과가 발생함에도 별도 검사절차가 필요 없는 사례에서도 나타나듯이, 거래의 진행과정에 현물출자가 발생한다고 하더라도 반드시 현물출자 검사절차를 거치도록 하여야 할 필연성이 있는 것도 아니다. ③ 교환공개매수에 대한 규제는 기본적으로 공개매수의

---

74) LGCI의 경우 교환공개매수의 진행순서는 다음과 같다.

(a) 2001. 10. 18. 서울지법 남부지원에 신주발행 심사신청
(b) 11. 6. 남부지원의 보정명령
(c) 11. 8. LGCI 현물출자 및 공개매수 이사회 결의
(d) 11. 9. 남부지원에 보정서 제출
(e) 11. 12. 현물출자인가
(f) 11. 14. 금융감독위원회에 유가증권신고서 제출
(g) 11. 19. 정정신고서 제출
(h) 11. 20. 금융감독위원회에 공개매수신고서 제출, 공개매수 공고
(i) 11. 26.~2001. 12. 15. 공개매수기간
(j) 12. 21. 신주발행

틀에서 접근하는 것이 타당하다. 공개매수의 대가를 현금, 신주 중 어느 것으로 하는지에 따른 규제차익은 가급적 줄여줄 필요가 있다. ④ 현물출자에 관한 심사 제도의 유용성에 대한 의문이 끊임없이 제기되고 있을 뿐 아니라,[75] 특히 상장법인인 경우에는 공개매수, 공모절차에 관한 규제만으로도 부당한 가액산정 등의 문제를 사전적, 사후적으로 충분히 시정할 수 있을 것으로 생각된다.

만약 현물출자 심사 제도를 그대로 유지한다면 해석상 불분명한 부분을 입법적으로 명확히 할 필요가 있다. 즉 자본충실을 주목적으로 하는 현물출자 심사의 입법취지를 벗어나지 않는 범위 내에서, 현물출자자의 성명, 현물출자자에게 부여할 주식 수에 관한 특정의 정도를 완화시킬 필요가 있는 것이다. 앞서도 언급한 바와 같이 현물출자 목적물의 가액에 관한 심사가 이루어지는 이상, 현물출자자에게 부여할 주식 수에 관한 사항은 아예 심사대상에서 제외되는 것으로 할 필요도 있다고 본다.

5. 자본시장법상 주식 공모 법리의 적용

신주발행방식의 교환공개매수 공고는 신주 청약의 권유에 해당하는바, 청약의 권유는 증권신고서를 금융위원회에 제출하여 수리된 후에야 할 수 있다(자본시장법 제119조), 결국 이러한 교환공개매수를 실행하려면, 현물출자에 관한 법원의 인가를 받고, 먼저 금융위에 증권신고서를

75) 김성호, 독일판례에 나타난 현물출자의 회피와 그 치유, 안암법학 제11호(2000), 343면; 內間 裕, "株式公開買付制度の適用範圍に關する諸問題", 商事法務 제1641호(2002), 92-94면.

제출하여 수리된 다음에야 공개매수절차를 개시할 수 있다.[76)]

주식 공모와 관련하여 쟁점이 되는 것은 (i) 증자의 유형과 (ii) 증권신고서의 정정이다. 순차로 살펴본다.

(1) 증자유형: 일반공모증자인가 제3자배정증자인가

신주발행방식의 교환공개매수에 있어서 취득회사가 50인 이상 다수의 대상회사 주주들을 상대로 금 10억 원 이상의 신주를 발행한다면 먼저 금융위원회에 증권신고서를 제출하여 수리되어야 한다(자본시장법 제9조 제7항, 제119조 제1항, 같은 법 시행령 제120조 제1항 제1호). 문제는 이러한 교환공개매수의 경우에 이루어지는 증자가 자본시장법상 일반공모증자인가 제3자배정증자인가의 여부이다. 상장법인을 기준으로 할 때 이러한 구별은 (i) 그 할인율이 일반공모인 경우 기준주가의 30% 이내인 데 반해, 제3자배정증자인 경우 10% 이내이고(발행공시규정 제5-18조 제1항), (ii) 증권신고서의 효력발생일이 일반공모인 경우 신고서 수리일로부터 10일 후인 반면, 제3자배정증자인 경우에는 신고서 수리일로부터 7일 후인 점(자본시장법 제120조 제1항, 같은법 시행규칙 제12조 제1항 제2호)에서 논의의 실익이 있다.

자본시장법상 제3자배정증자는 "신기술의 도입, 재무구조의 개선 등 회사의 경영상 목적을 달성하기 위하여 필요한 경우 주주배정 외의 방법으로 특정한 자에게 신주를 배정하기 위하여 신주인수의 청약을 할

---

76) 증권신고서는 이사회의 증자결의 이후 지체없이 제출되는 것이 일반적이다. 이사회결의와 유가증권신고서 제출 사이에 장기의 공백기간이 있으면 주가의 왜곡이 발생할 우려가 있기도 하다. 다만 신주발행방식의 교환공개매수인 경우 현행 법체계상 이사회 결의일로부터 상당기간 경과 후 증권신고서가 제출되는 것은 피할 수 없어 보인다.

기회를 부여하는 방식"이고, 일반공모증자는 "불특정 다수인에게 신주 인수의 청약을 할 기회를 부여하고 이에 따라 청약을 한 자에 대하여 신주를 배정하는 방식"이다(자본시장법 제165조의5 제1항 제3호, 제2, 3호). 즉 일반공모와 제3자배정의 차이는 상대방의 특정 여부에 달려 있는바, 신주발행방식의 교환공개매수인 경우 상대방이 대상회사 주주라는 점을 고려한다면 상대방이 특정되어 있다고 볼 여지도 있다. 그러나 취득회사의 청약의 권유를 받는 상대방은 반드시 공개매수공고 또는 공개매수기간 개시 당시의 대상회사의 주주에 한정되는 것이 아니라 공개매수기간 종료 이전까지 대상회사의 주식을 취득한 자도 포함한다고 할 것이므로, 특정되어 있지 않다고 볼 것이다.[77] 금융감독위원회도 LG 건에서 교환공개매수 시의 신주발행을 일반공모증자로 판단한 바 있고,[78] 이후의 실무도 마찬가지이다.[79]

(2) 증권신고서 제출 및 정정에 관한 문제

통상적 공모와 달리 신주발행방식의 교환공개매수를 위해 제출되는 증권신고서는 발행가액 및 발행예정주식 수가 확정되지 못한 상태에서

---

77) 김현태 / 이승환, 앞의 논문(각주 30), 42면도 마찬가지의 취지이다(즉 특정의 시점은 청약을 권유하는 때를 기준으로 할 것인바, 교환공개매수의 경우 공개매수공고 이후 공개매수기간 종료 시까지 누구라도 해당 주식을 취득하여 응모할 수 있으므로 그 상대방은 불특정 다수인이다).

78) 금융감독원 2002. 8. 16.자 보도자료, "㈜LGEI의 현물출자, 신주발행방식에 의한 공개매수신고서 접수"에 의하면 할인율을 30% 기준으로 하고 있다(https://www.fsc.go.kr/no010101/65504?srchCtgry=&curPage=977&srchKey=&srchText=&srchBeginDt=&srchEndDt= 참조).

79) 김현태 / 이승환, 앞의 논문(각주 30), 41면.

작성된다. **발행가액**의 경우 그 산정 기준일은 청약일[80] 전 3거래일 내지 5거래일이고(발행공시규정 제5-18조 제1항), 증권신고서의 효력은 수리일로부터 10일 후에 발생한다(자본시장법 제120조 제1항, 같은법 시행규칙 제12조 제1항 제2호). 따라서 증권신고서의 접수 시에 발행가액을 확정할 수 없다. **발행예정주식 수**의 경우도 증권신고서 접수 시에는 확정되지 않는다. 발행가액과 현물출자목적물(대상회사 주식) 가액 간 비율에 좌우되기 때문이다.

실무상 최초 증권신고서 수리 후 확정된 발행가액 및 발행예정주식 수를 보완한 정정신고서를 제출하는 것이 일반적이다. 이때 아무런 특례가 없다면 정정신고서가 수리된 날 증권신고서가 수리된 것으로 보게 되어 신고서 효력발생일이 새로 기산되는 문제가 있다. 발행가액에 관하여는 일반적 특례가 있다. 즉 발행공시규정 제2-12조 제1항은 모집 / 매출가액(즉 발행가액), 청약증거금, 인수증권 수,[81] 인수조건, 인수인의 경우 증권신고서에 기재하지 않았다가 추후 추가할 수 있도록 규정한다.[82] 반면 발행예정주식 수에 관한 특례는 제한적이다. 발행공시규정 제2조의3 제2항 제3호[83]에 의하면, 자본시장법 시행령 제146조 제4항 제5호 단서에 따라 공개매수의 대가로 교부하기 위하여

---

80) 교환공개매수의 경우 청약일은 공개매수기간의 초일로 보아야 할 것이다. 만약 공개매수기간의 말일을 청약일로 본다면 적어도 20일 이상의 공개매수기간을 요하는 자본시장법 제134조 제3항, 같은 법 시행령 제146조 제3항) 규정을 고려할 때 공개매수개시 후 15일이 경과한 후에야 매수조건이 확정된다는 것이 되어 불합리하다. 금융감독원도 마찬가지 입장으로 보인다.

81) 이는 인수인이 인수(underwriting)할 주식 수를 의미하는 것으로서, 발행주식 수와는 다른 개념으로 이해된다.

82) 이 경우 나중에 그 내용을 추가한 정정신고서를 제출하더라도 당초의 신고서 효력발생일에 영향을 미치지 않는다. 발행공시규정 제2-12조 제4항.

83) 이 조항은 2001년 10월 31일 개정된 발행공시규정 제19조 제1항 제6호에 의해 처음 도입되었다.

신주를 발행함에 있어서 발행예정주식수가 변경되는 경우에 한하여 특례를 인정한다.[84] 즉 공정거래법상 지주회사와 관련된 경우에만 위 특례가 인정된다. 앞서 언급하였듯이 신주발행방식의 교환공개매수를 일반적으로 인정할 필요가 있으므로 이러한 제한은 폐지하여야 할 것이다.

6. 평가

이 글은 신주발행방식의 교환공개매수에 대하여 유연한 해석을 주문하고 있다. 기발행 증권을 대가로 한 공개매수가 가능한 것처럼 취득회사의 신주를 대가로 하는 공개매수도 원칙적으로 자유롭게 허용될 필요가 있기 때문이다. 공개매수신고, 현물출자 심사, 증권신고서 수리 등 절차적, 기술적 조항들로 인해 거래 자체를 질식시킬 필요는 없다.

다만 신주발행방식의 교환공개매수인 경우 대상회사의 소수주주들의 응모가 매우 저조한 것으로 나타난다.[85] 시가에 프리미엄을 얹어주는 일반적 공개매수와 달리 현물출자 규제로 인해 별도의 프리미엄이 없기 때문이다. 또한 향후 신주의 가격 상승에 대해 확신이 없는 것도 그 이유 중의 하나일 것이다.[86] 결국 대상회사의 소수주주에 매각 기회를 부여한다는 취지와 달리 주로 지배주주가 보유주식을 지주회사에

84) 이 경우에도 정정신고서의 제출이 당초의 신고서 효력 발생일에 영향을 미치지 아니한다. 발행공시규정 제2-3 제2항 본문.

85) 박진우/이민교, 앞의 논문(각주 2), 17면은 2007년부터 2017년까지 51개의 지주회사 사례를 분석한 결과 소수주주들은 지분대비 5.42%만이 교환공개매수에 응하는 것으로 나타났다고 설명한다.

86) 박진우/이민교, 앞의 논문(각주 2), 17면은 일반투자자들이 이러한 형태의 교환공개매수에 대한 이해나 정보가 부족하거나 무관심한 것도 이유로 제시하고 있다.

현물출자하는 결과가 된다. 그렇다면 신주발행방식 교환공개매수는 무익한 것이거나 오히려 지배주주에게만 유리한 구조인가?

이렇게 단정하기는 어려워 보인다. 극단적으로 소수주주들이 전혀 참여하지 않고 지배주주측만 참여하더라도 그 결과는 지배주주에 대한 제3자배정 현물출자 유상증자와 유사하다. 지주회사의 사업자회사 지분율을 높이기 위한 제3자 배정 현물출자 유상증자가 허용된다면, 신주발행방식의 교환공개매수를 봉쇄할 필요는 없다. 다만 이른바 주가관리 현상은 유의하고 이를 규제할 필요가 있다.[87] 즉 인적분할 이후 교환공개매수를 앞두고 있을 때, 지배주주 관점에서는 지주회사의 주가는 낮아지고 사업자회사의 주가는 높아지는 것이 유리하다. 동일한 사업자회사 주식 수량에 대해 반대급부로 취득하는 지주회사 주식 수량이 늘어나기 때문이다. 실제 지배주주에 유리한 주가관리 패턴이 나타나는 사례도 있으므로[88] 이러한 증권 불공정거래에 관하여는 적절한 규제가 필요하다고 하겠다.

한편 앞서 언급한 바와 같이 입법적으로는 특히 주권상장법인 사이의 교환공개매수인 경우 굳이 현물출자 심사절차를 요구하지 않더라도 무방하다 할 것이다.

---

87) 노혁준, 지주회사 설립과 전환의 법적 문제, 상장협연구 제56호(2007), 53면.

88) 유진수, 인적분할을 통한 지주회사 전환에 대한 연구, 산업조직연구 제22집 제2호(2014), 90면은 특정 지주회사의 주가는 유상증자 시점까지 하락하다가 그 이후 상승하고, 사업자회사의 주가는 반대되는 패턴을 보인 사례를 지적한다.

IV. 결론

인적분할 + 신주발행방식 교환공개매수는 지배주주의 지분율을 높이고 기업집단 전체에 관한 지배를 강화하는 데 크게 기여한 것으로 보인다. 2001년부터 2012년까지 위 방식을 활용하여 지주회사로 전환한 36개 회사를 분석한 결과[89]에 따르면, 인적분할 이전 분할회사(지주부문과 사업부문 분리 이전)에 대한 지배주주 지분율은 평균 31.59%였다. 하지만 위 절차가 마무리된 다음 분할회사(지주부문)와 사업자회사(사업부문)에 관한 지배주주의 실질적 지분율은 각기 56.07%, 48.52%로 급상승하였다.[90]

사업자회사에 대한 위 지분은 실제로는 지배주주가 지배하는 지주회사(분할회사)의 보유분을 뜻한다. 인적분할 직후 지배주주의 사업자회사에 대한 보유지분의 평균은 위 31.59% 정도일 것이다. 〔그림 1〕에서 살펴본 바와 같이 이 지분이 제3자배정 유상증자 또는 교환공개매수를 통해 지주회사에 출연된다. 그렇다면 원래의 31.59%와 결과적으로 나타나는 48.52%의 차이는 어디에서 오는가? 제3자배정 유상증자 또는 교환공개매수 시에 사업자회사의 소수주주들이 응한 것일 수도 있으나, 그 가능성은 높지 않아 보인다.[91] 결국 분할회사 보유 자기주식에 분할신주를 배정하는 실무가 이에 크게 기여한 것으로 보인다. 이러한 실무는 부당하며 금지되어야 한다.

한편 지주회사(분할회사)에 대한 지배주주 지분율 상승(위 예에서

---

89) 유진수, 앞의 논문(각주 88), 81면.

90) 다만 이는 제3자배정 유상증자를 포함한 통계이다.

91) 앞서 언급하였듯이 교환공개매수에 응하는 소수주주의 비중은 높지 않다. 박진우/이민교, 앞의 논문(각주 2), 17면.

31.59%에서 56.07%로)의 주된 원인은 지배주주의 사업자회사 주식 현물출자이다. 두 가지 문제가 제기될 수 있다. 먼저 (제3자배정방식의 또는 교환공개매수방식의) 현물출자 시에 지주회사 주식과 사업자회사 주식의 상대가치이다. 전자가 낮고 후자가 높을수록 지주회사에서 지배주주 지분율 상승폭이 커진다. 지배주주에 유리한 주가관리 패턴이 나타나지 않도록 적절히 규율할 필요가 있다. 다음으로 이러한 지분율 상승이 나타난다는 이유로 지주회사 전환 시 신주발행방식의 교환공개매수를 억제할 필요가 있는지 문제이다. 이러한 제한은 타당하지 않다. 지주회사에서 지배주주의 지분율 상승 자체가 문제는 아니다. 제3자배정 유상증자와 비교할 때 신주발행방식의 교환공개매수는 사업자회사의 소수주주에게도 현물출자 기회를 부여한다는 점에서 더 긍정적 측면이 있다.

나아가 신주발행방식의 교환공개매수를 전반적으로 허용할 필요가 있다. 현재의 실무는 지주회사 설립, 전환에 관련된 것만 허용한다. 이는 자본시장법 시행령 제146조 제4항 제5호 단서의 반대해석 등에 따른 것이다. 이렇게 제한할 이유가 있는지 의문이다. 또한 적어도 주권상장법인 사이에서 이루어지는 교환공개매수에 관하여는 현물출자 심사에 관한 규정을 적용받지 않도록 하더라도 무방할 것이다.

08

주식교환·이전에 의한 지주회사 설립*

윤소연**

I. 서론

주식의 소유를 통하여 국내 회사의 사업 내용을 지배하는 것을 주된 사업으로 하는 회사, 즉 지주회사는 과거 그 설립 및 전환이 금지되어 왔으나, 1999년 2월 5일 법률 제5813호로 개정된 독점규제 및 공정거래에 관한 법률(이하 "공정거래법")에 따라 허용되기 시작하였다.

지주회사는 기존 회사의 분할, 합병, 현물출자, 주식매수 등 다양한 방법으로 설립 또는 전환될 수 있는데, 기존의 각 제도는 절차가 복잡

* 이 글은 상사법연구 제41권 제2호(2022)에 게재한 논문 "지주회사 설립·전환시 포괄적 주식교환·이전의 실무상 쟁점"을 수정·보완한 것이다.
이 글은 필자 개인의 의견이며 필자가 소속된 법인의 입장과는 무관함을 밝혀둔다.

** 네이버 주식회사 책임리더, 법학전문석사

하고 막대한 자금이 소요되는 등의 단점이 있었다.[1] 이에 보다 효율적으로 완전지주회사관계를 창설할 수 있는 포괄적 주식교환(이하 "주식교환") 및 포괄적 주식이전(이하 "주식이전", 총칭하여 "주식교환 · 이전") 제도 도입 필요성이 제기되었다.

이후 2000년 10월 23일 법률 제6274호로 금융지주회사법을 제정하면서 금융지주회사 제도의 활성화를 위하여 금융지주회사가 자회사의 주식을 100% 취득할 수 있도록 상법상 특례로서 주식 · 교환이전 제도가 도입되었다. 도입 당시, 금융지주회사가 자회사를 편입할 경우 현물출자방식으로 행해질 가능성이 크나, 이 경우 반대주주가 있을 때 자회사의 주식을 100% 소유하지 못할 가능성이 있어 향후 지주회사와 자회사 주주 간의 이익상충 문제가 발생하여 경영효율성이 약화될 우려가 있다는 점, 이익상충 문제를 방지하기 위하여 미국, 일본 등에서는 주식교환 · 이전 제도를 통해 지주회사가 자회사 주식을 100% 취득하는 것이 보편화되어 있다는 점 등이 고려되었다.[2] 즉 자회사의 주식을 100% 취득할 수 있는 특례를 둠으로써 자회사 소액주주와의 이해상충 문제를 회피할 수 있도록 하고, 주주총회의 특별결의를 통해 회사 전체 주식을 신설되는 금융지주회사의 신주와 교환하도록 하는 한편, 반대주주에게는 주식매수청구권을 부여함으로써 완전자회사의 설립을 용이하게 한 것이다.[3]

이후 완전모자회사의 설립을 용이하게 하여 기업의 구조조정을 지원하고 경영의 효율성을 제고하여 기업의 경쟁력을 강화하고자 2001년 7월 24일 법률 제6488호 상법 개정으로 상법상의 회사 전체가 주식교

---

1) 송옥렬, 상법강의, 홍문사(2022), 1259면.
2) 국회 재정경제위원회, 금융지주회사법안 심사보고서(2000. 7.), 27-28면.
3) 헌법재판소, 2015. 5. 28. 결정 2013헌바82.

환 · 이전 제도를 활용할 수 있게 되었다.

주식교환 · 이전은 완전모회사가 되는 회사와 완전자회사가 되는 회사의 법적 독립성을 유지함으로써 기업위험은 합리적으로 분산시키되 경영지휘의 통일성을 기할 수 있는 효과적인 방법이고, 현금 유출 없이도 다른 회사를 완전자회사로 편입할 수 있을 뿐만 아니라 개별적인 채권 · 채무의 이전절차를 요하지 아니한다는 점에서 유용한 제도이다. 또한 주식교환 · 이전으로 완전모자회사관계가 창설되면, 소수주주권의 행사로 인한 대응비용, 회사 의사결정의 지연에 따른 유무형의 비용 및 적대적 인수합병에 대한 방어비용 등을 지출하지 않아도 된다는 점에서도 장점이 있다.[4] 이와 같이 주식교환 · 이전은 주식취득형 기업결합제도로서 유한책임을 누리면서도 완전지주회사관계를 설정하여 완전한 경영권을 장악할 수 있고, 비용과 절차 면에서 저렴하고 간편하게 이용할 수 있으면서 실질적으로는 회사의 합병과 동일한 효과를 거둘 수 있다는 점에서, 현존하는 주식회사가 경쟁력 강화 등 기업구조조정 차원에서 지주회사 체제로 재편하려고 하는 경우에 유용하게 활용될 수 있다.[5]

공정거래위원회(이하 "공정위")에 따르면, 지주회사 제도가 도입된 지 20년여 년이 지난 2021년 12월 말 기준 설립 · 전환된 지주회사는 총 168개이다.[6] 이 중 우리금융지주, 신한금융지주, 한국투자금융지주, 하나금융지주, KB금융지주, BNK금융지주, DGB금융지주, JB금융지주와

---

4) 오성근, 회사법과 공정거래법상 주식의 포괄적 교환, 경제법연구 제18권 1호(2019), 한국경제법학회, 6면.
5) 헌법재판소 2015. 5. 28. 결정 2013헌바82.
6) 공정위, 2022. 6. 28.자 보도자료, 2022년 공정거래법상 지주회사 현황 분석결과 발표, 1면.

같이 주로 금융지주회사들이 지주회사 설립 · 전환 시 주식교환 · 이전 제도를 활용하였다. 일반지주회사들의 경우에는 지주회사 설립전환 시 주로 인적분할, 물적분할과 현물출자방식을 활용하였고, 주식교환 · 이전 제도를 활용한 사례는 찾아보기 어려우나,[7)] 지주회사 설립 · 전환 이후 지주회사의 자회사, 손자회사, 증손회사(이하 "자회사등") 편입 시에는 주식교환 제도를 다양하게 활용하고 있다.

주식교환 · 이전 제도와 관련하여 이 글에서는 우선 그 절차 및 효력을 중심으로 동 제도를 개관하고, 지주회사의 설립 · 전환과정과 자회사등의 편입과정에서 주식교환 · 이전이 활용된 구체적인 사례들을 토대로 실제 사례들에서 발생한 주요 쟁점들을 살펴본다.

II. 주식교환 · 이전의 절차 및 효력

1. 주식교환 · 이전의 의의

주식교환과 주식이전은 기존의 주식회사(완전자회사가 되는 회사, 이하 "대상회사")를 다른 회사(완전모회사가 되는 회사, 이하 "취득회사")의 완전

7) 우리나라에서는 기업집단을 형성함에 있어 자회사를 100% 지배하는 형태가 선호되지 않기 때문이라는 견해[한국상사법학회(편) / 김태진(집필), 주식회사법대계 III, 법문사(2022), 674면] 및 자회사에 소액주주가 존재한다는 것이 자회사의 완전한 지배에 큰 장애가 되지 않기 때문이라는 견해가 있다[송옥렬, 앞의 책(각주 2), 1259면]. 특히 총수 있는 지주회사 전환 기업집단(19개) 가운데 12개는 그간 지주회사 체제로 전환되는 과정에서 인적분할, 현물출자, 자기주식을 이용하는 것으로 파악되었는데, 이는 소위 인적분할 후 자사주의 마법을 이용하여 지주회사에 대한 총수 일가 지분율을 상승시킬 수 있기 때문인 것으로 보인다(공정위, 2021. 12. 21.자 보도자료, 2021년 지주회사 소유출자 현황 및 수익구조 분석결과 발표).

자회사로 전환하여 완전모자회사관계를 창설하는 것을 목적으로 하는 조직법상의 행위로서, (i) 주식교환은 취득회사가 대상회사의 주주에게 취득회사의 주식을 교부하고 그 대신 대상회사의 발행주식 전부를 취득회사에 이전시킴으로써 대상회사의 완전모회사가 되는 행위이고(상법 제360조의2), (ii) 주식이전은 대상회사의 주주들이 취득회사를 신설하여 자신의 주식을 취득회사에 포괄적으로 이전하고 취득회사의 신주를 배정받음으로써 대상회사를 취득회사의 완전자회사로 전환하는 행위이다(상법 제360조의15 제1항).[8] 한편, 2015년 개정 상법에 따라 취득회사가 대상회사의 주주에게 취득회사의 주식 대신 (a) 교부금을 지급하는 교부금 주식교환과 (b) 취득회사의 모회사의 주식을 교부하는 삼각주식교환도 허용된다(상법 제360조의3 제3항 제4호).

주식교환 · 이전에서 완전모회사가 되는 회사는 한 개의 회사여야 하지만 완전자회사가 되는 회사는 복수의 회사가 될 수 있다(이른바 "공동주식교환 · 이전").[9] 공동주식이전 제도는 다수의 지주회사 설립과정에서 활용되었다(구체적인 사례는 III.항 참조).

주식교환은 이미 존재하는 취득회사가 대상회사의 완전모회사로 전환되는 것이고, 주식이전은 완전모회사가 신설되는 것이라는 점에 차이가 있으나 그 외 법적 효력이나 절차는 대체로 유사하므로, 본 항에서는 주식교환의 절차와 효력을 중심으로 살펴보고 주식이전의 경우 주식교환과 특별한 차이가 있는 부분에 한하여 언급한다.

8) 김건식 / 노혁준 / 천경훈, 회사법, 박영사(2022), 823면.
9) 권순일(편) / 이영선(집필), 주석 상법, 한국사법행정학회(2021), 782-783면.

2. 주식교환의 절차

(1) 개관

주식교환의 절차는 대체로 합병과 유사하고, 다만 채권자보호 절차가 없다는 점에 차이가 있다. 제도 도입 당시 주식교환의 경우 취득회사와 대상회사의 법인격이 유지되고 주주 구성만 달라지기 때문에 채권자보호 절차가 필요하지 않다고 본 것으로 파악된다.[10]

주식교환의 주요 절차를 개관하면 다음과 같다. 금융지주회사의 경우 금융지주회사법상의 특례규정에 따라 일부 기간이 단축된다(금융지주회사법 제62조의2 제2항).

〈표 1〉

절차	기간	
	금융지주회사 외의 회사	금융지주회사[11]
주식교환계약서 작성 및 이사회 결의		
주식교환계약 체결		
주주총회 기준일 공고	기준일 2주 전까지[12]	기준일 7일 전
기준일		
주주총회 소집 통지, 공고	주주총회 2주 전[13]	주주총회 7일 전

10) 단 교부금 주식교환의 경우에는 취득회사의 자산이 유출되는 측면이 있으므로 취득회사의 채권자를 보호할 필요성이 있다는 견해도 있다. 송옥렬, 앞의 책(각주 2), 1262면.
11) 금융지주회사법 제62조의2 제2항의 특례는 주식교환의 당사회사인 금융지주회사 및 그 자회사, 손자회사 모두에 적용된다.
12) 상법 제354조, 상법 제289조, 상법 시행령 제3조의2
13) 상법 제363조 제1항

주식교환계약서 등 비치, 공시	주주총회 2주 전부터[14)]	주주총회 7일 전부터
주식교환 반대의사 접수	주주총회 전까지[15)]	
주주총회 개최 및 주식교환계약 승인		
반대주주의 주식매수청구기간	주주총회 결의일부터 20일 이내[16)]	주주총회 결의일부터 10일 이내
완전자회사 주권 실효 공고, 통지 (전자등록한 경우 주식교환일 공고, 통지)	주식교환일 1월 전[17)] (전자등록한 경우 주식교환일 2주 전)[18)]	주식교환일 5일 전
주식매수대금 지급	주식매수청구기간 종료일 2개월 내 (상장회사의 경우 1개월)[19)]	주식매수청구기간 종료일 1개월 내
주식교환일		
주식교환 관련 서류 사후 공시	주식교환일로부터 6개월간	
자본금 변경 시 증자 등기	주식교환일로부터 2주 이내	

(2) 절차별 주요 쟁점

1) 주식교환계약서의 작성

주식교환을 하고자 하는 회사는 주식교환계약서를 작성하여 주주총회의 특별결의에 따른 승인을 받아야 한다(상법 제360조의3 제2항).[20) · 21)]

---

14) 상법 제360조의4
15) 상법 제360조의5, 자본시장법 제165조의5
16) 상법 제160조의5 제1항
17) 상법 제360조의8
18) 주식 · 사채 등의 전자등록에 관한 법률 제65조
19) 자본시장법 제165조의5
20) 단, 소규모주식교환과 간이주식교환의 경우에는 주주총회의 승인을 생략할 수 있다. 소규모주식교환 및 간이주식교환에 대해서는 아래 II. 2. (3) 참조.
21) 그러나 주식이전의 경우에는 완전모회사가 되는 회사가 존재하지 않는 상태이므로

상법 제360조의3 제3항에 따라 주식교환계약서에 필수적으로 기재하여야 하는 사항들은 다음과 같다.

가. 교환비율

주식교환계약서에는 교환비율, 즉 대상회사 주식 1주당 취득회사 주식 몇 주를 지급할지 기재하여야 한다. 구체적으로는, 취득회사가 신주를 발행하는 경우에는 발행하는 신주의 총수 · 종류, 종류별 주식의 수 및 대상회사 주주에 대한 신주배정에 관한 사항을 기재하여야 하고, 취득회사가 자기주식을 이전하는 경우에는 이전하는 자기주식의 총수 · 종류, 종류별 주식의 수 및 대상회사 주주에 대한 자기주식의 이전에 관한 사항을 기재하여야 한다(제2호). 만약 주식교환의 대가의 전부 또는 일부로서 금전이나 그 밖의 재산을 제공하는 경우에는 그 내용 및 배정에 관한 사항을 기재하여야 한다(제4호).

교환비율은 주주의 이해관계에 가장 큰 영향을 미치는 요소이므로 가장 빈번하게 다툼이 발생하는 부분이며 교환비율의 불공정성은 주식교환 무효의 소의 원인이 된다(상법 제360조의14).[22] 교환비율 산정의 공정성이 문제된 사례 및 그와 관련된 쟁점은 아래 III. 및 IV. 2.에서 추가로 검토한다.

취득회사가 보유하고 있는 자기주식의 경우, 이는 상법 제360조의3 제3항 제2호에 따라 주식교환의 대가로 교부할 수 있다는 점이 명확하

계약이 아닌, 주식이전계획을 수립하고 이에 대하여 주주총회 승인을 받아야 한다(상법 제360조의16).

22) 단, 하나의 회사가 주식이전으로 완전모회사를 설립하는 경우에는 이전비율이 중요하지 않다.

나, 대상회사가 보유하고 있는 자기주식에 대해서는 상법이 명확히 규정하고 있지 않기 때문에 그 처리방안에 대해 논란이 있다. 즉 교환대가를 배정하여야 하는지, 아니면 배정하지 않아도 되는지 견해가 나뉘고 있는데, 실무상으로는 교환대가를 배정하는 경우가 많다.[23] 이와 관련하여, 대상회사 보유 자기주식에 취득회사 주식을 배정하게 되면 상호주가 발생하게 되는데, 일반지주회사의 경우 6개월 내에 이를 처분하여야 하고(상법 제362조의2 제1항), 금융지주회사의 경우 일정한 경우 3년의 유예기간이 적용되나(금융지주회사법 제62조의2), 상호출자제한 기업집단의 경우 이를 즉시 처분하여야 한다(공정거래법 제21조). 이로 인해 실무상 지주회사 설립 전환과정에서 상호주 처분에 어려움을 겪었던 사례가 다수 발견되고, 상호주가 발생하지 않도록 하기 위해 실무상 자기주식을 미리 소각하거나 매각하는 경우도 있다.[24] 이에 대해서는 III. 및 IV. 1.에서 추가로 검토한다.

나. 주식교환 절차에 관한 사항

각 회사의 주주총회일 및 주식교환을 할 날을 기재하여야 한다(제5호, 제6호). 주식교환의 효력은 '주식을 교환하는 날', 즉 주식교환일에 발생하는바(상법 제360조의2 제2항),[25] 이와 같은 날을 주식교환계약서에 명시하도록 한 것이다. 따라서 주식교환계약서에 기재된 주식교환일에 대상회사의 주식은 전부 취득회사로 이전되고 취득회사와 대상회사 사

23) 긍정설과 부정설의 논거 등 상세한 내용은 윤소연, 주식의 포괄적 교환의 실무상 쟁점, 상사법연구 제39권 제2호(2020), 한국상사법학회, 587-588면 참조.
24) 구체적인 실무상의 처리방안은 윤소연, 앞의 논문(각주 24), 589-595면 참조.
25) 반면 주식이전의 경우에는 완전모회사를 신설하는 것이므로, 주식이전일이 아닌 설립등기일에 주식이전의 효력이 발생한다.

이에 완전모자회사관계가 창설된다. 이는 법률의 규정에 따라 발생하는 효과이므로 주식의 배정이나 교부 등 별도의 행위를 요하지 않는다.[26)]

다. 이익배당에 관한 사항

만약 주식교환일까지 이익배당을 하는 경우 그 한도액을 기재하여야 한다(제7호). 주식교환의 비율은 주식교환계약 체결 당시의 각 회사의 가치를 토대로 결정되는데, 그 이후 이익배당을 하게 되면 그 회사의 순자산가치가 감소되어 주식교환비율의 기초가 달라질 수 있으므로 이를 기재하도록 한 것이다.[27)]

라. 취득회사의 정관 변경에 관한 사항

취득회사가 주식교환으로 인하여 정관을 변경하는 경우에는 그 규정을 기재하여야 한다(제1호). 취득회사의 정관상 사업목적에 대상회사 지배에 관한 부분이 포함되어 있지 않다면 추가할 필요가 있을 수 있고, 주식교환으로 인하여 수권주식 수를 증가할 필요성이 있거나 그 외 주식교환에 수반하여 변경하고자 하는 사항들이 있는 경우(예컨대 상호, 본점소재지 등) 이를 주식교환계약서에 함께 명시하여야 한다.[28)]

마. 취득회사의 자본금 또는 준비금에 관한 사항

취득회사의 자본금 또는 준비금[29)]이 증가하는 경우에는 증가할 자

---

26) 한국상사법학회(편) / 김태진(집필), 앞의 책(각주 8), 688면; 김건식 / 노혁준 / 천경훈, 앞의 책(각주 9), 829면.

27) 김건식 / 노혁준 / 천경훈, 앞의 책(각주 9), 828면; 이철송, 회사법강의, 박영사(2018), 1174면; 권순일(편) / 이영선(집필), 앞의 책(각주 10), 793면.

28) 김건식 / 노혁준 / 천경훈, 앞의 책(각주 9), 828면

29) 주식교환의 경우에는 합병과 달리 이익준비금 기타 소멸회사에 유보된 이익의 승계가

본금 또는 준비금에 관한 사항을 기재하여야 한다(제3호). 이와 관련하여, 상법 제360조의7은 주식교환으로 증가되는 취득회사의 자본금의 한도액을 규정하고 있다. 즉 자본충실의 원칙을 위해 취득회사가 주식교환 대가로 발행하는 신주의 규모를 대상회사로부터 실제 유입된 재산의 가액, 즉 대상회사의 순자산액으로 제한[30]하고 있는 것이다.[31]·[32]

바. 취득회사의 임원에 관한 사항

취득회사에 취임할 이사와 감사 또는 감사위원회의 위원을 정한 때에는 그 성명 및 주민등록번호를 기재하도록 하고 있다(제9호). 원래 이들을 선임하기 위해서는 주주총회의 승인이 필요하나, 위 사항들을 주식교환계약서에 기재하고 주주총회에서 주식교환계약을 승인하면 별도의 선임결의 없이도 이들을 선임할 수 있다.[33]

또한 취득회사의 이사 및 감사로서 주식교환 전에 취임한 자는 주식

일어날 여지가 없기 때문에 이는 자본준비금을 의미한다. 김건식 / 노혁준 / 천경훈, 앞의 책(각주 9), 829면.

30) 구체적으로, 취득회사의 자본금은 다음 금액을 초과하여 증가할 수 없다.
 ① 취득회사가 주식교환 이전에 대상회사의 주식을 보유하고 있지 아니한 경우, [주식교환일 대상회사에 현존하는 순자산액 — 대상회사의 주주에게 지급할 금전이나 그 밖의 재산의 가액 — 대상회사의 주주에게 이전하는 취득회사 자기주식의 장부가액].
 ② 취득회사가 주식교환 이전에 대상회사의 주식을 보유하고 있는 경우, [(주식교환일 대상회사에 현존하는 순자산액 x 취득회사에 이전하는 주식 수의 비율) — 대상회사의 주주에게 지급할 금전이나 그 밖의 재산의 가액 — 대상회사의 주주에게 이전하는 취득회사 자기주식의 장부가액].

31) 권순일(편) / 이영선(집필), 앞의 책(각주 10), 813면

32) 참고로 상법은 합병시 존속회사의 증가하는 자본금의 한도가 소멸회사로부터 승계하는 순자산액으로 한정되는지에 대해서는 별도의 규정을 두고 있지 않아 논의의 대상이 되고 있다. 권순일(편) / 이영선(집필), 앞의 책(각주 10), 813면.

33) 이철송, 앞의 책(각주 28), 1174면.

교환계약서에 다른 정함이 있는 경우를 제외하고는 주식교환 후 최초로 도래하는 결산기에 관한 정기총회가 종료하는 때에 퇴임하게 되므로(상법 제360조의13), 본래의 임기만료일까지 재직하도록 하려면 주식교환계약서에 이사, 감사의 임기에 대하여 '본래의 임기까지' 또는 '주식교환에 의한 변경 없음' 등과 같이 기재하여야 한다.[34)]

2) 주주총회 승인

취득회사와 대상회사는 주식교환계약에 대하여 주주총회의 특별결의에 의한 승인을 받아야 한다(상법 제360조의3 제1항 및 제2항).[35)]·[36)]

가. 주주총회 소집통지 및 공고

주식교환에 관한 주주총회 소집통지 및 공고에는 (i) 주식교환계약서의 주요 내용, (ii) 주식매수청구권의 내용 및 행사방법, (ii) 어느 회사의 정관에 주식양도제한 규정이 있고 다른 회사의 정관에는 그 규정이 없는 경우 그 뜻을 기재하여야 한다(상법 제360조의3 제4항). 또한 무의결권부 주식이나 의결권이 제한되는 주식을 보유한 주주도 주식매수청구권을 행사할 수 있으므로(상법 제360조의5 제1항), 이들에게도 주주총회 소집통지를 하여야 한다(상법 제363조 제7항 단서).

---

34) 권순일(편) / 이영선(집필), 앞의 책(각주 10), 831면; 노혁준, 주식의 포괄적 교환, 이전에 관한 연구, 서울대학교 법학박사 학위논문(2002), 200면.

35) 단, 소규모, 간이주식교환의 경우에는 주주총회의 승인을 생략할 수 있다. 소규모, 간이주식교환에 대해서는 아래 II. 2. (3)항 참조.

36) 취득회사의 경우, 취득회사의 자산과 주주 구성에 변화가 발생하기는 하나 취득회사 주주 입장에서 일반적인 주식양수의 경우와 다를 바 없다는 점에서 주주총회 특별결의를 요하는 이론적 근거에 대하여 의문을 표하는 견해도 있다. 송옥렬, 앞의 책(각주 2), 1261면.

나. 종류주주총회 개최 요부

종류주식이 발행된 경우 종류주주총회를 거쳐야 하는지가 문제된다. 상법 제436조는 주식교환 · 이전으로 인하여 어느 종류의 주주에게 손해를 미치게 될 경우 주주총회의 결의 외에 종류주주총회의 결의를 하도록 규정하고 있는데, 과연 어떤 경우가 '주식교환 · 이전으로 인하여 종류주주에게 손해를 미치게 되는 경우'인지가 불분명하기 때문이다. 이에 대하여 주식교환 · 이전은 중대한 조직변경을 수반하므로 개별 사안을 따지지 않고 종류주주총회에 의한 승인을 받을 필요가 있다는 취지의 견해가 있다.[37] 그러나 예컨대 주식교환이전 시 발행조건이 동일한 종류주식으로 교환되는 경우에는 '종류주주에게 손해를 미치게 되는 경우'라고 보기 어려울 것이다.[38] 반면 대상회사의 종류주식이 취득회사의 보통주식으로 교환되는 경우라면 일반적으로 종류주주에게 손해가 되는 경우로 볼 수 있을 것이다.[39] 따라서 주식교환 자체가 중대한 조직변경이라는 이유로 모두 종류주주총회에 대한 승인을 받아야 한다고 보는 것은 타당하지 않고, 개별 사안별로 종류주주총회 결의 필요 여부를 따져 보아야 할 것이다.

다. 주주 전원 동의 요부

상법 제360조의3 제5항은 주식교환과 관련하여 주주의 부담이 가중되는 경우 주주 전원의 동의를 받도록 규정하고 있다. 이는 분할 또는 분할합병에 관한 상법 제530조의3 제6항을 참고하여 2011년 상법 개정

---

37) 한국상사법학회(편) / 김태진(집필), 앞의 책(각주 8), 676면.
38) 후술하는 한국금융지주와 동원증권과의 주식교환 건 참조.
39) 후술하는 신한금융지주와 신한금융투자와의 주식교환 건 참조.

시 추가된 것인데,[40] 주식교환으로 주주의 부담이 가중되는 경우는 상정하기 어렵다.[41] 법원은 여기서 '주식교환에 관련되는 각 회사의 주주의 부담이 가중되는 경우'라 함은 주주가 주식교환을 실시한 회사에 대한 관계에서 주식교환과 관련하여 주주로서의 지위에서 지게 되는 부담이 가중되는 경우를 뜻하고, 주주가 회사에 대한 관계를 떠나 개인적으로 주식교환과 관련하여 주식을 취득, 보유, 처분을 하는 등 사법적 거래관계나 공법적 조세관계를 맺게 됨으로써 부담을 지게 되는 경우는 포함되지 아니한다고 해석함이 상당하다고 판시하였는데,[42] 이에 따르더라도 실제로 '회사에 대한 관계에서 주주로서의 지위에서 지게 되는 부담이 가중되는 경우'가 어떠한 경우인지 생각하기 어렵다. 결국 동 규정은 실효성이 없는 규정이므로 존속시킬 필요가 없다고 생각한다.

3) 반대주주의 주식매수청구권

가. 행사 요건 및 매수가격 결정

주식교환 당사회사의 상장 여부 및 금융지주회사인지 여부에 따라 각기 다른 법(즉 상법, 자본시장법, 금융지주회사법)이 적용되기 때문에 주

---

40) 법제사업위원회 전문위원 권기율, 상법 일부개정법률안(의안번호 1801566) 검토보고(2008. 11), 82면.

41) 권순일(편) / 이영선(집필), 앞의 책(각주 10), 795면; 한국상사법학회(편) / 김태진(집필), 앞의 책(각주 8), 690면; 주주가 주식교환대가로 양도제한주식이나 비상장주식을 배정받아 종전보다 그 처분이 어려워지는 경우에도 그러한 부분은 주식매수청구권을 통하여 보호될 수 있는 것이고 이를 주주의 부담이 가중되어 전원 동의를 요하는 경우로 보기는 어렵다는 견해가 있고[권기범, 상법상 기업재편법제의 현황과 개선방안, 상사법연구 제33권 1호(통권 82호, 2014), 19면] 타당하다고 생각된다.

42) 서울중앙지방법원 2014. 6. 26. 판결 2013가합37444, 2013가합45698, 2013가합68691 병합. 하나금융지주와 외환은행의 주식교환에 대한 주식교환 무효의 소에서 판시한 것으로, 구체적인 내용은 III. 4. (2) 1) 참조.

식매수청구권의 행사 요건 및 매수가격 결정방식에 차이가 있는바, 그 적용에 주의를 요한다. 그 외 주식교환의 일반적인 절차는 동일하고 일부 절차에 적용되는 기간에 차이가 있는 정도이다(일부 기간의 차이는 앞의 〈표 1〉 참조).

(i) 상법상 주식매수청구권

상법에 따르면 주식교환 시 주식매수청구권은 합병의 경우와 마찬가지로, 주식매수청구권을 행사하려는 주주(의결권이 없거나 제한되는 주주도 포함됨)는 주주총회 전(간이주식교환의 경우 간이주식교환에 대한 공고 또는 통지를 한 날로부터 2주 이내)까지 회사에 대하여 서면으로 반대 의사표시를 하고, 주주총회 결의일(간이주식교환의 경우 공고 또는 통지일로부터 2주 경과한 날)부터 20일 이내(이하 "매수청구기간")에 서면으로 매수청구를 하여야 한다(상법 제360조의5 제1항 및 제2항, 제374조의2 제2항, 제360조의9 제2항).

그 경우, 회사는 매수청구기간 종료일 2개월 내에 주식을 매수하여야 한다(상법 제360조의5, 제374조의2 제2항). 주식매수가격은, ① 주주와 회사 간 협의에 의하여 결정하고, ② 매수청구기간 종료일로부터 30일 이내에 협의가 이루어지지 않으면 법원에 그 결정을 청구할 수 있다(상법 제374조의2 제3항 및 제4항). 법원은, 영업양도로 인한 매수청구 시와 마찬가지로 회사의 재산상태 그 밖의 사정을 참작하여 공정한 가액을 산정하여야 한다(상법 제360조의5 제3항, 상법 제374조의2 제5항).

(ii) 자본시장법상 주식매수청구권

자본시장법은 상장법인의 주식교환, 주식이전, 합병, 분할 시 주식매수청구권에 대한 특례규정을 두고 있다(자본시장법 제165조의5). 이에 따르면, 주식매수청구권의 기본적인 행사 요건은 상법과 동일하고, 다만 추가적으로 주식취득 시기에 대한 제한이 적용된다.[43] 그리고 자본시장법에 따라 주권상장법인은 매수청구기간 종료일 1개월 내에 주식을 매수하여야 한다. 주식매수가격은 ① 원칙적으로 주주와 회사 간 협의에 의하여 결정하도록 하고 있으나, ② 협의가 이루어지지 않는 경우의 매수가격은 이사회 결의일 이전에 증권시장에서 거래된 주식의 거래가격을 기준으로 자본시장법 시행령이 정하는 산정방법[44]에 따라 산정된 금액으로 하며, ③ 만약 ②의 금액에도 반대하는 법인이나 주주는 (매수청구기간 종료일 30일 이전이라도) 법원에 매수가격의 결정을 청구할 수 있다고 규정하고 있다.

---

43) 즉 반대 의사를 통지한 주주가 이사회 결의 사실이 공시되기 이전에 취득하였음을 증명한 주식과, 이사회 결의 사실이 공시된 이후에 취득하였지만 이사회 결의 사실이 공시된 날의 다음 영업일까지 해당 주식에 관한 매매계약의 체결 등이 있었음을 증명한 주식이어야 한다.

44) 1. 증권시장에서 거래가 형성된 주식은 다음 각 목의 방법에 따라 산정된 가격의 산술평균가격

가. 이사회 결의일 전일부터 과거 2개월(같은 기간 중 배당락 또는 권리락으로 인하여 매매기준가격의 조정이 있는 경우로서 배당락 또는 권리락이 있은 날부터 이사회 결의일 전일까지의 기간이 7일 이상인 경우에는 그 기간)간 공표된 매일의 증권시장에서 거래된 최종시세가격을 실물거래에 의한 거래량을 가중치로 하여 가중산술평균한 가격

나. 이사회 결의일 전일부터 과거 1개월(같은 기간 중 배당락 또는 권리락으로 인하여 매매기준가격의 조정이 있는 경우로서 배당락 또는 권리락이 있은 날부터 이사회 결의일 전일까지의 기간이 7일 이상인 경우에는 그 기간)간 공표된 매일의 증권시장에서 거래된 최종시세가격을 실물거래에 의한 거래량을 가중치로 하여 가중산술평균한 가격

다. 이사회 결의일 전일부터 과거 1주일간 공표된 매일의 증권시장에서 거래된 최종시세가격을 실물거래에 의한 거래량을 가중치로 하여 가중산술평균한 가격

2. 증권시장에서 거래가 형성되지 아니한 주식은 자산가치와 수익가치를 가중산술평균한 가격

(iii) 금융지주회사법상 주식매수청구권

금융지주회사법 제62조의2는 금융지주회사나 그 자회사 또는 손자회사(이하 "금융지주회사 등")의 주식교환에 대한 특례규정을 두고 있다. 금융지주회사법에 따르면 금융지주회사 등에 대하여 주식매수청구권을 행사하려는 주주는 주주총회 전(간이주식교환의 경우 간이주식교환에 대한 공고 또는 통지를 한 날로부터 7일 이내)[45]까지 회사에 대하여 서면으로 반대 의사표시를 하고, 주주총회 결의일(간이주식교환의 경우 공고 또는 통지일로부터 7일 경과한 날)부터 10일 이내(이하 "매수청구기간")에 서면으로 주식매수청구를 하도록 하여, 그 기간을 단축하고 있다. 그리고 금융지주회사 등은 (상장법인인지 비상장법인인지 여부를 불문하고) 매수청구기간 종료일 1개월 내에 주식매수청구권이 행사된 주식을 매수하여야 한다. 주식매수가격은 ① 원칙적으로는 주주와 회사 간 협의가 이루어지는 경우 그 가격을 적용하는 것을 전제로 ② 협의가 이루어지지 않는 경우 1) 주권상장법인인 경우 자본시장법 시행령 제176조의7 제3항에 따라 산정된 금액, 2) 주권상장법인이 아닌 경우 회계전문가에 의하여 산정된 금액[46]으로 하도록 규정하고 있다.

---

45) 단 소규모 주식교환의 경우 완전모회사가 되는 회사의 주주는 주식매수청구권이 없다(상법 제360조의10 제7항).

46) 금융지주회사법 시행령 제33조의2 (주식매수가격 산정방법 등) 법 제62조의2 제3항 제2호의 규정에 의한 회사는 주식의 매수가격에 대하여 주주와 협의가 이루어지지 아니하는 경우에는 지체없이 「공인회계사법」에 의한 회계법인으로서 다음 각호의 1에 해당하지 아니하는 회계법인을 주식의 매수가격을 산정할 회계전문가로 선임하여야 한다.

1. 「공인회계사법」에 의하여 금융위원회로부터 업무정지처분을 받은 회계법인으로서 그 업무정지기간중에 있는 회계법인
2. 「주식회사 등의 외부감사에 관한 법률」에 의하여 증권선물위원회로부터 특정 회사에 대한 감사업무의 제한조치를 받은 회계법인으로서 그 제한기간중에 있는 회계법인
3. 당해 회사의 특수관계인

추가로 금융지주회사법 제62조의2 제4항은, 금융지주회사를 설립하거나 기존 자회사 또는 손자회사의 주식을 모두 소유하기 위하여 주식교환 또는 주식이전을 하는 회사 또는 상법 제360조의5에 따라 주식매수를 청구한 주식 수의 30% 이상을 소유하는 주주가 위 제3항의 규정에 의하여 산정된 주식의 매수가격에 반대하는 경우 당해 회사 또는 주주는 상법 제374조의2 제2항에 따라 매수를 종료하여야 하는 날의 10일 전까지 금융위원회에 그 매수가격의 조정을 신청할 수 있도록 하고 있다. 동 조항은 연혁적으로 금융지주회사법 제정 당시에 유효하였던 구 증권거래법 제191조 제3항을 토대로 규정된 것으로 보이는데,[47] 구 증권거래법 제191조 제3항과 달리 현행 자본시장법은 앞서 본 바와 같이 더 이상 금융감독위원회의 조정절차를 규정하고 있지 않다.

금융위원회의 매수가격 조정 결정의 효력 범위와 관련하여, 금융위원회는 금융위원회의 결정의 효력이 주식매수청구권을 행사한 주주 전원에게 미친다는 유권해석을 내린 바 있는데,[48] 법원의 주식매수가격 결정에 대해서도 대세적 효력이 인정되지 않는데 법률상 근거 없이 금융위원회의 매수가격 조정 결정의 효력 범위가 주주 전원에게 미친다고 보는 것은 타당하지 않다.[49]

---

4. 최근 2년간 당해 회사에 대한 감사업무를 수행한 회계법인 및 당해 사업연도에 당해 회사에 대한 감사업무를 수행하는 회계법인

47) 구 증권거래법 제191조 제3항은 매수가격의 결정절차에 관하여 주주와 당해 법인 간의 협의를 최우선으로 하고, 협의가 이루어지지 않는 경우 대통령령이 정하는 방법에 따라 산정한 금액으로 정하며, 이에 대하여 당해 법인이나 매수를 청구한 주식 수의 30% 이상이 반대하는 경우 금융감독위원회가 매수가격을 조정할 수 있다고 규정하고 있었다.

48) 2013. 4. 10.자 금융위원회 금융정책과-414. 이승환/이희웅, 상장회사간 포괄적 주식교환의 실무적 문제, 상사법연구 제33권 제1호(2014), 한국상사법학회, 89-90면에서 재인용.

49) 이승환/이희웅, 앞의 논문(각주 49), 89-90면

한편 금융지주회사법은 법원에 의한 매수가액 결정에 대해 별도로 규정하고 있지 않지만, 금융지주회사법 제62조의2는 상법상 주식교환에 관한 규정의 특례규정으로 금융지주회사에 관하여 금융지주회사법에 특별한 규정이 있는 것을 제외하고는 상법, 자본시장법에 따르게 되며(금융지주회사법 제62조), 금융지주회사법에서 명시적으로 법원에 의한 매수가액 결정을 배제하고 있지 않으므로, 금융지주회사 등 및 그 주주도 동 규정 제3항의 가격에 반대하는 경우 법원에 매수가격 결정청구를 할 수 있다.[50)·51)]

이 제도의 경우 금융위원회에 조정 신청을 하더라도 그에 불복하는 당사자는 다시금 법원의 절차를 거칠 수 있다는 점에서 특별히 절차의 신속성이나 편의성 측면에서 이점이 있어 보이지 않고, 회사와 주식매수청구 주식 수의 30% 이상의 주주에 대해서만 추가적으로 조정 신청을 허용할 특별한 필요성이 인정되기도 어려워 보인다. 2013년 하나금융지주와 외환은행 사이의 주식교환 시 한국은행이 금융위원회에 조정을 신청한 사례가 있기는 하나[52)] 그 외에 동 절차가 널리 활용되고 있

50) 이승환/이희웅, 앞의 논문(각주 49), 90-91면.

51) 참고로 구 증권거래법 제191조 제3항과 관련하여, 당시 합병반대주주가 금감위의 조정절차를 거치지 않고 법원에 매수가격 결정 신청을 한 사건에서, 법원은 동 조항은 금감위가 '조정할 수 있다'고 규정하고 있어 조정이 반드시 필요한 것으로 볼 수 없고, 나아가 위 조항이 명시적으로 법원에 의한 매수가격 결정을 배제하고 있지 아니함에도 불구하고 법원에 의한 매수가격 결정을 부인하는 것은 합병에 반대한 주주의 매수가격 산정에 관한 재판청구권을 근거 없이 침해하는 것이 될 뿐만 아니라, 주식의 다과에 관계 없이 법원에 매수가격 결정 신청을 할 수 있는 비상장법인의 주주들과의 형평에 비추어 보더라도 매수청구를 한 주식 수가 30%에 미달하는 소수주주들에게도 법원의 최종적인 판단에 따른 매수가격 결정이 보장되어야 하므로, 반대주주는 금감위의 조정절차를 거치지 않더라도 법원에 직접 매수가격 결정을 신청할 수 있다고 판단한 바 있다(대법원 2011. 10. 13. 결정 2008마264). 같은 논리가 금융지주회사법에도 적용될 수 있다.

52) 후술하는 III. 4. 2) 참조.

지는 않은바, 구 증권거래법 제191조 제3항 하의 제도가 더 이상 유지되고 있지 않은 것처럼 금융지주회사법상 금융위원회의 조정절차도 유지할 필요성은 없어 보인다.

(iv) 상법, 자본시장법, 금융지주회사법상 주식매수청구권 비교

상법, 자본시장법 및 금융지주회사법상 매수가격 결정 구조의 차이를 요약하면 다음과 같다(매수청구기간 및 매수기한의 차이는 위 II. 2. (1) 〈표 1〉 참조).

〈표 2〉

상법	자본시장법	금융지주회사법
① 주주와 회사 간 협의 ② 매수청구기간 종료일 30일 내 협의가 이루어지지 않는 경우 법원에 결정청구 가능	① 주주와 회사 간 협의 ② 협의가 이루어지지 않는 경우 자본시장법 시행령이 정하는 방법 ③ 반대할 경우 법원에 결정청구	① 주주와 회사 간 협의 ② 협의가 이루어지지 않는 경우 1) 상장법인은 자본시장법 시행령에 따라 산정된 가격 2) 비상장법인은 회계전문가에 의하여 산정된 금액 ③ (회사 또는 주식매수청구 주식 수의 30% 이상 주주의 경우) 위 가격에 반대할 경우 금융위 조정신청 ④ 법원에 결정청구

나. 주식매수청구권을 행사한 반대주주의 지위

주식매수청구권을 행사한 반대주주의 지위에 관한 논의는 주로 합병을 중심으로 이루어져 왔는데, 판례[53]와 통설은 주식매수청구권을 합병절차에서 반대주주가 주식매수청구권을 행사하면 매매계약이 체결된

53) 대법원 2011. 4. 28. 판결 2009다72667; 대법원 2018. 2. 28. 판결 2017다270916.

것으로 보고 회사가 주식매수대금을 지급한 때에 주주의 지위를 상실하게 된다고 보고 있고(이른바 주주지위설),[54] 주식교환의 경우에도 반대주주의 주식매수청구권에 대해서는 일반 주식매수청구권과 별다른 차이가 없다고 설명하는 견해도 있으나[55] 주식교환의 경우는 합병 등의 경우와 구별하여 보아야 한다는 견해가 타당하다고 생각한다.[56] 주식교환에 의하여 완전자회사가 되는 회사의 주주가 가지는 주식은 주식교환일에 완전모회사가 되는 회사에 이전되어 완전모자회사관계가 창설된다(상법 제360조의2 제2항).[57] 주식교환에 따른 주식 이전은 법률의 규정에 따라 효력이 발생하므로 일반적인 주식양도의 효력 발생 요건인 주권의 교부를 요하지 않는다(상법 제336조 제1항).[58] 따라서 주식매수청구권이 행사된 주식 중 주식매수가격에 대한 협의가 이루어지지 않아 주식교환일까지 대금 지급이 되지 않은 주식이 있다고 하더라도 주식교환의 효력은 주식교환일에 일괄적으로 발생하고 이는 교부금 주식교환의 경우도 동일하다고 보아야 한다.[59]

위와 같은 점이 법에 명확히 규정되어 있지 않기 때문에 이와 관련하여 한국예탁결제원(이하 "예탁결제원") 및 한국거래소(이하 "거래소")의 업

54) 노혁준, 주식매수청구권 행사 이후의 법률관계에 관한 연구, 인권과 정의 제461권(2016), 대한변호사협회, 9-10면; 민정석, 합병반대주주의 주식매수청구권의 법적 성격과 주식매수대금에 대한 지연손해금의 기산점, BFL 제48호(2011), 서울대학교 금융법센터, 76면 이하.

55) 김건식 / 노혁준 / 천경훈, 앞의 책(각주 9), 851-852면 등 대부분의 문헌에서는 주식매수청구권에 대하여 논의하면서 합병의 경우와 주식교환의 경우를 구분하여 보고 있지 않다.

56) 한국상사법학회(편) / 김태진(집필), 앞의 책(각주 8), 691면.

57) 한국상사법학회(편) / 김태진(집필), 앞의 책(각주 8), 692면.

58) 임재연, 회사법 II, 박영사(2019), 828면; 권순일(편) / 이영선(집필), 앞의 책(각주 10), 783면.

59) 한국상사법학회(편) / 김태진(집필), 앞의 책(각주 8), 692면.

무 처리 절차에서 실무상 어려움이 발생하기도 한다. 전자등록된 주식[60]의 경우 실무상 예탁결제원은 주식교환일까지 가격 합의가 완료되지 않은 주주가 보유하는 대상회사 주식에 대해서는 주식매수청구권이 행사되지 않은 다른 주식과 동일하게 교환비율에 따라 취득회사 주식을 배정하고 있는바 주주지위설에 따르고 있는 것으로 보인다.[61] 문제는 교부금 주식교환의 경우 예탁결제원은 주식매수가격 협의가 완료되지 않아 대금을 수령하지 않은 주주들을 주식교환일 이후에도 소유자명세에 완전자회사가 된 회사의 주주로 남겨두고 있다는 점이다. 따라서 전자등록주식의 경우 주식교환일 이후에도 완전자회사가 된 회사의 소유자명세상 일부 소액주주가 남아 있는 것처럼 기재된다.[62] 예탁결제원은 그 이유로 소수주주 보호라는 명목을 내세우고 있으나, 그러한 주주들의 권리는 주식매수가격 상당액을 공탁하고 이에 대한 증빙을 제출하는 것으로 충분히 보호될 수 있다. 그러나 실무 처리과정에서 회사가 공탁을 하고 그 증빙을 제출하겠다고 예탁결제원을 설득하였음에도 불구하고 예탁결제원은 이를 삭제할 경우 해당 소수주주들로부터 민원이 제기될 수 있기 때문에, 해당 주주로부터 동의서를 받아 오지 않는 한 이를 삭제할 수 없다는 입장을 고수하고 있다.

이로 인해 실무상 상장폐지절차에서 어려움이 발생하기도 하였다. 즉 유가증권시장 상장규정은 '상장법인이 지주회사의 완전자회사(지주

60) 주식 · 사채등의 전자등록에 관한 법률(이하 "전자등록법")에 따르면 상장주식은 반드시 전자등록을 하여야 하고, 비상장주식의 경우 회사의 선택에 따라 전자등록을 할 수 있다. 예탁결제원은 전자등록법상의 전자등록기관으로서 소유자명세를 작성하게 되고 주식발행인은 예탁결제원으로부터 통지받은 소유자명세의 내용을 주주명부에 반영하여야 한다(전자등록법 제37조).

61) 윤소연, 앞의 논문(각주 24), 601-602면.

62) 한국상사법학회(편) / 김태진(집필), 앞의 책(각주 8), 692면

회사가 발행주식 총수를 소유하는 자회사를 말한다)로 되는 등 최대주주 등이 발행주식을 전부 소유하는 경우'를 자동상장폐지 사유로 규정하고 있다(유가증권시장 상장규정 제48조 제1항 제12호). 따라서 상장법인을 완전자회사로 하는 주식교환을 실행하면 주식교환일을 기준으로 그 상장법인은 모회사가 발행주식 총수를 소유하는 자회사가 되므로 위 규정상의 자동상장폐지 사유에 해당한다고 보는 것이 타당하다. 그런데 실무상 거래소는 이 사유를 증빙하는 서류로 예탁결제원의 소유자명세 제출을 요구하고 있는데, 앞서 언급한 바와 같이 교부금 주식교환에서 주식매수가격 협의가 완료되지 않아 대금 지급이 완료되지 않은 주주가 있는 경우 예탁결제원의 소유자명세를 발급받으면 그 소수주주들이 남아 있어 마치 모회사가 발행주식 총수를 소유하지 않는 것처럼 기재되어 있다. 실제 이로 인하여 '자동상장폐지'가 아닌 '자진상장폐지' 절차를 거쳐야 하는 것이 아닌지 실무 처리과정에서 논란이 발생하기도 하였다. 즉 최대주주 등이 지분 95% 이상을 확보하면 유가증권시장 상장규정 제7조에 따라 '자진상장폐지' 신청을 할 수 있는데, 소유자명세상 모회사 지분율이 100%는 아니고 95% 이상으로 기재되어 있으므로 자동상장폐지로 처리할 수는 없고 대신 자진상장폐지절차로 처리해야 하는 것 아닌지 거래소의 담당 실무자에 의한 의문이 제기되었다. 그러나 자진상장폐지절차에 의할 경우 주주총회 특별결의, 상장폐지 신청 및 상장공시위원회의 심의를 거쳐야 하는 등 추가적인 절차와 기간이 소요될 뿐만 아니라(유가증권시장 상장규정 제7조 제1항, 제3항, 시행세칙 제6조 제1항 제1호) 근본적으로 법률의 규정에 의하여 완전모자회사관계가 창설된 상태에서 단지 법률과 맞지 않는 예탁결제원 실무로 인한 소유자명세의 기재 때문에 이러한 절차를 요구하는 것은 타당하지 않다. 결국 거래소에 이러한 점을 설명하여 자동상장폐지로 처리한 사례가 있기는 하지만, 그 과정에서 실무상 난항이 있었고 근본적으로는 예탁결제원의 실무 개선이 필요한 부분이다.

결론적으로 상법상 주식교환의 효력은 주식교환일에 일괄적으로 발생하므로, 주식매수청구권 행사 후 주식매수가격에 대한 협의가 완료되지 않아 주식교환일까지 대금 지급을 받지 못한 반대주주가 있다고 하더라도 주식교환일에 그 반대주주는 주주로서의 지위를 상실하고 채권자로서 회사에 대하여 대금지급청구권을 가질 뿐이라고 보는 것이 타당하며, 입법론적으로는 이를 명확히 하는 방식으로 법을 개정하는 것이 바람직하고 예탁결제원이나 한국거래소 등의 실무 처리방식 역시 이와 일관되게 처리되는 것이 타당하다.

4) 공시

합병 등의 경우와 마찬가지로 상법은 주식교환 당사회사의 주주들이 의결권 및 주식매수청구권을 행사하기에 앞서 필요한 정보를 제공하도록 하고 있다. 즉 주식교환 당사회사는 주식교환계약 승인 주주총회일의 2주 전부터 주식교환일 이후 6개월이 경과하는 날까지 (i) 주식교환계약서, (ii) 대상회사의 주주에 대한 신주의 배정 또는 자기주식의 이전에 관하여 그 이유를 기재한 서면, (iii) 주주총회의 회일(간이주식교환의 경우 공고 또는 통지를 한 날) 전 6개월 이내에 작성한 각 회사의 최종 대차대조표 및 손익계산서를 본점에 비치하고, 주주의 열람 또는 등사 청구에 응하여야 한다(상법 제360조의4). 여기서 문언은 '6개월 이내에 작성한'이라고 되어 있으나 그 작성 기준일을 의미하는 것으로 해석하는 것이 타당하다.[63)]

---

63) 권순일(편) / 이영선(집필), 앞의 책(각주 10), 804면.

그리고 상법은 주식교환의 효력 발생 이후에도 주주가 주식교환의 적정성을 평가하여 주식교환의 적정성을 평가하여 주식교환 무효의 소를 제기할 것인지를 판단할 수 있도록 일정한 내용을 기재한 서면을 비치하도록 하고 있다.[64] 즉 당사회사의 이사는 주식교환일부터 6개월간 (i) 주식교환일, (ii) 주식교환일에 대상회사에 현존하는 순자산액, (iii) 주식교환으로 취득회사에 이전한 대상회사 주식의 수, (iv) 그 밖의 주식교환에 관한 사항[65]을 기재한 서면을 본점에 비치하고, 주주의 열람 또는 등사 청구에 응하여야 한다(상법 제360조의12).

5) 주권의 실효절차

주식교환의 효력은 주식교환일에 발생하는바 주식교환일에 대상회사의 주식은 취득회사로 이전되고, 이는 주식교환의 법률상 효력에 따라 자동적으로 이루어지는 것이므로 대상회사의 주주가 개별적으로 주권을 교부하는 등 개별적으로 주식을 이전하는 행위는 요구되지 않는다. 다만 합병과 달리 대상회사가 주식교환 이후에도 존속하므로 만약 대상회사의 구주권이 유통될 경우 거래의 안전을 해칠 우려가 있다. 따라서 상법은 이를 방지하기 위하여 다음과 같이 주권 실효절차를 두고 있다.[66]

즉 대상회사는 주식교환에 대한 주주총회 승인을 한 때에는 주식교환일 1개월 전에 (i) 주식교환 승인을 한 뜻, (ii) 주식교환일 전일까지

64) 권순일(편) / 이영선(집필), 앞의 책(각주 10), 829면.

65) 주식교환의 경위, 주식매수청구권이 행사된 경우 반대주주의 주식 수, 간이, 소규모 주식교환을 행한 경우 반대주주의 수 등이 포함될 수 있다[권순일(편) / 이영선(집필), 앞의 책(각주 10), 830면].

66) 권순일(편) / 이영선(집필), 앞의 책(각주 10), 817면; 권기범, 현대회사법론, 삼영사(2017), 218면.

주권을 회사에 제출하여야 한다는 뜻 및 (iii) 주식교환일에 주권이 무효가 된다는 뜻을 공고하고, 주주명부에 기재된 주주와 질권자에 대하여 개별 통지하여야 한다(상법 제360조의8).

다만 대상회사의 주식이 전자등록된 경우 실물주권 제출절차는 필요하지 않고, 주식교환일에 기존 주식은 말소된다는 뜻을 그 2주 전에 공고하고 주주명부에 기재된 주주와 질권자에게 개별 통지하여야 한다(주식·사채 등의 전자등록에 관한 법률 제65조).

(3) 특수절차 — 간이주식교환 및 소규모주식교환

1) 간이주식교환

간이합병·간이분할합병과 마찬가지로, 대상회사의 주주총회에서 주식교환이 승인될 것이 분명한 경우 간이주식교환으로 진행할 수 있다. 즉 (i) 대상회사의 총주주의 동의가 있거나 (ii) 대상회사 주식의 90% 이상을 취득회사가 소유하고 있는 경우, 대상회사의 주주총회 승인은 이사회 승인으로 갈음할 수 있다(간이주식교환, 상법 제360조의9 제1항). 위 (ii)의 경우 대상회사는 주식교환계약서를 작성한 날로부터 2주[67] 내에 주주총회의 승인을 얻지 않고 주식교환을 한다는 뜻을 공고하거나 주주에게 통지하여야 한다(상법 제360조의9 제2항). 위 (i)의 경우에는 대상회사의 총주주가 이미 동의하였으므로 주식매수청구권이 문제될 여지가 없으나, (ii)의 경우 반대주주가 있을 수 있고 그들에게 주식매수청구권을 행사할 수 있는 기회를 부여하여야 하기 때문이다.

---

67) 금융지주회사의 경우 7일 이내(금융지주회사법 제62조의2 제2항).

주주는 이 공고 또는 통지를 한 날로부터 2주 이내[68]에 회사에 대하여 서면으로 주식교환에 반대하는 의사를 통지할 수 있고, 반대의사를 통지한 주주는 그 기간이 경과한 날로부터 20일 내에 주식의 종류와 수를 기재한 서면으로 회사에 대하여 자기가 소유하고 있는 주식의 매수를 청구할 수 있다(상법 제 360조의5).

그러나 완전모회사를 신설하는 제도인 주식이전의 경우, 설립되지 않은 완전모회사가 대상회사의 주식을 미리 소유하는 것은 불가능하고 따라서 간이주식이전은 인정되지 않는다.[69]

2) 소규모주식교환

소규모합병(상법 제527조의3), 소규모분할합병(상법 제530조의11, 제527조의3)과 마찬가지로, 기업규모가 월등히 큰 회사가 작은 회사의 완전모회사가 되는 경우 주식교환이 완전모회사가 되는 회사의 주주의 이해관계에 미치는 영향은 크지 않으므로 소규모주식교환으로 진행하는 것이 허용된다. 즉 취득회사가 대상회사의 주주에게 발행하는 신주 및 이전하는 자기주식의 총수가 취득회사 발행주식 총수의 10%를 초과하지 않는 경우(단, 교부금 등의 가액이 취득회사 순자산액의 5%를 초과하는 경우에는 제외), 취득회사의 주주총회 승인은 이사회 승인으로 갈음할 수 있다(상법 제360조의10 제1항). 단 취득회사 발행주식 총수의 20% 이상의 주주가 소규모주식교환 공고, 통지를 한 날부터 2주 내[70]에 서면으로 반대하는 통지를 할 경우 소규모주식교환을 할 수 없다(상법 제360조의10 제5항).

---

68) 금융지주회사의 경우 7일 이내(금융지주회사법 제62조의2 제2항).
69) 송옥렬, 앞의 책(각주 2), 1262면.
70) 금융지주회사의 경우 7일 이내(금융지주회사법 제62조의2 제2항).

소규모주식교환에서 인수회사의 주주에게는 주식매수청구권이 인정되지 않고(상법 제360조의10 제7항), 대상회사의 반대주주에게는 주식매수청구권이 인정된다.[71]

주식이전은 완전모회사를 신설하는 절차이므로, 소규모주식이전이 인정되지 않는다.

3. 주식교환의 효과

주식교환의 효력은 주식교환을 할 날, 즉 주식교환일에 발생하고(상법 제360조의2 제2항), 이로써 주식교환일에 완전모자회사관계가 창설된다. 대상회사 주식의 취득회사로의 이전은 법률의 규정에 따라 자동적으로 이루어지는 것이므로, 주권의 교부 등의 절차는 필요하지 않고, 주식교환일에 기존 대상회사 주주가 보유하고 있던 주권은 효력을 상실한다. 취득회사가 신주를 발행하는 경우 신주 발행의 효력도 주식교환일에 자동적으로 발생하고, 자기주식을 교부하는 경우 그 자기주식의 소유권 이전도 주식교환일에 자동적으로 이루어진다.[72]

4. 주식교환 무효의 소

주식교환의 무효는 주식교환 당사회사의 주주, 이사, 감사, 감사위원회의 위원 또는 청산인에 한하여 주식교환일로부터 6개월 내에 소로써

---

71) 노혁준, 앞의 논문(각주 35), 40면; 권순일(편) / 이영선(집필), 앞의 책(각주 10), 주석상법, 826면.

72) 주식이전의 경우 완전모회사가 신설되는 것이므로, 완전모회사의 설립등기시 주식이전의 효력이 발생한다.

만 주장할 수 있다(상법 제360조의14 제1항). 합병, 분할, 분할합병 무효의 소(상법 제529조, 제530조의11)와 달리 채권자가 제소할 수 없는데, 이는 주식교환절차에 채권자 보호절차를 두지 않은 것과 같은 이유에서다.[73)]

상법은 주식교환 무효사유에 대해 명시적으로 규정하고 있지 않다. 학설은 합병무효의 소에 관한 논의와 마찬가지로, 주식교환계약의 내용이 강행법규에 위반되는 경우, 주식교환계약의 내용과 다른 내용으로 주식교환이 이루어진 경우, 주식교환 조건이 현저하게 불공정한 경우, 주주총회 승인결의의 하자 등이 주식교환 무효사유가 될 수 있다고 보고 있다.[74)]

주식교환무효의 판결에는 대세적 효력이 인정되고(상법 제360의14 제4항, 제190조 본문), 소급효는 인정되지 않는다(상법 제360조의14 제4항, 제431조 제1항). 따라서 주식교환을 위해 발행한 신주는 장래에 대하여 효력을 잃는다. 주식교환 무효판결이 확정되면 취득회사는 주식교환을 위하여 발행한 신주 또는 이전한 자기주식의 주주에 대하여 대상회사의 주식을 반환하여야 하는데(상법 제360조의14 제3항), 앞서 언급한 대로 판결의 소급효가 인정되지 않으므로, 판결확정 이전에 주식 양도가 이루어졌다면 그 주식의 양수인에게 대상회사 주식을 이전하여야 한다.[75)]

---

73) 권순일(편) / 이영선(집필), 앞의 책(각주 10), 833면.

74) 권순일(편) / 이영선(집필), 앞의 책(각주 10), 838면; 김건식 / 노혁준 / 천경훈, 앞의 책(각주 9), 834면.

75) 권순일(편) / 이영선(집필), 앞의 책(각주 10), 841-842면; 김건식 / 노혁준 / 천경훈, 앞의 책(각주 9), 835면; 한국상사법학회(편) / 김태진(집필), 앞의 책(각주 8), 709면.

III. 주식교환 · 이전 제도 활용 사례

1. 우리금융지주

우리나라 최초의 금융지주인 우리금융지주(이하 "구 우리금융지주")는 2001년 공동주식이전에 의한 완전모회사 설립방식으로 설립되었다. 당시 공적자금이 투입된 후 국유화된 우리은행, 광주은행, 경남은행 등을 모아 설립하였던 구 우리금융지주는 공적자금 회수를 위해 광주은행, 경남은행, 우리투자증권 등이 분리매각되면서 2014년 우리은행에 흡수되어 사라졌다.

이후 2019. 1. 11. 우리은행 및 우리은행의 5개 자회사(우리에프아이에스, 우리금융경영연구소, 우리신용정보, 우리펀드서비스, 우리프라이빗에퀴티자산운용)의 주식을 100% 이전하는 공동주식이전의 방식으로 우리금융지주(이하 "우리금융지주")가 재설립되었다. 이후 〈표 3〉과 같이 주식교환을 통해 추가로 완전자회사들이 추가되었다.

〈표 3〉

주식교환 · 이전일	대상회사	비고
2019. 1. 11.	우리은행, 우리에프아이에스, 우리금융경영연구소, 우리신용정보, 우리펀드서비스, 우리프라이빗에퀴티자산운용의 주식이전으로 우리금융지주 설립	
2019. 9. 10.	주식교환으로 우리카드를 완전자회사로 편입	주식교환의 대가로 주식 50%, 교부금 50% 지급
2021. 8. 10.	주식교환으로 우리금융캐피탈을 완전자회사로 편입[76]	소규모 / 간이주식교환

76) 우리금융지주, 증권신고서, 2021. 7. 2.

이하에서는 2019년 주식이전을 통한 우리금융지주 설립 및 우리카드 완전자회사 편입과정에서의 주요 쟁점을 살펴본다.

(1) 우리금융지주 설립 및 우리카드 완전자회사과정에서 발생한 상호주 및 그 처리방안

주식이전 결정 당시 우리은행은 주식이전에 참여한 5개 자회사들 및 우리카드의 100% 모회사였다. 우리은행은 주식이전을 통해 우리금융지주의 완전자회사가 됨과 동시에 5개 자회사들의 주주로서 주식이전의 대가로 우리금융지주의 주식을 배정받게 되는데, 그로 인해 우리은행이 배정받게 되는 우리금융지주의 주식은 앞서 언급한 대로 상법 제342조에 따라 6개월 내 처분대상이 된다.[77)]

당시 우리은행은 우리카드를 제외한 5개 자회사들의 주식이전 대가로 우리금융지주의 주식 4,164,306주(발행주식 총수의 약 0.61%)를 배정받게 되는 상황이었는데,[78)] 만약 우리카드의 지분까지 한꺼번에 우리금융지주에 이전할 경우 우리은행이 보유하게 되는 우리금융지주의 지분 규모가 단기간에 방대하게 되어 시장에 대량 대기대물(오버행) 물량에 대한 우려를 줄 수 있다는 점 때문에 우리카드를 주식이전 대상에서 제외하고 진행하였다.[79)]

그러나 우리금융지주 설립 약 6개월 경과 후 우리금융지주는 결국 우리카드까지 완전자회사로 편입할 필요가 있다고 보고 우리카드와의

77) II. 2. (2) 및 IV. 1. 참조.
78) 우리은행, 증권신고서, 2018. 11. 26.
79) 우리금융지주, 증권신고서, 2019. 7. 3.

주식교환을 추진하게 된다.[80] 당시 우리은행은 우리카드의 발행주식 수의 100%(17,266,200주)를 보유하고 있었고, 주식교환의 교환비율은 우리금융지주 : 우리카드 = 1 : 0.4697442로 산출되었다. 우리금융지주와 우리카드는 우리카드 주주가 소유하는 우리카드 보통주식 1주당 우리금융지주 보통주식 0.2348651주 및 금 3,338원의 교부금을 지급하기로 하였다(주식 : 교부금[81]비율 약 50 : 50). 이에 따라 우리금융지주가 주식교환 대상주주에게 새로이 발행할 보통주식 총수는 42,103,377주(발행주식 총수의 5.83%), 지급할 교부금 총액은 598,390,575,600원이 되었다. 만약 교부금 없이 전부 우리금융지주의 주식으로 지급할 경우 우리은행이 6개월 내에 처분하여야 하는 우리금융지주의 주식이 11.66%에 이르게 될 것이므로 이러한 부담을 피하기 위하여 주식교환 대가의 50%는 현금으로 지급하는 방안을 선택한 것으로 보인다. 특히 금융지주회사 지분의 경우 비금융주력자가 금융지주회사 지분 4%를 초과하여 매입하려면 금융위원회 승인을 받아야 하는 등의 제약이 있는바, 6개월 내에 금융지주회사 지분 10% 이상을 매각할 적절한 매수자를 찾아 금융위원회의 승인을 받은 후 매각절차까지 완료하는 것은 쉽지 않은 일이다.[82]

---

80) 그 이유에 대해서는 "우리카드가 현재 영위하고 있는 신용카드 및 할부금융 관련 사업의 경영환경에 비추어 볼 때, 현재 은행 자회사로서의 지분구조로는 향후 양사의 충분한 발전과 기업가치 제고에 한계가 상존하는바, 우리금융지주는 우리카드를 100% 완전자회사로 편입하여 경영상의 효율성 증대 및 시너지 효과 극대화를 통하여 경쟁력을 강화하고 주주가치 및 기업가치를 제고"하기 위해서라고 설명하고 있다(우리금융지주, 증권신고서, 2019. 7. 3.).

81) 2015. 12. 1. 상법 제360조의3 제3항 제4호 개정으로 주식교환에서 대상회사의 주주에게 그 대가의 전부 또는 일부로서 금전이나 그 밖의 재산을 제공할 수 있도록 허용하였기 때문에 이와 같이 주식이전 대가의 일부는 주식으로, 일부는 현금으로 지급하는 것도 가능하게 되었다.

82) 실제로 우리은행은 우리금융지주 주식 4%를 2019. 9. 26. 시간외 대량매매방식으로

(2) 우리사주 처리방안

주식이전 당시 우리은행에는 우리사주가 존재하고 있었다. 우리사주조합이 보유하고 있는 우리은행 주식 역시 주식이전으로 우리금융지주로 이전되고 그 대가로 우리금융지주 주식이 배정되는데, 주식이전과정에서 실무상 우리사주를 어떻게 처리하여야 하는지가 문제될 수 있다.

근로복지기본법 제43조에 따르면, 우리사주조합은 우리사주를 취득하는 경우 한국증권금융에 예탁하여야 하고, 예탁한 우리사주를 법령이 정한 기간(이하 "의무예탁기간")[83] 동안 예탁하여야 하며, 의무예탁기간 동안에는 관련 법령이 정한 인출사유가 발생하는 경우에 한하여 우리사주를 인출할 수 있다. 그런데 관련 법령은 조합의 해산, 조합원의 사망, 조합원의 퇴직, 그 밖에 주식매수청구권의 행사를 위한 경우 등 우리사주의 인출이 불가피한 경우로서 고용노동부령이 정하는 경우[84](근

대만 푸본 금융그룹 자회사 푸본생명에 매각하고, 나머지 1.8%는 2019. 11. 22. 시간외 대량 매매방식으로 글로벌 장기투자자 등에게 매각하였다[우리금융지주, 기타경영사항(자율공시), 2019. 9. 25.; 기타경영사항(자율공시), 2019. 11. 22.].

83) 근로복지기본법 제43조 제2항에서 정하고 있는 기간은 다음과 같다.

1. 우리사주제도 실시회사 또는 그 주주 등이 출연한 금전과 물품 등으로 취득한 우리사주: 8년

2. 우리사주조합원이 출연한 금전으로 취득한 우리사주: 1년. 다만 우리사주조합원의 출연에 협력하여 우리사주제도 실시회사가 대통령령으로 정하는 금액 이상으로 출연하는 경우 우리사주조합원이 출연한 금전으로 취득한 우리사주에 대하여는 5년으로 한다.

3. 제36조 제1항 제3호부터 제5호까지의 금전으로 취득한 우리사주: 금전의 출연주체 및 차입대상자를 기준으로 우리사주를 나누어 제1호 및 제2호의 구분에 준하는 기간으로 한다.

84) 근로복지기본법 시행규칙 제17조 (우리사주의 인출) 영 제25조 제1항 제4호에서 고용노동부령으로 정하는 경우란 다음 각 호의 어느 하나에 해당하는 경우를 말한다.

1. 법령에 따른 주식매수청구권 행사를 위한 경우

2. 상장폐지가 확정되었거나 상장폐지 신청을 한 경우

로복지기본법 제44조, 동법 시행령 제25조 제1항)만을 인출사유로 규정하고 있고, 주식교환이전은 인출사유로 규정하고 있지 않다. 이에 주식교환시 예탁되어 있는 우리사주의 처리방안이 문제될 수 있는데, 이와 관련하여 고용노동부는 "주식교환은 근로복지기본법 시행령 제25조 및 동법 시행규칙 제17조에 따라 근로자에게 우리사주의 처분권을 부여하는 중도인출 사유에는 해당하지 않으나, 주식교환시 완전모회사의 주식으로 교환하기 위하여 일시적으로 인출하고 이를 재예탁하는 것은 무방하다고 할 것이며, 이 경우 완전자회사의 경영성과가 반영되는 완전모회사의 주식을 자사주로 볼 수 있을 것"이라는 취지의 유권해석을 내린 바 있다.[85)]

이에 따라 본 건에서 우리은행 우리사주조합은 주식이전에 따라 우리금융지주의 주식(43,454,523주, 발행주식 총수의 6.39%)를 교부받은 것으로 확인된다.[86)]

2. 신한금융지주

우리나라 최초의 민간주도 금융지주회사인 신한금융지주는 2001년 9월 1일 신한은행, 신한증권, 신한캐피탈, 신한투자신탁운용의 주식이전에 의하여 설립되었고, 이후 〈표 4〉와 같이 주식교환을 통해 다수의 완전자회사를 편입하였다.

아래에서는 주식이전을 통한 신한금융지주 설립, 신한금융지주와 조

---

3. 관리종목으로 지정된 지 1개월 이상 지난 경우. 다만 관리종목으로 지정된 후 우리사주를 취득한 경우는 제외한다.

85) 고용노동부 질의회시, 2002. 3. 5. 복지 68230-72.

86) 우리금융지주, 주식등의대량보유상황보고서, 2019. 2. 19.

흥은행과의 주식교환, 신한금융투자와의 주식교환, 오렌지라이프와의 주식교환과정에서의 주요 쟁점을 살펴본다.

〈표 4〉

주식교환 · 이전일	대상회사	비고
2001. 9. 1.	신한은행, 신한증권, 신한캐피탈, 신한투자신탁운용 주식이전으로 신한금융지주 설립	
2004. 6. 22.	주식교환으로 조흥은행을 완전자회사로 편입	공개매수(약 20% 물량에 대해 8% 프리미엄), 소규모 주식교환
2004. 12. 23.	주식교환으로 신한금융투자(구 굿모닝신한증권)을 완전자회사로 편입	우선주식(약 40% 물량에 대해 25% 프리미엄) 공개매수, 소규모 주식교환
2005. 12. 13.	주식교환으로 신한생명보험을 완전자회사로 편입	소규모 주식교환
2007. 9. 21.	주식교환으로 LG카드를 완전자회사로 편입	공개매수, 소규모 주식교환
2020. 1. 28.	주식교환으로 오렌지라이프생명보험을 완전자회사로 편입	소규모 주식교환
2020. 12. 30.	주식교환으로 신한벤처투자(구 네오플럭스)를 완전자회사로 편입	소규모 주식교환

(1) 신한금융지주 설립과정에서의 신주인수권부 사채 처리방안

신한금융지주 주식이전 시에는 신한은행이 1998년 12월 2일 발행한 신주인수권부 사채[87]의 처리방안이 문제되었다. 이 신주인수권에는 신주인수권 1매당 액면가로 신주 1주의 발행을 청구할 수 있는 권리가 부여되어 있었고, 신주인수권 행사로 인해 발행 가능한 주식 수는 총

87) 신한은행은 1998. 12. 2. 당시 주가가 2,800원대로 액면가 5,000원에 못 미치는 점을 감안하여 신주 1주당 신주인수권부 사채(BW)를 지급하는 인센티브를 부여하는 유상증자를 하였다.

59,812,816주, 신주인수권 행사기간은 1999년 3월 3일에서 2003년 3월 2일까지였다.[88] 2001년 6월 28일 주식이전계획서에 대한 이사회 결의 당시 신한은행에는 행사되지 않은 신주인수권이 남아 있었고, 그 물량이 모두 행사될 경우 신한은행 보통주식 49,913,168주(신한은행 발행주식 총수의 약 16%)가 추가로 발행될 수 있는 상황이었다.

상법은 주식교환이전 시 전환사채 또는 신주인수권부 사채와 같은 주가연계사채를 어떻게 처리하여야 하는지에 대해 규정하고 있지 않다. 따라서 현행 상법하에서는 주식교환이전이 이루어지더라도 완전자회사가 되는 회사가 기존에 발행한 주가연계사채는 그대로 효력을 유지한다고 해석할 수밖에 없다.[89] 이 건의 경우에도 신주인수권은 주식이전의 대상이 될 수 없는바, 주식이전으로 신한은행이 신한금융지주의 100% 자회사가 된 이후에도 신주인수권자가 신주인수권을 행사하면 완전모자회사관계가 깨지게 된다.

이와 관련하여, 실무상으로는 우선 주식이전 관련 서류에 이 점을 어떻게 반영해야 하는지가 문제될 수 있다. 즉 상법상 주식이전계획서에는 '설립하는 완전모회사가 주식이전에 있어서 발행하는 주식의 종류와 수 및 완전자회사가 되는 회사의 주주에 대한 주식의 배정에 관한 사항'과 '설립하는 완전모회사의 자본금 및 자본준비금에 관한 사항'을 기재하여야 하고(상법 제360조의16 제1항 제2호 및 제3호), 주요사항보고서 등 공시문서에도 그에 대한 내용을 기재하여야 한다. 그런데 신한은행의 신주인수권 보유자는 주식이전계획서에 대한 이사회 결의 이후 주주총회 승인(2001년 8월 9일) 및 주식이전이 완료되는 날(2001년 9월 1일)까지

88) 신한은행, 사업보고서, 1999. 7. 15.
89) 상세한 논의는 윤소연, 주식의 포괄적 교환의 실무상 쟁점, 상사법연구 제39권 제2호, 한국상사법학회(2020), 603-604면

의 기간 동안에도 언제든지 신주인수권을 행사할 수 있는 상태였기 때문에 주식이전계획서 승인 및 공시 당시 신한은행의 주식에 대해 신한금융지주가 발행하는 주식의 수 및 신한금융지주의 자본금을 특정할 수 없는 문제가 있었다. 1999년 6월 28일 신한은행의 "주식교환, 이전결정" 공시[90]에 따르면, 신한금융지주가 주식이전을 위하여 발행하는 주식의 수를 '282,745,830주+ α'로 기재하고, 신주인수권부 사채 보유자가 이사회 결의일부터 주식이전일 전일까지 신주인수권을 행사하여 발행하는 주식의 수를 의미한다는 점을 명시하였으며, 신한금융지주의 납입자본금도 '282,745,830주+ α에 주식의 액면금액인 5,000원을 곱한 금액'이라고 기재하였다. 주식이전계획서의 구체적인 내용은 공시되지 않았으나, 주식이전계획서 작성 당시 주식이전일까지 행사될 신주인수권의 수량을 미리 알기 어려운 상황에서 위 공시문구와 같은 방식으로 기재를 하였다면 상법상의 기재사항 기재 의무를 이행한 것으로 인정할 수 있다고 생각한다.

한편 주식이전 이후에도 신주인수권 행사가 가능하다는 점은 신한금융지주 입장에서 완전모자회사관계가 깨어진다는 구조적인 문제 외에, 신주인수권 보유자 입장에서도 불리한 면이 있었다. 즉 신한은행은 상장법인이었으나 주식이전으로 신한금융지주가 신한은행 발행주식 총수를 보유하게 되면 신한은행은 상장폐지되고 신한금융지주는 상장될 예정이었다. 따라서 주식이전일 이전에 신주인수권을 행사한 신주인수권자는 결과적으로 상장주식인 신한금융지주 주식을 보유하게 되는 반면, 주식이전일 이후 신주인수권을 행사하는 신주인수권자는 비상장주식인 신한은행의 주식을 교부받게 되어 환금성에 제약을 받게 된다.

---

90) 신한은행, 주식교환, 이전결정, 2001. 6. 8.

신한은행은 주식교환, 이전결정 공시 이후에도 주식이전일 전까지 반복적으로 위와 같은 불이익이 있을 수 있음을 알리며 신주인수권 행사를 촉구하는 취지의 자율공시를 진행하였다.[91] 그러나 여전히 일부 신주인수권이 잔존한 상태에서 주식이전이 이루어졌고, 주식이전일 이후 수 차례에 걸쳐 신주인수권이 행사되었다. 결국 신한금융지주는 2002년 12월 31일, 2003년 10월 1일, 2003년 12월 31일 간이주식교환 방식으로 재차 주식교환을 진행하여 다시금 신한은행을 완전자회사화 하였는데,[92] 여기에는 신한은행과 완전모자회사관계를 재창설하려는 목적 외에도 비상장주식을 보유하게 된 신한은행 소액주주들을 보호하기 위한 목적도 있었을 것으로 보인다.

(2) 조흥은행 주식 공개매수 후 주식교환

신한금융지주는 2003년 8월 예금보험공사로부터 조흥은행 지분 80.04%를 인수하고, 2003년 12월 유상증자를 통해 조흥은행 지분 총 81.15%를 보유하게 되었다. 이후 신한금융지주는 2004년 4월 조흥은행을 완전자회사로 편입하고자 주식교환을 결정하였는데, 주식교환 실행에 앞서 조흥은행의 소수주주들의 보유한 잔여지분(18.75%)의 약 20%에 대해 당시 주가에 약 8%의 프리미엄을 가산한 가격(3,500원)으로 대한 공개매수를 실시하였다.[93]

---

91) 신한은행, 기타 주요경영사항에 대한 공시, 2001. 6. 28.; 2001. 8. 28.

92) 신한금융지주, 주식교환, 이전결의(자회사의 주요경영사항), 2002. 11. 15.; 신한금융지주, 주식교환, 이전결의(자회사의 주요경영사항), 2003. 8. 1.; 신한금융지주, 주식교환, 이전결의(자회사의 주요경영사항), 2003. 11. 6.

93) 이후 2006년 신한금융지주의 완전자회사인 신한은행과 조흥은행은 조흥은행이 신한은행을 흡수합병하는 방식으로 통합하게 된다.

신한금융지주의 공개매수는 조흥은행 주가하락을 감안하여 조흥은행 소액주주들을 보호하기 위한 것이기도 하였지만, 조흥은행이 국제결제은행(Bank for International Settlement, BIS) 자기자본비율 8%를 유지하고자 하는 목적도 있었다.[94] 즉 주식교환 시 조흥은행 주주가 이에 반대하여 주식매수청구권을 행사하면 조흥은행은 이를 자기주식으로 보유하게 되며 이 자기주식은 주식교환에 따라 신한금융지주 주식으로 변경되는데, 금융지주회사의 자회사인 은행이 보유하는 금융지주회사 주식은 BIS 자기자본비율 산정 시 자기자본에서 차감하게 된다. 따라서 주식교환에 반대하는 주주가 행사하는 주식매수청구권 행사분만큼 조흥은행의 BIS 자기자본비율이 감소되는바, 주식교환에 앞서 공개매수를 실행함으로써 이후 주식교환절차에서 반대주주의 주식매수청구권 행사물량을 감소시키고자 하였다.

(3) 신한금융투자와의 주식교환과정에서 우선주 및 자기주식 처리

1) 우선주 공개매수 및 종류주주총회 개최

신한금융지주는 2004년 9월 신한금융투자(구 굿모닝신한증권)를 완전자회사로 편입하기 위해 주식교환을 결정하였다. 주식교환 결정 당시 굿모닝신한증권이 발행한 보통주식과 우선주식이 각 상장되어 있었고, 신한금융지주는 굿모닝신한증권의 보통주 94,084,384주(발행주식 총수의 50.02%)를 보유하고 있었다.

앞의 II. 2. (2) 2)에서 설명한 바와 같이 종류주주총회 승인이 필요한지 여부는 개별 사안별로 따져 보아야 하는데, 이 건의 경우 신한금융

94) 조흥은행, 공개매수신고서, 2004. 4. 20.

투자가 발행한 우선주식은 액면금액을 기준으로 보통주식 배당률에 1%를 더하여 배당을 받을 수 있는 주식이었으나, 주식교환에 따라 신한금융지주의 보통주식으로 교환될 예정이었다. 이러한 경우에는 주주총회와 별도로 주식교환계약에 대한 종류주주총회 승인을 받을 필요가 있다고 보는 것이 타당하다. 실제로 신한금융투자는 임시주주총회와 별도로 주식교환계약에 대한 종류주주총회 승인절차를 거친 것으로 확인된다.[95)]

이와 관련하여, 신한금융지주는 주식교환에 대한 종류주주총회 승인절차 진행에 앞서 우선주식에 대한 공개매수를 실시하였다.[96)] 공개매수 대상주식은 신한금융투자의 우선주식 발행총수의 40%에 해당하는 1,529,326주였고, 공개매수 가격은 주가에 약 25%의 프리미엄을 가산한 가격(주당 2,500원)이었다. 공개매수 실시 이유에 대해 신한금융지주는 "주식교환에 따라 소멸되는 우선주식의 배당권리에 대한 보전차원에서 우선주주에 대한 선택권을 제공하는 목적"이라고 설명하였는데, 주식교환시 우선주식의 배당권리를 상실하게 되는 우선주주들이 종류주주총회에서 주식교환을 승인하지 않을 가능성도 있기 때문에 종류주주총회 승인을 위해 우선주식을 확보하고자 하는 의도도 있었을 것으로 보인다.

2) 신한금융투자의 자기주식 처리방안

앞의 II. 2. (2) 1)에서, 대상회사 보유 자기주식에 교환대가를 배정하여야 하는지, 배정할 경우 발생하는 상호주를 어떻게 처리하는지가 문

95) 신한금융투자, 임시주주총회결과, 2004. 11. 26.
96) 신한금융투자, 공개매수신고서, 2004. 9. 20.

제되므로, 미리 자기주식을 처분하는 사례들이 있다고 언급한 바 있다. 신한금융투자의 경우 주식교환 실행 전 자기주식을 보유하고 있었는데, 이 중 일부를 주식교환일 전에 신한금융지주회사와 매각하였다. 이를 통해 상호주 발생 물량의 일부를 미리 감축하고자 한 것으로 보인다.[97)]

(4) 오렌지라이프와의 주식교환 관련 소액주주들의 문제 제기

신한금융지주는 2019년 2월 1일 MBK파트너스로부터 오렌지라이프생명보험(구 ING생명, 이하 "오렌지라이프") 지분 59.19%를 인수하였다. 당시 1주당 가격은 시가에 경영권 프리미엄 15%가 붙은 47,000원이었다. 이후 신한지주는 오렌지라이프생명보험을 완전자회사화하기 위하여 2020년 1월 28일자로 오렌지라이프생명보험과 주식교환을 실행하기로 결정하였다.

이 과정에서 (i) 오렌지라이프가 보유하고 있던 자기주식이 신한금융지주 주식으로 전환됨에 따라 6개월 내에 처분하여야 하는 상호주로 인한 오버행 이슈[98)] 및 (ii) 신한금융지주의 신주발행으로 인한 지분희석이 신한금융지주의 주식가치 하방압력으로 작용할 것이라는 우려가 있었다. 신한금융지주는 자기주식 매입 및 소각을 통해 이러한 시장의 우려를 최소화하고자 하였다.[99)] 즉 신한금융지주는 오렌지라이프생명보

97) 신한금융투자, 주식교환, 주식이전 신고서, 2004. 9. 17; 자기주식처분신고서, 2004. 10. 20.

98) 오렌지라이프생명보험은 주식교환 결의 당시 약 500억 원 규모의 자기주식(1,485,679주)을 보유하고 있었다. 위 자기주식이 주식교환으로 신한금융지주 주식 8,232,802주(1.65%)으로 교환되면 이 물량은 상법 제342조의2에 따라 6개월 내에 처분하여야 하기 때문에 대량의 대기물량(오버행) 이슈가 발생할 수 있다는 우려가 있었다.

99) 더벨, 2019. 12. 11., KB이어 신한금융도 내년 1월 이후 자사주 소각 추진; 더벨, 2020. 4. 2., 신한금융, 자사주 소각오렌지라이프 인수 종결.

험과의 주식교환을 결의한 이사회 결의일 당일인 2019년 11월 14일에 수시공시를 통해, 2020년 중 (i) 오렌지라이프가 보유한 자기주식 규모 이상 (ii) 오렌지라이프 주식교환에서 발행될 신한지주 신주 규모 범위 이내의 범위 내에서 자기주식을 취득 및 소각할 계획임을 밝히고,[100)] 이후 실제로 2020년 3월 31일 1,500억 원 규모의 자기주식(5,484,460주)의 취득 및 소각을 결의하였다.[101)]

한편 신한금융지주와 오렌지라이프는 모두 상장회사였기 때문에 교환가액 및 교환비율은 자본시장법 제165조의4, 동법 시행령 제176조의5 제1항 및 제176조의6 제2항에 따라 기준주가를 토대로 산정되었는데, 오렌지라이프의 소액주주들은 오렌지라이프생명보험의 교환가액 28,608원이 신한금융지주가 MBK파트너스로부터 오렌지라이프를 인수할 당시의 주당 가액의 60%, 오렌지라이프의 공모가 33,000원에도 못 미친다는 점에 대해 반발하였다. 즉 오렌지라이프 소액주주들은 자본시장법에 따른 교환가액 산정이 기업가치를 적합하게 평가하는 방식이 아니며, 신한금융지주가 오렌지라이프의 주가가 낮을 때 주식교환계약을 체결하여 소액주주들이 손해를 보게 되었다는 주장을 제기하였다.[102)] 상장법인의 주식교환 시 교환가액 산정은 자본시장법상 기준주가에 따라 산정되는데, 주식교환 당시 주가가 상대적으로 낮은 경우 이와 같이 소액주주들이 그 교환가액을 문제 삼는 사례가 다수 발생하고 있다. 이에 대해서는 다음의 IV. 2.에서 추가로 검토한다.

---

100) 신한지주, 수시공시의무관련 사항, 2019. 11. 14.

101) 신한지주, 주요사항보고서, 2020. 3. 27.

102) 데일리임팩트, 2019. 11. 21., 오렌지라이프 소액주주 거센 반발, 신한지주 합병방식 불합리.

3. 한국투자금융지주

동원산업은 2003년 1월 인적분할을 통해 금융지주부문을 수산사업부문과 분리하여 한국투자금융지주(구 동원금융지주)를 설립하였고, 한국투자금융지주는 2003년 5월 30일 금융지주 설립 본인가를 받은 후 2003년 7월 8일 동원증권과 주식교환을 통해 지주회사의 요건을 갖추었다. 이후 <표 5>와 같이 주식교환을 통해 완전자회사들을 편입하였다.

<표 5>

주식교환 · 이전일	대상회사	비고
2003. 7. 7.	동원증권과의 주식교환을 통해 지주회사 요건 충족	
2005. 12. 23.	주식교환으로 한국투자파트너스를 완전자회사로 편입	소규모 주식교환
2009. 11. 16.	주식교환으로 한국투자상호저축은행을 완전자회사로 편입[103]	소규모/간이 주식교환

위 II. 2. (2) 2)에서 설명한 바와 같이 종류주주총회 승인이 필요한지 여부는 개별 사안별로 따져 보아야 하는데, 한국투자금융지주와 동원증권의 주식교환 당시 동원증권은 보통주 67,134,382주, 우선주 8,842,800주, 신형우선주 4,863,540주를 발행하고 있었고, 교환비율에 따라 동원증권 보통주, 우선주, 신형우선주는 한국투자금융지주 보통주, 1종 우선주, 2종 우선주로 각 교환되었다. 이때 동원증권은 별도의 종류주주총회를 거치지는 않은 것으로 파악된다. 동원증권의 우선주와 한국투자금융지주 1종 우선주, 동원증권의 신형우선주와 한국투자금융

103) 한국금융지주, 합병등종료보고, 2009. 11. 17.

지주의 2종 우선주의 발행조건이 거의 동일[104]하였기 때문에, 주식교환으로 인하여 종류주주에게 손해를 미치게 되는 경우에 해당하지 않았던 것으로 보이고, 이러한 경우 별도의 종류주주총회 승인을 받을 필요는 없다고 보는 것이 타당하다.

4. 하나금융지주

하나금융지주는 2005년 12월 1일 하나은행, 하나대투증권, 하나아이앤에스, 하나금융경영연구소의 주식이전을 통해 설립되었고, 이후 〈표 6〉과 같이 주식교환을 통해 완전자회사들을 편입하였다.

〈표 6〉

주식교환 · 이전일	대상회사	비고
2005. 12. 1.	하나은행, 하나대투증권, 하나아이앤에스, 하나금융경영연구소의 주식이전으로 하나금융지주 설립	
2006. 10. 13.	주식교환으로 하나증권을 완전자회사로 편입	
2013. 4. 5.	주식교환으로 한국외환은행을 완전자회사로 편입	

아래에서는 하나금융지주 설립, 하나증권 및 한국외환은행과의 주식교환과정에서의 주요 쟁점을 살펴본다.

104) 우선배당율 등 실질적인 발행조건은 동일하였고, 동원증권 우선주의 경우 배당에 있어서 비참가적 우선주였으나 동원금융지주의 1종 우선주는 참가적 우선주라는 점에만 차이가 있었다. 이는 우선주주에게 손해가 되는 변경은 아니다.

(1) 하나금융지주 설립과정에서의 상호주의 발생 및 그 처리방안

하나은행은 주식이전을 통하여 기 보유하고 있던 하나대투증권, 하나아이앤에스, 하나금융경영연구소의 지분 각 100%, 100%, 62.5%에 대하여 하나금융지주의 지분 약 8%를 배정받게 되었다.[105] 하나은행은 이를 6개월 이내에 처분할 의무를 부담한다. 하나은행은 시장에서의 오버행 부담을 방지하여 주가안정화를 도모할 목적으로 주식이전일 이전인 2005년 9월 미리 Goldman Sachs와 금융지주회사 설립과정에서 보유하게 될 하나금융지주 주식 13,000,000주(약 6.36%)를 2005년 12월 중 매각하기로 합의하고 이를 공시하였으며, 주식이전일 직후인 2005년 12월 16일 이를 Goldman Sachs에 매각하였다.[106]

(2) 한국외환은행과 주식교환 관련 소액주주들과의 분쟁

하나금융지주는 2012년 2월 9일 론스타의 자회사인 LSF-KEB Holdings, SCA로부터 한국외환은행의 지분 57.27%를 인수하였다. 이후 하나금융지주는 한국외환은행이 완전자회사가 아닌 한 이해상충의 가능성 및 신속한 의사결정의 제약 등으로 구조적인 한계를 극복할 수 없는 상황이 지속될 것이라는 점을 이유로 주식교환을 통해 한국외환은행을 완전자회사로 편입하기로 하고, 2013년 4월 5일 주식교환을 하였다.[107] 이때 하나금융지주와 외환은행은 모두 상장법인이었기 때문에 자

105) 하나금융지주, 주식등의 대량보유상황보고, 2005. 12. 16.

106) 하나은행, 기타주요경영사항(자진공시), 2005. 10. 4.; 하나금융지주, 타법인 주식 및 출자증권 처분결정, 2005. 12. 16.

107) 하나금융지주, 증권신고서, 2013. 2. 18.

본시장법 제165조의4, 동법 시행령 제176조의6 및 제176조의5에 따라 기준주가를 토대로 교환가액 및 교환비율을 산정하였다.

1) 주식교환 무효의 소

이와 관련, 외환은행 우리사주 등 소액주주들은 론스타에게 주당 14,260원을 지급하였던 하나금융지주가 소액주주에게 주당 7,383원으로 주식매수청구권을 행사하도록 강요하였다고 주장하였고, 외환은행의 주당 자산가치는 14,104원인데 비해 교환 기준가격이 7,330원에 불과하고 이는 소액주주 피해를 막기 위한 공개매수, 주주부담이 가중될 경우의 주주 전원 동의 등 적법한 절차가 모두 생략되어 절차상의 하자도 있다고 비판하였다. 이에 소액주주들은 하나금융지주 및 한국외환은행을 상대로 2013년 2월 주식교환절차 이행금지 가처분(서울중앙지방법원 2013카합450) 및 2013년 2월 28일 의결권행사금지 가처분(서울중앙지방법원 2013카합475)을 각 제기하고, 상법 제360조의2, 제360조의3, 금융지주회사법 제62조의2 제3항에 대하여 위헌법률심판제청신청을 하였으나, 2013년 3월 12일 가처분 신청이 기각됨과 동시에 상법 조항들에 대한 위헌법률심판제청신청 모두 기각되었다(2013카합450, 2013카기1416).

이후 외환은행 소액주주들은 2013년 3월 14일 헌법소원심판을 청구하고 하나금융지주와 외환은행을 상대로 2013년 4월 26일 주식교환 무효의 소를 제기하였다(2013가합37444, 2013가합45698, 2013가합68691 병합). 서울중앙지방법원은 2014년 6월 26일 이 사건 주식교환이 무효라고 볼 수 없다는 취지로 청구를 기각하였다.[108] 이에 원고들은 항소를

108) 일부의 경우 동 사건 변론 종결 당시 외환은행 주주의 지위에 있지 않다는 이유로

제기하였으나(2014나39666, 2014나39673), 헌법재판소가 2015년 5월 28일 헌법소원심판에 대하여 주식교환 제도에 관한 상법 조항 및 주식교환 비율에 대한 자본시장법 조항에 대하여 합헌이라고 판단하자(헌법재판소 2015. 5. 8. 결정 2013헌바82 등) 항소를 취하하였다. 이와 관련, 법원과 헌법재판소 판단의 주요 내용은 다음과 같다.

주식교환 무효의 소에서 원고들은, 외환은행의 시장주가는 이사회의 배임적 결의로 인해 비정상적으로 형성되어 있었으므로[109] 자본시장법 시행령 제176조의5 제1항 각호 외의 부분 후단에 따라 자산가치와 상대가치를 가중산술평균한 가액으로 산정하여야 함에도 시장가격을 기준으로 산정한 것은 교환비율이 현저히 부당하여 무효라고 주장하였다. 그러나 서울중앙지방법원은, 기존 합병 무효의 소에서의 판례와 동일하게 상장법인의 경우 자본시장법과 그 시행령 등 관련 법령이 정한 요건과 방법 등에 기하여 주식교환비율을 정하였다면, 그 산정이 허위자료에 의한 것이라거나 터무니없는 예상 수치에 근거한 것이라는 등의 특별한 사정이 없는 한, 그 주식교환비율이 현저하게 불공정하여 주식교환이 무효라고 볼 수 없다고 판단하였다. 또한 이사의 배임으로 주가가 하락한 상황을 일부러 이용하였다는 점에 대해서는 이를 인정할 만한 증거가 부족하다고 보았다.

그리고 원고들은 상법 제360조의3 제5항은 주식교환과 관련하여 주주의 부담이 가중되는 경우 주주 전원의 동의가 필요하다고 규정하고 있는데, 본 건 주식교환의 경우 원고들은 하나금융지주의 외환은행 인수로부터 2년이 경과하지 아니한 탓에 과세이연을 받을 수 없어 양도차

소를 각하하였다.

109) 원고들은 피고들이 하나고등학교에 257억 원을 출연하기로 하는 배임적 결정으로 인하여 외환은행의 주가가 하락한 상황을 일부러 이용하였다고 주장하였다.

익에 대한 소득세, 법인세, 증권거래세 등을 부담하게 되었는바, 주주 전원의 동의가 필요한데도 이를 받지 않아 무효라고 주장하였다. 그러나 서울중앙지방법원은 상법 제360조의3 제5항의 '주식교환에 관련되는 각 회사의 주주의 부담이 가중되는 경우'라 함은 주주가 주식교환을 실시한 회사에 대한 관계에서 주식교환과 관련하여 주주로서의 지위에서 지게 되는 부담이 가중되는 경우를 뜻하고, 주주가 회사에 대한 관계를 떠나 개인적으로 주식교환과 관련하여 주식을 취득, 보유, 처분을 하는 등 사법적 거래관계나 공법적 조세관계를 맺게 됨으로써 부담을 지게 되는 경우는 포함되지 아니한다고 해석함이 상당하다고 판시하였다.

한편 외환은행 소액주주들은 헌법소원심판청구에서, 주식의 포괄적 교환 제도를 규정하고 있는 상법 제360조의2, 제360조의3(이하 "이 사건 상법조항들")은 이사회의 결의와 주주총회 특별결의만으로 과반수에 가까운 소수주주를 강제로 축출할 수 있도록 하고 있으므로 재산권을 침해한다고 주장하였다. 그러나 헌법재판소는 완전지주회사의 설립을 용이하게 하여 기업의 구조조정을 지원하고, 경영의 효율성을 제고하여 기업의 경쟁력을 강화하고자 하는 이 사건 상법조항들은 그 입법목적이 정당하고, 입법목적 달성을 위하여 요건, 절차, 효과 등을 규정하고 있으므로 수단의 적정성도 인정된다고 보았다. 그리고 청구인들은 취득회사의 대상회사에 대한 최소한의 보유주식비율을 요구하여 엄격한 요건 하에 주식교환을 허용하는 방안이나 사전 공개매수절차 의무화 등 소수주주의 재산권을 덜 침해하는 수단으로 규제하여야 한다고 주장하였으나, 헌법재판소는 주식교환시 다수결의 원칙보다 강화된 특별결의를 요구하는 것으로 족하고, 이에 더하여 취득회사가 대상회사의 주식을 일정비율 이상 보유하도록 요구하여 엄격한 요건 하에 주식교환을 허용한다면, 국제적 경쟁력 강화 및 경영 효율성을 추구하기 위하여 도입된 유연한 기업결합수단인 주식교환 제도의 이용이 경직될 수 있다고 보았다. 그리고 종래 지주회사를 설립하는 방법으로 이용되었던 주식의 공개매수방식은 매수에 응하지 않는 주주가 있으면 실패할 수 밖에 없고 막대한 자금이 소요된다는 난점이 있어 이러한 난점을 극복하기 위하여 유연한 기업결합수단인 주식교환 제도가 도입된 것이라는 점 등을 종합하여, 이 사건 상법 조항들이 침해의 최소성 원칙에도 반하지 않는다고 보았다.

나아가, 외환은행 소액주주들은 자본시장법 제165조의4(이하 "이 사건 자본시장법 조항") 관련, 법률에서 대강의 기준을 정함이 없이 주식의 포괄적 교환의 요건 · 방법을 대통령령에 위임하고 있는바, 헌법 제75조의 포괄위임금지원칙에 위배된다는 주장도 하였다. 그러나 헌법재판소는 상장법인이 다른 법인과 주식교환을 하는 경우 주식교환비율 등의 요건 · 방법에 관한 기준은 양 회사의 규모, 재산상태, 영업성적, 사업전망, 국민경제적인 기능, 주식의 객관적인 가치평가방식 등 다양한 요소에 의하여 복합적으로 형성되는 기술적 · 전문적 · 가변적인 사항으로서, 자본시장의 제도나 환경의 변화에 빠르게 대처할 필요가 있으므로 그 세부적인 사항은 국회가 제정하는 법률보다 탄력성이 있는 행정입법에 위임할 필요성이 인정되고, 이 경우 그 위임의 구체성과 명확성의 요구는 완화된다고 보았다. 그리고 주식교환비율의 적정성은 주식의 객관적인 가치평가를 전제로 하는 것인데, 상장주식은 주식시장에서 거래되어 유통성이 높아 수요와 공급의 조합으로 주주의 투자결정의 기준이 되는 가격결정이 이루어진다는 점에서, 주권상장법인의 교환비율을 정함에 있어서는 비상장법인과 달리 객관적인 시장가치, 즉 주식시장에서 당해 주식이 거래되는 가격인 주가를 기준으로 주식교환비율이 정하여질 것임을 충분히 예측할 수 있다고 보아 이 사건 자본시장법 조항은 포괄위임금지 원칙에 위배되지 않는다고 보았다.

2) 주식매수청구권 행사 주식의 매수가격 결정

외환은행의 2대 주주였던 한국은행은 한국은행 제103조에 따라 영리기업의 주식을 새로 소유할 수 없었기 때문에 주식교환절차에서 보유지분 6.12%에 대하여 주식매수청구권을 행사하였다. 외환은행의 주식매수청구권 행사가액은 위 금융지주회사법 제62조의2 제3항 및 자본시장법 시행령 제176조의7 제3항에 따라 주당 7,383원이었는데, 이는 장부가(주당 10,000원) 보다 낮아 한국은행은 장부상 약 1,034억 원의 손실을 보게 되었다.

한국은행은 금융지주회사법 제62조의2 제4항에 따라 금융위원회에 가격 조정을 요청하였으나, 2013년 4월 금융위원회는 법률 및 판례 검토결과 자본시장법에 따라 주가를 기준으로 정해진 가격에 문제가 없다고 보고 매수청구가격 조정 요청을 받아들이지 않았다.[110] 이에 한국은행은 법원에 주식매수가격 결정청구를 하였으나, 법원도 7,383원의 적정한 가격이라고 보고 이를 기각하였다.[111]

5. SK

SK는 2007년 7월 SK(주)를 지주회사(SK홀딩스)와 사업자회사(SK에너지화학)로 인적분할하는 방식으로 지주회사 체제로 전환하였고, 수차례의 구조조정과정을 거쳐 현재는 4개의 중간지주(SK이노베이션, SK디

110) 매일경제, 2013. 4. 24.자, 금융위, 한은이 요청한 외환은행 매수가격 조정 기각.
111) 하나금융지주, 기타주요경영사항(자율공시), 2015. 2. 16.; 대법원 2015. 2. 6. 결정 2014마1844.

〈표 7〉

주식교환 · 이전일	대상회사	비고
2014. 4. 22.	SK하이닉스(손자회사)와 실리콘화일(증손회사) 간 주식교환	증손회사 지분 100% 보유 규정 준수 목적; 소규모 주식교환
2015. 6. 9.	SK텔레콤(자회사)와 SK브로드밴드(손자회사) 간 주식교환	완전자회사 목적; 소규모 주식교환
2017. 2. 7.	SK텔레콤(자회사)와 SK커뮤니케이션즈(손자회사) 간 주식교환	완전자회사화 목적; 현금교부방식, 소규모 주식교환
2017. 12. 14.	SK텔레콤(자회사)와 SK텔링크(손자회사) 간 주식교환	완전자회사화 목적; 현금교부방식
2018. 12. 27.	SK텔레콤(자회사)와 SK쉴더스(구 SK인포섹) (자회사) 간 주식교환	지주회사의 자회사를 손자회사로 구조 변경; 간이, 소규모 주식교환
2020. 12. 8.	SKC(자회사)와 SK솔믹스(손자회사)간 주식교환	공개매수(주당 7,400원, 약 20% 프리미엄) 후 간이, 소유모 주식교환[112]
2021. 12. 28.	SK이엔에스(자회사)와 부산도시가스(손자회사) 간 주식교환	공개매수 후 현금교부방식 주식교환[113]

스커버리, SK스퀘어, SKC)를 보유하고 있다. 그 과정에서 지주회사 행위제한 요건 충족 및 사업상 필요에 따라 주식교환을 통해 다수의 완전자회사들을 편입하였는데, 이와 같이 주식교환이 활용된 사례들은 〈표 7〉과 같다.

앞서 금융지주회사 사례에서 상법 및 금융지주회사법에 따라 상호주 처분이 문제된 사례들을 살펴보았는데, SK의 경우에는 상호출자제한기업집단에 해당하기 때문에 주식교환과정에서 발생한 상호주로 인해 공정거래법 위반 문제가 발생하게 되었다. 위 사례들 중 SK하이닉스－실리콘화일 주식교환 건을 예로 살펴본다.

112) SKC, 주요사항보고서, 2020. 9. 8.; SKC솔믹스, 합병등종료보고서, 2020. 12. 8.
113) 에스케이이엔에스, 주식교환, 이전 결정, 2021. 10. 18.

지주회사의 자회사인 SK텔레콤은 2012년 2월 14일 SK하이닉스의 지분 21.1%를 취득하였고, 이로 인해 SK하이닉스는 지주회사의 손자회사가, SK하이닉스가 27.93% 지분을 보유한 실리콘화일은 지주회사의 증손회사가 되었다. 공정거래법상 '지주회사의 증손회사 지분 100% 보유' 규정 준수를 위해, SK하이닉스는 2014년 4월 22일 소규모 주식교환을 통해 상장회사였던 실리콘화일을 완전자회사로 편입하였고, 실리콘화일은 상장폐지되었다.

실리콘화일은 주식교환 이전에 자기주식을 보유하고 있지 않았으나, 실리콘화일 주주의 주식매수청구권 행사에 따라 자기주식을 취득하였고, 주식교환에 따라 실리콘화일의 자기주식은 SK하이닉스로 이전되고 실리콘화일은 주식교환비율에 따라 SK하이닉스의 주식을 보유하게 되었다.

상법 제342조의2는 자회사가 모회사의 주식을 취득하는 것을 원칙적으로 금지하고, 다만 주식교환, 주식이전, 합병 또는 영업전부의 양수 등의 경우에는 예외적으로 모회사 주식 취득을 허용하면서 그 경우 6개월 이내에 모회사의 주식을 처분하도록 하고 있다. 공정거래법 제21조는 상호출자제한기업집단에 속하는 국내 회사는 자기의 주식을 취득 또는 소유하고 있는 국내 계열회사의 주식을 취득 또는 소유해서는 아니 된다고 규정하고, 다만 회사의 합병 또는 영업전부의 양수, 담보권의 실행 또는 대물변제의 수령에 해당하는 경우에는 예외적으로 상호주 취득을 허용하면서 6개월의 유예기간을 두어 유예기간 내에 처분할 의무를 부여하고 있다. 그런데 공정거래법은 규정은 주식교환, 주식이전으로 인한 상호주 취득에 대해서는 예외를 인정하고 있지 않은바, 상호출자제한기업집단 소속 회사가 주식교환, 주식이전으로 인해 상호주를 보유하게 될 경우에는 곧 바로 동 규정 위반에 해당하는 것으로 해석된다.

실리콘화일은 주식교환으로 보유하게 된 SK하이닉스 주식은 공정거래법의 위반 가능성이 있으므로 해당 주식을 취득 후 지체 없이 처분할 예정이라고 공시하였다.[114] 본 사안의 경우 매수청구 주식 수가 142주에 불과하여 지체 없이 처분이 가능하였을 것으로 추측되나, 이와 같이 상호주가 발생하는 것은 상호출자제한기업집단 소속회사가 주식교환을 실행하는 대부분의 경우에 발생하는 이슈이고 그 수량이 많은 경우에는 실무상 지체 없이 처분하기 어려운 경우도 발생할 수 있으므로 입법론적으로 해결이 필요하다. 관련 내용은 IV. 1에서 추가로 검토한다.

IV. 주식교환 · 이전 제도 활용에서 발견된 실무상 쟁점[115]

1. 상호주 처리 문제

(1) 관련 법령

상법 제342조의 2은 자회사의 모회사 주식 취득을 원칙적으로 금지하고, 주식교환 등의 경우에는 예외적으로 자회사의 모회사 주식 취득을 허용하면서, 다만 그 경우 자회사는 그 주식을 취득한 날로부터 6개월 이내에 모회사의 주식을 처분하여야 하도록 규정하고 있다. 자회사

---

114) 실리콘화일, 합병등종료보고서, 2014. 4. 22.

115) 주로 주식교환을 중심으로 논의가 이루어지고 있어서 본 항의 검토는 주식교환을 중심으로 기술하였으나 주식이전의 경우에도 특별히 별도의 언급이 없는 한 동일한 법리와 절차가 적용된다.

의 모회사 주식 취득을 금지한 취지는 상호주의 의결권 제한에 관한 상법 제369조제3항과 함께 주식의 상호 보유에 대한 폐단을 막기 위한 것인데,[116] 주식교환, 합병 등과 같은 구조조정은 모회사 주식의 취득을 목적으로 하는 것이 아니고, 그 과정에서 모회사의 주식만을 제외시킬 수도 없어 불가피하게 상호주 취득이 발생하게 되므로 예외를 인정해 준 것이다.[117]

금융지주회사법 제62조의2는 주식교환에 대한 특례규정을 두어, 주식교환에 의하여 자회사가 금융지주회사의 주식을 취득하거나 손자회사가 자회사의 주식을 취득한 때에는 그 주식 중 (i) 주식교환 · 이전에 반대하는 주주의 주식매수청구권 행사로 인하여 취득한 자기주식(제1호) 또는 (ii) 상법 제341조 제1항(배당 가능이익의 범위 내에서 자기주식 취득을 허용한 규정) 또는 자본시장법 제165조의3(상장법인의 자기주식 취득 특례규정)에 따라 취득한 자기주식으로서 주식교환계약서 승인에 관한 이사회 결의일부터 주식매수청구권 행사만료일까지 매입한 자기주식(제2호)에 해당하는 자기주식의 교환대가로 배정받은 금융지주회사 또는 자회사의 주식에 대하여는 상법 제342조의 2 규정을 적용함에 있어 '6개월'을 '3년'으로 보도록 규정하고 있다.

한편 공정거래법 제21조에 따라 상호출자제한기업집단에 속하는 회사가 주식교환으로 인해 상호주를 보유하게 되는 경우 이를 곧바로 처분하여야 한다.

---

116) 권순일(편) / 이영선(집필), 앞의 책(각주 10), 597면.
117) 권순일(편) / 이영선(집필), 앞의 책(각주 10), 603면.

(2) 개선방안 제안

금융지주회사법은 주식교환과정에서 부득이하게 발생하게 되는 상호주의 경우 상법상의 유예기간보다 긴 유예기간을 적용받을 수 있도록 하고 있다. 금융지주회사의 경우 비금융주력자가 금융지주회사 지분 4%를 초과하여 매입하려면 금융위원회 승인을 받아야 하는 등 일반지주회사에 비해 규제상 필요한 절차, 요건이 추가되기 때문에 6개월이라는 기간은 적절한 매수자를 물색하여 계약을 체결하고 필요 시 금융당국의 인허가를 받아 매각 완료까지 하기에는 결코 길지 않은 기간이라는 점이 고려된 것으로 보인다. 그런데 금융지주회사의 자회사라 하더라도 금융지주회사법 제62조의2 제1호 및 제2호에 해당하는 경우 외에는 상법 제342조의2에 따라 6개월의 유예기간이 적용되는데, 문제는 실제 우리금융지주, 신한금융지주, 하나금융지주, KB금융지주 등 다수의 금융지주회사 설립과정에서 실무상 어려움이 있었던 부분은, 주식이전을 통한 금융지주회사 설립 전에 실질적으로 지주사의 역할을 하던 회사가 존재하고 있었고, 그러한 회사들의 경우 주식이전으로 인하여 기존에 보유하던 자회사 주식 대신 금융지주회사 주식을 보유하게 되는바, 결과적으로 단기간 내에 매각하여야 하는 다량의 금융지주회사 주식을 보유하게 되어 오버행 이슈 등에 직면하게 되었다는 점이다.

앞에서 살펴본 바와 같이, 우리금융지주의 경우 이 이슈 때문에 최초 우리금융지주 설립 당시 주식이전 대상에서 우리카드를 제외하기까지 하였다. 이후 다시금 주식교환을 통해 우리카드를 완전자회사로 편입하였지만, 그때에도 대량의 우리금융지주 주식을 6개월 내에 매각하는 것이 현실상, 실무상 어렵다는 점과 그 경우 오버행 물량에 대한 시장의 우려로 인한 주가 하락 문제도 발생할 수 있다는 점을 고려하여 일부는 신주 발행이 아닌 현금 교부금으로 지급하는 방안을 택하였다. 이는 일종의 절충안을 택한 것으로 볼 수 있으나, 주식교환 · 이전 제도의 장점이 막대한 자금 소요 없이 완전모자회사관계를 창설할 수 있다는 것인데, 단기간 매각하여야 하는 상호주 이슈로 인해 부득이 우리금융지주가 6,000억 원에 가까운 현금 교부금을 지급하는 방안을 택할 수밖에 없었다는 점은 제도상 아쉬운 부분이다. 또한 오버행 이슈를 방지하고자 금융지주가 선제적으로 자기주식 취득 및 소각 조치를 취하는 사례도 있는데(신한금융지주와 오렌지라이프 주식교환 건), 이 방안 역시 금융지주의 막대한 자금이 소요된다는 점에 아쉬움이 있다. 그 외 하나금융지주 설립, 하나금융지주의 외환은행과의 주식교환, 다른 금융지주들의 경우에도, '주식이전 완료일로부터 6개월'이라는 매각기간은 촉박하기 때문에 주식이전이나 주식교환을 계획할 때부터 미리 상호주 매각계획을 세우고 기한 내 매각 가능한 상대방이 있는지를 미리 물색하여 주식이전 시점을 정하였던 것으로 보인다.

상호출자제한기업집단에 속하는 회사가 주식교환 · 이전으로 인해 상호주를 보유하게 될 경우에는 이를 곧바로 처분하지 않으면 공정거래법 제21조 위반이 되는 점도 문제이다.

지주회사 체제로 전환할지, 어느 회사를 완전자회사로 편입할지, 그리고 언제 이를 실행할지는 경영상의 판단으로 각 기업의 경영계획이나 사업환경 등을 고려하여 적시에 실행할 수 있도록 제도적인 뒷받침이 되어야 한다. 그런데 그와 같은 판단을 내림에 있어 상호주 매각 가부가 걸림돌이 되는 것은 바람직하지 않다. 주식의 상호보유로 인한 폐단을 방지하기 위하여 상호주 보유를 원칙적으로 금지하며 예외를 제한적으로 인정하는 취지 자체는 정당하나, 주식교환 · 이전과정에서 주식의 상호보유를 악용할 의도 없이 부득이하게 발생하는 상호주에 대한 유예기간을 지나치게 엄격하게 규정할 필요는 없다. 더욱이 충분한 유예기간을 두더라도 은행들의 경우 BIS비율을 유지하기 위해서라도 자발적으로 신속히 처분을 할 유인이 있다.

입법론적으로는, 금융지주회사법 제62조의2는 제1호와 제2호로 범위를 한정하지 않고 주식교환 · 이전으로 인하여 발생하는 상호주 전체에 대하여 3년의 유예기간을 적용하도록 하고, 공정거래법 제21조는 합병, 분할 등과 마찬가지로 주식교환 · 이전에 대해서도 6개월의 유예기간이 적용되도록 개정하는 것이 바람직하다. 나아가 공정거래법 제18조 제6항에서 지주회사의 행위제한에 대한 유예기간과 관련하여 주식가격의 급격한 변동 등 경제여건의 변화, 주식처분금지계약, 사업의 현저한 손실 또는 그 밖의 사유로 부채액을 감소시키거나 주식의 취득, 처분 등이 곤란한 경우 공정거래위원회의 승인을 받아 2년을 연장할 수 있도록 하고 있는 것처럼, 금융지주회사법 제62조의2와 공정거래법 제21조에도 위에 준하는 부득이한 사정이 있는 경우 금융위원회, 공정거래위원회의 승인을 받아 일정 기간 유예기간을 연장할 수 있도록 하는 방안도 고려해 볼 만하다.

2. 교환비율

(1) 교환비율 산정의 공정성과 공개매수절차 도입 논의

주식교환에서 주주의 이해관계에 가장 핵심적인 영향을 미치는 부분이 주식의 교환비율이다. 상법은 합병에서 합병비율의 산정 기준에 대해 별도의 규정을 두고 있지 않은 것처럼 주식교환시 교환비율의 산정 기준에 대해서도 별도의 규정을 두고 있지 않고, 자본시장법은 주식교환에 상장법인이 참여하는 경우 합병가액 산정에 관한 자본시장법 시행령 제176조의5 제1항을 준용하도록 하고 있다(자본시장법 시행령 제176조의6 제2항).[118]

따라서 상장법인이 포함된 주식교환 시 교환비율 산정의 토대가 되는 교환가액은 자본시장법 제165조의4 및 자본시장법 제176조의5 제1항의 산식에 따라 결정된다. 즉 이사회 결의일과 주식교환계약을 체결한 날 중 앞서는 날의 전일을 기산일로 한 다음 (i) 최근 1개월간 평균종가, (ii) 최근 1주일간 평균종가, (iii) 최근일의 종가를 산술평균한 가액(이하 "기준시가")을 기준으로 30%(계열회사 간 주식교환의 경우에는 10%)의 범위 내에서 할인 또는 할증한 가액이 교환가액이 된다. 따라서 기준시가는 기산일이 정해지면 위 산식에 따라 산출되고 (그에 대해 할인 또는 할증을 적용할 것인지는 별론으로 하고) 기준시가 자체에 대해서는 다툼의 여지가 없다.

그럼에도 불구하고 하나금융지주와 외환은행 간 주식교환 사례, 신한금융지주와 오렌지라이프 간 주식교환 사례 등 상장법인의 교환가액에 대하여 소액주주들이 문제를 제기하는 사례들이 다수 있었다. 대부분의 경우 소액주주들은 기본적으로 주가가 낮은 시기에 주식교환을 실행함으로써 교환가액이 낮게 산정되었다는 점을 문제 삼으면서, 교환가액 산정 관련 법률의 위헌성을 다투기도 하였다. 그러나 헌법재판소는 관련 법률을 합헌으로 판단하였고(헌법재판소 2015. 5. 8.자 결정 2013헌바82 등), 법원도 관련 법령에 따라 시장가격을 기준으로 교환비율이 산정되었다면 그 산정이 허위자료에 의한 것이라거나 터무니 없는 예

118) 다만 주식이전으로 그 주권상장법인이 단독으로 완전자회사가 되는 경우에는 그러하지 아니하다(자본시장법 시행령 제176조의6 제1항 단서).

상 수치에 근거한 것이라는 등의 특별한 사정이 없는 한 그 주식교환비율이 현저하게 불공정하여 무효라고 볼 수 없다고 판시하고 있다.[119]

이러한 사안에서 소액주주들은 주식교환절차에서 프리미엄이 반영된 가격으로 공개매수를 실시하지 않은 것을 문제 삼기도 하였다. 현재 우리 법제상 주식교환 시 의무공개매수는 요구되지 않는다. 그럼에도 불구하고 앞서 살펴본 사례들 중에는 주식교환 실행 전에 지주회사가 자발적으로 공매개수를 통해 완전자회사가 될 회사의 소액주주들의 지분을 시가에 프리미엄을 반영한 가격으로 매수한 사례들[120]이 존재하는데, 이들이 공개매수를 실시한 것은 소액주주 보호 목적 외에도 수월한 (종류)주주총회 승인, 간이주식교환으로 진행, 반대주주의 주식을 선제적으로 매수하여 주식매수청구권 행사로 인한 상호주 발생 물량 감축 등 다양한 목적이 있었던 것으로 보인다. 주가가 상대적으로 낮은 시기에 주식교환이 이루어진 사례들의 경우, 소액주주들은 위와 같이 자발적으로 공개매수를 실시한 사례와 비교하며 공개매수를 실시하지 않은 것을 문제 삼았는데, 이는 M&A 거래시 의무공개매수를 도입하여야 한다는 최근의 논의와 맥락을 같이한다. 즉 영국, EU 등 주요 국가들은 지배주주가 경영권을 매각할 경우 인수인이 소액주주에게 지배주주와 동일한 가격에 지분을 매각할 기회를 제안하게 하는 의무공개매수 제도를 두고 있는 반면, 우리나라에는 M&A 거래에서 지배주주

---

119) 앞서 본 하나금융지주와 외환은행의 주식교환 건(서울중앙지방법원 2014. 6. 26. 판결 2013가합37444 등) 외에도, 지주회사의 사안은 아니지만 한화갤러리아－한화갤러리아타임월드 사이의 주식교환 건에서 한화갤러리아타임월드의 소액주주들이 시장가격을 기준으로 산정된 상장법인의 교환가액을 문제 삼으며 제기한 주식교환 무효의 소에서 서울고등법원은 같은 취지로 주식교환비율이 현저하게 불공정하다고 볼 수 없다고 판단하였고(서울고등법원 2000. 10. 14. 판결 2020나2046449), 소액주주들은 이에 대법원에 상고를 제기하였으나 심리불속행으로 기각되었다.

120) 신한금융지주와 LG카드 간 주식교환, KB금융지주와 KB손해보험 간 주식교환 등

가 자신의 지배지분을 경영권 프리미엄을 받고 시가보다 높은 가격에 매각하더라도 소액주주는 회사에 잔존할 수밖에 없고 별다른 보호장치가 없다는 점을 비판하며, M&A시 의무공개매수 제도를 도입하여야 한다는 주장이 제기되고 있는데,[121)·122)] 주식교환과정에서 공개매수를 실시하지 않은 것을 문제 삼는 이들도 위와 같은 주장과 공통의 인식에 기반하고 있는 것으로 보인다. 그러나 가사 우리 법 제도에서 경영권 매각과정에서 의무공개매수 제도를 도입하여야 한다는 입장을 취하더라도 이를 주식교환절차에까지 확대하는 것은 타당하지 않다고 생각한다.

예컨대 외환은행의 경우 하나금융지주가 2012년 2월 외환은행의 경영권 지분(57.27%)을 주당 14,260원에 인수하고, 2013년 1월 주식교환을 위한 이사회 결의일의 기준주가를 토대로 외환은행의 교환가액이 1주당 7,330원으로 산출되자 외환은행 소액주주들은 주식교환과정에서 소액주주 피해를 막기 위한 공개매수절차를 거치지 않은 것을 문제 삼았다. 오렌지라이프의 경우에도, 신한금융지주가 2019년 2월 오렌지라이프의 경영권 지분(59.19%)을 인수하면서 1주당 가격을 당시 시가에 경영권 프리미엄 15%를 붙인 47,000원으로 정하였는데, 2020년 1일 주식교환을 실행하면서는 자본시장법 시행령에 따라 당시 시가로 교환가액

---

121) 박준선, 의무공개매수 제도와 소수주주의 권리보호, 법학연구 제20권 제4호(2017), 충남대학교 법학연구소, 66면; 박 진, 중소기업주식취득거래의 경영권 프리미엄 현황 및 시사점, 중소기업포커스 제21-17호(2021), 중소벤처기업연구원, 15면; 매일경제, 2022. 6. 17. 김소영 금융위 부위원장 '경영권 인수 때 공개매수 의무화 검토'.

122) 정준혁, 의무공개매수 제도의 기능과 도입 가능성에 대한 검토, 증권법연구 제20권 제2호(2019), 한국증권법학회, 83면. 이 논문에서는 영국식 의무공개매수 제도처럼 모든 주주에게 동일한 인수가격으로 인수를 제안하여야 한다고 주장하고 있지는 않고, 지배지분 주식양수도 시 소액주주들에게 새로운 지배주주에게 시장가격에 보유주식을 매각할 수 있는 기회를 부여하자고 제안하고 있다.

을 산정한 결과 교환가액이 1주당 28,608원으로 산정되자, 소액주주들은 이 가격이 신한금융지주가 MBK파트너스에 지급한 인수가격의 60%에도 못 미친다는 점에 반발하였다.

그러나 이는 주식교환절차상의 문제로 지적할 사항은 아니라고 생각한다. 즉 이는 주식교환 이전 단계에 별개의 사안으로 이루어진 경영권 이전 당시 법제상 소액주주에 대한 의무공개매수 등의 보호장치가 없는 것이 타당한지를 논할 문제이며, 그 이후 별개의 법적절차로 진행되는 주식교환절차에서 과거 경영권 인수 당시의 가격과 교환가액을 비교하여 그 교환가액이 공정하지 않다고 주장한다거나 공개매수를 의무적으로 실시하여야 한다고 보는 것은 타당하지 않다. M&A과정에서 의무공개매수 도입을 주장하는 견해에서 도입 필요성으로 들고 있는 의무공개매수의 기능은 (i) 경영권 프리미엄을 소액주주도 누릴 수 있게 하는 기능과 더불어 (ii) 소액주주들에게 매각기회(exit right)를 부여하여야 하는 기능이라고 보고 있는데, 경영권 지분이 매각되고 소액주주들만 잔존하게 되는 M&A의 경우와 달리, 주식교환은 완전자회사가 되는 회사의 소액주주들이 기존 대주주의 주주가 되는 구조이고, 이를 원하지 않을 경우 이미 주식매수청구권을 통한 매각기회가 보장되어 있으므로 주식교환절차에서 공개매수를 실시하도록 강제할 필요성은 인정되기 어렵다. 더욱이 주식교환은 현금 유출 없이도 다른 회사를 완전자회사로 편입할 수 있다는 점에 그 제도의 유용성이 있는바,[123] 자발적인 공개매수가 아닌 의무공개매수의 도입은 주식교환 제도의 도입 취지에 반한다는 점에서도 타당하지 않다.

---

123) 헌법재판소 2015. 5. 28. 결정 2013헌바82

(2) 교환비율에 대한 외부평가기관의 평가

상장법인들만 포함된 주식교환의 경우 원칙적으로 교환비율에 대하여 외부평가기관의 평가를 받을 의무가 없으나, 주식교환에 상장법인과 비상장법인 모두 포함되어 있는 경우 원칙적으로 교환비율의 적정성에 대하여 외부평가기관의 평가를 받아야 한다(자본시장법 시행령 제176조의6 제3항).[124] 상장법인의 경우에는 교환가액이 기준시가에 따라 산정되지만, 비상장법인의 경우에는 '자산가치와 수익가치를 가중산술평균하는 보충적 가액'을 따르게 되므로 외부평가기관을 통해 그 적정성을 평가하도록 할 필요성이 있다.

그러나 완전모회사가 되는 회사가 비상장법인이고 완전자회사가 되는 회사가 상장법인인 경우로서 교부금 주식교환을 하는 경우에는 예외를 인정할 필요가 있다. 이러한 경우 완전자회사가 되는 회사의 교환가액을 토대로 교부금이 산정되고, 완전모회사가 되는 회사의 교환가액은 의미가 없다. 그럼에도 불구하고 관련 법령상 이러한 경우에 대한 예외를 인정하고 있지 않기 때문에 완전모회사가 되는 회사의 자산가치와 수익가치를 평가하고 또 그에 대한 외부평가를 받아야 하는데, 이는 기업 입장에서 불필요한 시간과 비용이 소모되는 것이고 주주 보호에 도움이 되는 부분도 없는 무용한 절차이다. 따라서 이러한 경우에는 외부평가기관의 평가절차를 생략할 수 있도록 자본시장법 시행령 제176조의6 제3항에 예외를 허용해 주는 것이 타당하다.

---

124) 단, 코넥스시장에 상장된 법인과 주권비상장법인 간의 주식교환, 주식이전의 경우 외부평가기관의 평가를 받지 아니할 수 있다(자본시장법 시행령 제176조의6 제3항 제2호).

3. 주가연계 사채의 처리방안

상법은 주식교환시 주식으로 전환될 수 있는 권리를 가진 전환사채 또는 신주인수권부사채와 같은 주가연계사채(이하 "전환사채등")에 대해 별도의 처리방안을 두고 있지 않으므로, 완전자회사가 되는 회사가 발행한 전환사채등이 존재하는 경우 이는 주식교환 이후에도 완전자회사의 전환사채등으로 잔존하게 되며, 주식교환 완료 이후 완전모자회사관계가 깨어지는 등의 문제가 발행한다. 앞서 본 신한금융지주회사 설립 사례에서도 주식이전일 이전에 신주인수권의 자발적 행사를 촉구하였으나 결국 잔존 수량이 주식이전 이후 행사되었고, 신한금융지주회사는 재차 주식교환을 실시하였다. 입법론적으로는 주식교환 시 전환사채등을 완전모회사가 승계할 수 있도록 하는 것이 바람직하다.[125]

완전자회사가 되는 회사가 발행한 주식매수선택권이 있는 경우에도 주가연계사채등이 발행된 경우와 유사한 논의가 적용될 수 있다. 다만 상장회사인 금융지주회사는 비상장 자회사의 임직원에게 주식매수선택권을 부여할 수 있으므로(상법 제542조의3 제1항, 동법 시행령 제30조 제1항 제3호) 자회사의 주식매수선택권을 금융지주회사의 주식매수선택권으로 변경하는 방안을 활용할 수 있고,[126] 실제 금융지주회사 설립과정에서는 대부분 기존 주식매수선택권이 주식 교부와 차액 보상방법 중 회사가 선택할 수 있도록 하는 방식으로 부여되어 있어서 실제로 주식매수선택권 행사로 인한 자회사 주식 발행이 문제된 사례는 드문 것으로 보인다.[127]

---

125) 윤소연, 앞의 논문(각주 24), 603-607면.

126) 윤소연, 앞의 논문(각주 24), 607-609면.

127) 우리금융지주, 주식교환, 이전신고서, 2004. 4. 30.; 하나증권, 이사회 결의에 의한

V. 결론

주식교환·이전 제도는 현금 유출 없이도 완전지주회사관계를 창설할 수 있고, 이를 통하여 모자회사 간 이해관계를 일치시켜 이해상충의 가능성 및 소수주주권 행사로 인한 대응비용을 줄이고, 회사 의사결정의 신속성을 도모할 수 있는 유용한 제도이다. 그래서 주식교환이전 제도가 도입된 이래로 많은 회사들이 동 제도를 활용하여 지주회사 체제로 전환하고 지주회사의 자회사등을 편입하는 데에도 주식교환 제도가 널리 활용되어 왔다.

다만 본 글에서 살펴본 바와 같이 주식교환·이전 제도 활용과정에서 대상회사가 보유한 자기주식의 처리방안, 주식매수청구권을 행사한 반대주주의 지위, 상호주 해소 문제, 주가연계사채의 처리방안 등 제도상 처리방안이 불명확하거나 실무상 어려움이 야기되는 부분들로 인해 원활한 주식교환이전 제도 활용이 저해되는 측면이 있는바, 보다 효율적으로 동 제도가 활용될 수 있도록 제도적 보완이 이루어질 필요가 있으며, 본 글이 그러한 제도적 보완책 마련에 일조할 수 있기를 기대한다.

주식매수선택권 부여, 2002. 7. 12. 2004. 5. 28., 2005. 6. 3.; 하나증권, 주식교환, 이전 신고서, 2006. 8. 14.

찾아보기

〈ㅇ〉

〈ㅈ〉

편저자 약력

》 노혁준

서울대 법대 법학사, 법학석사 및 법학박사
노스웨스턴대 로스쿨 LL.M.
사법연수원 수료(제25기)
서울지방법원 남부지원 판사
법무법인 율촌 변호사
현 서울대 법학전문대학원 교수

주요 저서

회사법(제7판)(2023. 공저)
증권불공정거래의 쟁점 1, 2 (2019. 공편)
신탁법의 쟁점 1, 2 (2015. 공편)
회사분할의 제문제 (2013. 편저)

BFL 총서 1

〈제3판〉지주회사와 법(상)

초판 1쇄 발행 | 2023년 3월 17일

지은이 | 노혁준 편저
발행인 | 고화숙
발행처 | 도서출판 소화
등록 | 제13-412호
주소 | 서울시 영등포구 버드나루로 69
전화 | 02-2677-5890
팩스 | 02-2636-6393
홈페이지 | www.sowha.com

ISBN 978-89-8410-511-9 94080
ISBN 978-89-8410-284-2 (세트)

값 25,000 원